伊家沟村志

肥城市新城街道伊家沟村志编纂委员会 编

方志出版社
Publishing House of Local Records

图书在版编目（C I P）数据

伊家沟村志 / 肥城市新城街道伊家沟村志编纂委员会 编.
--北京：方志出版社，2018.1
ISBN 978-7-5144-2923-7

Ⅰ. ①伊… Ⅱ. ①肥… Ⅲ. ①村史-肥城
Ⅳ. ①K295.25

中国版本图书馆CIP数据核字（2018）第016340号

伊家沟村志

编　　者：肥城市新城街道伊家沟村志编纂委员会
责任编辑：张　颢

出 版 人：冀祥德
出 版 者：方志出版社
地址　北京市朝阳区潘家园东里9号（国家方志馆4层）
邮编　100021
网址　http://www.fzph.org
发　　行：方志出版社图书经销中心
电话（010）67110500
经　　销：各地新华书店
印　　刷：济南黄氏印务有限公司

开　　本：787×1092　1/16
印　　张：27.25
字　　数：628千字
版　　次：2018年1月第1版　2018年1月第1次印刷
印　　数：0001～1000册

ISBN 978-7-5144-2923-7　定价：218.00元

《伊家沟村志》编纂委员会

《伊家沟村志》编审成员

总序

地方志为一方之全史，横陈百科、包罗万象。绵延不断的地方志编修是中华民族特有的文化基因，作为服务当代、垂鉴后世的重要文化事业，在赓续传统、传承文明、资政育人等方面具有重要作用。近年来，在省委、省政府的正确领导和中指组的精心指导下，山东省史志事业围绕一个目标、提高两个站位、突破三个重点、落实“六全”任务，促进山东史志事业实现创新发展、持续发展、领先发展。在省市县三级志书编修走在全国前列的基础上，山东的修志工作不断拓展领域，逐步向乡镇（街道）、村（社区）等基层延伸。

齐鲁大地素有“孔孟之乡、礼仪之邦”的美誉，是中华民族古老文明的重要发祥地之一。在山东，不仅孕育了以孔子、孟子为代表对中华文明甚至是世界文明都产生深远影响的儒家文化，还形成了东夷文化、齐文化、鲁文化、莒文化以及泰山文化、黄河文化、海洋文化、运河文化等地域性特色文化。源远流长、异彩纷呈的不同文化融汇发展，熔铸形成了博大精深、独具特色的齐鲁文化。文化是支撑经济社会发展的软实力。近四十年来，改革开放的时代思想不断吸纳优秀传统文化，在山东的城镇、乡村谱写出时代华章。山东的新型城镇化建设不断取得新成绩，朝着城乡一体化发展新格局阔步迈进。深化乡镇行政管理体制改革，逐步培育新生中小城市和特色小镇；以美丽乡村标准化建设为抓手，新农村建设提档升级，出现一批宜居宜业宜游的新农村；深化城乡精神文明创建，乡村文明行动深入推进，移风易俗广泛开展，乡村特色文化呈现出勃勃生机。

齐鲁大地自古就有重视修志的传统。经济文化的繁荣昌盛，既使乡镇村志编修成为广大人民群众的精神需求，又为之奠定了坚实的物质基础。在当前全力推进新型城镇化建设的新形势下，如何做好乡镇村志编修与经济文化建设结合的文章，成为史志工作面临的一大课题。目前，乡镇村志编修在全省蓬勃开展，渐成燎原之势，累计出版1000多部。正确引导和规范管理乡镇村志编修工作，全省各级史志机构责无旁贷。山东的新型城镇化和新农村建设走在全国前列，史志工作走在全国前列，名镇名村志编修也理应走在全国前列。正是在这种背景下，省史志办制定印发了《齐鲁名镇名村志文化工程实施方案》，以传承和弘扬齐鲁优秀传统文化，更好地服务新型城镇化和新农村建设。齐鲁名镇名村是全省 1826 个乡镇（街道）、7 万多个村庄（社区）的典型代表，编修齐鲁名镇名村志系列丛书，对传承乡村文脉、重塑文化特色，展示乡村发展脉络、探索乡村发展经验，丰富史志工作内容、完善史志成果体系具有重要意义。这是提升新型城镇化和新农村建设历史文化内涵的重要举措，也是促进史志事业转型升级的创新性工程。

新时代开启新征程，新气象孕育新希望，新作为遵循新思想。习近平总书记在十九大报告中强调指出：“深入挖掘中华优秀传统文化蕴含的思想观念、人文精神、道德规范，结合时代要求继承创新，让中华文化展现出永久魅力和时代风采。”十九大报告提出的“实施乡村振兴战略”，要求“加强农村基层工作，健全自治、法治、德治相结合的乡村治理体系。”齐鲁名镇名村志丛书的编纂工作，坚持深入贯彻党的十九大精神，以习近平新时代中国特色社会主义思想为指引，牢固树立“四个自信”，切实增强“四个意识”，坚持辩证唯物主义和历史唯物主义的立场、观点和方法，全面、客观、系统地记述全省新型城镇化进程和社会主义新农村建设取得的伟大成就。讲好新时代的乡村故事，传承中华优秀传统文化，弘扬社会主义核心价值观，培育群众的爱乡爱国情怀，传播干事创业的正能量，为实施乡村振兴战略作出独具特色的历史贡献，是这一系列丛书的价值所在。

“修志问道，以启未来”。编修齐鲁名镇名村志系列丛书，资政存史、泽被后世，善莫大焉、功莫大焉。

是为序。

山东省人民政府办公厅党组成员
山东省地方史志办公室主任

2017 年 12 月

序一

地方志被称为“一地之百科全书”。通过阅读地方志，可以帮助人们了解当地山川地貌、风土人情和人文历史。正如习近平同志所说：“要马上了解一个地方的重要情况，就要了解它的历史。了解历史的可靠的方法就是看志，这是我的一个习惯。”农村是中国传统文化的重要发源地，村庄是农村历史之本，是乡土文化之源。村志是村庄历史和现状的详细记载，是市志、县志向基层的延伸、补充和完善，是最具地域性的文化。村庄虽小但是社会的基础，村志虽微但意义重大。

编修村志，是一项十分重要的乡村文化建设工程，是乡村地域文化的集大成者。通过编修村志，可以记录乡村历史变迁，保护乡土文化传承，展示历史发展脉络。2017 年 10 月，山东省首批 16 部“齐鲁名镇名村志”通过评选，《伊家沟村志》位列其中。这部村志自 2014 年初启动，在编辑人员的辛苦努力下历时 4 年而成。全志采用纲目体，记述了伊家沟村 600 余年历史，收入了许多珍贵资料，保存其根基，传承其精神，使人们能“前有所稽，后有所鉴”，走在了泰安市前列，在乡村志编纂工作中发挥了带动和示范作用。

泰安市地方史志办公室主任

2017 年 12 月

序二

编修地方志是中华民族的优良传统，盛世修志，自古皆然。欣逢改革开放深入发展，百业繁荣，国运昌盛，民进小康之际，《伊家沟村志》出版问世，实为伊家沟村有史以来的一件大事和喜事，意义非凡。

地方志编修历史悠久，起源于春秋，历经汉魏，迄于隋唐、两宋，鼎盛于明清。当时就有了通志、省志、府志、县志、乡镇志和村志等，安徽池州的《杏花村志》，即以其浓郁的地方特色闻名于志坛。社会主义新方志编修30余年来，卷帙浩繁，成绩斐然，潍坊的《杨家埠村志》等志书远销海内外，引起了国内外的高度关注。邑内亦有数十部市（县）、乡镇、部门、厂矿及村志出版问世。《伊家沟村志》付梓出版，不仅是伊家沟村一项伟大的文化建设工程，也为肥城市内志苑增添了一朵色彩艳丽的奇葩，更是为伊家沟村人民增加了宝贵的物质财富和精神财富。

编修地方志，内容横及百科，时间纵述始末，是一项资料浩繁的文化建设工程。《伊家沟村志》以马列主义、毛泽东思想、邓小平理论、“三个代表”重要思想、科学发展观、习近平新时代中国特色社会主义思想为指导，运用辩证唯物主义和历史唯物主义观点，坚持为社会主义物质文明和精神文明服务，坚持实事求是的原则，记述了建村以来自然与社会、历史与现状诸方面的沿革和发展轨迹，特别记载了伊家沟村在社会发展中的重大变革及经济、村容村貌的发展和改观，使思想性、科学性、现代性和知识性高度统一，使伊家沟村的发展脉络、趋向和规律，在志书中得到了科学的反映。是一部“存史、育人、资政”，服务当代惠及后世的历史教科书。

伊家沟村历史悠久，自明洪武元年（1368）建村，距今600余年，随着时代的变迁，历尽沧海桑田。在历史的长河中，其间曾为村、乡、镇，亦为乡（镇）驻地，一代代的伊家沟村人民，在这块美丽的土地上留下了不可磨灭的印记。

伊家沟村具有光荣的革命历史。由于特殊的地理优势和群众基础，康汇平原的这方热土，曾经历过战火硝烟的洗涤。1938年秋，县抗日政府县长兼保安大队长于会川，曾在此伏击下乡抢粮的日伪军，击毙日伪军10多人，迫敌逃回县城。1948

年 7 月 8 日，泰西军分区、肥城县大队等，曾与数倍于己的国民党县自卫大队和还乡团，及前来增援的国民党 73 师 15 旅和还乡团胡玉河部 3000 余人激战于此，毙伤敌 500 余人，击毙胡玉河，迫敌撤退。在两次伏击战中，伊家沟村党组织和人民，为部队送水送饭，运送弹药，抢救伤员，为战斗的胜利作出了突出贡献。

伊家沟村又是具有特殊政治背景的老村庄。1948 年 10 月，肥城县民主政府进驻伊家沟村后，曾在这里召开了全县万人庆祝国庆大典盛会，在这里召开了肥城县第一届各界人民代表大会，肥城县第一次表彰生产劳动模范大会，肥城县第一届妇女代表大会，新民主主义青年团肥城县第一次代表大会等均在这里召开。在这里组建了肥城市（县）人民医院的前身——大众诊所；建立了第一个肥城县合作社推进社；在这里进行了建乡试点，选举产生了肥城县第一个乡政府——伊家沟乡政府。在这里，县委、县政府发出了全力支援淮海战役、参军参战保卫胜利成果、抗美援朝、捐献“肥城号”战斗机等号召，推动了全县社会主义革命和建设如火如荼的进行。

在这里进行的两次伏击战和在这里召开的一系列里程碑式的会议，及下达的各种动员号召等，都为伊家沟村的历史增添了浓墨重彩的一笔，并且载入了肥城的历史。这，也是伊家沟村民引以为荣的光辉历史。

伊家沟村地处平原，紧依新城，交通四通八达，地理位置优越，发展经济具有得天独厚的条件。伊家沟村两委带领全村人民在 20 世纪的社会主义革命建设中，改革开放的大潮中，继承和发扬革命传统，团结一致，努力奋斗，取得了显著的成绩。在进入 21 世纪的社会主义革命建设的新时代的历史征程上，伊家沟人秉承与时俱进发展理念，继续勇于创新，一定能把伊家沟村建设得更加繁荣和富强。

中共伊家沟村总支书记

伊家沟村村民委员会主任

2017 年 12 月

凡例

一、本志以马克思列宁主义、毛泽东思想、邓小平理论、“三个代表”重要思想、科学发展观、习近平新时代中国特色社会主义思想为指导，坚持辩证唯物主义和历史唯物主义的立场、观点和方法，客观、系统地记述伊家沟村的历史与现状，传承乡土历史文化，激发爱国爱乡情怀，为加快地方经济文化建设提供历史智慧和借鉴。

二、记述上限为建村伊始的1368年，下限至2015年年底。个别重大事项尽量追溯至事物发端，或可延至搁笔。

三、叙事区域范围为现有行政区域，适当增加横向对比、联系等内容。

四、采用纲目体，横排门类，纵述史实，详今略古记述，述而不论。

五、综合运用述、记、志、传、图、表、录等各种体裁，以志为主。

六、本志采用规范语体文和记述体。使用的文字、标点、数字、计量单位等，均按照国家颁布的统一规范书写，个别计量单位兼顾习惯用法。

七、各项数据一般采用国家统计部门数据。缺乏统计数据的，采用主管部门或主办单位正式提供的数据。

八、只收录具有存史价值和名村特色的图片，版面图文并茂。

九、中华民国以前的纪年，先书历史纪年，其后括注公元纪年。自中华民国成立后的纪年，均使用公元纪年。志书中“XX年代”，凡未加世纪者，均指20世纪的年代。志中所称“1949年前（后）”，中华人民共和国成立前（后），均以1949年10月1日为界；“改革开放前（后）”，以中共十一届三中全会召开的1978年12月为界。

十、记述各个历史时期的党派、机构、职务、地名等，均以当时的名称为准。对频繁使用的名称，首次用全称，其后用简称。

十一、村志“艺文”收录伊家沟村籍人出版或发表的诗歌、绘画或表演演出的文艺作品，外籍人士在省级以上期刊发表反映伊家沟村或人物事迹的文学作品。人物传主按生年排序，只选录对伊家沟村发展有重大影响的历史人物。

十二、需要独自说明的事项，均在编后记中记述。

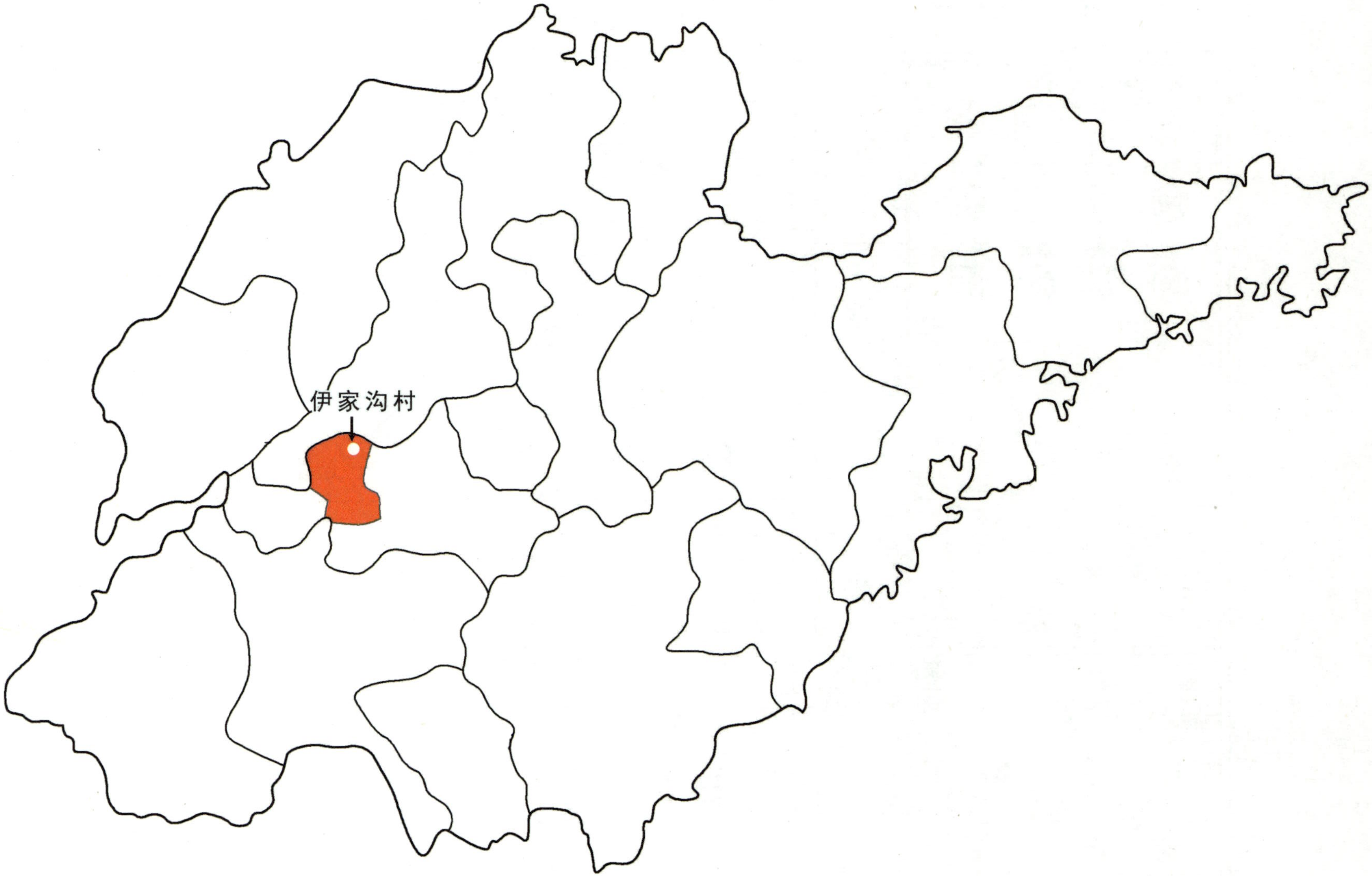

伊家沟村在山东省区位示意图

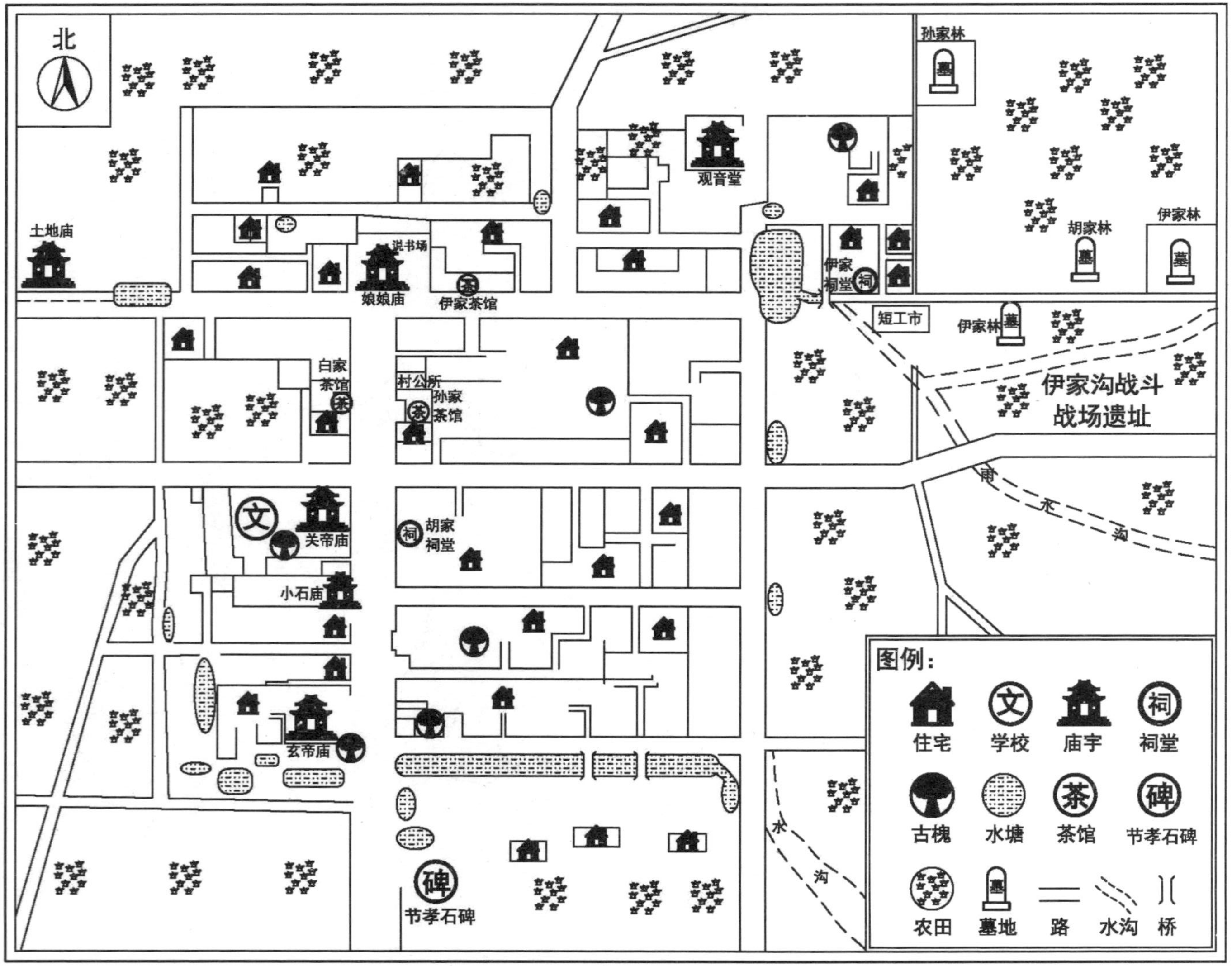

一九四八年伊家沟村区域图

（秦绪海　提供　孙新城　电子绘画）

伊家沟社区办公大楼　　　　　（孙　建　2017年8月　摄）

伊家沟居民居住区
伊家沟开发区

伊家沟社区概貌　　伊娜娜　冯　涛　2017年9月　摄影

颐高·鲁中国际电子商务园接待中心　　　　孙　建　摄影

颐高·鲁中国际电子商务园营销中心　　　　孙　建　摄影

伊家沟装饰材料一条街　　　　孙　建　摄影

商贸城一瞥　　　　孙　建　摄影

伊家沟居民楼多层区　　孙　建　摄影

伊家沟居民楼小高层区　　孙　建　摄影

伊家沟原南河（今龙山河西段）秋景　　伊娜娜　冯　涛　摄影

肥城师范附属小学　　伊娜娜　冯　涛　摄影

伊家沟村航拍图

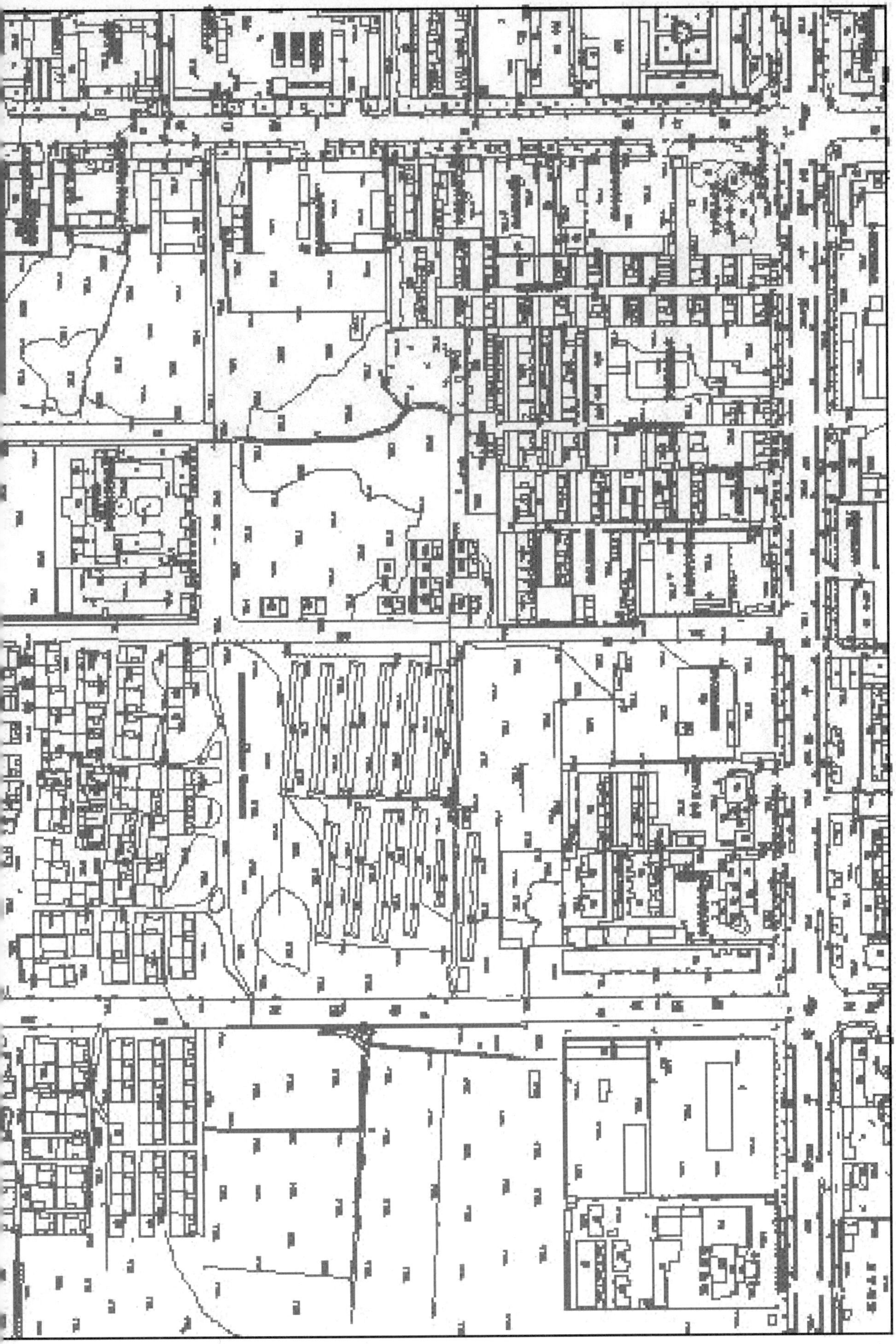

石钟楼　　伊娜娜　冯　涛　摄影

伊家沟村玄帝庙遗址碑　　伊娜娜　冯　涛　摄影

目录

序

凡例

001 概述

009 大事记

019 区划环境

021 **位置沿革**
021 村名由来
021 地理位置
021 建置沿革
023 境域面积
024 **自然环境**
024 地貌
025 气候
027 物候
028 动物物候
029 物候谚语
029 **自然资源**
029 土地资源
030 地表水资源
030 地下水资源
030 动物资源
031 植物资源
032 **自然灾害**
036 病虫害
037 其他自然灾害

039 人口

041 **人口状况**
044 **人口分布**
045 **人口管理**
046 **人口变动**
046 自然变动
047 机械变动
047 社会变动
048 暂住人口
049 **人口构成**
049 性别构成
050 年龄构成
054 文化构成
056 职业构成
057 姓氏构成
058 **姓氏家族**
059 历代姓氏

061 氏族迁徙
070 婚姻与家庭
070 家庭组合
073 生育状况
075 生育政策
076 优生优育
077 家庭经济消费

083 **村政组织**

085 **中共伊家沟村总支委员会**
085 组织创建
085 机构沿革
092 党的建设
095 **伊家沟村委**
102 **群团组织**
102 农民组织
103 自卫队及民兵
103 妇女组织
104 青年组织
104 少年组织
105 少先队组织

107 **村务工作**

109 **组织生产**
110 **管理经济**
112 财务管理
114 收入与支出
115 财务监督
116 企业管理
117 土地管理
118 **村庄建设**
118 基础设施
122 民居规划建设
128 公共建筑
129 村庄绿化
130 **医疗卫生**
130 医疗人员
130 医疗器械
131 医疗机构
132 卫生室（所）设置
132 卫生经费
133 医疗制度
133 疾病防治
135 妇幼保健
136 爱国卫生
137 **其他政务**
137 征兵
137 支前
138 支工
139 优抚
139 社会救济
140 社会保障

143 **农业**

145 **农田建设**
145 造地还田
146 土壤改良
146 增施土杂肥

146 **水利设施**
147 地下暗渠和地上防渗渠
148 水井
148 **农业机具**
148 耕作机具
150 播种机具
150 锄耘机具
151 收脱机具
152 运输机具
154 加工工具
155 植保工具
155 排灌机械
156 **种植业经济**
156 粮食作物
157 经济作物
158 耕作制度
159 品种改良
161 良种繁育
161 田间管理
163 增肥改田
164 科技种植
165 植物保护
167 **林果业经济**
167 林业
168 果业
168 育苗
169 **土特产**
169 芝麻
169 花生
169 椿芽
170 **养殖业经济**
170 畜牧业
173 养蚕业

175 **工商金融**

177 **手工业**
177 木业
177 铁业
177 纺织业
178 编席业
180 汽车维修
181 **食品加工**
181 粮食加工
181 面粉加工
182 调味品酿造
183 奶制品生产
183 **制造业**
183 齿轮厂
185 电光源厂
186 肥城市钢管厂
187 肥城市鹏达巾被厂
188 **建材业**
188 石灰　砖生产
189 石料开采
189 混凝土预制构件厂
189 **建筑业**
189 伊家沟建筑队
191 伊家沟市政工程队

192 伊家沟修缮队
192 肥城市第六建筑安装工程公司
194 **个体商业**
195 **个体商户萃英**
195 伊兆木
196 胡士强
197 傅升祥
198 李庆云
199 **集体商业**
199 联营　代销
200 伊家沟蔬菜便民市场
200 伊家沟商贸城
202 旅馆饭店
202 肥城市新亚商贸有限责任公司
203 伊家沟物业公司
203 **金融**
203 存贷款
204 保险
205 **常用货币票证**
205 货币
206 票证
207 **计量工具单位**
207 长度
207 重量
208 容量容器

209 **治安调解**

211 **治安**
212 **调解**
212 调解工作制度
212 调解工作三项原则
213 调解工作的三项任务
213 人民调解的权限范围
213 人民调解委员会不能受理调解的纠纷
213 人民调解员工作纪律
214 人民调解委员会主任岗位职责
214 人民调解委员会十项制度
215 当事人应承担的义务

217 **教育**

219 **学前教育**
221 **学校教育**
221 私塾
221 小学教育
228 **成人教育**
230 **教师待遇与地位**
230 待遇
233 地位
235 **学校改造**
235 **教育经费**
236 **勤工俭学**
236 **教师来源与素质**
236 幼儿教师
237 私塾和小学教师

237 **考试制度与奖励**

255 **文化**

257 **古遗址　古建筑**
257 玄帝庙
258 镇街之神
258 关帝庙
259 娘娘庙
259 观音堂
259 土地庙
259 伊家沟村汉代遗址
260 古槐
261 **民间艺术**
261 剪纸
263 扎纸
263 小戏剧
264 故事班子
265 **民间歌谣**
265 儿歌
269 生活歌
270 情歌
271 抗日歌谣
275 劳动歌
276 时政歌
276 宽心歌谣

279 **村风民俗**

281 **岁时习俗**
281 农历传统节日
289 公历节日
293 **礼仪习俗**
293 婚嫁
296 生育
297 祝寿
298 店铺开张
298 乔迁
298 丧葬
300 称谓
302 **交际**
302 相见礼节
303 宴席礼节
304 **其他礼仪**
305 **生活习俗**
305 服饰
307 发型
307 留须
307 饮食
310 住宅
312 家用器具
314 **陋习流弊**
314 迷信
316 陋习
318 **方言**
318 语言
321 词汇
326 语法
329 语料
330 谚语

337 歇后语

341 **艺文**

343 **诗歌**
343 泰山诗千首——摘录
346 **书画**
346 伊宪武作品选登
347 伊淑田作品选登
348 **三句半**
348 繁荣经济、倡导文明
350 **民间传说**
350 过年的传说
350 元宵节的来历
351 十月一上坟祭祖烧纸
351 喝腊八粥的来历
352 仙家日子的传说
352 冰雹砸了个一平无息
353 **纪实文学**
353 委员长战斗过的地方

357 **人物**

359 **人物传略**
363 **人物简介**
363 1976—2004 年村党（总）支部书记
366 2015 年在任“村民委员会、村党总支部委员会”委员
370 副科级副高级职称以上人员
374 **人物表**
375 **荣誉**
375 功勋人物与荣誉奖章
377 2008 年度肥城市文明家庭
377 2009 年度光荣榜
377 2015 年度先进人物
377 1980—2015 年伊家沟村荣誉称号

381 **附录**

383 **文献辑存**
383 伊家沟村 1994 年度“两委”干部学法计划
384 伊家沟村依法治村实施方案
386 警民共建文明村实施意见
387 伊家沟村关于旧村拆迁和新村安置的有关规定
389 **特载**
389 伊家沟战斗
394 肥城县民主政府进驻伊家沟村情况简介
399 **参考文献**
400 **编后记**
403 **主编简介**

齐鲁名村志
QI LU MING CUN ZHI

伊家沟村志

1368—2015

YI JIA GOU CUN ZHI

概述

GAISHU

伊家沟村位于泰山西麓，康王河南岸，为新城街道办事处所辖行政村。伊家沟村地势较为平坦，东部略高于西部。北与孙家庄村毗邻，南与赵庄村、马连村隔龙山河相望，东与巧山村以济（南）兖（州）公路为界，西与尚庄村、东付村接壤。1977年，村辖总面积3.2平方公里，占新城街道办事处总面积的0.58%。其中村占面积580亩，耕地面积2530亩，全村379户，1911人，人均占地1.32亩。随着新城的开发建设征用土地，耕地面积逐年减少。至2004年，全村已无耕地。

伊家沟村属康汇平原，地势平缓，水源充足，为农、林、牧、副全面发展，造就了良好的自然条件。龙山河在境内500米，沟塘、沙滩等占地800亩，占总面积的29%。1949年后，经植树造林、造地还田，人工植被达到100%。

伊家沟村有优越的交通条件，济兖公路，泰临公路分别从村东、南两侧经过，城内两条城区公路分别横穿东西、纵贯南北，交通四通八达。村距肥城市委、市政府仅1公里，距新城街道办事处1.5公里，为肥城市新城区的城中之村。

伊家沟村历史悠久，据村北出土的汉代遗址推测，汉代即有人在此傍水（康王河）而居。自明洪武元年（1368）建村，距今历经600余年，期间为村，亦曾为乡、镇。

据清光绪十七年（1891）《肥城县志·方域》载：1891—1909年，县境内为4乡、33社、418村（后为472村），伊家沟村为榆城乡巧山社所辖。清宣统二年（1910），肥城县划为8乡、536村，伊家沟村为镇东乡所辖。1912—1948年，县内区、乡、镇、村间有增减，伊家沟村皆为第二区义甲（伊家）镇（镇驻地伊家沟村）所辖。1949年5月，肥城县政府在伊家沟进行建乡试点，选举产生了全县第1个乡人民政府——伊家沟乡人民政府（乡驻地伊家沟村），下辖伊家沟、刘家庄、孙家庄等9个自然村，同时设立乡党支部。

1950年春，二区划为18个乡，伊家沟村为二区所辖。1958年4月，伊家沟村为巧山店乡所辖。同年9月，全县先后建立14处人民公社，翌年调整为12处人民公社，80个管理区，伊家沟村为仪阳人民公社店子管理区所辖。1982年2月，建立刘家庄镇（后改为新城镇），伊家沟村先后为刘家庄镇及新城镇所辖。

1992年8月1日，经国务院批准，肥城撤县建市。同年9月9日，经山东省人民政府批准，撤销肥城市新城镇，设立新城办事处，伊家沟村为新城办事处所辖。2006年8月，改为新城街道办事处，伊家沟村为新城街道办事处所辖至今。

伊家沟村人民具有光荣的革命传统。

抗日战争爆发后，伊家沟村民积极参加抗日救国运动。农救会、妇救会等抗日救国群众组织，动员和发动群众进行减租减息、为雇工增资等运动，并配合抗日武装打日寇、除汉奸，救助伤员，破坏敌人的交通运输线，为抗日战争做出了积极贡献。伊家沟村青年李瑞乾、胡丕左响应抗日救国的号召，踊跃参军，对日作战，后均在解放战争中牺牲。1942 年，根据二区指示，伊家沟村村民秦永昌带领王丙三等 40 人，夜间奔赴津浦铁路万德段扒铁路，破坏敌人的交通线，有力支援了台儿庄会战。

1945 年，伊家沟村农民联合会（简称“农会”）、妇救会及民兵自卫队等群众组织，发动农民开展减租减息、土地赎回、土地改革斗争。赎回土地 1900 亩，凡租地户每亩减租 60%；8 名常年与人雇工者，增加了 1 倍工资。土地改革后，农民获得了土地，真正实现了“耕者有其田”。

1947 年 6 月 30 日，刘邓大军横渡黄河，发动鲁西南战役。为支援刘邓大军攻打汶上县城，伊家沟村组织了 50 人的担架队，随二区及县支前大队，支援汶上战斗，在炮火中抢救伤员，受到部队首长的表扬。

1948 年 1 月，伊家沟村成立了第一个党支部，陈继阳任第一任党支部书记。从此党组织带领群众配合地方武装，与国民党反动派及还乡团武装进行英勇斗争。在同年 6 月的复查运动中，复查出土地 1900 亩，房屋 20 余间，及一大批粮食和浮财，均分给了贫苦农民，极大地调动了农民生产和支援子弟兵作战的积极性。

1948 年 7 月 8 日，泰西军分区和县大队等地方武装，与下乡抢粮的国民党肥城县大队和还乡团，及前来增援的国民党七十三师十五旅、还乡团胡玉河部 3000 余人，在伊家沟一带展开激烈战斗，毙伤敌军 500 余人。罪大恶极的还匪头子胡玉河亦被击毙，敌人被迫撤退。战斗中，村党支部带领民兵送水送饭，抢救伤员，为取得战斗胜利做出了贡献。9 月 16 日，华东野战军对济南国民党军队发动攻击。为支援济南战役，伊家沟村组织 50 余人，担架 20 付、小车 10 辆，将 300 余斤馒头干、200 双军鞋送到济南前线，并参加了抢救伤员的战斗。10 月，肥城县民主政府及所属公安、法院、民政等机关迁驻伊家沟村，提高了伊家沟村的政治地位和影响，掀开了续写伊家沟村历史新篇章的序幕。11 月，华东野战军和中原野战军发起淮海战役。伊家沟村响应县委、县政府支援前线的号召，组织 30 人、小车 10 辆、担架

20 付、小米 3000 多斤，参加二区组织的支前队伍，胜利完成任务，受到华东支前委员会的表彰。是月，在全县开展的参军参战运动中，伊家沟村有 9 名青年参加人民军队，奔赴解放战争第一线。

1950 年 6 月，朝鲜战争爆发后，伊家沟村人民响应党中央的号召及肥城县委、县政府捐献“肥城号”战斗机的号召，开展了轰轰烈烈的抗美援朝运动。全村捐献慰问袋 200 个、布鞋 100 余双、布袜 50 余双、小米 500 公斤、款 100 余元（鲁西票）。村民李恒增、胡培东、孙允昌、王发祥、陈太顺 5 人报名参加志愿军。

中华人民共和国成立后，伊家沟村人民继续发扬战争年代的优良传统，积极为社会主义革命和建设贡献力量。1950—2015 年，全村共有 163 名优秀青年参加中国人民解放军。陈正存、伊兆厚、秦绪山、王新涛等人，分别于 1966 年 1 月、1979 年 1 月参加了抗美援越和对越自卫反击战。为支援国防和经济建设，在各级政府的统一安排下，伊家沟村参加了多项国防、工业、交通、水利及援边建设。自 1958 至 1977 年 3 月，伊家沟村先后派出 800 多人次，参加了津浦铁路复线、济（南）兖（州）公路修筑、东平湖和长清归德修筑房台、“1030”引黄济肥、县内石坞水库、十里长山农田会战、大柱子万亩灌渠建设等工程，均圆满完成了任务。

中华人民共和国成立后，伊家沟人在中国共产党的领导下，走互助合作的道路，整平土地，兴修水利，提高了抵御自然灾害的能力。同时走以副养农的路子，农业生产得到恢复和发展。1957 年，粮食亩产量 195 公斤，比 1949 年亩产增 70 公斤；总产超过 52.38 万公斤，比 1949 增长 65.2%；人均口粮比 1949 年增长 45 公斤。是年，集体经济总收入 13.2 万元，比 1949 年增加 6.7 万元；农民所得 7.2 万元，人均收入 55 元，比 1949 年人均增加 29 元。

1958 年，人民公社化运动中，“共产风”“浮夸风”等“五风”盛行。由于违背了客观发展规律，造成农业严重减产，人民生活下降。

1962 年后，村党支部和村委认真贯彻党中央“调整、巩固、充实、提高”的八字方针，纠正了“一平二调”的错误管理方式，将管理体制改为“三级”（公社、生产大队、生产小队）所有，队为基础，调动了社员的生产积极性。建筑、运输、粮食加工、磨坊、挂面坊、弹花坊、油坊、砖瓦和石灰窑厂等项目相继上马开业。到 1965 年，粮食亩产 315 公斤，总产 61.6 万公斤，人均口粮 184 公斤。是年，集体总收入 15.3 万元，社员所得 7.52 万元，人均所得 52 元，人民生活水平有了较大提高。

1966—1976年的十年“文化大革命”中，伊家沟村农业生产和人民生活受到严重影响。但是，全体党员干部带领群众，团结一致，奋力抵制错误路线的干扰，经历了5年的艰苦奋斗，农田全部实现了机耕、机播、电灌化，农业生产得到稳步发展。1978年，粮食亩产470公斤，总产量77.55万公斤，向国家交售公粮16万公斤。同时，村集体经济得到了较快发展。村办副业在原有基础上，又增加了电焊修配、木工、电工、油坊、粉坊、运输、畜牧养殖等。1978年，全村经济总收入38.2万元，其中，副业收入14.2万元。社员分得14.7万元，年人均分得76.2元，人均口粮210公斤。

1978年，中国共产党第十一届中央委员会第三次会议（以下简称“中共十一届三中全会”）后，村党总支认真贯彻执行中共十一届三中全会的路线、方针、政策。1982年，推行了家庭土地联产承包责任制，摆脱了长期以来的平均主义和上级下达种植计划的束缚，在农业生产上实行科学种田，加大投入，二、三产业和村办企业、个体企业都有了较快发展。是年，粮食亩产700公斤，比1978年亩增230公斤。全村经济总收入101万元，社员分得51.4万元，年人均收入263元，比1978年人均增加187元。

1984—2000年前后，农业体制进一步深化改革，完善土地承包和生产责任制。同时，调整种植结构，形成合理的种植格局。村投资建优质蔬菜基地60余亩，冬暖式优质塑料蔬菜大棚12个，发动村民建优质蔬菜大棚百余个，全村蔬菜种植面积占粮田面积的70%，利用城中村的地理优势，千方百计加快发展二、三产业，在原有企业扩能改造和培强做大的基础上，不断开发新上项目，使村办企业沿着规范化的轨道健康发展。全村从事各类服务行业的达300余户，经营人员600余人。至2000年，全村社会经济总收入1.7亿元，其中，村集体经营收入9020万元，占总收入的53%；农民家庭经营收入7980万元，占总收入的47%，村民人均收入3880元。2000年经济总收入是1978年的445倍，农民人均收入是1978年的51倍。

为了增加集体和村民收入，伊家沟村利用原村办厂内空闲地及其他有限的土地，投资建商品楼和贸易市场，对外销售和长期租赁。2001年7月至2006年，在原酿造厂、齿轮厂、健康饭店等处，分别建“5+1”商品楼6栋，均对外销售和沿街楼长期租赁。2004至2005年7月，分两期建起伊家沟商贸城干鲜水果批发市场，市场内建有二层、三层楼门店和两处钢架结构大棚，引进大型仲金百货超市、华联超市及上百个个体工商户，形成商贸、日用百货、生活资料、超市商店、饮食服务、干鲜水果等商品联合一体的批发零售大市场，日交易额20余万元。在城区内还发包租赁厂地及土地租赁户10余家。

至2006年，全村社会经济总收入达2.024亿元，其中，村集体经营收入1.092亿元，农民家庭经营收入9320万元，村民所得总额1180万元，人均所得5850元，人均存款5000元，比2000年全村经济总收入增加3240万元。与2000年相比，村集体经营收入增加1900万元，农民家庭经营收入增加1340万元，人均收入增加1970元。

随着改革开放的不断深入，经济收入逐年增加。2011年，全村经济总收入3.354亿元，其中村集体经营收入1.996亿元，村民家庭经营收入1.357亿元，村民所得总额2553万元，人均收入1.11万元。比2006年人均收入提高了5250元。

随着集体经济的快速发展和壮大，集体经济收入增加。2012年，村集体经营收入22959万元，占全村经营总收入的59.5%，是2000年的2.55倍。

为了提高村民的居住条件和生活水平，1994年实行旧村改造。2001年，有83户村民住进二层小康楼。2002年，建居民楼两栋，60户村民乔迁新居，住房面积为94~121平方米。2008年，在村东区建“5+1”居民楼共20栋，面积100~120平方米，安排居民550户。2012—2015年，在村西区建7栋小高层楼，面积为75~120平方米左右，安置居民230户。西区居民楼冬季均已供暖，居住条件达到了城市水平。其间，伊家沟村设置了电教室、图书室、老年活动室及其他设施。村内街道进行了扩宽和改建，修筑了中心街、广兴街、文明街，村委（新、旧村委）前东西路、村后东西路等，道路均进行了扩展和硬化，铺设了沥青路面。

20世纪80年代后，村民的生活消费水平快速提高。由吃粗吃饱，转向吃细吃好，且讲究营养搭配。名牌西服、中高档服装、皮鞋普及到男女老少，做饭都用上了天然气、电磁炉。取暖用上了天然气壁挂炉及空调。汽车、电冰箱、洗衣机、空调等，基本每个家庭都有。手机户均3部以上，数字液晶电视、电脑、轿车在村民家庭中陆续普及。

至2015年，村民拥有消费品：壁挂取暖炉210个、天然气灶780个、收录机11台、照相机550部、手表400块、手机2600部、电风扇1500台、电冰箱800

台、空调 700 台、洗衣机 800 台、彩电 806 台、电脑 610 台、两轮摩托车 120 辆、机动三轮车 80 辆、电动及电动三轮车 2000 辆、货运汽车 76 辆、大小面包车 32 辆、轿车 300 辆。

同时，伊家沟村对失地农民、老年人、老党员、符合新型农村合作医疗及符合新型农村养老保险的村民、自愿拆迁入住楼房的居民，考入大中专院校的学生等，实行由社区居委会承担的各种形式的福利待遇。村民实际生活水平超过山东省规定的小康标准。

伊家沟村自建村以来，已繁衍生息 600 余年。600 余年的历程，积淀了丰富古老的文化底蕴，为后人留下了宝贵的精神财富。

20 世纪 90 年代至 21 世纪初，村党总支、村民委员会成员精明强干，村民精诚团结，作为城中之村的伊家沟村，又逢国家昌盛，福临华夏，政通人和，人心凝聚之际，富有勤劳传统和聪明智慧的伊家沟村人民，决心在各级党委和政府的英明领导下，进一步解放思想，更新观念，勇于创新，同心协力，顽强奋斗，加快经济发展，沿着具有中国特色社会主义康庄大道，再创千秋之伟业，把伊家沟村建设得更加繁荣和富强。

齐鲁名村志
QI LU MING CUN ZHI

伊家沟村志

1368—2015

YI JIA GOU CUN ZHI

大事记

DASHIJI

明洪武元年（1368）

伊氏、陈氏，自山西洪洞县迁来定居建村，以两姓氏定名为“伊陈村”。（清初改为伊家沟村）

明正德二年至清光绪十四年（1507—1888）

肥城县行政区划为4乡、33社、418个村，仪阳属榆城乡所辖。划为沙沟社、巧山社、仪阳社三社，伊家沟村为巧山社所辖。

根据《肥城县志》记载统计，自明朝正德二年（1507）至清光绪十四年（1888）381年中，大旱有25年，洪涝灾害13年，平均10年有1次毁灭性灾害。旱时赤地千里，庄稼无收，饿殍遍野；涝时大水成灾，禾稼淹没，房屋倒塌，民众无食。

另有地震4次，雹灾2次。

清宣统三年（1911）

村内创办私塾两处，胡昌年在自己家1处；张丙林在原老供销社（尚里村李子英收租处）1处。

1918年

6月（农历5月）伊家沟村发生较大雹灾。麦收结束后的一天中午，西北天空突然变黑，满天乌云，顷刻冰雹直下，茶碗一般大小，砸伤在地干活者数人。

1924年

肥城县境内创办郭家店、东浊（马家祠堂）、城内东关、伊家沟初级小学4所。

1925年

春旱，春播推迟三个节气。6月上旬，狂风大作，折拔树木，毁坏庄稼，刮走房顶。县知事号令商绅募捐救灾，督促农民补种晚禾。

1927年

夏旱，秋旱霜，麦秋皆失收。

1928年

全县由原33社划为9个区。仪阳社、沙沟社、巧山3社划为肥城县第二区。区下设镇（乡）村两级，伊家沟村属第二区的石坞镇义甲乡所辖。

1937年

8月1日4时55分，发生地震；18时41分又震，震级为4～5级。

1938 年

4 月 11 日，日军进入伊家沟村。

秋，肥城县抗日政府县长兼保安大队长于会川，得知日伪出城抢粮途经伊家沟村的消息，在伊家沟设伏，与日伪军激战半日，消灭日伪军 10 余人。

1939 年

日本侵略者第二次来伊家沟村，抓走秦兆亨、秦兆义、王明义 3 人。

1944 年

下半年，全区在进行“土地赎回”的同时，开展减租减息工作。

是年秋旱，谷子、高粱、大豆歉收。

1947 年

春，国民党新五军 2000 余人在到伊家沟村停留 4 天，砍树 6000 余株做围墙，抢粮 1500 斤喂牲口，宰杀鸡 1200 余只，猪 150 头及鸡蛋 200 余斤，并强掠布匹衣物 2000 余件，小车十几辆，钱 120 多万元（旧币），奸污妇女 12 人。

秦永昌、陈绪富、石兆文、胡培清、王德玉、王瑞祥、胡培忠、胡培振、胡培达、刁传祥、石振明、王德生、伊连丙 13 名村干部和模范班成员被捆绑吊打。

国民党军第五军（号称“十万大军”）进犯，逃亡外地的国民党自卫大队等反动武装重返肥城。地主反动武装“还乡团”趁机进行反攻倒算。还乡团第一次到伊家沟村，抓走联合会副主任伊继圣，随即将其杀害填入老城南关井内。5 天后，又抓走胡培起烈士母亲和伊淑林 2 人，后胡家出小麦 3000 斤，伊家出小麦 1500 斤才放回。又隔了 4 天，逮去孙传家、孙立寅、秦盈（女）、王德泗之妻。通过各种渠道，共交小麦 2500 斤，才取保回家。农历十月初，第四次又抓走联合会审讯股长秦圣昌，被吊起毒打，几次昏死，遍体鳞伤。后又用烧红的铁棍烙其全身，将近年底，用小麦 1000 余斤才取保出狱。回家后养了一年多，伤势才逐渐痊愈。

是年，二区划分为伊家镇、仪阳镇、石坞镇、柱子镇、百忍乡、建国乡、平等乡。伊家镇址在伊家沟村，辖伊家沟、孙家庄、前段庄、后段庄。

1948 年

11 月，华东野战军和中原野战军发起淮海战役，为夺取战役的胜利，县委号召全县人民全力支援前线。伊家沟村出担架 20 付、小推车 10 辆、碾小米 3000 多斤，参加二区组织的支前队伍。

12 月，肥城县委开展筹建新民主主义青年团（即今中国共产主义青年团）工作。先后在巧山店和伊家沟村进行建团试点，发展团员 20 名，其中，伊家沟村发展团员 11 人。

1949 年

5 月，根据上级关于建立乡政府的指示，县政府在伊家沟进行建乡试点。县委书记张瑞周主持召开群众大会，民主选举肥城县解放后最早的一个乡人民政府——伊家沟乡人民政府。孙远金任乡长（孙家庄人）、王瑞祥任文书（伊家沟村人），辖刘家庄、伊家沟、孙家庄、前段庄、后段庄、胡家庄（今老城镇）、尚庄、马连庄、赵庄。

是月，建立了乡党支部委员会，陈继阳（伊家沟人）任书记并兼乡人民代表主席，孙远金（孙家庄人）任组织委员、陈圣村（刘家庄人）任宣传委员、赵继成（伊家沟人）任武装队长。

6 月，根据泰安行署 1949 年工作计划，县政府拔粮 2 万公斤，在伊家沟建立肥城合作推进社。

1950 年

6 月，朝鲜战争爆发后，全村响应党中央的号召，先后有李恒增、陈太顺、孙允昌、胡培东、王发祥参军参战，捐献慰问袋 200 个、布鞋 100 余双，布袜 80 余双、小米 500 公斤、款 100 余元（鲁西票）。

7 月 6 日，全村遭到大风冰雹袭击，庄稼造成重大损失。村党组织响应县委、县政府和区委的号召，组织村民进行自救及时补种，尽量减少经济损失。

1951 年

2 月，土地改革结束，确定地权、房权。5 月 28 日，肥城县人民政府颁发山东土地房产所有证。

3 月，伊家沟村的胡培禄初级社成立，同时还成立了 6 个初级农业生产合作社。

12 月 23 日，中共泰安地委向各县转发肥城县二区伊家沟胡培禄兴办初级社——农业生产合作社办社经验。

1954 年

4 月，中央农村工作副部长陈正人等，在县委、县政府领导人的陪同下，到伊家沟实地考察农业生产合作社的生产和组织发展情况，对伊家沟村的农业生产合作社及组织发展情况给予了高度评价。

1955 年

10 月，伊家沟的胡培禄初级社办成全县最早的生产资料归集体的高级农业生产合作社。

11 月 7 日，中共肥城县委向全县转发了伊家沟大队（村）关于陈绪富农业生产合作社生产规划。

冬，泰安地委、肥城县委，在伊家沟大队（村）和孙家庄高级农业生产合作社进行典型示范。

是年，大队党支部书记兼大队长陈绪富带领干部群众在村南。盐路子北，用人工挖井 1 眼，受到肥城县委、县人民政府的表彰奖励，奖励全县唯一的德国制造的 8 马力汽油抽水机一套和马一匹，并由上级有关部门拍成电影。

1956 年

10 月，山东省副省长王哲等领导到肥城检查文化工作开展情况，在县委有关领导的陪同下，到伊家沟大队视察了俱乐部。

1967 年

2 月，在上海“一月风暴”的影响下，伊家沟大队也出现了个别群众组织，因观点不一，有的干部被批斗。是时，群众呼吁“他们要夺权，我们要生产”。伊家沟大队生产有序，当年粮食未减产。

3 月，伊家沟大队派民工 30 人到东平湖大鞍山汇河参加筑房台工程，历时 3 个月。

9 月，伊家沟大队 18 人参加公社组织的大柱子杨水站建设工程。

10 月，中共中央《关于中小学校都要复课闹革命》的通知下达后，伊家沟学校学校师生积极响应，返校复课闹革命。

冬，大队（村）内人人佩戴毛主席像章，街道墙上、大门上到处有毛主席语录。穿黄军装，戴黄军帽盛行。

1968 年

3 月，公办小学下放到村，大队选派贫下中农代表进驻学校，时称贫下中农管理学校。

7月，小学由“四二制”改为五年一贯制。取消升学考试，实行推荐入学。

10月，《人民日报》转载了山东嘉祥县王庆余、侯振民关于《公办小学下放到大队来办》的建议后，伊家沟大队在外地任教的公办教师陈学诗、胡士寅、胡培迎、赵西银4名教师返回伊家沟村任教。

1977年

春，肥城县新县城开始破土动工，新城路开通。县城搬迁建设，征收伊家沟村土地444.9亩。

3—6月，伊家沟大队40余人参加县组织的长清归德公社黄河构筑房台工程。

9月，国家恢复因“文化大革命”中断的大中专统一考试制度。伊家沟大队青年踊跃报名，秦正修考入泰安师范专科学校（今称泰山学院）。

1979年

1月，根据中央《关于地主、富农分子摘帽问题和地、富子女成分问题的决定》，大队党支部积极开展此项工作。经干部群众评议，为8户地、富农摘帽子，其子女不再是地、富农成分，一律改为社员成分。

1984年

生产大队改称村民委员会。1月，刘家庄镇改称新城镇。伊家沟大队属新城镇管辖。

2月，根据上级指示，农村生产大队改为村民委员会，生产队改为村民小组。

同月，召开村民选举大会，选举伊连友为第一届村民委员会主任，陈正金、陈玉海、韩立运、孙业才任委员。

4月，伊家沟村将8个生产队改为8个村民小组。对各生产组财务进行了改革，由村设专业会计统一管理。

5月，村党支部委员会进行换届选举，胡士其任书记，伊连友、王秀梅、陈玉海任副书记，陈正金、孙业才、胡士泉任委员。

1987年

春，村投资8000元建自来水泵房，投资9.6万元，购进塑料管1万余米，由河北省玉田县自来水专业施工队施工铺设村自来水管道等全村户户喝上自来水。

1993年

6月14日，全国人大常委会副委员长费孝通到伊家沟村考察调研。

1994 年

11 月，伊家沟村教师孙业生、陈仲富、伊兆斌、伊兆森、陈正兰、邱士杰、赵秀兰、胡秀云、王山祥、赵杰 10 名民办教师，全部转为公办教师。

是月，村党总支委员会进行换届选举，胡士其任书记，孙业才、伊连友任副书记，王秀梅、陈玉海、陈正金、胡士泉任委员。

1995 年

4 月 24 日，伊家沟村与肥城师范附属小学签定联合办学协议。

9 月，伊家沟村学校撤销，教师划为师范附属小学在编人员，学生在附属小学就读。

10 月，由于伊家沟村自来水压力小供水不足，部分户吃水困难。村投资 110 余万元，更换管道，改为市自来水公司供水。

1997 年

10 月，伊家沟荣获和“山东省优秀人民调解委员会”称号，由山东省司法厅颁奖牌一面。

1998 年

12 月，伊家沟村荣获山东省建设委员会、山东省人事厅授予的“村镇建设明星村”称号。

2008 年

8 月，原伊家沟村村民委员会改称为伊家沟社区居民委员会。辖区 1.5 平方公里，泰临路（上海路）以北至工业三路以南、长山街以西至桃园街以东。辖区内有 32 个单位，15 处企业，21 个居民区，3500 户，10500 人。社区党总支下设工会、青年、民兵、妇女、综合治理、计生委等服务组织。社区主任姚庆国，副主任李金宗（新城街道办事处下派村官）、胡式君。

2010 年

3 月，伊家沟村被山东省商务厅授予“山东省社区商业示范社区”称号。

6 月 20 日至 7 月 18 日，伊家沟村改造拆迁，首批 95 户拆迁户及 85 户新划户，分别顺利进行楼房抓阄分配到户。

原面粉厂拆除改造，村投资 200 万元，建设伊家沟便民市场；村投资 150 万元建设伊家沟花卉市场。

村投资130万元，改造了商贸城3个大棚，建筑面积为2800平方米。

2013年

1月，伊家沟村被山东省工商行政管理局、山东省精神文明建设办公室、山东省市场与经济人协会授予“山东省文明诚信市场”奖牌。

3月，村党总支委员会进行换届选举，姚庆国任党总支委员会书记，胡士惠、王开生、秦善阳任副书记，高淑祯、陈建国、孙衍霞任委员。

5月，小高层新区新增电力负荷1260千伏安，村投资200余万元（含变压器两台、线路2000余米、设施配套费）。

6月，由国家电网公司对用电户进行更换智能电表。伊家沟村供电组对用电户实施更换智能电表安装。

2014年

1月，开展编纂《伊家沟村志》工作。

6月2日，伊家沟村民委员会与浙商电子商务产业园有限公司签定“肥城鲁中电子商务产业园”合作开发合同。

6月22日，村成立“电子商务产业园”旧村拆迁、清障领导小组。组长：姚庆国，副组长：胡士惠、秦善阳、陈建国，成员：两委成员及秦绪建、秦正海。下设办公室，主任：胡士惠，副主任：陈建国、秦绪建，成员：两委成员及秦正海、赵刚、李大军、伊兆江、李秀梅。

2015年

是年，村出资9万元，为每位村民增加了40元的居民医疗保险；按照上级部门社区卫生室规范建设“六室一房”的标准要求，投资24万元完成第二次卫生室改造。

齐鲁名村志
QI LU MING CUN ZHI

伊家沟村志

1368—2015

YI JIA GOU CUN ZHI

区划环境

QUHUAHUANJING

位置沿革

村名由来

明洪武元年（1368），伊氏、陈氏自山西洪洞县迁来定居，曾以两姓氏命名“伊陈村”。原村关帝庙碑文记载：明嘉靖二十七年（1548）该村曾叫“伊陈村”。后因该村东北大坑内有泉眼一个，泉水和东来之水汇流穿村西去，天长日久，冲击成一条小河沟，大家赞誉“泉好水秀”。清初，以此定名为“伊家沟村”，沿袭至今。

地理位置

伊家沟村位于肥城市新城北，紧依城区，为新城街道办事处所辖行政村。地势较为平坦，东部略高于西部。地理坐标为东经 116° 28′ ~ 116° 59′，北纬 36° 08′ ~ 36° 13′。北与孙家庄毗邻；南与赵庄村、马连村隔龙山河相望；东与巧山村以济（南）兖（州）公路为界；西与尚庄、东付村相连。1977 年辖区总面积 3.2 平方公里。

建置沿革

伊家沟村建村至今已有近 600 余年的历史。清光绪十七年（1891）《肥城县志》载，县境区划为 4 乡，33 社，418 村，伊家沟村为榆城乡巧山社所辖。

清光绪三十四年（1908），肥城县划为 4 乡，33 社，472 村，伊家沟村仍为榆城乡巧山社所辖。

清宣统二年（1910），肥城县划为 8 乡，536 村，伊家沟村为镇东乡所辖。

1912 年，肥城县划为 9 区，35 镇，29 乡，671 村，伊家沟村为二区义甲镇

（驻伊家沟村）所辖。

1928年，伊家沟村为肥城县第二区石坞镇义甲乡所辖。

1935年，肥城县行政区划为9区，64乡镇，672村，伊家沟村为第二区义甲镇所辖。

1944年，肥城县撤乡镇，行政区划为7个区，565村，伊家沟村为第二区所辖。

1947年，国民党县政府行政区划为9个区，35镇，30乡，其中第二区设6镇3乡，伊家沟村为伊家镇驻地，下辖孙家庄村、前段庄村、后段庄村。

1948年，肥城县划为19个镇、24个乡、6个区、582个村，伊家沟村为第二区义甲镇所辖。

1949年5月，肥城县政府在伊家沟村进行建乡试点，选举产生了全县第一个乡人民政府——伊家沟乡人民政府。下辖9个自然村：伊家沟、刘家庄、孙家庄、前段庄、后段庄、胡庄、尚庄、马连庄、赵庄，同时设立了乡支部。

1950年春，区以下建乡，二区划为18个乡，伊家沟乡为二区所辖。

1952年，肥城县行政区划为13个区，198个乡，880个村。伊家沟乡为二区所辖，伊家沟乡下辖伊家沟、刘家庄、东赵庄、西赵庄、马连庄5个村。

1955年，二区将原来的14个乡，并为6个乡。伊家沟村为伊家沟乡，下辖孙家庄、前段庄、后段庄。

1958年4月，肥城县撤区建乡，将第二区划为巧山店乡、仪阳乡。伊家沟村为巧山店乡所辖。

1958年9月，全县先后建立14处人民公社，伊家沟村为仪阳人民公社所辖。

1959年，全县行政区调整为12处人民公社，80个管理区，868个村。伊家沟村为仪阳人民公社店子管理区所辖。

1982年2月，建立刘家庄镇，下辖两个管理区，共16个生产大队，95个生产小队，32个自然村。以济兖公路为界，分店子、伊家沟两个管理区。

1984年1月，刘家庄镇改称为新城镇，伊家沟村为新城镇所辖。

1992年8月1日，经国务院批准，肥城撤县建市，6日正式对外办公。同年9月9日，经山东省人民政府批准，撤销肥城市新城镇，设立新城街道办事处，为肥城市政府派出机构。伊家沟村为新城街道办事处所辖至今。

境域面积

1977年，伊家沟村境域，总面积3.2平方公里，其中村庄占用土地面积580亩（包括住宅面积275亩）。全村可耕地面积2530亩，人均1.32亩。随着肥城市新城城区开发建设征用土地逐年增多，2004年全村已无耕地。

各生产小队耕地面积分布情况

第一生产小队耕地面积423亩，主要分布在村庄南大崖子、五地面子、80亩地、张家林子、南盐路子地、水沟地及庄东等地块。

第二生产小队耕地面积333亩，主要分布在庄西原秦家林、庄南三节地、尚庄东伊家林，南盐路子地，水沟及庄东等地块。

第三生产小队耕地面积273亩，主要分布在庄西南水沟地、原秦家林、双杆子地、南盐路子北、尚庄东梨铧尖地，及庄东等地块。

第四生产小队耕地面积356亩，主要分布在庄南大路西，有包袱地、四节地、盐路子北、庄南陈家林、尚庄东、庄东等地块。

第五生产小队耕地面积238亩，主要分布在庄西尹家井、双柯镂井，通尚庄东西路北、西北洼子、尚庄东猴子地、庄东大畦田、铁路子李家林、庄北后台子，庄南王家林、韩家林、水沟地、四节地等地块。

第六生产小队耕地面积277亩，主要分布在庄西包袱地，通尚庄路北地，西北洼子，庄西8亩地，韩家林、王家林、四节地、水沟地、庄东李家林铁路子等地块。

第七生产小队耕地面积295亩，主要分布在庄南蛇腰地、狼场地、陈家林、村东南、电池地、韩家林、马趟子地、庄东大畦田、伊家林北等地块。

第八生产小队耕地面积335亩，主要分布在庄南蛇腰地、狼场地、刘家庄西、盐路子南、庄南大地、破地、电池地、庄东胡家林、王家林、伊家林北等地块。

伊家沟各生产小队农户在村内住宅面积共275亩。

第一生产小队住宅面积45亩。

第二生产小队住宅面积38亩。

第三生产小队住宅面积30亩。

第四生产小队住宅面积 40 亩。

第五生产小队住宅面积 25 亩。

第六生产小队住宅面积 30 亩。

第七生产小队住宅面积 32 亩。

第八生产小队住宅面积 35 亩。

自然环境

地貌

伊家沟村地处平原，地势呈东高西低走向，北部略高于南部，村偏北有一条东西沟，形成锅底形状，自然形成微倾斜平地。

土沟 境内有东西方向沟一条，起自巧山村西与伊家墓地前沟相连接，弯曲经村内偏北至尚庄村南和东付村内，是季节性雨水沟，总长 5 公里多，坡度为 2‰ ~ 3‰左右。因村东北大坑内有泉眼一个，泉水和东来之水（巧山村）汇流穿村西去，天长日久，冲击成一条沟，为雨季排水泄洪的主要通道。1951 年，农历六月二十二日早晨天降暴雨，从泰安鱼池经石坞、巧山而来的洪水，冲塌 100 余间房屋，淹没粮田几百亩。洪水经此沟泄洪后，全村无一人伤亡。

村东南（从刘家庄村西北），第八生产小队电池地沟与东上崖子沟连接，沿村向北也有土沟一条，约长 0.5 公里。

河流 境内只有季节性河流一段（现龙山河），原名南河崖。此河上游从大桥村、刘家庄、赵庄、伊家沟、马连、东付村、陈刘村依次穿过，汇流至康王河。境内河段（约 500 米）由市政府宿舍西桥往北至市人民医院南和马连庄后大桥西北段构成，现已建公园。在市人民医院东南河内筑南北向土坝一座，坝高 8 米，上宽 4 米，长 50 米（含淤洪道）。现改称为龙山河。

植被 分为野生植被和人工植被。1949 年前，沟塘、沙滩地、坟地、荒地大部分长有野生杂草、林木、灌木及小型树林共占地 800 亩，占总面积的 29%。1949

年后，境内进行农作物栽培，植树造林，造地还田。1978 年，人工植被已达到 100%。

气候

△气候 境内属温带大陆性季风气候区，四季分明。春季始于 3 月下旬，60 余天。春季气温回暖快，变化强烈，雨水较少，风速大，气候干燥。夏季始于 5 月下旬，100 余天。夏季气候炎热，气温高，降水集中，雨热同期。秋季始于 9 月份，60 余天。秋季气温骤降，雨量减少，秋高气爽。冬季始于 11 月上旬，140 余天。冬季雨雪较少，气候寒冷而干燥。

△气温 境内年平均气温在 12℃左右，月平均气温 7 月份为 26℃，极端气温高达 39℃，极端最低气温达零下 18℃，月平均气温高于 20℃的时间长 5 个月，在 150 天左右（5—9 月份）。每年从立春开始增温，月平均增温 3℃左右。8 月下旬逐渐降温，至 11 月平均气温降温 8℃左右。全年大于 10℃以上时间的积温达 4455℃。

△光照 村境内资源比较丰富，年累计日照时数为 2654 小时，平均总辐射量在 116 ~ 132 千卡 / 平方厘米之间。日照百分率为 60％左右。据气象资料记载，1965 年日照时数为 2898 小时，日照百分率为 65%；较少的 1961 年为 2313.8 小时，日照百分率为 53% ~ 65%。一年之中 3—10 月份，日照时数平均为 200 小时以上。自 6 月份后，最高日照时数为 275.7 小时，最少的 12 月份也在 180 小时左右。年平均太阳总辐射量为 173.5 千卡 / 平方厘米。立夏至夏至期间平均月辐射量为 14.2 千卡 / 平方厘米。光照时长有利于各种农作物的生长。

△降水 境内降水历年在 650 毫米左右，但年季变化较大，降水年变化率为 23%，且具有春旱夏涝，晚秋再旱和旱涝交替的特点。雨季一般自 7 月开始至 9 月上旬为止，为期 2 个月左右。最长连续降水日数平均 8~11 天。夏季历年平均降水量约在 435 毫米左右，占年总降水量的 70%。秋季降水量在 120 毫米左右，占年总降水量的 10% 左右。冬季降水量在 20 毫米左右，占年总降水量的 3% 左右。春季降水量为 70 毫米左右，占年降水量的 9% 左右，且降水年际变化大。降水量最高年（1964 年）1083 毫米，是降水量最少年（1966 年）434 毫米的 2.3 倍。日

最大降水量是1973年7月15日，是日降水达208毫米，1978年7月13日达120毫米。

△蒸发量 境内历年蒸发量平均在1468~2380毫米之间。占全年总蒸发量的37%。其中6、7月份最大，一般在660毫米左右。春季（3—5月份）蒸发量多在600毫米以上，约为同期降水量的9倍。冬季蒸发量较少，占全年蒸发量的9.6%。境内历年常是春旱夏涝，初秋复旱晚秋旱涝交替之状况。

△霜期 境内初霜一般在9月底10月初，终霜期一般在4月上旬，历年无霜期平均在150~200天之间，有霜期在195天左右。春天由于气候不稳，冷暖气流交替入境，有时出现倒春寒和晚霜，对农作物和果树花叶造成冻害。

△降雪 境内历年降雪最早在11月，终雪日在4月。降雪时间集中在1—2月份。最大积雪量为6.9毫米，平均积雪深6~10厘米，最大积雪深度26厘米（1972年1月30日）。有时出现冻雨，造成树木和电线积冰，冰层厚1~2厘米左右，路面随下随冻，易形成“地皮夹”。

△冻土 每年11月下旬至12月上旬，土壤开始进入冻期。多数年份冻土深在30~40厘米，最深为48厘米。初解冻最早在2月初，一般在2月下旬，最迟在3月初，常年平均冻结期（土壤在10厘米内）在40天左右。

△季风 境内风的年变化规律主要随季节转换。春季多东南风，平均风力3至4级，最大5级。春末夏初常有短时间的4~5级西南风、东北风。夏季（6至9月份）多偏南风，间有4~5级的东风、东北风。秋、冬多为北风、西北风。全年以春风较多。盛夏之时，由于受较强冷空气影响，间有7级以上偏北风，平均风速2.4米/秒。1978年6月30日和8月18日，两次强雷雨时，最大风速分别达到22至24米/秒，最大风力约为8至10级。1980年9月1日强风暴中，最大风速达33米/秒。2000年4月9日，在15时48分至16时4分，全市出现大风及沙尘暴天气，瞬时最大风速达20米/秒。

△地温 历年平均地面温度（指地面及地中浅层5~20厘米的土壤温度）为15.3℃，约比气温高2.3℃。地面温度的变化与气温的年变化相似。2—6月份递增，7月份出现最大值。8月份递减，至翌年11月出现最小值。

物候

植物物候 历年境内气温稳定在10℃时，正是春分刚过，清明将临，桃李初绽之际。候温稳定超过20℃时，正是小满、芒种之交，进入一年的最热阶段。当候温再降到22℃时，已是9月下旬，到了燕子南飞，秋高气爽之际。候温再稳定降至10℃时，已是梧桐、杨柳落叶的初冬。这样年复一年，周而复始，各种植物形成了各自鲜明的物候期。

境内春夏秋冬一年四季，以时间分界，一般把1月、4月、7月、10月份定为春夏秋冬四季的开始月份，四季起止时间固定时间长短相同。冬小麦、夏玉米、棉花三种粮棉作物的物候如下：

冬小麦 小麦播种，境内素有“白露早、寒露迟、秋分种麦最适宜”之说。但秋分多在9月23日左右，此时积温大于600℃，如播种易出现麦苗徒长和年前拔节。10月1日播种，多数年份积温在600℃以上，能满足小麦发芽、分蘖。如10月21日之后播种，积温不足350℃，冬前麦苗无分蘖。因此冬小麦一般在10月1日前后播种最为适宜。当日平均气温稳定在0℃时，小麦开始返青，日期为2月23—28日，最晚3月6日。当时平均气温稳定在5℃时适宜浇返青水。日平均气温稳定在10℃时，小麦开始拔节，拔节期小麦最适宜气温在12℃～19℃。小麦抽穗开花期，最适宜的土壤湿度为田间持水量的80%～90%。天气晴朗，微风，日平均气温在16℃～21℃，相对湿度70%～80%。气温在18℃～20℃是小麦胚的形成期。5月25日至6月2日，为小麦的灌浆期，适宜日平均气温在20℃～25℃。在小麦成熟期，为预防干热风、干旱，要适时浇足灌浆水。

夏玉米 境内分早、中、晚期三种类型，套种多在5月下旬至6月初，直播一般在6月中旬至7月中旬，整个苗期需要积温620℃，每亩需水量54立方米。小满前后播种，正值小麦灌浆，结合浇灌浆水套种，亦可满足玉米出苗用水。夏玉米拔节孕穗，套种的一般在6月下旬至7月底，直播的一般在7月中旬至8月中旬，此时气温一般在24℃～25℃，积温670℃。除降水不能满足外，其他气候因素均能满足套种。8月10日至9月22日，为玉米籽粒形成期。适宜玉米灌浆气温为22℃～24℃，上限为25℃，下限为20℃，若低于16℃停止灌浆。套种玉米乳熟至完熟期间，气温正处在20℃～25℃，适宜灌浆天数长达一个月，直播的玉米只需15～17天。积温不足，灌浆期则缩短。故夏玉米应种植生育期85～90天的早熟品种。

棉花 境内棉花播种的气候指标是：5厘米地温稳定在14℃以上，土壤湿度在55%～65%。播种期一般在4月18—25日。此时正是枣树发芽之际，因此本地有“枣树发芽种棉花”的农谚。出苗到现蕾一般需45天左右，积温850℃～970℃。气温25℃～30℃，适宜棉花现蕾，一般为25天，需积温550℃～700℃，土壤田间持水量为60%～70%。若气温低于19℃，土壤水分低于田间持水量的50%，都会延迟现蕾开花或导致花蕾减少。开花至吐絮期为50～60天，是棉花生长发育最茂盛的阶段。时间一般在7月下旬至9月下旬，适宜气温在25℃～30℃，积温在1300℃～1500℃。吐絮期是棉花生长发育的旺盛期，不仅需要充足的土壤水分，还要有充足的光照，提高棉花的产量。

村内部分花草树木的物候期为：

杏树 春分花开，清明花谢，芒种杏子成熟。农谚有“桃花开杏花败”。

枣树 立夏萌芽，小满开花，秋分枣红熟。当地有“枣树开花，麦子还家”“七月十五枣红腚，八月十五打个净”的农谚。

桃树 清明花开，正是杏花败落时。

柳树 雨水泛青，惊蛰芽萌动，立夏飘絮。

迎春花 立夏开花，花开首家。

野草 春分发青，万物萌动。

动物物候

燕子 谷雨自南而来，立秋往南而去。

大雁 春分越境北去，秋分越境南去。

青蛙 谷雨鸣叫，立冬蛰伏。

蛇 惊蛰出动，立冬而眠。

蝉 夏至初鸣，秋分止叫。

布谷鸟 小满、芒种空中叫，小麦收割季节到。

蜜蜂 春分成群空中飞，采花酿蜜正适宜。

家禽 秋分、寒露毛换，预防地冻天寒。

萤火虫 立秋出现，若流星飞闪。

物候谚语

枣树发芽，麦子露芒。枣树开花，麦子还家。

白露早，寒露迟，秋分种麦正适宜。

麦到芒种谷到秋，豆到天社用镰钩。

麦出十日晚，再种就减产。

五月里芒种不割，四月里芒种净了坡。

天长到“夏至”十八天，天短到“冬至”当日回。

数九歌：一九封凌，二九开，三九封凌等春来，四九凌上走，五九六九沿河看柳，七九六十三，路上行人把衣换，八九快出九，犁牛遍地走，九九八十一，家里做饭坡里吃。

自然资源

土地资源

清末及民国期间，全村土地面积 3000 余亩，其中可耕地面积 2750 亩。

1951 年 4 月，按照肥城县查田定产委员会的指示精神，落实农田面积，划分土地等级，核实常年粮食产量，农业税亦进行合理负担。最高级 24 级（当地的一级地），最低的 6 级地（当地的劣级地）。

耕地主要分布在村东、村南、村西和村西北，村北仅少部分土地似扇形在村的周围。

全村土质分布情况：村北、村东和村东南为黄沙壤土，特别是村北有不规则的沙层，深约 1 ～ 3 米。村南和村西是黄褐土。村西北是沙土地，局部沙层深约 1 ～ 4 米。1971 年 10 月，全村出动男女劳力 200 余人，会战西北下洼沙滩地，压沙盖土整平土地 200 余亩。

1976—2014 年，随着新城的建设发展，市直部门、企事业单位、学校和村办企业及旧村改造等占用土地，伊家沟村土地已被全部占用，已属失地村。

地表水资源

境内地表水 90% 来自大气降水。年平均降水量为 659.5 毫米，丰年地表水量 849 毫米，偏枯年平均 546 毫米。地表水资源部分天然蒸发，排泄出境和地下渗漏，由于伊家沟村无塘坝蓄水，因此，春、夏、秋农作物播种和浇灌，地表水利用率低。

地下水资源

境内地下水属第四系潜水，属裸露灰石岩裂隙水系，马山南北断层的边缘地带。村西水资源丰富，北临康王河。过去人工挖井取水，一般在 10 ～ 15 米之间。1986 年秋，在老村委院东打深井 187 米，用于村民生活用水，农机井在 15 ～ 21 米之间。由于新城建设，使地下潜水增加，农户压水井均在 5 ～ 9 米之间。

境内地下水质水属重碳酸盐和碳酸盐型，矿化度一般小于 0.4 毫克 / 升。ph 值在 7 ～ 7.5 之间，呈中性—弱碱性，总硬度大部分在 110 ～ 224 毫克 / 升，属硬水。据化验，浅水井和深水井含氟量均未超国家规定的饮水量标准（1 毫克 / 升）。境内地下水，即可浇地，亦可作为人畜用水。现在村民生活用水全部系肥城市自来水公司供水。

动物资源

境内动物主要有兽类、禽类、爬行类、两栖节肢类、鳞类、昆虫类。

兽类　牛、马、驴、骡、猪、狗、羊、兔、狐、狼、猫、獾、刺猬、老鼠、黄鼬、野狸等。

禽类 喜鹊、八哥、鸡、鸭、鹅、白头翁、山鸡、乌鸦、灰喜鹊、鹰、鹌鹑、猫头鹰、啄木鸟、燕子、斑鸠、布谷鸟、百灵鸟、黑马勺、麻雀等。

昆虫类 蜗牛、蝙蝠、蚯蚓、梨椿象、萤火虫、蝈蝈、伏凉、蝼蛄、蛴螬、蚂蚱、蝗虫、桑蚕、粘虫、蚜虫、青菜虫、凿木虫、棉铃虫、豆虫、毛虫、瓢虫、磕头虫、金钱虫、灯蛾、蝴蝶、刺蛾（八架子）、土元、金龟子、苍蝇、蚊子、跳蚤、臭虫、牛虻、虱子、蜜蜂、蚂蚁、赤眼蜂、蚂蜂、蟋蟀等。

爬行两栖节肢类 蜘蛛、蝎子、螃蟹、蟾蜍、蜈蚣、虾、蛇、蚰蜒、蛙、蜥蜴、壁虎、鳖等。

鱼类 鲶鱼、鲤鱼、泥鳅、草鱼、鳊鱼、鲫鱼、鳙鱼等。

植物资源

粮食作物 小麦、玉米、谷子、高粱、红小豆、绿豆等。

油料作物 芝麻、花生、大豆、蓖麻籽、向日葵、棉籽、油菜籽等。

纤维植物 棉花、苘、大麻等。

薯类 马铃薯、地瓜、山药等。

瓜果植物 甜瓜、烧瓜、西瓜、黄瓜、桃、梨、苹果、枣、杏、葡萄、山楂、核桃、石榴、无花果、李子、柿子等。

蔬菜作物 萝卜、疙瘩、白菜、卷心菜、葱、蒜、韭菜、姜、菠菜、芹菜、茄子、西红柿、苦瓜、丝瓜、豆角、芸豆、扁豆、豇豆、藕、莴苣、辣椒、洋葱、西葫芦、金针菜、蘑菇冬瓜、白萝卜、北瓜、土豆等。

树木 榆树、柳树、杨树、槐树、臭椿树、香椿树、梧桐树、楸树、柏树、松树、毛白杨树、银杏树、法桐树、桑树、柿子树、皂荚树、白玉兰树、软枣树，2014 年社区栽植了迎客松、红叶树、樱花树、女贞树等。

花卉 菊花、牡丹、水仙、凤仙、海棠、月季、仙人掌、木槿花、玫瑰、姜丝辣、冬青、兰草、夜来香、竹子、蟹爪莲、倒挂金钟、玉株水仙、米兰、指甲桃、仙人球、君子兰、山影、杜鹃、看石榴、水莲、滴水莲、含羞草、紫罗兰、女贞、茉莉、牡丹、芍药、迎春柳、绣球、文竹、荷花、刺梅、紫丁香、百日红、佛手、牵牛花、蝎子草、紫薇花、扶桑、步步高、鸡冠花、美人蕉、韭菜莲、一串红、并蒂莲、吊兰、透骨草、麦冬、子藕莲、碰碰香等。

村内草类植物按其用途可分为：

野草植物 蒌蒌菜、黄篙、茅草、蒲公英、节骨草、莽牛顿、抓地秧、灰菜、迎生菜、马齿菜、苦菜子、透骨草、荠菜、米篙、蒲草、芦苇、蝴蝶兰等。

药用植物 车前子、枸杞、菊花、冬瓜子、半夏、香附、远志、益母草、生地、野艾、翻白草、串筋龙、茵陈、薄荷、当参、槐米、酸枣仁、紫苏子、杏仁、桃仁、大青叶、丁香、藿香、王不留、麦冬等。

自然灾害

旱涝灾是境内的主要自然灾害，其次是风灾、水灾、冰雹、霜冻、病虫害、地震等灾害。

据清代《肥城县志》《肥城县乡土志》记载和1949年后气象资料统计表明：明弘治四年（1491）至2015年、524年间共发生自然灾害288次，其中旱灾79次，约占27.43%；涝灾50次，约占17.3%；大风51次，约占17.1%；雹灾27次，约占9.4%；地震灾害10次，占3.5%；霜冻、雨雾淞等11次，约占3.8%。在诸多灾害中，境内威害最大者当属旱灾和涝灾。

明弘治四年（1491）至2015年伊家沟村自然灾害统计表

表1

历史纪年	公元纪年	灾　情
明弘治四年	1491	旱，民饥
明嘉靖二年	1523	大旱
明嘉靖三十二年	1553	大饥，死者尸横遍野
明万历四十三年	1615	旱
清乾隆五十年	1785	大旱
清乾隆五十一年	1786	春大饥，人相食

续表

历史纪年	公元纪年	灾　情
清嘉庆十八年	1813	旱，大饥
清嘉庆十五年	1835	大旱，禾无收
清光绪二年	1876	大旱，赤地无禾
	1920	春、夏大旱
	1922	春大旱，麦子绝产
	1925	春旱
	1926	夏大旱
	1927	夏旱，麦失收
	1929	旱
	1935	春旱，夏陡热达华氏 90 度（32.2℃）
	1937	春旱，夏又旱
	1942	春、夏旱，失收
	1943	大旱，蝗灾严重，禾无收，死人甚多
	1947	大旱、蝗灾重
	1952	夏、秋连旱
	1959	春旱
	1960	春旱
	1965	春、夏连旱
	1972（5 月）	持续刮干热风和 8 至 9 级东北风
	1974	春旱
	1978	春旱
	1981	春、夏连旱，冬无雪
	1982	春严重干旱
	1988	夏大旱，塘坝干枯
	1992	春、夏连旱，降雨仅 65 毫米
	1993	春大旱，小麦减产 50%
	2002	夏、秋旱，持续干旱达 153 天
	2005（7 月）	夏旱
	2014	冬至 2015 年 4 月遭旱灾

1523—2009年伊家沟村水灾情况表

表2

历史纪年	公元纪年	灾　　情
明嘉靖二年	1523	黑风暴雨，木拔地震
明隆庆三年	1569	秋，阴雨伤禾
清康熙四十三年	1704	秋，大雨伤禾
清康熙六十一年	1722	暴雨，山水逆行，秋大雨伤禾
清雍正八年	1730	大风雨连下七日夜，农历六月二十二日，房屋倾尽，民饥
清乾隆十三年	1748	大水
清嘉庆六年	1801	秋大水
清嘉庆十六年	1811	秋大水
清道光十七年	1837	秋大水
清同治五年	1866（5 月 11 日）	大雨冰雹，平地尺余，大如鹅卵
	1918	大雨
	1931（8 月）	降水 373 毫米，境内水灾
	1932	夏涝，庄稼无收
	1934	6 至 9 月降雨 605 毫米，秋涝成灾
	1935	秋大雨
	1936	夏涝
	1945	大水
	1948	秋涝
	1949（7 月 25 日）	暴雨持续 6 小时，房屋倒塌，气温骤降，庄稼受害
	1951（6 月 22 日）	暴雨成灾，淹地房倾
	1954	秋涝
	1955	秋大雨
	1957	秋大雨
	1962	秋大雨
	1963	秋大雨
	1964（7 月）	连续暴雨月余，降水 1000 毫米，造成涝失收
	1971	夏大雨

续表

历史纪年	公元纪年	灾　情
	1978年（7月30日）	下午四小时降水160毫米，部分洼地受淹
	1989年（7月17日）	下午暴风雨，风力7至8级，阵风11级，降水80毫米
	1993年（8月4日）	暴风雨，房屋树木受损
	1994年（8月7日）	暴雨，降水161.1毫米
	2007年（7月18日）	暴雨，降水78.3毫米
	2009年（8月1日）	14时至18日8时，暴雨，全市平均降水94.2毫米

1523—2015年伊家沟村风雹灾年统计表

表3

历史纪年	公元纪年	灾　情
明嘉靖二年	1523年	黑风暴雨，拔树地震
明嘉靖三十年	1551年	雨雹、大水
明嘉靖四十年	1561年	风、咫尺不辨
清康熙四十二年	1703年	大风起自西北，色异
清嘉庆十二年	1807年	暴雨色红，忽黑如墨，夜止
清同治八年	1869年	大雨雹，平地尺余，大如鹅卵，自肥城西北入境，宽七八里，长数十里
	1918年（农历5月）	大雨雹灾
	1949年（7月25日）	狂风暴雨6小时，气温骤降，禾受害
	1952年	狂风，树拔，房毁
	1955年（5月中旬）	北风7至8级，小麦减产2成
	1956年（7月中旬）	北风8至9级，秋粮减产2成
	1957年（7月中旬）	北风8至9级
	1958年（6月下旬）	北风8至9级
	1959年（5月）	干热风，小麦减产
	1961年（6月）	干热风，夏末降雹
	1964年（6月24日）	严重冰雹，大如枣，小麦被砸
	1965年（5月下旬）	干热风，小麦受损
	1966年（6月上旬）	干热风，小麦减产
	1967年（6月1日）	夜降雹

续表

历史纪年	公元纪年	灾　　情
	1969 年（6 月上旬）	干热风，下旬降雹
	1970 年（6 月上旬）	干热风，小麦减产
	1971 年（5 月底）	干热风，小麦减产三成
	1972 年（5 月底至 6 月初）	干热风和 8 ～ 9 级东北风，小麦减产三成
	1976 年（6 月 6 日 18 时）	降雹，禾减产
	1977 年（6 月 3 日晚）	降雹，作物受损
	1978 年（7 月 19 日）	晨降雹 15 分钟，作物受害
	1978 年（8 月 18 日）	西北风 8 至 9 级，秋禾严重倒伏
	1980 年（6 月 1 日 17 时）	暴风雨持续 20 分钟，阵风 12 级，降雹 10 分钟，作物受害
	1982 年（6 月 21 日）	飓风雷雨，风力 12 级，刮到树木电线杆，一度使交通通讯中断，农作物减产
	1998 年（8 月 30 日下午 2 时）	大风冰雹袭击
	1999 年（6 月 20 日）	暴风雨冰雹
	2000 年（4 月 9 日 15 时 30 分至 16 时 30 分）	大风及沙尘暴天气
	2001 年（6 月 15 日 16 时）	大风最大风速达 18 米 / 秒，冰雹持续 15 分钟，直径 6 至 8mm
	2004 年（6 月 24 日 16 时 30 分左右）	大风冰雹袭击，风力 10 级以上，冰雹持续 10 分钟以上，最大冰雹持续 10 分钟以上，最大冰雹直径 5 厘米，局部积雹厚度 7 至 8 厘米
	2007 年（7 月 11 日）	大风，雷雨袭击
	2015 年（7 月 14 日 15—20 时）	雷雨大风，风力 8 至 9 级并伴有冰雹

病虫害

封建社会时代至 20 世纪 50 年代，蝗灾为农业的主要灾害之一。据光绪七年《肥城县志》记载，明万历四十五年（1617）、崇祯十三年（1640）清道光十七年（1837），均旱、蝗同发，蝗食禾殆尽，人相食，死者无数，1943 年，亦是旱、蝗同发，庄稼无收，死人甚多。因此有“旱出蚂蚱涝出鱼”的说法。1949 年后，蝗灾虽有控制，但由于忽视了种植内部的生态平衡，加之乱用农药，导致了病虫害的种类增多，面积扩大。据1980年生物资源调查，境内农作物主要病虫害有29种，虫害38种，大体分为以下四个类型：

常发性加重类型 此类型主要有粘虫、棉蚜虫、棉铃虫、花生蚜、蛴螬、花生叶斑症、地瓜墨斑病等8种。例如在20世纪50年代，主要是3代粘虫灾害严重，不仅危害谷子，还尚危害小麦、玉米等。

常发性减轻下降型 此类型主要有麦叶蜂、小麦线虫病、小麦腥黑穗病、蝼蛄、斜纹夜蛾、粟灰螟8种。例如小麦线虫病、小麦腥黑穗病，50年代发生严重，现已灭迹。

偶发性上升为常发生类型 此类型主要有玉米螟、蚜虫等。例如麦蚜，1975年前仅有个别年份偶有发生。1977年后，已上升为常发虫害。

新发生蔓延类型 此类型主要有小麦全蚀病、根腐病、黄矮病、枯萎病、棉花、地瓜苓线病、烂根病、谷子线虫病、玉米青枯病等。例如小麦全蚀病、地瓜线虫病，1976年前未出现，1977年后开始蔓延。

其他自然灾害

主要有连阴雨、雨雾淞、低温冻害等。

连阴雨 据气象资料记载，1958—1980年，连阴雨天气共发生19次，其中春播期间1次，夏收期间2次，秋收期间16次。连阴雨日数最长达10天，最短3天，连阴雨造成小麦、地瓜霉烂变质，同时也影响棉花的生长发育`

雨雾淞 “雨凇”俗称“地皮夹”。“雾凇”俗称“树穿孝”。1949年后，境内发生雨凇7次，雾凇46次，大多数发生在每年的1—2月份，平均5—10年一遇。危害较重的5次雨雾松，造成大面积山林果树受灾和通讯输电中断，交通受阻。1971年12月中旬，一场特大雾凇，使果树70%受灾。1979年2月21日，雨夹雪，地面结冰3厘米，行人、车辆难以行走，交通受到严重影响。

低温冻害 低温冻害多发生在春、秋季节。由于冷空气入侵，导致气温大幅度下降，农作物受冻害。最严重的为2000年3月28日。一场突如其来的大风袭击境内，气温骤降至零下6℃，早花果树受灾严重，小麦减产。

齐鲁名村志
QI LU MING CUN ZHI

伊家沟村志

1368—2015

YI JIA GOU CUN ZHI

人口

RENKOU

人口状况

伊家沟村属四季分明，气候宜人的膏腴之地。

自明朝洪武元年（1368）建村以来，至今已有640余年的历史，明清时代人口无确切记载。1944年，全村大约246户，900人，其中男438人，女462人。1950年，全村265户，1056人，其中男531人，女525人。比1944年增加19户，156人。

1960—1962年，三年困难时期，国民经济困难，村民难以解决温饱，生育能力明显下降。1962年，全村295户，1360人，其中男672人，女688人。1964年，国家开始执行计划生育政策。1965年，全村306户，1471人，其中男717人，女754人。与1960年相比，5年增长人口166人。“文化大革命”期间，计划生育管理放松，人口增长率有所回升。中共十一届三中全会后，计划生育逐渐进入规范化管理，人口呈现稳定增长。2000年，全村586户，1974人，其中男984人，女990人。截止到2015年12月31日，全村806户，2604人，其中男1185人，女1419人，男女比例为：83.5 ∶ 100。

1949—2015年伊家沟村人口统计表

表4

项目 / 数目 / 年份	总户数	总人数	性别比例			
			男		女	
			人数	占总人口（%）	人数	占总人口（%）
1949	260	997	501	50.3%	496	49.7%
1950	265	1056	531	50%	525	50%
1951	267	1150	571	49.6%	579	50.4%
1952	270	1210	587	49%	623	51%
1953	272	1220	589	48.3%	631	51.7%
1954	274	1245	613	49.3%	632	50.7%
1955	276	1271	625	49.1%	646	50.9%

续表

年份 \ 数目 \ 项目	总户数	总人数	性别比例			
			男		女	
			人数	占总人口(%)	人数	占总人口(%)
1956	278	1283	633	49.3%	650	50.7%
1957	280	1290	620	48%	670	52%
1958	283	1295	630	48.6%	665	51.4%
1959	285	1300	638	49%	662	51%
1960	287	1305	632	48.4%	673	51.6%
1961	290	1307	635	48.5%	672	51.5%
1962	295	1360	672	49.4%	688	50.6%
1963	300	1399	693	49.5%	706	50.5%
1964	303	1407	682	48.5%	725	51.5%
1965	306	1471	717	48.7%	754	51.3%
1966	310	1507	741	49.2%	766	50.8%
1967	315	1512	750	49.6%	762	50.4%
1968	318	1581	775	49%	806	51%
1969	323	1661	816	49%	845	51%
1970	333	1702	804	47.2%	898	52.8%
1971	339	1736	816	47%	920	53%
1972	342	1756	824	47%	932	53%
1973	346	1788	861	48.2%	927	51.8%
1974	362	1817	873	48%	944	52%
1975	372	1849	869	47%	980	53%
1976	370	1883	930	49.4%	953	50.6%
1977	379	1911	906	47.4%	1005	52.6%
1978	385	1931	921	47.7%	1010	52.3%
1979	390	1949	910	46.7%	1039	53.3%
1980	405	1958	940	48%	1018	52%
1981	435	1968	960	49%	1008	51%
1982	440	1982	930	46.9%	1052	53.1%
1983	445	1934	954	49.3%	980	50.7%

续表

项目 数目 年份	总户数	总人数	性别比例			
			男		女	
			人数	占总人口（%）	人数	占总人口（%）
1984	483	2047	955	47%	1092	53%
1985	507	2057	997	48.4%	1060	51.6%
1986	507	2065	999	48.4%	1066	51.6%
1987	505	2127	1037	49%	1090	51%
1988	510	2140	1040	49%	1100	51%
1989	513	2143	1041	49%	1102	51%
1990	520	2403	1130	47%	1273	53%
1991	526	2158	1046	48%	1112	52%
1992	538	2165	1066	49.2%	1099	50.8%
1993	545	2177	1084	49.8%	1093	50.2%
1994	555	2184	1080	49.5%	1104	50.5%
1995	565	2190	1066	49%	1124	51%
1996	576	2195	1085	49.4%	1110	50.6%
1997	576	2192	1084	49.4%	1108	50.6%
1998	571	2156	1032	48%	1124	52%
1999	571	2013	1003	49.8%	1010	50.2%
2000	586	1974	984	49.8%	990	50.2%
2001	586	1925	960	50%	965	50%
2002	586	1989	992	50%	997	50%
2003	588	1996	994	50%	1002	50%
2004	591	1889	935	49.5%	954	50.5%
2005	640	2015	980	49%	1035	51%
2006	640	1994	986	49%	1008	51%
2007	640	1998	988	49%	1010	51%
2008	700	2300	1132	49%	1168	51%
2009	720	2340	1145	49%	1195	51%
2010	720	2360	1153	49%	1207	51%
2011	740	2400	1170	49%	1230	51%

续表

项目 / 数目 / 年份	总户数	总人数	性别比例			
			男		女	
			人数	占总人口（%）	人数	占总人口（%）
2012	740	2513	1223	49%	1290	51%
2013	760	2550	1240	49%	1310	51%
2014	808	2582	1180	46%	1402	54%
2015	806	2604	1185	46%	1419	54%

人口分布

伊家沟村村民自明初洪武元年（1368）建村至民国初，祖辈除个别在外任官外，皆以农业为主，固守田园。除妇女外嫁他村外，男丁世代忙于田间农活，终日劳作，未离开过故土。

抗日战争时期，伊家沟村有 7 人参军参战。解放战争时期，伊家沟村有 19 人参加中国人民解放军，有的复员，有的转业到地方工作。1949 年后至 2015 年，伊家沟村有 163 名优秀青年参军入伍，一部分人员复员回伊家沟村外，另有一部分人员被分配到外地不同岗位参加工作。

随着社会主义建设事业的发展，外出人口逐年增加。1956 年后，部分青年响应国家支援边疆的号召，到黑龙江、辽宁等地开荒落户。还有部分技术人员，通过国家招工，到肥城境外等地落户。亦有部分高考青年学生到外地求学，毕业后，分配就职于外地党政机关及厂矿企事业单位。

改革开放后，随着肥城城区的发展，伊家沟属城中村，区位优势突显，在政策允许下，引进技术人员，34 户 91 人落户伊家沟村。

至 2015 年 12 月 31 日，伊家沟村户籍居住人口共 2604 人。户口在肥城市内居住人口 461 人，在省内各地居住人口 184 人，在外省市区居住人口 272 人。其中，辽宁省 51 人，黑龙江省 24 人，陕西省 14 人，北京 23 人，四川省 9 人，上海市 5

人，湖北省 9 人，新疆、内蒙古 8 人，云南贵州 20 人，吉林省 12 人，大连市 45 人，其他省市区 38 人。村民在外籍人口有新西兰 3 人，加拿大 4 人，日本 4 人，澳大利亚 1 人，美国留学生 1 人，加拿大留学生 1 人，共计在外人口 917 人。具有高中以上文化程度 499 人，其中高中文化程度 173 人，中专文化程度 71 人，大专、本科文化程度 229 人，硕士研究生 19 人，博士研究生 5 人。

人口管理

清末民初，人口管理数字无记载。抗日战争时期，日伪在村推行保甲制，每保推选一名保长。每 10 户一甲，推选出一名甲长。那时全村约有 220 户，860 人。村设两个联保，分南保、北保，20 个甲。是时设保、设甲，重点是收捐拿税，由村长、保长、甲长管理。

1952—1954 年初，全村先后由原农业生产互助组，分别组织成立了 6 个初级农业生产合作社。入社 274 户，1245 人。

1956 年春，按照上级有关指示精神，伊家沟村由 9 个自然村合并成立 1 个高级农业生产合作社——伊家沟大社，即：伊家沟、孙家庄、前段庄、后段庄、马连庄、赵庄、刘家庄、胡庄、尚庄。伊家沟村下设 5 个生产小队。是年，全村 278 户，1283 人。

1958 年 9 月，成立人民公社，伊家沟村隶属仪阳人民公社管辖。村改为 1 个生产大队，下设 5 个生产小队。全村共 283 户，1295 人。

1961 年 3 月，伊家沟大队贯彻执行中共中央制定的《农村人民公社工作条例（草案）》，落实人民公社、生产大队、生产小队三级所有，队为基础的原则，是时，全村共 295 户，1360 人。其中男 672 人，女 688 人。

1984 年，伊家沟村由原生产大队管理委员会，改称为村民委员会。原 8 个生产小队，改称为 8 个村民生产小组。是年，全村共有 483 户，2047 人。其中男 955 人，女 1092 人。1984 年各村民小组户数、人口列表如下：

1964年伊家沟村生产小队户数人口统计表

表5

项目 \ 数目 \ 队别			各生产小队								
			1	2	3	4	5	6	7	8	合计
总户数			54	37	32	46	33	27	37	31	297
人口	总数		252	182	157	196	133	145	168	174	1407
	其中	男	129	83	81	93	60	63	86	87	682
		女	123	99	76	103	73	82	82	87	725

1984年伊家沟村民生产小组户数人口统计表

表6

项目 \ 数目 \ 队别			各生产小队								
			1	2	3	4	5	6	7	8	合计
总户数			83	63	60	61	39	49	58	70	483
人口	总数		366	254	209	313	181	233	226	265	2047
	其中	男	178	118	101	138	86	105	103	126	955
		女	188	136	108	175	95	128	123	139	1092

人口变动

自然变动

1949 年前后，村民受“多子多福”思想的影响，普遍多生多育，处于自由生育的状态。1944 年，全村 860 人。1949 年，全村 997 人，比 1944 年增加 137 人，年均增加 23 人。

1949 年后，随着国家安定和人民生活条件逐渐提高，医疗卫生条件逐步改善和计划生育的施行，人口呈低死亡、有控制的增长状态。1959 年，全村人口 1300 人，比 1949 年增加 303 人，年均增加 28 人。

20世纪60年代初，村内开始提倡计划生育，人口增长逐步得到控制。“文化大革命”中，计划生育受到严重干扰，无节制生育又恢复。1976年，全村人口1883人，比1964年增加476人，年均增加人口37人。

1978年，中共十一届三中全会后，计划生育全面实行，人口出生率明显降低。1980年，全村人口1958人，比1976年增加75人，年均增加15人。

1981—1990年，伊家沟村进入1949年后的第三个生育高峰期。10年共出生579人，年均出生57.9人。1991—2000年，人口出生率下降，10年共出生人口159人，年均出生人口15.9人。1991—2000年出生人口与1981—1990年出生人口相比，平均每年出生人口下降42人。2001—2011年，11年共出生人口369人，年平均出生人口34人。比1991—2000年，年出生人口平均每年上升21人。1980—2015年的36年间，全村共出生1261人，平均每年出生35人。

机械变动

1949年前，村民在旧政府的统治下，遇到天灾人祸，生活难以维持，很多人逃荒要饭，流落他乡。尤其在1943年严重自然灾害期间，伊家沟村逃荒要饭到异乡谋生的前后即有157户，全家外出的有27户，共计328人。其中逃荒到河北29人，到济南的25人，到东北（大连、天津、鞍山）等地有274人。

社会变动

1956—1959年，部分青年响应国家号召，支援边疆建设，奔赴黑龙江省林甸等县，开垦北大荒，建设边疆。

自1938—2015年，全村参军入伍共189人。除部分复员回村外，其余部分人员被分配到外地工作。

1978年后，随着高考的恢复，伊家沟村升入大中专院校的学生较多，户口迁出伊家沟村。改革开放后，招工、提干、民办教师转正，干部办理家属农转非，婚嫁出村，引进人才，农民进城等人口变动较大。1981—2015年的35年中，全村共迁入1021人，迁出1076人（包括农转非661人）。

1981—2015年伊家沟村人口机械变动情况统计表

表7

年份	迁入	迁出	年份	迁入	迁出	年份	迁入	迁出
1981	4	10	1994	14	153	2007	40	10
1982	15	38	1995	19	44	2008	26	6
1983	16	16	1996	38	30	2009	42	2
1984	48	40	1997	20	29	2010	46	13
1985	28	33	1998	16	88	2011	26	3
1986	49	47	1999	48	48	2012	23	7
1987	26	32	2000	24	55	2013	17	8
1988	42	37	2001	40	45	2014	20	8
1989	33	25	2002	18	24	2015	14	8
1990	61	27	2003	26	52	合计	1021	1076
1991	9	18	2004	20	26	—	—	—
1992	13	14	2005	24	21	—	—	—
1993	88	37	2006	28	22	—	—	—

暂住人口

20 世纪 70 年代末，随着县政府从老城迁往新城，工业企业、商业等单位相继动工建设投产，暂住流动人口逐年增多。1985 年，全村暂住流动人口 165 人。1991 年，全村暂住流动人口上升到 350 人。暂住人口多为附近工厂暂无住房的工人及家属等。据 2000 年第五次人口普查，全村外来暂住流动人口 1478 人。暂住人口多为来新城经商业户及外地来新城打工人员，还有部分学生、家长租房暂住，照顾学生上学。

根据上级有关指示精神，暂住人口由暂住所在地负责管理。村对暂住人口进行统一登记入册，特别对育龄妇女，专门进行登记，定期检查，以防出现超生现象。村两委在社会治安，精神文明、公共卫生等方面进行宣传教育和治理，倡导构建和谐社会。暂住流动人口均能奉公守法，遵守村民公约，与村民和睦相处，为伊家沟新农村建设做出了贡献。至 2015 年 8 月，社区暂住流动人口达 2000 余人。

人口构成

性别构成

根据伊家沟村人口资料统计，多数年份为女性多于男性。1949 年，全村人口 997 人，其中男 501 人，占总人口 50.3%；女 496 人，占总人口 49.7%，男女比例为 101（女 =100）。1964 年，第二次人口普查，全村总人口 1407 人，其中男 682 人，占总人口的 48.5%，女 725 人，占总人口的 51.5%，男女比例为 94.1 ∶ 100。1982 年，第三次人口普查，全村总人口 1982 人，其中男 930 人，占总人口的 46.9%；女 1052 人，占总人口的 53.1%，男女比例为 88.4 ∶ 100。1990 年，第四次人口普查，全村总人口 2403 人，其中男 1130 人，占总人口的 47%；女 1273 人，占总人口的 53%，男女比例为 88.8 ∶ 100。1998 年，根据伊家沟村人口资料统计，全村总人口 2156 人，其中男 1032 人，占总人口的 48%；女 1124 人，占总人口的 52%，男女比例为 92 ∶ 100。

1949—2015年伊家沟村部分年份性别构成情况统计表

表8

年份	总人口	男	占总人口 %	女	占总人口 %	性别比例（女 =100）
1949	997	501	50.3%	496	49.7%	101%
1952	1210	587	49%	623	51%	94.2%
1956	1283	633	49.3%	650	50.7%	97.4%
1960	1305	632	48.4%	673	51.6%	93.9%
1964	1407	682	48.4%	725	51.5%	94.1%
1970	1702	804	47.2%	898	52.8%	89.5%
1976	1883	930	49%	953	51%	97.5%
1982	1982	930	46.9%	1052	53.1%	88.4%
1990	2403	1130	47%	1273	53%	88.8%
1995	2190	1066	48.7%	1124	51.3%	94.8%

续表

年份	总人口	男	占总人口 %	女	占总人口 %	性别比例（女 =100）
1998	2156	1032	48%	1124	529%	1.8%
2005	2015	980	48.6%	1035	51.4%	94.6%
2010	2360	1153	48.9%	1207	51.1%	95.5%
2014	2582	1180	46%	1402	54%	84.2%
2015	2604	1185	46%	1419	55%	83.5%

年龄构成

据 1964 年全国第二次人口普查统计，全村总人口 1407 人。其中 0 ～ 14 岁少年、儿童 599 人，占总人口的 42.57%；60 岁以上老人 119 人，占总人口的 8.45%；15 ～ 59 岁劳动适龄人口 689 人，占总人口的 49%，老少人口比例为（60 岁以上老年人与 0 ～ 14 岁儿童人口之比）19.87%。劳动适龄人口负担非劳动年龄人口系数为 104.2%，其中负担少年儿童系数为 86.94%，负担老年人系数为 17.27%。

据 1998 年全村人口资料统计，全村总人口 2156 人，其中 0 ～ 14 岁少年儿童 516 人，占总人口的 23.93%；60 岁以上老年人 202 人，占总人口的 9.36%；15 ～ 59 岁劳动适龄人口 1438 人，占总人口的 66.69%。老少人口比例为（60 岁以上老年人口与 0 ～ 14 岁少年、儿童之比）39.15%，劳动适龄人口负担非劳动年龄人口系数为 49.93%，其中负担少年儿童系数为 35.88%，负担老年人系数为 14.05%。

1964年第二次人口普查伊家沟村年龄性别结构状况统计表

表9

年龄	人口数			占总人口的百分比 %			性别比例（女 =100）
	合计	男	女	合计	男	女	
总计	1407	682	725	100%	48.47%	51.53%	94.1%
0 ～ 4 岁	204	95	109	14.5%	6.75%	7.75%	87.1%
5 ～ 9 岁	202	97	105	14.35%	6.89%	7.46%	92.4%
10 ～ 14 岁	193	104	89	13.72%	7.39%	6.33%	116.8%
15 ～ 19 岁	142	70	72	10.1%	4.98%	5.12%	97.3%
20 ～ 24 岁	86	43	43	6.12%	3.06%	3.06%	100%

续表

年龄	人口数			占总人口的百分比 %			性别比例（女=100）
	合计	男	女	合计	男	女	
25 ~ 29 岁	61	27	34	4.34%	1.92%	2.42%	79.3%
30 ~ 34 岁	80	40	40	5.68%	2.84%	2.84%	100%
35 ~ 39 岁	73	35	38	5.19%	2.49%	2.7%	92.2%
40 ~ 44 岁	77	33	44	5.48%	2.35%	3.13%	75.1%
45 ~ 49 岁	48	19	29	3.41%	1.35%	2.06%	65.5%
50 ~ 54 岁	70	34	36	4.98%	2.42%	2.56%	74.5%
55 ~ 59 岁	52	26	26	3.7%	1.85%	1.85%	100%
60 ~ 64 岁	55	29	26	3.91%	2.06%	1.85%	111.4%
65 ~ 69 岁	29	16	13	2.06%	1.14%	0.92%	123.9%
70 ~ 74 岁	16	8	8	1.14%	0.57%	0.57%	100%
75 ~ 79 岁	12	4	8	0.85%	0.28%	0.57%	49.1%
80 ~ 84 岁	6	2	4	0.42%	0.14%	0.28%	50%
85 ~ 89 岁	1	—	1	—	—	—	—

1982年第三次全国人口数普查伊家沟村人口情况统计表

表10

队别	户数	总人口数（人）			占总人口百分比 %		性别比（女=100）
		小计	男	女	男	女	
1	73	363	175	188	48.2%	51.8%	93%
2	58	250	114	136	45.6%	54.4%	83.8%
3	47	200	97	103	48.5%	51.5%	94%
4	65	308	136	172	44.2%	55.8%	79.2%
5	36	170	81	89	47.6%	52.4%	91%
6	48	222	102	120	46%	54%	85.2%
7	49	219	102	117	47%	53%	88.7%
8	54	250	123	127	49.2%	50.8%	96.8%
合计	430	1982	930	1052	46.92%	53.08%	88.40%

1998年伊家沟村人口年龄性别结构状况统计表

表11

年龄	人口数			占总人口的百分比 %			性别比例（女 =100）
	合计	男	女	合计	男	女	
总计	2156	1032	1124	100%	47.86%	52.14%	91.81%
0 ～ 4 岁	84	52	32	3.89%	2.41%	1.48%	162.8%
5 ～ 9 岁	89	52	37	4.13%	2.41%	1.72%	140.12%
10 ～ 14 岁	343	168	175	15.91%	7.79%	8.12%	96%
15 ～ 19 岁	180	93	87	8.35%	4.31%	4.04%	106.7%
20 ～ 24 岁	136	62	74	6.31%	2.88%	3.43%	84%
25 ～ 29 岁	186	96	90	8.62%	4.45%	4.17%	106.7%
30 ～ 34 岁	229	118	111	10.62%	5.47%	5.15%	106.2%
35 ～ 39 岁	170	83	87	7.89%	3.85%	4.04%	95.3%
40 ～ 44 岁	177	84	93	8.21%	3.9%	4.31%	90.5%
45 ～ 49 岁	176	64	112	8.16%	2.97%	5.19%	57.23%
50 ～ 54 岁	114	49	65	5.28%	2.27%	3.01%	75.42%
55 ～ 59 岁	70	31	39	3.25%	1.44%	1.81%	79.6%
60 ～ 64 岁	56	21	35	2.59%	0.97%	1.62%	60%
65 ～ 69 岁	54	27	27	2.5%	1.25%	1.25%	100%
70 ～ 74 岁	42	19	23	1.95%	0.88%	1.07%	82.2%
75 ～ 79 岁	28	5	23	1.3%	0.23%	1.07%	21.5%
80 ～ 84 岁	13	6	7	0.6%	0.28%	0.32%	87.5%
85 ～ 89 岁	6	1	5	0.28%	0.05%	0.23%	21.7%
90 ～ 94 岁	1	—	1	0.046%	—	0.046%	—
95 ～ 100 岁	2	1	1	0.092%	0.046%	0.046%	—

2014年7月伊家沟村人口年龄性别结构统计表

表12

年龄	人口数			占总人口的百分比 %			性别比例（女 =100）
	合计	男	女	合计	男	女	
总计	2582	1180	1402	100%	45.7%	54.3%	84.2%
0 ～ 4 岁	251	121	130	9.73%	4.69%	5.04%	93.1%
5 ～ 9 岁	124	61	63	4.84%	2.4%	2.44%	98.4%
10 ～ 14 岁	134	61	73	5.23%	2.4%	2.83%	84.8%

续表

年龄	人口数			占总人口的百分比 %			性别比例（女 =100）
	合计	男	女	合计	男	女	
15 ~ 19 岁	96	54	42	3.73%	2.1%	1.63%	128.8%
20 ~ 24 岁	67	35	32	2.6%	1.36%	1.24%	109.7%
25 ~ 29 岁	391	160	231	15.15%	6.2%	8.95%	69.3%
30 ~ 34 岁	178	82	96	6.9%	3.18%	3.72%	85.5%
35 ~ 39 岁	166	71	95	6.43%	2.75%	3.68%	74.7%
40 ~ 44 岁	180	92	88	6.97%	3.56%	3.41%	104.4%
45 ~ 49 岁	221	116	105	8.57%	4.5%	4.07%	110.6%
50 ~ 54 岁	173	88	85	6.71%	3.41%	3.3%	103.3%
55 ~ 59 岁	165	76	89	6.39%	2.94%	3.45%	85.2%
60 ~ 64 岁	172	63	109	6.66%	2.44%	4.22%	57.8%
65 ~ 69 岁	114	47	67	4.42%	1.82%	2.6%	70%
70 ~ 74 岁	56	21	35	2.18%	0.81%	1.36%	60%
75 ~ 79 岁	43	17	26	1.66%	0.66%	1%	66%
80 ~ 84 岁	31	9	22	1.2%	0.35%	0.85%	41.2%
85 ~ 89 岁	14	4	10	0.54%	0.15%	0.39%	38.5%
90 ~ 94 岁	5	2	3	0.20%	0.08%	0.12%	66.7%
95 ~ 99 岁	1	—	1	—	—	—	—

2015年伊家沟村人口年龄性别结构统计表

表13

年龄	人口数			占总人口的百分比 %			性别比例（女 =100）
	合计	男	女	合计	男	女	
总计	2604	1186	1418	100%	45.6%	54.4%	83.8%
0 ~ 4 岁	216	92	124	8.29%	3.53%	4.76%	74.2%
5 ~ 9 岁	162	79	83	6.23%	3.03%	3.2%	95.2%
10 ~ 14 岁	144	70	74	5.53%	2.69%	2.84%	94.6%
15 ~ 19 岁	120	66	54	4.6%	2.53%	2.07%	122.2%
20 ~ 24 岁	46	24	22	1.76%	0.92%	0.84%	109.5%
25 ~ 29 岁	336	148	188	12.9%	5.68%	7.22%	78.7%
30 ~ 34 岁	227	103	124	8.72%	3.96%	4.76%	83.2%

续表

年龄别	人口数			占总人口的百分比 %			性别比例（女 =100）
	合计	男	女	合计	男	女	
35 ~ 39 岁	155	69	86	5.95%	2.62%	3.3%	79.4%
40 ~ 44 岁	174	84	90	6.69%	3.23%	3.46%	93.4%
45 ~ 49 岁	205	97	108	7.88%	3.73%	4.15%	89.9%
50 ~ 54 岁	204	109	95	7.84%	4.19%	3.65%	114.8%
55 ~ 59 岁	151	69	82	5.8%	2.65%	3.15%	84.1%
60 ~ 64 岁	167	75	92	6.43%	2.9%	3.53%	82.2%
65 ~ 69 岁	136	45	91	5.22%	1.73%	3.49%	49.6%
70 ~ 74 岁	71	26	45	2.73%	1%	1.73%	57.8%
75 ~ 79 岁	42	20	22	1.64%	0.8%	0.84%	95.2%
80 ~ 84 岁	25	5	20	0.99%	0.19%	0.8%	23.8%
85 ~ 89 岁	16	3	13	0.62%	0.12%	0.5%	24%
90 ~ 94 岁	6	2	4	0.23%	0.08%	0.15%	53.3%

文化构成

据 1964 年，第二次全国人口普查资料，全村人口 1407 人。其中，12 岁以下不在校儿童 365 人，占总人口的 25.94%；不识字的 509 人，占总人口 36.2%；具有初小文化程度的 354 人，占总人口的 25.2%；高小毕业的 151 人，占总人口的 10.73%；初中文化程度的 23 人，占总人口的 1.63%；高中文化程度的 5 人，占总人口的 0.36%。

据 1982 年第三次全国人口普查资料，全村人口 1982 人，具有小学以上文化程度的 1248 人，占总人口的 62.97%。其中，小学文化程度的 853 人，占总人口的 43.04%；初中文化程度的 298 人，占总人口的 15.4%；高中文化程度的 97 人，占总人口的 4.9%。

1990 年，第四次全国人口普查资料，全村人口 2403 人，具有小学以上文化程度的 1663 人，占总人口的 69.2%。其中，小学文化程度的 807 人，占总人口的 33.5%；初中文化程度的 756 人，占总人口的 31.46%；高中文化程度的 91 人，占总人口的3.79%；中专文化程度的8人，占总人口的3.3%，大学专科1人。

1987—2015年，全村高考升学具有大中专以上文化程度共440人。其中，中专文化94人，大专文化167人，本科文化140人，硕士研究生37人，博士研究生2人。

1964年伊家沟村生产小队人口文化程度普查统计表

表14

队别	总人口	12岁以下的不在校儿童		不识字		初识字		初小		高小	初中	高中	大学
		小计	其中7～12岁	小计	其中13～40岁	小计	其中13～40岁	小计其中7～100岁	其中13～40岁				
1	252	65	16	99	38	3	2	58	22	22	4	1	—
2	182	43	7	69	29	8	7	35	13	24	3	—	—
3	157	37	6	53	20	2	1	38	16	25	2	—	—
4	196	59	16	67	34	16	15	30	14	19	5	—	—
5	133	35	7	52	18	2	2	29	12	14	—	1	—
6	145	40	8	50	17	7	5	31	12	14	1	2	—
7	168	34	11	61	23	1	—	49	17	17	5	1	—
8	174	52	13	58	27	5	4	40	13	16	3	—	—
合计	1407	365	84	509	206	44	36	310	119	151	23	5	—

1982年伊家沟村人口文化构成情况表

表15

总人口	合计	大学毕业	大学毕业或在校	高中	初中	小学	附：12周岁及12周岁以上识些字和不识字
1982	1248	—	—	97	298	853	402

1990年全国第四次人口普查伊家沟村人口文化构成情况表

表16

合计	大学本科	大学专科	中专	高中	初中	小学
1663	—	1	8	91	756	807

职业构成

1949 年前，村民以务农为主要职业，兼做编席的户数约占全村户数的 80% 以上。做木工 4 人，石匠 4 人，瓦匠 6 人，掌箩匠 1 人。除此之外，有馍馍坊 6 户，做火烧 2 户，做豆腐、豆腐脑 5 户。伊家沟村原有每月逢三、八日集贸市场，杀猪卖肉的 3 户，茶酒饭馆 5 处，香油坊 1 户，做麻绳的 1 户，做大小买卖的从业人员较多。集体合作化后，从业户均属集体副业队管理。随着国民经济的发展，从事运输、手工业、粮食加工、养殖业等人员逐渐增多。特别是中共十一届三中全会之后，改革开放的政策使人民群众的职业发展，发生了很大的变化，农民除种好个人的承包田外，从事各种商业、建筑业、运输业、种植业、养殖业、三产服务业等人员逐年增加。1990 年从业人员 920 人，占总人口的 38.3%。2015 年，从业人员 1313 人，占总人口的 52.17%。

1990年和2015年伊家沟村人口职业分布情况表

表17

职业 \ 数量 \ 年份	1990 年（总人口 2403 人）		2015 年（总人口 2604 人）	
	人数 920	占 38. 29%	人数 1313	占 50%
商业	30	1.25%	80	3.1%
工业企业	155	6.45%	30	1.2%
建筑业	300	12.49%	400	15.4%
运输业	36	1.5%	60	2.3%
加工服务业	50	2.08%	120	4.61%
修配业	15	0.63%	30	1.2%
种植业	230	9.56%	—	—
养殖业	10	0.42%	—	—
管理人员	34	1.41%	38	1.5%
三产服务业	—	—	400	15.4%
社区清洁工	—	—	11	0.42%
社区门卫	—	—	14	0.54%

姓氏构成

至清末民初，伊家沟村有历代姓氏 20 个，即：伊、陈、胡、王、孙、秦、韩、石、刁、傅、姚、邱、尹、李、赵、张、闫、高、白、郭。

中华人民共和国成立后，随着社会经济的发展，流动人口增加，因工作迁入，婚姻迁入，招聘人才，农民进城迁入等，姓氏逐年增加。至 2014 年 5 月，已增加至 104 个姓氏。按姓氏人数多少，列表依次排列。

2014年5月伊家沟村姓氏构成情况表

表18

姓氏	人口	占总人口%	姓氏	人口	占总人口%	姓氏	人口	占总人口%
胡	307	12.20%	辛	12	0.5%	解	6	0.24%
伊	301	12%	马	12	0.5%	阴	5	0.20%
王	276	11%	姚	11	0.44%	翟	5	0.20%
孙	206	8.2%	闫	11	0.44%	薛	5	0.20%
陈	194	7.7%	周	9	0.4%	孔	5	0.20%
秦	187	7.4%	乔	9	0.4%	郝	5	0.20%
李	178	7.1%	郭	9	0.4%	顾	5	0.20%
赵	136	5.4%	徐	8	0.32%	范	5	0.20%
张	127	5.1%	傅	8	0.32%	袁	4	0.16%
韩	67	2.7%	郑	7	0.28%	许	4	0.16%
刘	47	1.9%	魏	7	0.28%	时	4	0.16%
石	35	1.4%	汪	7	0.28%	路	4	0.16%
刁	32	1.3%	孟	7	0.28%	杜	4	0.16%
尹	28	1.1%	邓	7	0.28%	朱	3	0.12%
段	25	1%	董	7	0.28%	于	3	0.12%
邱	22	0.9%	田	6	0.24%	喻	3	0.12%
杨	16	0.64%	武	6	0.24%	易	3	0.12%
宋	16	0.64%	肖	6	0.24%	吴	3	0.12%

续表

姓氏	人口	占总人口%	姓氏	人口	占总人口%	姓氏	人口	占总人口%
高	13	0.52%	姜	6	0.24%	毛	3	0.12%
鹿	3	0.12%	白	1	0.04%	唐	1	0.04%
梁	3	0.12%	崔	1	0.04%	谢	1	0.04%
何	3	0.12%	代	1	0.04%	颜	1	0.04%
冯	3	0.12%	国	1	0.04%	员	1	0.04%
卞	3	0.12%	江	1	0.04%	展	1	0.04%
宗	2	0.08%	雷	1	0.04%	邹	1	0.04%
有	2	0.08%	林	1	0.04%	卢	1	0.04%
桑	2	0.08%	娄	1	0.04%	昌	1	0.04%
罗	2	0.08%	吕	1	0.04%	冉	1	0.04%
芦	2	0.08%	栾	1	0.04%	—	—	—
敬	2	0.08%	穆	1	0.04%	—	—	—
蒋	2	0.08%	牛	1	0.04%	—	—	—
冀	2	0.08%	曲	1	0.04%	—	—	—
侯	2	0.08%	仁	1	0.04%	—	—	—
甘	2	0.08%	任	1	0.04%	—	—	—
付	2	0.08%	沈	1	0.04%	—	—	—
房	2	0.08%	师	1	0.04%	—	—	—
步	2	0.08%	苏	1	0.04%	—	—	—
安	1	0.04	谭	1	0.04%	—	—	—

姓氏家族

伊家沟村自建村以来，至 2014 年 5 月统计，全村居民家族分别由为汉、回两民族构成。

历代姓氏

伊氏、陈氏

明洪武年间（1368—1398），自山西洪洞县迁来定居建村，以两姓氏定名为“伊陈村”。至明万历四十一年（1613）的240余年间伊家沟村仅有伊氏、陈氏。

胡氏

明万历四十二年（1614），自山西省洪洞县大槐树迁来定居。

韩氏

明万历四十二年（1614），迁来定居（从何处迁来无据考证）。

孙氏一支

清康熙六年（1667），由肥城市新城办事处尚庄村迁来定居。

孙氏一支

清雍正五年（1727），由肥城市新城办事处尚庄村迁来定居。

孙氏一支

清乾隆二十二年（1757），由肥城市新城办事处孙家庄村迁来定居。

孙氏一支

清乾隆五十二年（1787），由肥城市新城办事处孙家庄村迁来定居。

秦氏

清康熙二十九年（1690），由山东东阿县铜城镇大秦庄村迁来定居。

姚氏

清乾隆四十年（1775），由肥城市新城办事处西付村小姚庄村迁来定居。

王氏

清乾隆五十四年（1789），由肥城市老城镇百尺村迁来定居。

继之，又有刁氏、邱氏、傅氏、李氏、赵氏、石氏、闫氏、白氏、张氏迁来定居。民国年间，高氏、郭氏迁来定居。

新中国成立后，1969—2015年，全村上门女婿迁来定居60人。增加了段氏、杜氏、徐氏、汪氏、田氏等姓氏。20世纪90年代后，引进人才，农民进城迁入落户，又增加了马氏、刘氏、杨氏、魏氏等姓氏。加之婚入姓氏，至2014年5月，全村姓氏共有104个。为了读时朗朗上口，便于记忆，特编姓氏歌如下：

胡伊孙陈，秦李赵王。
张韩刘石，刁尹段杨。
邱宋高辛，马姚闫汪。
周乔郭徐，傅郑魏姜。
孟邓董田，武肖解梁。
阴翟薛孔，郝顾范桑。
袁许时路，杜朱于蒋。
喻易吴毛，鹿何冯房。
卞宗有罗，芦敬冀昌。
侯甘付步，安白崔江。
代国雷林，娄吕栾唐。
穆牛曲冉，仁沈任谭。
邹展颜卢，师苏谢员。

全村 104 个姓氏排列为：

2 画，1 姓：刁。

3 画，2 姓：马、于。

4 画，9 姓：王、孔、毛、卞、甘、牛、仁、尹、邓。

5 画，8 姓：石、田、冯、付、白、代、冉、卢。

6 画，15 姓：伊、孙、刘、闫、许、朱、有、江、吕、师、乔、阴、安、曲、任。

7 画，18 姓：杨、汪、邱、宋、辛、肖、时、杜、吴、何、芦、步、沈、苏、员、李、邹、陈。

8 画，13 姓：周、郑、孟、范、易、房、宗、昌、国、武、罗、张、林。

9 画，8 姓：胡、娄、段、赵、姚、姜、郝、侯。

10 画，9 姓：高、郭、徐、顾、桑、袁、秦、栾、唐。

11 画，3 姓：鹿、梁、展。

12 画，8 姓：韩、敬、崔、傅、谢、喻、蒋、董。

13 画，3 姓：路、解、雷。

14 画，2 姓：谭、翟。

15 画，1 姓：颜。

16 画，3 姓：薛、冀、穆。

18 画，1 姓：魏。

氏族迁徙

明洪武元年（1368）伊氏、陈氏，自山西省洪洞县迁来定居建村，以姓氏定名为“伊陈村”。清初定名为“伊家沟村”。沿袭至今。

根据多方考证，1949 年前，迁来伊家沟村定居至今的主要有伊氏、陈氏、胡氏、韩氏、王氏、孙氏、秦氏、姚氏、石氏、刁氏、傅氏、尹氏、邱氏、李氏、赵氏、闫氏、张氏、高氏、郭氏、白氏 20 个姓氏家族，使伊家沟村成为多姓氏和睦相处的行政村。全村居民有汉、回两民族。

伊氏家族 较大氏族，占全村总人口的 12%。据《伊氏族谱》载，始祖于明洪武元年，由山西省洪洞县迁来定居至今。现已繁衍至“繁”字行辈，即 19 代，距今 600 余年。伊氏行辈自始祖迁入后，前后已编续修 40 世行辈（即 40 代）。

前 20 世行辈为：

东圣应思风　程秉明宗如

帮曰兴淑连　兆宪庆繁祥

后 20 世行辈为：

福来聚鸿昌　元得世绪尚

荣华贵立志　存忠孝恕芳

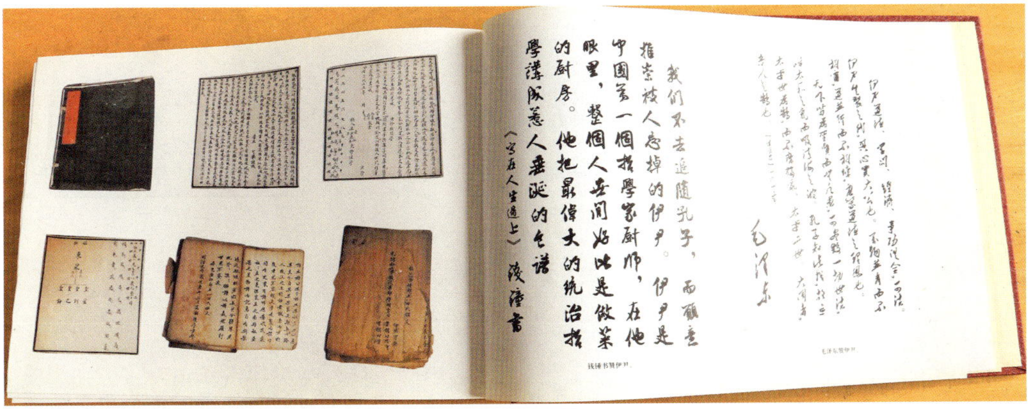

陈氏家族　明洪武元年，陈氏自山西省洪洞县迁来定居至今。现已繁衍至“方”字行辈19世，即19代。据今600余年。陈氏行字辈，自始祖迁入后，前编序1～16世行辈已用完，后续20世行辈。

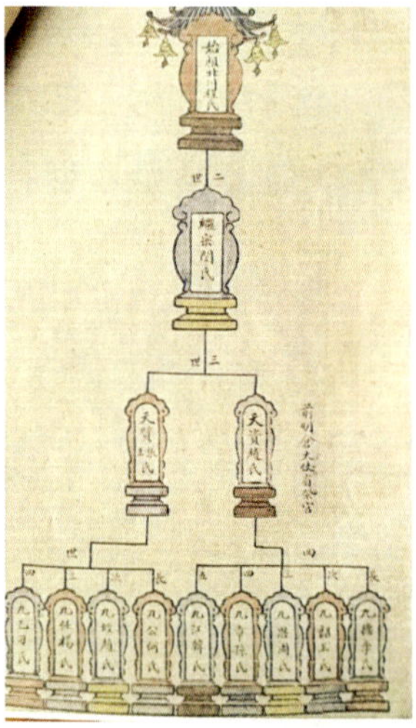

自17世起行辈为：

正自方平安　修福传家远

信惠恒茂盛　贵享荣华丰

胡氏家族　据胡氏族人相传，自明朝万历四十二年（1614），始祖从山西省洪洞县大槐树，用一挑担着两个儿子，长子应文、次子应武，迁徙至伊家沟村定居。之后，始祖又携次子应武，东迁至山东章丘秀惠镇定居至今。自一世始祖起，现已繁衍至16代，即“玉”字行辈，距今400余年。

胡氏行辈自二世起行辈为（20辈）：

应永国进三　东际德昌培

式允连庆玉　相宜建风亭

韩氏家族　据《韩氏族谱》载，始祖自明朝万历四十二年迁来伊家沟村定居至今。现已繁衍至16世“家”字行辈（即16代），距今400余年。韩氏行字辈，自始祖迁入后，先后编续修35行字辈。

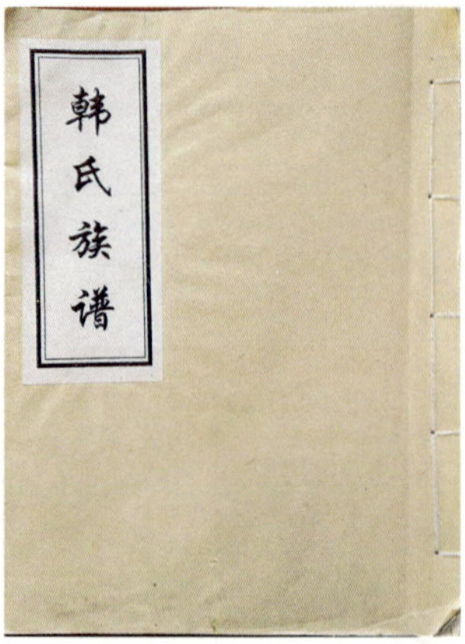

前15世行字辈为：

鸿贵天成进

如在（宗）廷盛（圣）振

玉（兴）立其安庆

后续20世行辈为：

家声勋业福　树德恭勤良

祯瑞平连禄　铭新照晋芳

孙氏一支　据《孙氏族谱》载，十一世始祖于清康熙六年（1667），由肥城市新城办事处尚庄村迁居伊家沟村延绵至今，现已繁衍至10代，即“序”字行辈（即20世），距今340余年。

秦氏家族　据《秦氏族谱》载，清朝康熙年间，13世祖由山东省东阿县铜城镇大秦庄村迁来伊家沟村定居至今。现已繁衍至13代，即“家”字行辈，距今320余年。

秦氏族谱后序，自23世“善”字行辈起，行辈为（30辈）：

善念家声振　尚德以树基

文化思进勉　学书允相济

昌盛荣泽祥　国泰兆安康

孙氏一支　据《孙氏族谱》载，十三世始祖于清雍正五年（1727），由肥城市新城办事处尚庄村迁居伊家沟村延绵至今，现已繁衍至7代，即“衍”字辈（即19世），距今280余年。

孙氏一支　据《孙氏族谱》载，十四世始祖于清乾隆二十二年（1757），由肥城市新城办事处孙家庄村迁居伊家沟村延绵至今，现已繁衍至6代，即“衍”字行辈（即19世），距今250余年。

刁氏家族　据《刁氏族谱》载，清朝乾隆二十二年，十一世始祖由山东章丘县刁家庄迁来伊家沟村定居至今。现已繁衍至10代，即“恩”字行辈，距今250余年。

《刁氏族谱》自十一世起，行辈为（10辈）：

士振思玉志　曰传继光恩

后续自二十一世起行辈为：

德长庆贤　毓维风嘉

福寿友连　建修骏业

载锡鸿光　祥昭令嗣

百世荣昌

姚氏家族 康熙四十年（1775），由肥城市西付村小姚庄村迁来伊家沟村定居至今。现已繁衍至 10 代，距今 240 余年。

孙氏一支 据《孙氏族谱》载，十五世始祖于清乾隆五十二年（1787），由肥城市新城办事处孙家庄村迁居伊家沟村延绵至今，现已繁衍至 4 代，即“远”字行辈（即 18 世），距今 227 年。

以上孙氏四支，清光绪十年（1884），孙氏续修族谱，先人遂续行字辈四十代，亦称前二十代和后二十代。

前二十代排序为：

开培传业远　衍序庆生繁
允以家常在　维宜宪始原

后二十代排序为：

仁乃全申本　勤俭富贵根
善行忠义孝　福禄万年新

王氏家族 据《王氏族谱》载，明洪武四年（1371），自山西省平阳府洪洞县迁于肥城县老城镇百尺村定居。后于清乾隆五十四年（1789），15 世始祖由肥城县老城镇百尺村迁来伊家沟村定居至今。现已繁衍至 9 代，即“惠”字行辈，据今 220 余年。

王氏族谱后序行辈，自 15 世“年”字行辈起，行辈为（20 辈）：

年衍昌明德　祥开庆惠长
培兰兴福运　鍾善裕其良

傅氏家族 据《傅氏族谱》载，清嘉庆十九年（1814），16 世始祖由肥城县王瓜店镇梁家庄村迁来伊家沟村定居至今。现已繁衍至 8 代，即“继”字辈，距今 200 余年。

《傅氏族谱》后序行辈至 18 世起，行辈为（20 辈）：

诗书家声振　继绳世泽长
元云怀茂德　麟趾兆其祥

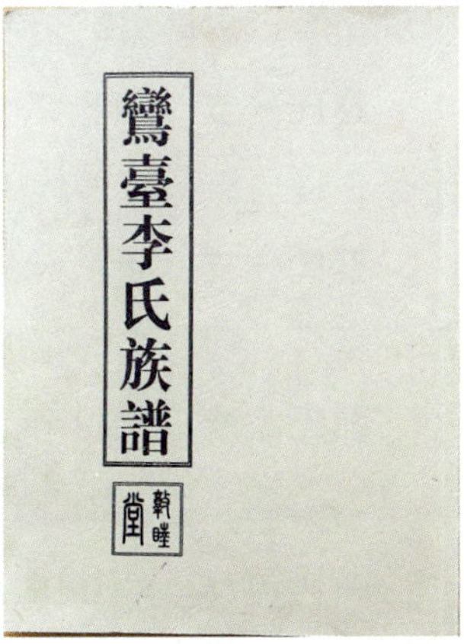

李氏一支 据《李氏族谱》载，清道光十九年（1839），15 世始祖，由肥城市仪阳镇石坞村迁来伊家沟村定居至今。现已繁衍至 7 代，即“图”字行辈，距今 170 余年。《李氏族谱》后序行辈，自 14 世起行辈为（40 行辈）：

基兆昌允瑞　开鸿图承祖
延祚培振家　声祥麟俊风
宣杨令名严　守庭训裕后
庆宗深思广　义福寿祯荣

赵氏一支 清道光十九年（1839）由肥城市新城办事处西付村迁居伊家沟村延绵至今，现已繁衍至 7 代，距今 170 余年。

邱氏家族 据《邱氏族谱》载，清道光十九年（1839），72 世始祖由肥城市新城办事处东付村迁居伊家沟村延绵至今，现已繁衍至 7 代，距今 170 余年。

自 72 世起行辈（统一新字辈）为：

仁德乾坤久　义重时日长
礼全永富贵　智明大吉昌
信诚立业本　忠勇振国光
孝恭传家宝　友爱致和祥
善积余庆厚　福寿显名扬
祖恩贻泽远　世代秉承旺

石氏家族 据《石氏族谱》载，清道光二十年（1840）十六世始祖，由肥城市新城办事处孙家庄村迁居伊家沟村延绵至今，现已繁衍至 7 代，即“鸿”字行辈，距今 170 余年。至 16 世起行辈为：

汝、允、振、兆、绪、昌、鸿、修

尹氏家族 清同治三年（1864），由肥城市潮泉镇柳沟村迁居伊家沟村延绵至今，现已繁衍至 6 代，距今 150 余年。

张氏家族 清同治三年（1864），由肥城市老城镇百尺村迁居伊家沟村延绵至今，现已繁衍至 6 代，距今 150 余年。

闫氏家族 清光绪十五年（1889），由肥城市新城办事处闫小村迁居伊家沟村延绵至今，现已繁衍至 5 代，距今 120 余年。

赵氏一支 清光绪十五年（1889），由肥城市老城镇北坛村迁居伊家沟村延绵至今，现已繁衍至 5 代，距今 120 余年。

李氏一支 于清光绪十五年（1889），由肥城市安临站镇纸坊村迁居伊家沟村延绵至今，现已繁衍至 5 代，距今 120 余年。

郭氏家族 1914 年，由肥城市新城办事处郭家小庄村迁居伊家沟村延绵至今，现已繁衍至 4 代，距今百余年。

高氏家族 1916 年，由肥城市老城镇孝门村迁居伊家沟村延绵至今，现已繁衍至 5 代，距今百余年。

李氏一支 于 1936 年，由肥城市安驾庄镇尚庄楼村迁居伊家沟村延绵至今，现已繁衍至 4 代，距今 79 年。

赵氏一支 于 1937 年，由肥城市新城办事处太平村迁居伊家沟村延绵至今，现已繁衍至 4 代，距今 78 年。

李氏一支 因亲情婚姻关系，1950 年，由肥城市新城办事处东尚里村迁居伊家沟村延绵至今，现已繁衍至 4 代，距今 60 余年。

李氏一支 因亲情婚姻关系，由山东省汶上县白石乡五村迁居伊家沟村延绵至今，现已繁衍至 4 代，距今 60 余年。

翟氏一支 1963 年，响应党的号召，干部下放回乡务农，翟氏一家由济南市长清区商业局迁居伊家沟村安家居住，现已繁衍至 4 代，距今 50 余年。

1984—1997 年，伊家沟村引进技术人才迁居至今

共计 31 户 85 人。

孙荣君 1 人，1984 年 5 月，由山东省宁阳县灵乡埠南村迁来定居。

汪心社 3 人，1987 年 6 月，由肥城市汶阳镇东高于村迁来定居。

杜绍富 3 人，1990 年 4 月，由肥城市仪阳镇沙沟峪村迁来定居。

阴玉南 2 人，1991 年 2 月，由黑龙江省桦川县迁来定居。

阴元刚 3 人，1991 年 2 月，由黑龙江省桦川县迁来定居。

汪丰芹 1 人，1992 年 1 月，由肥城市安驾庄镇安驾庄村迁来定居。

高广增 3 人，1993 年 5 月，由山东省平阴县平阴镇孙官村迁来定居。

李　勇 3 人，1993 年 5 月，由肥城市老城镇迁来定居。
王立平 2 人，1993 年 5 月，由肥城市安临站镇邓家庄村迁来定居。
魏庆奎 5 人，1993 年 5 月，由肥城市王瓜店镇指挥庄迁来定居。
胡茂岐 2 人，1993 年 5 月，由肥城市王瓜店镇董庄村迁来定居。
尹衍钦 1 人，1993 年 5 月，由肥城市石横镇三村迁来定居。
杨富永 2 人，1993 年 5 月，由山东省莱芜市口镇山口村迁来定居。
刘兴祥 3 人，1993 年 5 月，由肥城市安临站镇刘村迁来定居。
赵衍芹 5 人，1993 年 5 月，由肥城市仪阳镇山前村迁来定居。
马玉亮 4 人，1993 年 5 月，由肥城市王瓜店镇罗元村迁来定居。
张　波 4 人，1993 年 5 月，由肥城市老城镇老城街迁来定居。
刘百生 4 人，1993 年 5 月，由肥城市老城镇小窑村迁来定居。
张庆珍 3 人，1993 年 5 月，由肥城市潮泉镇百福图村迁来定居。
李正龙 3 人，1993 年 5 月，由肥城市安驾庄镇曹林村迁来定居。
段衍珍 4 人，1993 年 5 月，由肥城市仪阳镇马郎村迁来定居。
赵衍刚 1 人，1993 年 5 月，由肥城市仪阳镇王家南阳迁来定居。
王品亮 1 人，1993 年 5 月，由泰安市良庄镇西庄村迁来定居。
孙绪圣 3 人，1994 年 9 月，由肥城市安临站镇东虎村迁来定居。
国荣珍 2 人，1995 年 3 月，由肥城市国屯村迁来定居。
王道明 4 人，1995 年 6 月，由肥城市仪阳镇东下庄村迁来定居。
张卫民 3 人，1996 年 12 月，由肥城市汶阳镇东高淤村迁来定居。
李洪庆 1 人，1996 年 11 月，由肥城市仪阳镇张袁村迁来定居。
张旭东 3 人，1996 年 12 月，由肥城市汶阳镇张楼村迁来定居。
孟庆芳 2 人，1996 年 12 月，由肥城市汶阳镇宋孝门村迁来定居。
刘俊杰 4 人，1997 年 10 月，由肥城市仪阳镇董南阳村迁来定居。

1969—2015 年，伊家沟村上门女婿迁来定居

赵传友　1969 年，由肥城市仪阳镇南赵庄村迁来定居。
李志安　1977 年，由肥城市新城办事处沙窝村迁来定居。
郑业生　1980 年，由肥城市仪阳镇空杏寺村迁来定居。

赵学才　1985 年 12 月，由肥城市仪阳镇空杏寺村迁来定居。
段祖常　1986 年 1 月，由肥城市仪阳镇段家庄村迁来定居。
肖允利　1986 年 1 月，由泰安市道朗镇二起楼村迁来定居。
张厚臣　1986 年 12 月，由肥城市仪阳镇三环村迁来定居。
赵衍申　1986 年 12 月，由肥城市仪阳镇赵庄村迁来定居。
张成忠　1987 年 1 月，由肥城市桃源镇拔头村迁来定居。
李洪柱　1987 年 12 月，由肥城市仪阳镇孤堆地村迁来定居。
李瑞银　1988 年 2 月，由肥城市老城镇双峪村迁来定居。
汪顺义　1988 年 4 月，由肥城市马家埠乡大龙岗村迁来定居。
徐化雷　1990 年 12 月，由山东省平邑县岐山乡峡玕村迁来定居。
石允水　1991 年，由肥城市边院镇旗林村迁来定居。
肖允富　1991 年 11 月，由肥城市边院镇雨山村迁来定居。
张传平　1993 年 1 月，由肥城市安临站镇前马村迁来定居。
杜玉国　1996 年 8 月，由肥城市仪阳镇沙沟峪村迁来定居。
王　峰　1996 年 3 月，由肥城市王庄镇东徐村迁来定居。
段祖安　1996 年 8 月，由肥城市仪阳镇段庄村迁来定居。
陈木思　1996 年 4 月，由肥城市王瓜店镇尚古庄迁来定居。
李洪志　1996 年 12 月，由肥城市边院镇北湖村迁来定居。
王焕高　1998 年 12 月，由泰安市岱岳区范镇大王村迁来定居。
张家伟　1999 年 8 月，由肥城市老城镇居委会迁来定居。
高　强　1999 年 8 月，由肥城市新城办事处太平村迁来定居。
武海顺　1999 年 10 月，由肥城市孙伯镇刘庄村迁来定居。
陈现银　1999 年 9 月，由肥城市安临站镇陈庄村迁来定居。
杨宝年　2000 年 9 月，由东平县大羊乡前杨庄村迁来定居。
王庆文　2000 年 7 月，由肥城市安临站镇王台村迁来定居。
袁兆胜　2000 年 11 月，肥城市泰西无纺有限公司（户口未迁入伊家沟村）。
喻向军　2001 年 3 月，由肥城市仪阳镇大栲山村迁来定居。
李庆永　2001 年 7 月，由肥城市桃源镇营里村迁来定居。
田洪龙　2001 年 3 月，由肥城市王庄镇田庄村迁来定居。

邓　卫　2001年9月，由肥城市安临站镇邓家庄村迁来定居。
段传立　2002年4月，由肥城市仪阳镇段家庄村迁来定居。
刘加占　2002年6月，由泰安市岱岳区大汶口镇颜谢北村迁来定居。
刘兆敏　2003年1月，由肥城市湖屯镇湖西村迁来定居。
闫云东　2003年3月，由东平县大羊乡响场村迁来定居。
闫吉爱　2003年7月，由肥城市安临站镇牛庄村迁来定居。
刘庆明　2004年8月，肥城市劳保公司（户口未迁入伊家沟村）。
王建利　2005年1月，由肥城市安驾庄镇王家颜子村迁来定居。
陈庆成　2005年10月，由肥城市仪阳镇陈家庄村迁来定居。
胡训涛　2006年8月，由肥城市王瓜店镇蒋庄村迁来定居。
周长林　2007年10月，由肥城市桃园镇屯头村迁来定居。
赵衍田　2007年12月，由肥城市仪阳镇槐树坡村迁来定居。
许富强　2010年11月，由肥城市边院镇后黄村迁来定居。
刘洪银　2010年11月，由肥城市仪阳镇刘台村迁来定居。
展茂良　2011年1月，由肥城市王庄镇演北村迁来定居。
袁传江　2011年3月，由肥城市王瓜店镇北仪仙村迁来定居。
步兆峰　2011年5月，由肥城市安临站镇林家庄村迁来定居。
张建军　2011年6月，由肥城市安临站镇郝家峪村迁来定居。
赵　健　2012年4月，由肥城市仪阳镇山前村迁来定居。
刘伟祯　2012年10月，由泰安市岱岳区下欢庄村迁来定居。
刘　超　2012年12月，由肥城市仪阳镇刘家台村迁来定居。
李　平　2013年，由安徽省朗西县建平镇钟新村迁来定居。
张　明　2013年7月，由肥城市边院镇徐庙村迁来定居。
胡楠楠　2013年11月，由肥城市新城办事处西付村迁来定居。
尹贻亮　2014年8月，由肥城市新城办事处沙沟村迁来定居。
贾吉友　2015年4月，肥城市国庄煤矿（户口未迁入伊家沟村）。
尹衍财　2015年6月，肥城市老城街道办事处（户口未迁入伊家沟村）。
张　峰　2015年12月，由肥城市安临站镇贺庄村迁来定居。

婚姻与家庭

明清时期规定，初婚年龄，男子16岁当娶，女子15岁当嫁，结婚年龄普遍较低。有的贫穷之家，女子不满10岁嫁入婆家，时称“团圆媳妇”，到一定年龄再正式结婚，俗称“圆房”。男子亦有10岁左右娶妻者，多是大媳妇小女婿。民国时期规定男18岁，女16岁为初婚年龄。中华人民共和国成立后，1950年颁布的婚姻法规定，最低年龄男为20周岁，女为18周岁。1980年，颁布的婚姻法规定，结婚年龄男为22周岁，女为20周岁。村内98%的青年男女结婚符合婚姻法的规定标准。1988年《山东省计划生育条例》规定，结婚年龄，男为25周岁，女为23周岁。伊家沟村男女青年积极响应党的号召，村采取有力措施，保证了这一法律法规的落实，彻底杜绝了早婚现象。

1949前后，村内尚有近亲结婚的习俗，多为姑舅亲、姨娘亲。20世纪70年代后，早婚近亲结婚现象彻底杜绝。1949年前，村内人们的配偶年龄差距较大，夫妻年龄差距有5～20岁者。1949年后，废除买卖婚姻，实行婚姻自主，一夫一妻制。丧偶妇女不再受“好女不嫁二男”的封建礼教束缚，寡妇改嫁，任何人不得干涉，改嫁及招夫上门者都有之。

据1988年人口资料统计，全村人口15岁及15岁以上的共1640人，其中男760人，女880人，已有配偶者1372人，占15岁以上人口的83.6%。在15岁以上的人口中尚未结婚的268人，占15岁以上人口的16.35%，其中男135人，女133人。

据2014年（截止到7月）人口资料统计，全村人口15岁及15岁以上的共2073人，其中男937人，女1136人，已有配偶者1860人，占15岁以上人口的89.7%。其中男818人，女1042人。在15岁及15岁以上人口中尚未结婚的213人，占15岁及15岁以上人口的10.3%。

家庭组合

1949年前，平均每户5至6人左右，家庭组合以人口多为荣，讲究“四世同堂”“五世同堂”。不到万不得已，兄弟们不分居。1949 年后，随着社会时代的发展变化，人们的思想认识随之变化，家庭组合逐渐向单代人口少的方向发展。1949 年，全村 260 户，997 人，户均 3.8 人。1959 年，全村 285 户，1300 人，户均 4.6 人。1969 年，全村 323 户，1661 人，户均 5.16 人。1979 年，全村 390 户，1949 人，户均 5 人。1989 年，全村 513 户，2143 人，户均 4.2 人。1999 年，全村 571 户，2013 人，户均 3.5 人。2015 年，全村 806 户，2604 人，户均 3.2 人。2015 年比 1959 年户均人数减少 1.4 人。

1949—2015年伊家沟村家庭平均人口一览表

表19

项目数目年份	总户数（户）	总人口（人）	户均人数（人）
1949	260	997	3.8
1950	265	1056	4
1951	267	1150	4.3
1952	270	1210	4.5
1953	272	1220	4.5
1954	274	1245	4.54
1955	276	1271	4.6
1956	278	1283	4.61
1957	280	1290	4.6
1958	283	1295	4.57
1959	285	1300	4.56
1960	287	1305	4.54
1961	290	1307	4.5
1962	295	1360	4.6
1963	300	1399	4.66
1964	303	1407	4.64
1965	306	1471	4.8
1966	310	1507	4.86
1967	315	1512	4.8
1968	318	1581	4.97

续表

项目数目年份	总户数（户）	总人口（人）	户均人数（人）
1969	323	1661	5.14
1970	333	1702	5.11
1971	339	1736	5.12
1972	342	1756	5.13
1973	346	1788	5.16
1974	362	1817	5
1975	372	1849	4.97
1976	370	1883	5.08
1977	379	1911	5.04
1978	385	1931	5
1979	390	1949	5
1980	405	1958	4.83
1981	435	1968	4.52
1982	430	1982	4.6
1983	445	1934	4.34
1984	485	2014	4.15
1985	507	2057	4.06
1986	507	2065	4.07
1987	505	2127	4.21
1988	510	2140	4.2
1989	513	2143	4.17
1990	520	2403	4.6
1991	526	2158	4.1
1992	538	2165	4.02
1993	545	2177	4
1994	555	2184	3.93
1995	565	2190	3.9
1996	576	2195	3.81
1997	576	2192	3.8

续表

项目数目年份	总户数（户）	总人口（人）	户均人数（人）
1998	571	2020	3.53
1999	571	2013	3.52
2000	586	1974	3.36
2001	586	1925	3.28
2002	586	1989	3.4
2003	588	1996	3.4
2004	591	1889	3.2
2005	640	2015	3.15
2006	640	1994	3.11
2007	640	1998	3.12
2008	700	2300	3.3
2009	720	2340	3.25
2010	720	2360	3.27
2011	740	2400	3.24
2012	740	2513	3.4
2013	760	2550	3.4
2014	808	2582	3.2
2015	806	2604	3.2

生育状况

村民历来受“多子多福”“不孝有三，无后为大”思想的束缚和影响，崇尚多生多育。1949 年初，一生生育五六个子女者有之，生育八九个子女者亦有之。人口生育处于自由生育，无计划和控制。1964 年第二次全国人口普查，村内人口自然增长率已达 18.5‰，是年全村共有 303 户，1407 人，比 1949 年增加 43 户 410 人。

1964 年 10 月，伊家沟村实施计划生育，有效地控制了人口的增长。1976 年全村总户数 370 户，总人口 1883 人，比 1964 年增加 67 户 476 人。

1978 年，之后，国家提倡一对夫妇只生一个孩子，并奖励独生子女夫妇或家庭，开始出现“独生子女户”。经组织广泛发动群众，宣传计划生育的意义，全面落实计划生育方针，人口出生率明显下降。1982 年第三次全国人口普查，全村 430 户 1982 人，比 1976 年增加 60 户 99 人。

1986—1990 年，全县进入第三个人口生育高峰期。此时，提倡一对夫妇生育一个孩子的“一孩化”计划生育政策，但人口出生率和自然增长率仍居高不下。1986—1990 年，伊家沟村共出生 326 人，年平均出生 65.2 人，净增人口 256 人。1991—1996 年，伊家沟村人口自然增长率出现负增长。1998—2014 年，17 年共出生 566 人，平均每年出生 33.3 人，净增 325 人。2015 年人口自然增长率 7‰，晚婚生育率 100%，节育措施落实率 98%。

1980—2015年伊家沟村人口出生死亡率自然增长率统计表

表20

年份	出生（人）			死亡（人）			自然增长率（‰）	
	男	女	合计	男	女	合计	净增长	负增长
1980	8	16	24	8	9	17	7%	—
1981	20	22	42	2	3	5	37%	—
1982	26	26	52	6	7	13	39%	—
1983	14	14	28	4	5	9	19%	—
1984	16	32	48	8	5	13	35%	—
1985	26	33	59	5	5	10	49%	—
1986	34	46	80	7	9	16	64%	—
1987	48	58	106	13	5	18	88%	—
1988	31	38	69	6	9	15	54%	—
1989	24	30	54	6	9	15	39%	—
1990	8	9	17	5	1	6	11%	—
1991	4	4	8	6	3	9	—	1%
1992	4	6	10	10	5	15	—	5%
1993	4	1	5	7	6	13	—	8%
1994	8	2	10	12	5	17	—	7%
1995	4	7	11	7	3	10	1%	—
1996	7	6	13	11	6	17	—	4%
1997	20	7	27	15	6	21	6%	—

续表

年份	出生（人）			死亡（人）			自然增长率（‰）	
	男	女	合计	男	女	合计	净增长	负增长
1998	12	8	20	6	9	15	5%	—
1999	13	17	30	7	7	14	16%	—
2000	11	14	25	8	12	20	5%	—
2001	9	15	24	4	5	9	15%	—
2002	14	17	31	9	8	17	14%	—
2003	12	11	23	5	3	8	15%	—
2004	22	20	42	10	4	14	28%	—
2005	12	9	21	5	12	17	4%	—
2006	9	5	14	7	8	15	—	1%
2007	9	11	20	4	9	13	7%	—
2008	11	16	27	10	7	17	10%	—
2009	20	18	38	5	5	10	28%	—
2010	30	31	61	13	7	20	41%	—
2011	27	41	68	7	3	10	58%	—
2012	23	29	52	7	7	14	38%	—
2013	15	17	32	6	11	17	15%	—
2014	17	21	38	5	7	12	26%	—
2015	11	21	32	10	4	14	18%	—
合计	583	678	1261	266	229	495	792%	26%

生育政策

1964年，中共中央颁发了毛主席关于“要搞好计划生育的重要指示”，实行计划生育逐渐成为我国的一项基本国策。1970年，中共中央国务院发出了关于计划生育的49号、51号文件。文件精神要求，生育严格按照晚、稀、少的原则执行。期间，结婚年龄规定，男须年满25周岁，女23周岁才能领取结婚证，并要求一对夫妇一个孩。

1980 年，肥城县革命委员会出台《关于计划生育工作若干问题的试行规定》。伊家沟村对独生子女家庭给予多方面奖励和照顾，每月发给“独生子女费”，并把实行晚婚和计划生育作为干部考核、提干的重要条件。

1981 年，按照中共中央 69 号文件精神，肥城县政府制定了《关于计划生育若干问题的补充规定》，对只生一个孩子的夫妇，颁发奖状、奖金和独生子女证。伊家沟村对符合条件的独生子女户，分别奖给自行车一辆、挂钟一块、小麦 200 斤，记工分 60 个。

1985 年，为贯彻落实中共山东省委、省政府《农村独女户有间隔的生育第二胎的规定》，伊家沟村本着在保证人口计划生育，又有利于优生优育和鼓励晚婚的原则下，对村内独女户（母女均系农业户口），其母亲年满 30 周岁者，允许生育第二胎。

2006 年，伊家沟村首批计划生育“独生子女户”及双女家庭，父母年满 60 周岁，都领到了国家下发的每人每月扶助奖金 60 元。至 2014 年，国家已下发给每人每月扶助奖金 80 元。

2015 年 12 月 27 日，第十二届全国人大常委会第十八次会议，通过了关于修改人口与计划生育法的决定。2016 年 1 月 1 日起施行的修改决定，明确国家提倡一对夫妇生育两个子女。

优生优育

中华人民共和国成立后，国家卫生部门组织培训接生员，以新法接生替代旧法接生，减少新生儿破伤风及孕妇的产褥热等疾病。1958 年 10 月，伊家沟村建立了卫生室，配备卫生员、新法接生员，普遍采用新法接生，基本消灭了新生儿破伤风。20 世纪 70 年代后，逐步对儿童进行各种疾病的预防接种，并制定保偿制度。每年进行一次健康查体，对查出的疾病，均给予对症治疗。同时，开展宣传近亲结婚的害处，婚前查体的好处，促进了优生优育工作的开展。

1993 年后，按上级指示精神，孕产妇一律入住医院分娩，填写出生医学证明，使孕产的母婴健康得到了可靠的保障，有利于提高人口素质，更有利于儿童健康成长。

为了更好地实现优生优育目标，自2000年以来，伊家沟村对婚前及育龄妇女，尤其是血清学证实的易感妇女，有选择性地接种风疹疫苗，以免因风疹病毒侵入胎盘传染给胎儿，引起先天性风疹，出现胎儿畸形等不良后果。

家庭经济消费

1948年前，贫下中农地少人多，土地贫瘠，缺肥少水，收入低微，过着贫穷的苦难日子。贫农多数缺衣少穿，一身衣服，冬改棉，夏改单，勉强遮体度日，常年不换。一身衣服有“新三年，旧三年，缝缝补补又三年”之说。食为半年糠菜半年粮。有的冬无御寒衣，家无隔夜粮。穷人常年为人当长工，打短工，靠微薄收入养家糊口，苦度岁月。住宅多为土坯住房或土坯草房，房屋低矮狭窄，睡土炕，铺光席。冬天一家几口人合盖一床棉被，走亲串友借衣服是常事。

20世纪50年代，人们以粗布衣料做服装棉被。60年代始，人们以平面细布为衣料。而后，衣料逐渐被“的确良”等纤维纺织品代替。70年代，自行车、手表、挂钟、收音机、缝纫机、黑白电视机，相继进入农民家庭。住房大多进行了改善，门窗逐渐加大，玻璃门窗代替了木门木窗，室内摆设也有了更新。

进入80年代，社员收入增多，人民生活水平改善速度加快，消费水平提高。特别是实行土地承包责任制以后，通过调整种植结构，实行多种经营，发展个体私营经济，粮食产量和人均经济收入大幅度增长，村民吃饭以细粮小麦为主，由吃粗吃饱向吃细吃好过渡。村民在穿着上也出现新的变化，衣着打扮时尚化成为常态。春夏秋冬，各有四季服装。土坯石结构住房开始被砖、石、水泥结构的套房所代替，住房条件大幅度改善。

1990年后，随着经济收入的提高，有的户住上了钢筋、楼板、水泥、石结构的小康楼。人民生活基本以细粮为主，大米、小米、小杂粮成为人们生活中的调剂品。粗粮成为饲养家禽的主要饲料或卖给收粮商贩。食用油中的肥肉猪油，逐渐由大豆油、花生油等优质食用油所代替。

2000年后，随着电冰箱的普及，家家户户鱼肉不断，水果、牛奶、鸡蛋成为多数农户的必需品，村民家中来客或喜宴等均到饭店招待。名牌西服、中高档服装、皮鞋普及到普通村民，童装更是艳丽多彩。村民住上了宽敞明亮的楼房，做饭烧水都用上了天然气灶、电磁炉，村民家中冬季取暖都用上了天然气壁挂炉及空调，家家冬天有取暖设备，夏天有降温设备。99% 的家庭户有高档挂衣橱，高低柜，单、双人沙发，高档席梦思床等家具。随着时代的发展，中高档消费品陆续进入村民家庭，摩托车、电动车及电动三轮车代替了自行车。电冰箱、洗衣机、空调基本每家都有，手机、电话户均 3 部以上。数字液晶电视、电脑、轿车在村民家庭中陆续普及。

2002 年，村北由于新城工业三路扩建通路，拆除了部分村民居住房屋，伊家沟村在向阳街公路西、工业一路南，新建“5+1”居民公寓楼两栋，安置了拆迁户及新划户 60 户，居住面积 94 ～ 121 平方米（现为宜居花苑）。

2007 年，村两委研究启动旧村改造建设的新计划，并与全体党员干部及村民代表开会研究，通过了全村拆迁改造腾空建设楼房的一系列优惠政策。拆迁户购买新建居民楼房，享受平均价 600 元 / 平方米。拆迁户，每户补助 2.4 万元，搬迁费 4000 元。2008 年 5 月份，开始拆迁旧村改造，在原村工业二路北、工业三路南的东社区破土动工建设小康居民公寓楼。2012 年 12 月份，小康居民公寓楼共 20 栋竣工，安置居民拆迁户 550 户，居住建筑面积都在 100 ～ 120 平方米左右。

2012—2015 年，西区小高层居民公寓楼 7 栋建设竣工，其中，建有 1 ～ 17 层居民楼 1 栋，1 ～ 11 层居民楼 6 栋。建设格局每户在 75 ～ 120 平方米左右，安置居民 230 户。其中，安置老年人居住 135 户。7 栋公寓楼居住户，冬季均已供暖。至 2015 年 12 月，全村东社区和西社区，现已迁入居住拆迁户、新划户及老年人居住户共 780 户。全村居民居住生活及社区各方面设施，已达到社会主义小康标准。

1949—2015年伊家沟村部分年份村民拥有耐用消费品统计表

表21

年份	总户数	总人口	住房			砖石水泥钢筋结构二层楼		小高层及“5+1”楼房		壁挂燃气取暖炉（个）	液化气灶（个）	天然气灶（个）	收录机（台）	照相机（台）
			土坯房（间）	草房（间）	砖石结构瓦房平房（间）	处	户数	栋	户数					
1949	260	997	735	45	—	—	—	—	—	—	—	—	—	—
1952	270	1210	765	45	—	—	—	—	—	—	—	—	—	—
1957	280	1290	795	45	—	—	—	—	—	—	—	—	—	—

续表

年份	总户数	总人口	住房			砖石水泥钢筋结构二层楼		小高层及“5+1”楼房		壁挂燃气取暖炉（个）	液化气灶（个）	天然气灶（个）	收录机（台）	照相机（台）
			土坯房（间）	草房（间）	砖石结构瓦房平房（间）	处	户数	栋	户数					
1962	295	1360	1180	30	—	—	—	—	—	—	—	—	—	—
1965	306	1471	1224	—	—	—	—	—	—	—	—	—	—	—
1970	333	1702	1332	—	—	—	—	—	—	—	—	—	—	—
1975	372	1849	1488	—	—	—	—	—	—	—	—	—	—	—
1978	385	1931	1540	—	—	—	—	—	—	—	—	—	—	—
1980	405	1958	1620	—	—	—	—	—	—	—	—	—	—	—
1983	445	1934	1576	—	204	—	—	—	—	—	—	—	—	5
1985	507	2057	1724	—	304	—	—	—	—	—	—	—	15	16
1987	505	2127	1700	—	320	—	—	—	—	—	50	—	30	20
1995	565	2190	—	—	2260	49	49	—	—	—	150	—	100	180
2000	586	1974	—	—	2344	—	—	—	—	—	200	—	200	240
2001	586	1925	—	—	2344	34	34	—	—	—	300	—	300	260
2002	586	1989	—	—	2344	—	—	2	60	—	400	—	350	300
2005	640	2015	—	—	2560	—	—	—	—	—	450	60	380	340
2006	640	1994	—	—	2560	—	—	—	—	—	500	—	320	400
2008	700	2300	—	—	—	—	—	2	50	30	550	110	280	420
2010	720	2360	—	—	—	—	—	8	220	50	—	400	200	450
2011	740	2400	—	—	—	—	—	7	210	70	—	500	180	460
2012	740	2513	—	—	—	—	—	2	70	80	—	550	150	460
2013	760	2550	—	—	—	—	—	3	124	100	—	650	120	500
2014	808	2582	—	—	—	—	—	24	734	114	—	60	110	550
2015	806	2604	—	—	280	83	83	27	780	210	—	780	110	550

1949—2015年伊家沟村部分年份村民拥有耐用消费品统计表

表22

年份	总户数	总人口	缝纫机（台）	手表（块）	电话（部）	手机（部）	座钟挂表（块）	电风扇（台）	电冰箱（台）	空调（台）	洗衣机（台）	黑白电视机（台）	彩色电视机（台）	电脑（台）
1949	260	997	—	—	—	—	5	—	—	—	—	—	—	—
1952	270	1210	—	—	—	—	6	—	—	—	—	—	—	—
1957	280	1290	—	—	—	—	8	—	—	—	—	—	—	—
1962	295	1360	—	—	—	—	10	—	—	—	—	—	—	—
1965	306	1471	3	—	—	—	—	20	—	—	—	—	—	—
1970	333	1702	15	30	—	—	—	—	30	—	—	—	—	—
1975	372	1849	40	100	—	—	—	—	40	56	—	—	—	—
1978	385	1931	75	150	—	—	—	—	180	82	—	—	—	—
1980	405	1958	90	200	—	—	—	—	195	120	—	—	—	—
1983	445	1934	120	300	—	—	—	—	200	180	—	30	—	—
1985	507	2057	150	350	3	—	320	200	10	5	6	100	—	—
1987	505	2127	180	500	20	—	340	300	16	50	10	200	—	—
1995	565	2190	190	600	100	80	400	400	100	80	20	300	—	2
2000	586	1974	260	800	200	150	420	450	160	150	25	—	350	30
2001	586	1925	—	850	280	300	450	500	200	180	60	—	360	40
2002	586	1989	—	700	300	400	460	600	260	200	80	—	400	50
2005	640	2015	—	650	360	600	470	700	300	240	100	—	420	60
2006	640	1994	—	600	400	700	500	800	360	300	200	—	450	100
2008	700	2300	—	500	300	1000	550	600	400	340	260	—	500	150
2010	720	2360	—	450	200	1200	600	800	440	450	300	—	550	200
2011	740	2400	—	400	140	1400	1000	1000	500	500	450	—	600	260
2012	740	2513	—	400	120	1600	1100	1200	520	550	480	—	620	300
2013	760	2550	—	400	50	1800	1300	1400	550	650	550	—	650	400
2014	808	2582	—	400	50	2000	1500	1500	600	689	600	—	720	500
2015	806	2604	—	400	50	2200	2000	1500	800	700	800	—	806	610

1949—2015年伊家沟村部分年份村民拥有耐用消费品统计表

表23

年份	总户数	总人口	大小拖拉机（辆）	吊车（辆）	塔吊（部）	自行车（辆）	两轮摩托车（辆）	地排车（辆）	手推车（辆）	机动三轮车（辆）	电动车及电动三轮车（辆）	货运汽车（辆）	大小面包车客车（辆）	铲车（辆）	轿车（辆）
1949	260	997	—	—	—	—	—	—	220	—	—	—	—	—	—
—	—	—	220	—	—	—	—	—	—	—	—	—	—	—	—
1957	280	1290	—	—	—	2	—	—	230	—	—	—	—	—	—
1962	295	1360	—	—	—	15	—	—	230	—	—	—	—	—	—
1965	306	1471	—	—	—	30	—	10	230	—	—	—	—	—	—
1970	333	1702	—	—	—	90	—	16	240	—	—	—	—	—	—
1975	372	1849	—	—	—	200	—	20	245	—	—	—	—	—	—
1978	385	1931	—	—	—	290	—	50	250	—	—	—	—	—	—
1980	405	1958	—	—	—	320	10	80	260	—	—	—	—	—	—
1983	445	1934	—	—	—	350	20	120	300	—	—	—	—	—	—
1985	507	2057	5	—	—	—	360	25	150	350	5	—	—	—	—
1987	505	2127	7	—	—	—	400	30	200	380	10	—	—	—	—
1995	565	2190	10	—	—	—	420	40	240	400	20	50	5	3	
2000	586	1974	12	3	2	450	70	260	450	30	150	10	6	2	10
2001	586	1925	12	5	2	460	75	280	450	40	200	15	8	2	16
2002	586	1989	15	5	2	480	80	300	460	45	260	20	11	2	20
2005	640	2015	15	5	2	500	83	—	480	50	400	26	15	2	30
2006	640	1994	15	6	3	520	85	—	—	56	500	30	18	3	40
2008	700	2300	9	6	3	540	88	—	—	60	700	40	20	3	60
2010	720	2360	9	7	3	550	90	—	—	62	900	50	22	4	100
2011	740	2400	9	8	4	580	95	—	—	65	1000	55	25	5	140
2012	740	2513	9	8	5	600	100	—	—	70	1100	58	26	6	160
2013	760	2550	9	9	5	628	108	—	—	73	1200	70	30	7	170
2014	808	2582	9	9	6	630	110	—	—	80	1260	76	32	8	185
2015	806	2604	9	11	50	630	123	—	—	80	2000	76	32	8	300

齐鲁名村志

QI LU MING CUN ZHI

伊家沟村志

1368—2015

YI JIA GOU CUN ZHI

村政组织

CUNZHENGZUZHI

中共伊家沟村总支委员会

组织创建

1938年，上级党组织秘密派陈庆国携妻子和孩子来伊家沟村，租赁居住在伊兴木家小南屋内。陈庆国以白天在家照料生意（经营茶叶和生活日用品）做小买卖为掩护，晚上出去秘密做地下工作。1945年10月村建立了农会、新民主主义青年团、妇救会等群众团体组织，开展土地回赎、减租减息、反奸、土地改革及动员参军等运动。

1947年3月，二区武工队队长董宪德介绍陈继阳加入中国共产党。1948年1月，建立了伊家沟村第一个党组织，上级任命陈继阳为党支部书记，组织发动群众参军参战，支援前线。在伊家沟战斗中，村民配合主力部队作战，粉粹了国民党反动派和地主还乡团的疯狂进攻，取得了胜利。为保卫革命胜利果实、经济发展和新民主主义革命建设，均做出了很大贡献。

机构沿革

1948年1月，党组织任命陈继阳任伊家沟村党支部书记。

1949年5月至1955年2月，期间建立了伊家沟乡党支部。时有党员14人。

1955年2月，伊家沟党支部进行改选，陈绪富任支部书记，时有党员18人。

1959年后村党支部分别按届次更替发展，发展沿革如下表：

伊家乡、伊家沟乡历届党支部书记情况表

表24

名称	姓名	任职起止时间
伊家沟乡	陈继阳	1949.5—1950.1
伊家乡	陈继阳	1950.1—1954.5

续表

名称	姓名	任职起止时间
伊家沟乡	赵继成	1954.5—1955.2
高级农业生产合作社	李庆存	1956.3—1958.9
	孙传家	1956.1—1958.9

中共伊家沟村历届党支部（总支）成员情况表

表25

项目成员届次	职务	姓名	性别	任职时间	党员人数
第一届	书记	陈继阳	男	1948.1—1949.5	1
第二届	书记	陈继阳	男	1949.5—1954.5	8
第三届	书记	陈绪富	男	1955.2—1958.10	18
第四届	书记	王明宣	男	1959.1—1964.8	27
	副书记	赵继成	男	1959.1—1964.8	
	委员	王明乔	男	1959.1—1964.8	
		陈绪富	男	1959.1—1964.8	
		伊兆禄	男	1959.1—1964.8	
		王德生	男	1959.1—1964.8	
		伊兆瑞	男	1959.1—1964.8	
第五届	书记	伊兆禄	男	1964.8—1966.5	32
	副书记	赵继成	男	1964.8—1966.1	
		王明宣	男	1964.8—1966.5	
		伊兆瑞	男	1964.8—1966.5	
	委员	王明乔	男	1964.8—1966.5	
		王德生	男	1964.8—1966.5	
		陈绪富	男	1964.8—1966.5	
第六届	书记	伊兆禄	男	1966.5—1971.1	31
	副书记	王明宣	男	1966.5—1971.1	
	委员	伊兆瑞	男	1966.5—1971.1	
		王明乔	男	1966.5—1971.1	
		王德生	男	1966.5—1971.1	
		陈绪富	男	1966.5—1971.1	
		刁素珍	女	1966.5—1971.1	

续表

项目成员届次	职务	姓名	性别	任职时间	党员人数
第七届	组长	伊兆禄	男	1971.1—1974.11	41
	副组长	王明宣	男	1971.1—1974.11	
	委员	陈绪富	男	1971.1—1974.11	
		刁素珍	女	1971.1—1974.11	
		伊连友	男	1971.1—1974.11	
		王德生	男	1971.1—1974.11	
		王明乔	男	1971.1—1974.5	
	书记	王明宣	男	1974.11—1976.8	42
	副书记	伊连友	男	1974.11—1976.8	
	委员	陈绪富	男	1974.11—1976.8	
		王德生	男	1974.11—1976.8	
		刁素珍	女	1974.11—1976.8	
		胡士其	男	1974.11—1976.8	
第八届	书记	胡士其	男	1976.8—1978.9	45
	副书记	伊连友	男	1976.8—1978.9	
		王秀梅	女	1976.8—1978.9	
		陈玉海	男	1976.8—1978.9	
	委员	王明宣	男	1976.8—1978.9	
		陈绪富	男	1976.8—1977.11	
		刁素珍	女	1976.8—1978.9	
第九届	书记	胡士其	男	1978.9—1982.7	54
	副书记	伊连友	男	1978.9—1982.7	
		王秀梅	女	1978.9—1982.7	
		陈玉海	男	1978.9—1982.7	
	委员	王明宣	男	1978.9—1982.7	
		刁素珍	女	1978.9—1982.7	
		陈正金	男	1978.9—1982.7	
第十届	书记	胡士其	男	1982.7—1984.5	55
	副书记	伊连友	男	1982.7—1984.5	
		王秀梅	女	1982.7—1984.5	
		陈玉海	男	1982.7—1984.5	

续表

项目成员届次	职务	姓名	性别	任职时间	党员人数
第十届	委员	刁素珍	女	1982.7—1984.5	55
		陈绪功	男	1982.7—1984.5	
		陈正金	男	1982.7—1984.5	
第十一届	书记	胡士其	男	1984.5—1986.4	60
	副书记	伊连友	男	1984.5—1986.4	
		王秀梅	女	1984.5—1986.4	
		陈玉海	男	1984.5—1986.4	
	委员	陈正金	男	1984.5—1986.4	
		孙业才	男	1984.5—1986.4	
		胡士泉	男	1984.5—1986.4	
第十二届	书记	胡士其	男	1986.4—1990.12	63
	副书记	孙业才	男	1986.4—1990.12	
		伊连友	男	1986.4—1990.12	
	委员	王秀梅	女	1986.4—1990.12	
		陈玉海	男	1986.4—1990.12	
		陈正金	男	1986.4—1990.12	
		胡士泉	男	1986.4—1990.12	
第十三届	书记	胡士其	男	1990.12—1992.11	68
	副书记	孙业才	男	1990.12—1992.11	
		伊连友	男	1990.12—1992.11	
	委员	王秀梅	女	1990.12—1992.11	
		陈玉海	男	1990.12—1992.11	
		陈正金	男	1990.12—1992.11	
		胡士泉	男	1990.12—1992.11	
第十四届	书记	胡士其	男	1992.11—1994.11	74
	副书记	孙业才	男	1992.11—1994.11	
		伊连友	男	1992.11—1994.11	
		王秀梅	女	1992.11—1994.11	
	委员	胡士泉	男	1992.11—1994.11	
		陈玉海	男	1992.11—1994.11	
		陈正金	男	1992.11—1994.11	

续表

项目成员届次	职务	姓名	性别	任职时间	党员人数
第十五届	书记	胡士其	男	1994.11—1996.2	79
	副书记	孙业才	男	1994.11—1996.2	
		伊连友	男	1994.11—1996.2	
	委员	王秀梅	女	1994.11—1996.2	
		胡士泉	男	1994.11—1996.2	
		陈玉海	男	1994.11—1996.2	
		陈正金	男	1994.11—1996.2	
第十六届	书记	胡士其	男	1996.2—1997.12	84
	副书记	孙业才	男	1996.2—1997.12	
		伊连友	男	1996.2—1997.12	
	委员	王秀梅	女	1996.2—1997.12	
		胡士泉	男	1996.2—1997.12	
		陈玉海	男	1996.2—1997.12	
		陈正金	男	1996.2—1997.2	
	书记	孙业才	男	1998.1—1998.12	
	副书记	胡士泉	男	1998.1—1998.12	
		伊连友	男	1998.1—1998.12	
		陈玉海	男	1998.1—1998.12	
	委员	王秀梅	女	1998.1—1998.12	
第十七届	书记	孙业才	男	1998.12—2000.10	84
	副书记	胡士泉	男	1998.12—2000.10	
		王秀梅	女	1998.12—2000.10	
		陈玉海	男	1998.12—2000.10	
	委员	韩立国	男	1998.12—2000.10	
		赵忠才	男	1998.12—2000.10	
		胡式君	男	1998.12—2000.10	
第十八届	书记	王秀梅	女	2000.10—2002.1	82
	副书记	韩立国	男	2000.10—2002.1	
		陈玉海	男	2000.10—2002.1	

续表

项目成员届次	职务	姓名	性别	任职时间	党员人数
第十八届	委员	孙业才	男	2000.10—2002.1	82
		胡式君	男	2000.10—2002.1	
		姚庆国	男	2000.10—2002.1	
		韩立运	男	2000.10—2002.1	
第十九届	书记	王秀梅	女	2002.1—2004.11	83
	副书记	韩立国	男	2002.1—2004.11	
		陈玉海	男	2002.1—2004.11	
		韩立运	男	2002.1—2004.11	
		姚庆国	男	2002.1—2004.11	
	委员	孙业才	男	2002.1—2004.11	
		胡式君	男	2002.1—2004.11	
第二十届	书记	姚庆国	男	2004.11—2007.12	85
	副书记	陈玉海	男	2004.11—2007.12	
		韩立运	男	2004.11—2007.12	
	委员	韩立国	男	2004.11—2007.12	
		孙业才	男	2004.11—2007.12	
		胡式君	男	2004.11—2007.12	
		王开生	男	2004.11—2007.12	
第二十一届	书记	姚庆国	男	2007.12—2011.3	88
	副书记	韩立国	男	2007.12—2011.1	
		胡式君	男	2007.12—2011.1	
	委员	王开生	男	2007.12—2011.3	
		胡士惠	男	2007.12—2011.3	
		秦善阳	男	2007.12—2011.3	
		高淑祯	男	2007.12—2011.3	
第二十二届	书记	姚庆国	男	2011.3—2014.11	114
	副书记	胡士惠	男	2011.3—2014.11	
		王开生	男	2011.3—2014.11	
		秦善阳	男	2011.3—2014.11	
	委员	高淑祯	男	2011.3—2014.11	
		陈建国	男	2011.3—2014.11	
		孙衍霞	女	2011.3—2014.11	

续表

项目成员届次	职务	姓名	性别	任职时间	党员人数
第二十三届	书记	姚庆国	男	2014.11—2015.12	119
	副书记	胡士惠	男	2014.11—2015.12	
		王开生	男	2014.11—2015.12	
		秦善阳	男	2014.11—2015.12	
	委员	陈建国	男	2014.11—2015.12	
		高淑祯	男	2014.11—2015.12	
		孙衍霞	女	2014.11—2015.12	

中共伊家沟村农业、企业、建安公司党支部情况表

表26

名称	职务	姓名	任职时间
农业党支部	书记	伊连友	1989.3—1990.12
	委员	韩立运	1989.3—1990.12
		秦正武	1989.3—1990.12
	书记	韩立运	1990.12—2007.12
	副书记	秦正武	1990.12—2005.12
	委员	伊登玉	1990.12—2005.12
	书记	王开生	2007.12—
企业党支部	书记	陈正金	1989.3—1997.2
	副书记	王德功	1989.3—1993.1
	委员	胡士祥	1993.5—1997.2
	书记	胡士惠	1997.3—2000.8
	委员	伊兆水	1997.3—2000.8
		胡士祥	1997.3—2000.8
	书记	高淑祯	2007.12—2015.12
建安党支部	书记	陈玉海	1989.3—2007.12
	委员	伊兆忠	1991.1—1992.2
		胡士祥	1991.3—1992.7
		王开金	1995.1—1998.12

注：2000 年 8 月，撤销企业支部

党的建设

组织建设 村级党组织建设主要工作是发展党员和收缴党费等。

1947年，二区武工队长董宪德介绍伊家沟村陈继阳加入中国共产党。翌年陈继阳任中共伊家沟党支部书记。1949年，陈继阳分别介绍秦光言、陈绪富、赵继成、孙传家、伊淑祥、王瑞祥、伊兆瑞、李瑞成入党。到1970年发展党员19人，其中女党员3人。20世纪70年代后，每年都从优秀分子中发展党员，加上从部队或外地转入的党员，到1989年，全村共有党员65人，设8个党小组，建立了党总支，设农业、企业、建安公司三个支部。党总支及所属支部按组织建设要求，建立了各项制度，加强组织建设。建立的主要制度有：

党员年度目标管理制度；政治学习制度；党建工作制度；民主评议党员制度；发展党员制度；党支部生活民主制度；评先树优奖惩制度；党总支（支部）集体指导制度。

2015年，全村共有党员123人，其中女党员26人，占总党员人数的21%。

1949年收缴党费，无统一缴纳标准。党员按照自己的经济条件，自觉向党组织缴纳党费。1962年，中共中央组织部制定关于《党费收缴使用和管理的规定》。自此，党员每季度向支部交纳一次党费，每人0.05元。到80年代中期，改为每月收缴一次，每月每人0.1元。1994年，根据上级指示精神，有固定收入的党员每年交纳工资的0.5%；无固定收入的每年2.4元。

2008年，中共中央组织部下发《关于中国共产党党费收缴使用和管理规定》，对党费缴纳比例做出调整。2015年，伊家沟村根据新城街道办事处组织室关于党员党费缴纳的有关要求作出交纳党费的规定：

村民委员会委员是党员的、党总支委员会委员，每月交纳党费4元，年计48元。

村各业务口和管理部门负责人是党员的，每月交纳党费1.5元，年计18元。

村干部退休的党员，退职后交纳党费调整为每月1.5元，年计18元。

村工作人员退职的党员，退职后缴纳党费调整为每月1元，年计12元。

社会退休返村的党员，每月缴纳党费1.5元，年计18元。

凡属伊家沟村党总支管理的其他党员，原则上每月缴纳党费 1 元，年计 12 元。党费上交至上级党委组织部门。

思想建设 1949 年前，因环境恶化，党组织和党员不公开，很少召开正规会议进行学习，只能根据形势需要进行秘密活动，传达上级文件和指示精神。并通过实际斗争，向党员进行形势教育，革命理想教育，提高执行党的路线、方针、政策的自觉性。

1949 年后，党员的思想教育逐步制度化、正规化，思想建设列入重要议事议程。教育内容主要围绕党在各阶段的中心任务，利用党校集中学习和举办训练班等形式，对党员进行系统培训和教育，提高党员的马列主义、毛泽东思想理论水平，提高对党的性质、纲领、党员义务和权利的认识，促使党员在社会主义革命和建设事业中发挥先锋模范作用。1952 年以来，地方党组织在历次整党整风活动，及其他思想建设活动中，严抓活动落实，使党员受到了深刻的教育。

1952 年冬至 1954 年 10 月的整党，指导思想和目的要求是：通过整党提高党员的思想性，弄清生产方向，反对剥削行为，转变思想和工作作风，纯洁党的组织。通过整党，党员重新登记。对阶级异己分子、蜕化变质分子进行清除，对犯错误的党员进行了处理，纯洁了党的组织，端正了党的作风，密切了党群关系。

在 1963 年 11 月至 1964 年 8 月，对极个别党员存在的多吃多占、挪用公款、违法乱纪、投机倒把、贪污盗窃、丧失阶级立场等错误进行批评教育。

1969 年 11 月至 1972 年 12 月，以毛泽东的建党学说和“吐故纳新”的建党纲领及“九大”通过的党章为主要内容，以党员“二个必须做到”为标准，组织党员学习标准，提高思想认识。是年，伊家沟村发展了 6 名党员。

1977 年至 1979 年 3 月，以党的“十一大”通过的新党章为标准，以揭批“江青反革命集团”为纲，以毛主席提出的“三要三不要”为基础原则，主要是解决因“江青反革命集团”的干扰造成的思想不纯、组织不纯和作风不纯的问题。清理了与“江青反革命集团”有牵连的人和事，批判了“两个凡是”的错误方针，开展了真理标准的讨论。由于认真执行了惩前毖后、治病救人的方针，经过批评教育，挽救了部分党员。

1982 年 3 月至 1983 年 1 月开展了，以《关于建国以来党的若干历史问题的决议》《关于党内政治生活的若干准则》和党章修稿草案为学习文件，统一思想，提高认识的思想教育活动。全村党员受到了教育，增强了党性。

1985年11月至1986年3月，伊家沟村有62名党员参加党的基础知识、基本理论和社会主义初级阶段的路线、方针、政策学习。党员联系实际，对照思想开展了学、忆、查和群众评议活动。对党员进行登记，提高了党员的思想觉悟，增强了党性观念。

2001年10月，肥城市开展“三个代表”重要思想学习教育活动。村党总支认真组织实施，整个活动于2002年3月结束。

2003年6月至2003年9月，村党总支根据上级党委的统一安排，认真开展保持共产党员先进性教育活动。通过思想发动、学习培训、党性分析、民主评议、查找问题、教育提高等活动，确保了新时期共产党员的先进性和战斗力。

2014年1月，开展党的群众路线教育实践活动，至2014年10月结束。此次活动紧紧围绕保持和发展党的先进性和纯洁性，以为民、务实、清廉为主要内容，按照“照镜子、正衣冠、洗洗澡、治治病”的总要求，自上而下在全党深入开展。通过教育实践活动，进一步密切了党群关系，提高了基层班子为民意识和工作能力，进一步促进了社会和谐稳定。

2015年11月，全市村级班子集中整顿，时间3个月左右，进一步打造坚强有力、干事业、作用突出、公正廉洁的农村干部队伍，着力提高引领发展、服务群众、促进和谐能力，为推动“十三五”经济发展、合力共建“中国桃都、美好肥城”，奠定坚实的组织基础。

作风建设 战争年代，要求党员严守党的机密，坚定立场，坚持对敌斗争。杜绝剥削行为，反对妥协，树立必胜信心。对于叛变投敌者给予严惩；对于丧失阶级立场者，给予党纪处分。

1949年后，村党组织根据“团结、爱护、教育、改造提高”的原则，进行党的纲领、宗旨学习，提高党员的思想觉悟。对犯有各种错误的党员，本着“惩前毖后、治病救人”的原则，进行教育，使其进步。同时，对个别犯有严重错误的党员，进行处理。党的十一届三中全会后，村党总支带领全体党员认真贯彻党的基本路线，坚持“四项基本原则”，坚持实事求是，教育党员时刻牢记全心全意为人民服务的宗旨，认真实践“三个代表”的重要思想，带领群众勤劳致富，同时，对违犯党规党纪的党员，进行了严肃处理，强化了作风建设的力度。

伊家沟村委

伊家沟村清光绪十七年（1891），为榆城乡巧山社所辖，村内设村公所。1912年，伊家沟村为二区义甲镇（驻伊家沟村）所辖。1928年伊家沟村为二区石坞镇义甲乡所辖，由姚子贵任村长。

抗日战争时期，村设村公所，负责田赋征收，村事调解和社会治安等工作。先后由姚子贵、胡昌峰任村长。日伪统治时期，推行保甲制，村长以下设保长。

1949年5月，肥城县政府在伊家沟村建乡试点，选举产生了全县第一个乡人民政府——伊家沟乡人民政府，辖9个自然村（伊家沟、刘家庄、孙家庄、前段庄、后段庄、胡家庄、尚庄、马连庄、赵庄）。乡长孙远金（孙家庄人），文书王瑞祥（伊家沟人）。

1950年，伊家沟乡属二区所辖。1952年，肥城县行政区划为13个区，198个乡，880个村，伊家沟乡为二区所辖。下辖伊家沟、刘家庄、东赵庄，西赵庄（现赵庄村）、马连庄。

1955年，二区将后来的14个乡并为6个乡，伊家沟村为伊家沟乡。乡下辖孙家庄、前段庄、后段庄、尚庄。

1956年春与孙家庄合并为一个高级农业生产合作社。

1958年9月，撤销店子乡、仪阳乡，建立仪阳人民公社。公社以下为生产大队，撤销伊家沟高级农业生产合作社，称伊家沟大队管理委员会。

1962年，由原来5个生产小队，改划为8个生产小队。

1966年，无产阶级“文化大革命”开始。1968年根据上级指示，由群众选举成立了大队革命委员会，并与大队管理委员会并存。

1982年2月，由于县城的搬迁，建立刘家庄镇，伊家沟村属刘家庄镇所辖。

1984年2月，根据上级指示，进行农村体制改革，撤销公社制。伊家沟大队管理委员会改称伊家沟村民委员会。原大队长改称村主任。村民委员会由村民大会选举产生。

1987 年《中华人民共和国组织法》（试行）颁布，明确了村民委员会为自我教育、自我管理、自我服务的群众性自治组织形式，实行民主选举、民主决策、民主管理、民主监督的管理方式。

1998 年 11 月，《中华人民共和国村民委员会组织法》及“山东省实施《中华人民共和国村民委员会组织法》办法”、《山东省村民委员会选举办法》，对村民委员会的换届选举、村民大会召开和组织工作形式，都做出了具体规定。

伊家沟村沿革及历届村政领导情况表

表27

政权名称	职务	姓名	任职时间
村公所	村长	姚子贵	1923—1935
		胡昌峰	1935—1943
		胡培让	1943.3—1943.12
		王明道	1943.12—1945.10
	副村长	胡培良	1943—1945
		秦光荣	1943—1945
		韩兴叶	1943—1945
农民联合会	主任	陈继阳	1945.10—1946.2
	副主任	伊吉圣	1945.10—1946.2
	委员	王德生	1945.10—1946.2
		伊淑林	1945.10—1946.2
		王瑞祥	1945.10—1946.2
农民联合会	委员	石兆文	1945.10—1946.2
		秦圣昌	1945.10—1946.2
村公所	村长	秦永昌	1946.2—1949.1
		伊连甲	1946.2—1949.1
	自卫队长	石兆文	1946.2—1949.1
		伊兆瑞	1946.2—1949.1
	会计	王存祥	1946.2—1949.1
乡至高级农业生产合作社	村长	赵继成	1949.1—1949.12
		伊兆俊	1950.1—1950.12
		伊桂芳	1951.1—1951.3
		陈绪富	1951.3—1958.9

续表

政权名称	职务	姓名	任职时间
大队管理委员会	大队长	王明宣	1958.9—1964.1
	副大队长	胡士太	1958.9—1964.1
	会计	陈绪功	1958.9—1964.1
	保管	王德生	1958.9—1964.1
大队管理委员会	大队长	王明宣	1964.1—1966.10
	大队主任	赵继成	1964.1—1966.2
	会计	陈绪功	1964.1—1966.10
	委员	陈绪富	1964.1—1966.10
		秦光午	1964.1—1966.10
		秦圣昌	1964.1—1966.10
		刁素珍	1964.1—1966.10
		伊兴来	1964.1—1966.10
大队管理委员会	大队长	伊兆禄	1966.10—1968.10
	副大队长	胡士太	1966.10—1968.10
	副大队长	李恒俊	1966.10—1968.10
	会计	陈绪功	1966.10—1968.10
	委员	王明宣	1966.10—1968.10
		陈绪富	1966.10—1968.10
		秦光午	1966.10—1968.10
		秦圣昌	1966.10—1968.10
大队管理委员会	委员	王明乔	1966.10—1968.10
		伊连木	1966.10—1968.10
大队革命委员会	主任	伊兆禄	1968.10—1970.2
	副主任	伊连臣	1968.10—1970.2
		伊兆泉	1968.10—1970.2
	委员	陈绪明	1968.10—1970.2
		秦圣昌	1968.10—1970.2
		李恒俊	1968.10—1970.2

续表

政权名称	职务	姓名	任职时间
大队革命委员会	主任	伊兆禄	1970.2—1974.11
	副主任	王明宣	1970.2—1976.10
	委员	陈绪明	1970.2—1976.10
		李恒俊	1970.2—1976.10
		王发祥	1970.2—1976.10
大队管理委员会	主任	伊连友	1976.10—1980.2
	副主任	伊连木	1976.10—1980.2
	委员	陈绪功	1976.10—1980.2
		胡士太	1976.10—1980.2
		王明宣	1976.10—1980.2
大队管理委员会	主任	伊连友	1980.2—1984.2
	委员	陈绪功	1980.2—1984.2
		王明宣	1980.2—1984.2
		胡士太	1980.2—1984.2
		孙业才	1980.2—1984.2

注：伊桂芳，乡妇女委员会主任

伊家沟乡历届乡人民政府乡长情况表

表28

名称	姓名	任职时间
伊家沟乡	孙远金	1949.5—1950.1
伊家乡	陈继阳	1950.1—1952.12
	孙传家	1953—1957
伊家沟乡	伊连奎	1956.7—1958.7

1956—1958年伊家沟高级农业生产合作社干部情况表

表29

	职务	姓名
高级农业生产合作社	社长	陈绪富
	副社长	孙长业
		孙立祥
		陈圣村

续表

	职务	姓名
高级农业生产合作社	名誉社长	伊连奎
	委员	陈绪功
		师立忠
		石光荣
		尚成伦
		陈圣存
		齐　霞
	主管会计	陈绪功
	记账员	陈硕生
		孙衍奎
	现金保管	孙圣昌
	实物保管	谢立安
	工副业股长	张桂堂

伊家沟村历届村民委员会成员组成情况表

表30

项目 届次	职务	姓名	性别	出生年月	任职时间
第一届	主任	伊连友	男	1945.7	1984.2—1986.3
	委员	陈正金	男	1947.8	1984.2—1986.3
		陈玉海	男	1953.7	1984.2—1986.3
		韩立运	男	1951.2	1984.2—1986.3
		孙业才	男	1956.7	1984.2—1986.3
第二届	主任	孙业才	男	1956.7	1986.3—1990.3
	副主任	伊连友	男	1945.7	1986.3—1990.3
		韩立运	男	1951.2	1986.3—1990.3
	委员	韩立国	男	1952.12	1986.3—1990.3
		胡士泉	男	1952.6	1986.3—1990.3
		胡式君	男	1954.9	1986.3—1990.3
		赵忠才	男	1953.9	1986.3—1990.3

续表

项目 / 届次	职务	姓名	性别	出生年月	任职时间
第三届	主任	孙业才	男	1956.7	1990.3—1993.2
	副主任	伊连友	男	1945.7	1990.3—1993.2
		韩立运	男	1951.2	1990.3—1993.2
		韩立国	男	1952.12	1990.3—1993.2
	委员	胡士泉	男	1952.6	1990.3—1993.2
		胡式君	男	1954.9	1990.3—1993.2
		赵忠才	男	1953.9	1990.3—1993.2
第四届	主任	孙业才	男	1956.7	1993.2—1996.3
	副主任	伊连友	男	1945.7	1993.2—1996.3
		韩立运	男	1951.2	1993.2—1996.3
		韩立国	男	1952.12	1993.2—1996.3
	委员	胡士泉	男	1952.6	1993.2—1996.3
		胡式君	男	1954.9	1993.2—1996.3
		赵忠才	男	1953.9	1993.2—1996.3
第五届	主任	孙业才	男	1956.7	1996.3—1998.1
	副主任	伊连友	男	1945.7	1996.3—1998.1
		韩立运	男	1951.2	1996.3—1998.1
		韩立国	男	1952.12	1996.3—1998.1
	委员	胡士泉	男	1952.6	1996.3—1998.1
		胡式君	男	1954.9	1996.3—1998.1
		赵忠才	男	1953.9	1996.3—1998.1
第五届	主任	胡士泉	男	1952.6	1998.1—1999.3
	副主任	伊连友	男	1945.7	1998.1—1998.12
		韩立运	男	1951.2	1998.1—1999.3
		韩立国	男	1952.12	1998.1—1999.3
	委员	胡式君	男	1954.9	1998.1—1999.3
		赵忠才	男	1953.9	1998.1—1999.3
		胡士惠	男	1964.11	1998.1—1999.3

续表

届次＼项目	职务	姓名	性别	出生年月	任职时间
第六届	主任	胡士泉	男	1952.6	1999.3—2000.10
	副主任	韩立国	男	1952.12	1999.3—2000.10
		赵忠才	男	1953.9	1999.3—2000.10
	委员	韩立运	男	1951.2	1999.3—2000.10
		胡式君	男	1954.9	1999.3—2000.10
		胡士惠	男	1964.11	1999.3—2000.10
		姚庆国	男	1966.8	1999.3—2000.10
	主任	韩立国	男	1952.12	2000.10—2002.10
	副主任	韩立运	男	1951.2	2000.10—2002.10
	委员	胡式君	男	1954.9	2000.10—2002.10
		胡士惠	男	1964.11	2000.10—2002.10
		姚庆国	男	1966.8	2000.10—2002.10
第七届	主任	胡士强	男	1963.11	2002.10—2004.12
	副主任	韩立国	男	1952.12	2002.10—2004.12
	委员	胡士惠	男	1964.11	2002.10—2004.12
第八届	主任	胡士强	男	1963.11	2004.12—2007.12
	委员	胡士惠	男	1964.11	2004.12—2007.12
		秦善阳	男	1962.2	2004.12—2007.12
第九届	主任	姚庆国	男	1966.8	2007.12—2011.4
	委员	胡士惠	男	1964.11	2007.12—2011.4
		秦善阳	男	1962.2	2007.12—2011.4
第十届	主任	姚庆国	男	1966.8	2011.4—2014.12
	委员	陈建国	男	1970.9	2011.4—2014.12
		孙衍霞	女	1964.12	2011.4—2014.12
第十一届	主任	陈建国	男	1970.9	2014.12—
	委员	孙衍霞	女	1964.12	2014.12—
		高淑祯	男	1966.8	2014.12—

伊家沟村出席肥城县（市）人民代表大会代表情况表

表31

姓名	性别	届次	出席时间
伊桂芳	女	一	1954.6.10
秦桂昌	男	一	1954.6.10
秦良英	女	五	1963.6.20
秦良英	女	五	1965.5
胡式君	男	十一	1987.3
秦正娥	女	十二	1990.3
姚庆国	男	十七	2012.1

群团组织

农民组织

解放战争时期，伊家沟村于1945年10月成立了农民联合会，简称“农会”。联合会的主要任务是：组织和发动农民积极参加减租减息，土地赎回、土地改革，反奸诉苦，雇工增资，复查斗争，支前参军，组织农民武装斗争，保卫胜利果实等工作。

1963年，根据上级指示，大队成立了“贫下中农协会”。简称“贫协”。协会的主要任务是：依靠贫下中农，打击地、富、反、坏四类分子的破坏活动。全面发动农民在农村开展社会主义建设，维护党的方针、政策和组织领导，保护贫下中农的利益，关心、爱护国家和集体的财产，模范的贯彻党的路线、方针、政策，保护农村社会主义阵地安定团结的政治局面。1985年5月，贫下中农协会组织撤销。

自卫队及民兵

1946年2月，村成立自卫队，维护村民安全。自卫队在二区武工队组织下成立。自卫队下设5个模范班。自卫队配合地方武装，打退了“还乡团”的多次猖狂反扑，镇压了破坏土改运动的阶级敌人。

1949年，中华人民共和国成立初期，村在自卫队的基础上建立民兵武装队（时称民兵队），并针对当时形势进行整顿，吸收青壮年积极分子参加民兵组织。

1958年8月，中央提出“大办民兵师”“全民皆兵”的号召，民兵队伍逐渐走向正规化。年满18～25周岁的为基干民兵，26～40周岁的为普通民兵，劳动生产及村政均改为军事化编制。1962年，上级要求加强民兵组织建设，民兵年龄由男45岁放宽到50岁，女由40岁放宽到45岁，退伍军人可到55岁。1962年，大队设民兵连，李恒俊任连长，支部书记王明宣兼民兵指导员，陈正义、秦绪昌、伊兆运、伊连坤、胡培信任排长，基干民兵80人。

“文化大革命”期间，武器上交封存，民兵组织暂停止活动。1976年民兵组织恢复。至2015年，民兵连长和排长及部分基干民兵，多次参加市（县）、公社、新城街道办事处武装部组织的民兵培训和基本技能的训练。伊家沟村民兵连多次荣获“先进民兵连”光荣称号。

妇女组织

抗日战争时期，成立“妇女救国会”，简称“妇救会”。当时“妇救会”的主要任务是：宣传党的抗日救国方针、政策，动员和发动伊家沟村妇女参加减租减息、雇工增资和发动妇女放足等工作。

解放战争时期，“妇女抗日救国会”改称“妇女救国会”。其主要任务是：贯彻上级党组织和政府的政策、法令，关心和维护妇女的合法权益；反对内战，保卫胜利果实，动员丈夫和青年参战；发动群众做军鞋、碾米、磨面；积极参加土地改革和复查斗争等。

1949年后，“妇救会”改称为“民主妇女联合会”。1958年12月，“民主妇女联合会”改称为“妇女联合会”简称“妇联”。人民公社化后，村改称“生产大队”，设妇女大队长，各生产队设妇女队长。1984 年 2 月，实行农村经济体制改革，撤销人民公社改称“乡镇”，“生产大队”改称为“村民委员会”。村妇联设妇女主任。

主要任务：组织妇女开展“双学双比”“巾帼建功”“五好家庭”“五好文明家庭”活动；实施女性素质、科技致富、家庭文明创建活动；实施家家美、家家乐、家家安；开展文明、科技、美化、法制、文化、国策“六进家”；尊老敬老、移风易俗、争创文明小区、文明楼院、文化家庭，评选“好媳妇”“好婆婆”等活动。

青年组织

中华人民共和国建立前，团的工作是配合农民联合会开展抗日宣传，参加减租减息、土地回赎、土地复查，动员广大青年保卫祖国，参军参战，配合地方武装组织打击日伪，锄奸反特，维护地方治安，保卫家园，为新中国的建立建功立业。

1949 年，村建立了“新民主主义青年团”支部委员会。

1957 年 7 月，由“新民主主义青年团”改称为“中国共产主义青年团”，简称“共青团”。共青团组织要求广大青年团员，在中国共产党的领导下做好各项工作，并起骨干带头和先锋模范作用。广大团员青年积极开展破除迷信、扫除文盲、绿化家园活动。团组织发动广大青年学文化、学知识、学科学，开展比、学、赶、帮，争做先进模范标兵活动。

在改革开放和经济建设的大潮中，青年组织中涌现出许许多多的“生产标兵”“新长征突击手”“致富能手”和社会主义建设积极分子。伊家沟村团组织开展以“重工强农、脱贫致富、青年为先”为主题的争夺“先锋杯”活动，带头宣传招商引资，争当招商引资的能手，村团总支多次被肥城县（市）团委评为先进团支部（总支）。

少年组织

1946 年，伊家沟村组建了“儿童团”，先后有陈绪兰、胡培展、孙传宗、伊兆禄、伊连木任儿童团团长。抗日战争时期和解放战争时期的主要任务是：宣传抗日救国政策，组织广大儿童站岗放哨、盘查过往行人、反奸防特、传送情报、拥军优属；配合党的中心工作，利用多种文艺形式，宣传党的方针、政策；参加破除迷信、拉神除巫、土地复查、斗地主、清财务等活动。在社会主义建设时期，欢送新军、为军烈属贴对联、送年画、挂光荣匾，慰问照顾烈军属。

1952 年，在学校建立了“中国少年儿童团”。1953 年 6 月，改称“中国少年先锋队”。“文化大革命”时期，少年先锋队停止活动并改称“红小兵”“消毒兵团”。1978 年恢复“中国少年先锋队组织”称谓简称“少先队”。

少先队组织

以小学生为主，少先队员佩戴红领巾。伊家沟村小学为一个大队，一个班为一个中队，中队以下设若干小队，大队、中队均设“委员会”，委员会设正、副大（中）队长。所有队长（大、中、小队），佩戴不同职务的标志。大、中队还聘请教师或校外知名人士为辅导员。1995 年 9 月，伊家沟村小学与肥城市长山街师范附属小学联办，学校均举行升旗仪式，学生穿校服，戴红领巾，对少先队员进行学英雄、爱祖国、爱人民和革命传统教育。

伊家沟村志

1368—2015

YI JIA GOU CUN ZHI

村务工作

CUNWUGONGZOU

物

1949年后，村政权建立，伊家沟村实行党的一元化领导。村党总支部负责党务政务管理工作。日常村务工作一般由（村生产大队）村民委员会及其直属机构管理和服务。

村政村务主要工作以组织生产、管理经济为主，并根据社会发展等工作需要，按要求适时做好做征兵、支前、支工、优抚、社会保障等工作。

组织生产

伊家沟村地处平原，粮田多为旱地，水源一般，自古以来以农业为主，土改前土地由个人经营，大部分土地集中在地主富农手里。全村土地面积3000余亩，可耕地面积2750亩。

1946年7月，贯彻中共中央《关于清算减租及土地问题》的指示，村成立了土地复查委员会，在减租减息、雇工增资、土地回赎的基础上，组织发动群众实行土地改革，没收地主、富农的大部分土地，分给无地少地的农户，确立了地权，农民的积极性空前高涨。

1951年，根据上级指示精神，引导组成了10余个农业生产互助组，促进了生产的发展。1952—1954年，全村以胡培禄、陈绪富为主先后组织成立了6个初级农业生产合作社。

1956年春，在初级农业生产合作社的基础上，与孙家庄、刘家庄等9个自然村合并为一个社会主义性质的伊家沟高级农业生产合作社。农民的土地、林木、牲畜、大型农具一律归集体所有，由集体统一管理和经营。依据国家、集体、个人三者利益相兼顾，合理利用、人力、物力及资源的原则，高级农业生产合作社管理委员会，制定实施生产计划，对各生产队实行包工包产，各生产队制定季节小段计划，实行分级定额。

1958年9月，伊家沟村又和邻近村高级农业生产合作社合并，成立仪阳人民公社。由于受“五风”（共产风、浮夸风、平调风、命令风、瞎指挥风）及“左”倾思想的影响，急于求成，搞大兵团作战，村设食堂吃大锅饭、大炼钢铁、插红旗，拔白旗、造成人力物力的浪费，挫伤了群众的积极性。

1960年，中共中央发出《关于农村人民公社当前政策问题的紧急指示信》，批判“五风”所造成的危害，落实党在农村的各项政策，人民公社核算下放到生产队。实行“三级所有，队为基础”，大队管理委员会协同生产队制定生产计划，为壮大集体经济，发展副业生产，创造了有利条件。

1965年后，大队开始以兴修水利为中心的农田水利基本建设。在一队东西坑（蝎子坑）挖大口联体井，并在井底部向西挖30米长的地下供水暗渠道。后购买了“大锅锥”打井设备，成立了打井队。为扩大灌溉面积，掀起以水利配套为重点的治水高潮。在村西北下洼地筑土渠一条，总长1800米，打井8眼，后又建地下、明石渠2000米，实施北水南调。1968年10月，大队革命委员会成立后，带领群众开展农业学大寨运动。在村西北下洼地压沙盖土整平土地200亩；在村东填沟、平坟改造成大寨式粮田350亩；在村西南现龙山河北岸，市人民医院东整平土地200亩，有效地改善和提高了农业生产条件。

中共十一届三中全会以后，对土地实行联产计酬和落实承包责任制，抓种植结构调整，农民获得种植自由。

1984年改队建村后，村委班子进行了充实和思想建设，领导成员相对稳定。加之新城建设不断征用土地，土地逐年减少，村内把工作重点放在抓企业发展上。至1996年，先后建成面粉厂、酿造酱菜厂、建筑公司、钢球厂、齿轮厂、汽车大修厂、饭店、旅社、钢管厂、奶牛厂、养鸡厂、电光源厂、鹏达巾被厂。农业上进行了种植结构调整，全村调整蔬菜200亩，其中，集体65亩，增加了群众收入有所增加。1998—2004年，先后建成肥城市干鲜水果批发城、商贸城。对85亩土地实行租赁。

管理经济

村人民政权建立之前，村内无专门的经济管理机构。1945年10月建立联合会以后，通过斗争复查、土地改革运动，设立了专门的财务管理班子，保管土改和复查斗争中的财务。同时负责土地丈量与分配，土地等级划分，公粮任务的催收与上交，对土地改革和复查斗争运动起到了推动作用。

从互助组至初级社，到高级农业生产合作社，社队两级管理制度相继完善。是时，贯彻落实以粮为纲，以农业为基础的方针，促进了农村经济的发展。

1958 年 9 月，伊家沟村与孙家庄等 8 个自然村分开各自成为独立村，均属仪阳人民公社所辖。农村财务管理实行三级管理、队为基础的原则，以及由公社、大队、生产队组成的三级结构分配制度。

1962 年，实行核算单位下放，伊家沟大队原 5 个生产队改为 8 个生产队为基础的核算单位，粮食的定购、包购、社员的口粮分配，均由生产队来完成。按照《肥城县农村人民公社、生产大队、生产队财务管理的各项规定（草案）》，大队制定了关于加强财务管理的各项规定，实行民主理财，降低生产成本增加收入，准确核算每个社员的劳动报酬，搞好收益分配，强化各项财产及物资管理。

1968 年以后，在农村经营管理中，充分发挥贫下中农管理村集体经济的作用。各生产大队设贫下中农协会，生产队设贫下中农代表，一切开支均要经贫下中农协会讨论后，原始单据由代表签字盖章，方可批准支付。财务账目，除接受上级定期检查外，还要定期向社员公布，增强财务的监督力度。

1970 年后，各生产队财务人员保持相对稳定，伊家沟大队管理委员会根据各生产队实际，制定了一整套创建政治思想好、完成生产计划好、执行上级政策好、社员收入兑现好的“四好”经济管理模式。

创建“四好”是全大队在 70 年代每年衡量干部的标准，大队管理委员会设“流动红旗”，每年对争创先进进行奖励。

1984 年，随着农村体制改革，建立起以村为基础的基本核算单位。原生产队改为村民小组，组长一人为小组负责。村民委员会与村民的经济，也变成发包与承包关系。村成立会计组，设村会计 1 人，记账员 2 人（一人负责 1 ～ 4 组，另一人负责 5 ～ 8 组，时称专业会计），出纳员 1 人。

1988 年，县农村经营管理站为完善农村经营管理制度，对农村会计逐级培训，使农村合作组织的财务管理制度更加科学化。记账方式，由原来的“收付式”改为“借贷式”记账法，账目的设置和科目的分类更具合理性和实用性。

2003 年 11 月，村级财务实行镇代管制度，村设记账员 1 人（村会计），村内发生的经济往来收支情况，由村财管人员整理后，交村民主理财组织初审，送新城街道办事处农村财务管理核算中心审批，整个工作程序结束后，方可进账。强化财务的监督力度。

2004年5月，村两委研究决定将8个生产小组的财务账目收归村集体统一管理，各生产小组结束了财务单独管理的历史。

财务管理

1949年，农村均为个体经济。各户自主经营，财务无统一管理，此时期为分散管理。1949年后，1950—1951年，先后建立互助组。1952—1954年，先后建立初级农业生产合作社。财务有各小社统一管理，有社长、会计、保管员、记工员，设帐、记账，负责本社的收入、支出和财务管理。按社员的投工、投肥，各社统一核算，进行麦、秋两季预分配，年终进行全年决算，余缺找平。

1956年春，由9个自然村即伊家沟、孙家庄、前段庄、后段庄、胡庄、刘家庄、赵庄、马连庄、尚庄的初级农业生产合作社，合并成立了1个高级农业生产合作社——伊家沟大社。随之建立了一套完整的财务管理规章制度，成立了社委会，设有财贸书记，主管会计、记账员、现金出纳员、粮食物资会计（即管账不管钱，管钱不管账），各村设仓库保管员（管粮不管账）。财务开支，除大额支出，需经大社委员会审批外，一般开支由财贸书记审批即可。账目设置“收付式”记账法，下设“科目”31个，进行分类记账。1958年成立人民公社后，至1961年，核算单位下放到生产小队，分为公社、生产大队、生产小队三级所有，生产小队为基础。生产大队只编制财务预算计划和审批分配方案。编制的计划由生产小队实施，年终全村汇总。生产大队统一编制年报表，生产小队会计、现金实物保管员，在生产大队会计领导下进行工作。生产大队和生产小队统一采用“收付式”记账法，两级均设有财务开支，财物保管规章制度。

1970年，各生产小队，均选一名贫下中农代表，对生产队的粮食物资、仓库实行“两把锁”管理制度，由保管员和贫下中农代表各拿一把钥匙，对生产队的财务进行监督管理。生产大队设有贫下中农协会，由协会主任对全村的财务工作进行监督。生产小队的开支，由队委会研究决定，账目要日清月结。每月30日前，将月结表报送生产大队审核，每季度向群众张榜公布一次财务收支事项。生产大队每季度组织各生产小队会计，对每个生产队的账目及财务管理进行一次检查督导，并对全村 8 个生产小队的财务管理等进行评比，年终进行总结表彰。

1982 年，农村经济进行了体制改革。土地承包到户，大队工副业项目承包到个人，由集体管理，向集体上缴承包提留。1984 年，原生产大队管理委员会，改称为村民委员会。生产小队改称村民生产小组。原生产小组的账目上交村民委员会管理。同时根据伊家沟村的实际情况，8 个村民小组，设专职会计两名，现金出纳 1 名，管理各村民小组的财务收入和支出等事项。村民委员会设主管会计 1 名，记账员 1 名，现金物资保管员 1 名，管理全村的财务收支等事项工作。其间，会计记账法，由原来的“收付式”记账法，改为“借贷式”记账法。全村资金统一管理，实行民主理财和书记、主任签字的财务管理制度，并由民主理财小组成员每月 25 日进行审核账目，审核财务收支凭证，无误后，加盖民主理财小组专用章，方可进行记账。2003 年，村财务账目及银行存款、现金，统一上交新城街道办事处经管站，实行“财务双代管”的办法，进行村财务统一管理，实行村报账制，每月民主理财程序不变。每个季度，全村财务收支情况张榜公布一次，让全村广大群众监督，增加集体财务双代管的透明度和知明度，确保集体财产不流失，开支得当，让全体村民放心。

2015 年 2 月，村制定了财务管理制度：

健全财务账目，严格落实农村“双代管”有关规定，财务管理制度，手续完备，账目清楚，结账及时，日清月结。

配合有关部门加强村、市场、物业资源、固定资产规范管理。建立村集体资产资源管理台账，每半年年终清理核实一次，增加变动情况及时登记，做到账账相符，账实相符。

加强合同管理，及时完善修定合同。

及时兑现村集体用工费和各种补偿费。

做好民政、户籍、养老保险、医疗保险、养老补助、老龄、残联、计生费、面粉发放等群众各项福利待遇费用的把关和兑现工作。

严格办公用品的审批把关手续，审批手续不全一律不予办理。

严格执行上级现金管理规定，现金不准超库存定额，确保现金安全，无白条顶库现象。

收入与支出

1949 年，伊家沟村经济收入 95% 来源于农业，5% 来源于运输业、服务业、商业等。1949 年全村经济总收入 6.5 万元，其中农业收入 5.3 万元，占总收入的 81.5%；运输业、商业、手工业等收入 1.2 万元，占总收入的 18.5%。村财务总支出 4.55 万元，其中农业支出 1.55 万元，上缴国家税金 0.2 万元，其他支出及管理费 0.2078 万元，农民分配 2.592 万元（时有村民 997 人），人均收入 26 元，当年积累 1.95 万元。

1957 年，村集体经济总收入 13.2 万元，是建国初期的两部，其中农业收入 10.4 万元，占总收入的 78%；工副业、运输、商业、服务业收入 2.8 万元，占总收入的 21.2%，财务总支出 10.4 万元，其中农业支出 2.6 万元，上缴国家税金 0.3 万元，其他支出及管理费 0.27 万元，农民分配 7.23 万元（时有村民 1290 人）人均收入 56 元。当年积累 2.8 万元。

1965 年，村集体经济收入 15.3 万元，其中农业收入 12.3 万元，占总收入的 80.3%；工业、运输、养殖、商业、服务业等 3 万元，占总收入的 19.6%，费用总支出 12.3 万元，其中农业支出 3 万元，上缴国家税金 0.7 万元，牧副业支出 0.93 万元，其他支出及管理费 1.05 万元，农民分配 7.52 万元（时有村民 1471 人），人均收入 51 元，当年积累 2.1 万元。

1975 年，村集体经济总收入 26.1 万元，其中农业收入 18.15 万元，占总收入的 69.5%；工副业、商业、养殖、运输、服务业、林果业等收入 7.95 万元，占总收入的 30%。费用总支出 21.83 万元，其中农业支出 6.4 万元，上缴国家税金 0.9 万元，其他支出及管理费 3.9 万元，农民分配 10.63 万元（时有村民 1849 人），人均收入 57 元，当年积累 4.27 万元。

1986 年，全村经济总收入 310 万元，其中农业收入 87 万元，占总收入的 28%；工副业、建筑、运输、商业、饮食服务等收入 223 万元，占总收入的 71.9%。全村费用总支出 297.55 万元，其中生产费用支出 125.8 万元，上缴国家税金 12.35 万元，农民分配 159.4 万元（时有村民 2065 人），人均收入 772 元，当年积累

12.45 万元。

1995 年，全村经济总收入 9600 万元，其中第一产业 300 万元，占总收入的 3.1%；第二、第三产业收入 9300 万元，占总收入的 97%。费用总支出 9440.8 万元，其中各项生产费用支出 7000 万元，管理费 600 万元，其他费用支出 799.84 万元，上缴国家税金 500 万元，农民分配 540.96 万元（时有村民 2195 人），人均收入 2465 元，当年积累 159.2 万元。比 1986 年全村人均收入增加 1693 元。

2005 年，全村总收入 18740 万元，第一产业收入 17 万元，占总收入的 0.09%；第二产业收入 7590 万元，占总收入的 40.5%；第三产业收入 11133 万元，占总收入的 59.4%。费用总支出 18144 万元，其中各项生产费用支出 11065 万元，管理费等 1375 万元，其他费用支出 2550 万元，上缴国家税金 600 万元，各项投资 1100 万元，外来人员带走劳务收入 300 万元，农民分配 1154 万元（时有村民 2015 人），人均收入 5727 元，当年积累 596 万元。

2010 年，全村经济总收入 30492 万元，第二产业收入 13112 万元，占总收入的 43%；第三产业收入 17380 万元，占总收入的 57%。费用总支出 29952 万元，其中各项生产费用支出 21570 万元，管理费等 1210 万元，其他支出 3540 万元，外来人员劳务收入带走 514 万元，国家税金 798 万元，农民分配 2320 万元（时有村民 2360 人），人均收入 9830 元，当年积累 540 万元。比 2005 年全村人均收入增加 4103 元。

2012 年，全村经济总收入 38572 万元，第二产业收入 17500 万元，占总收入的 45%；第三产业 21072 万元，占总收入的 55%。全村费用总支出 37888 万元，其中各项生产费用支出 28021 万元，管理费支出 1531 万元，上缴国家税金 1010 万元，其他支出 3741 万元，外来人员劳务收入带走 649 万元，农民分配 2936 万元（时有村民 2513 人），人均收入 11683 元，当年积累 684 万元。2012 年的总收入是 1949 年 的 5934 倍， 是 1965 年 2521 倍， 是 1986 年 124.4 倍， 是 1995 年 的 4 倍， 是 2005 年的 2.05 倍。

财务监督

1995 年伊家沟村成立专门的财务监督组织，负责监督集体经济的各项收支管理、人员工资、承包合同兑现情况。财务监督的主要职责是：

监察资金代管备用金的使用、产品物资、固定资产、低值易耗品的库存情况。

代表群众监督有关财务账目，反映有关财务问题。

按时参加民主理财会议，督促村报账员及时报单及处理账目。

监督检查财务公开情况，对发现的问题提出意见。

实事求是地向村民解释伊家沟村财务管理情况，反映村民提出的有关财务方面的意见。

参与财务制度的研究制定，及时向上级主管单位报告财务管理中发现的问题。

企业管理

计划管理 1982 年前，农村经济一直是计划经济管理，从种植到收入分配，大队每年均先做出生产计划，时称“一年早知道”。对全村各项工、农、牧副、林果业等，下达全年生产计划，对劳力、半劳力、全年的出勤工日及全家的基建工、义务工，明确到单位、家庭，并向全体工副业人员及社员张榜公布。各工副业单位，也按大队计划编制季度、月度生产计划。大队按季度或月度进行检查评比，发现问题及时解决，年终总评，兑现分配，并进行表彰奖励。

独立核算 村委会（大队）配备懂经营会管理的财务人员，做村办企业财务管理并建立健全财务收、支制度，实行厂长或主要负责人签字，严把开支关。村委会主管会计，负责加强对各企业的领导及会计业务培训，实行月、季、年度报表制度，定期检查各工副业的财务管理情况，对好的表扬鼓励，对差的进行批评教育。

1989 年，成立村办企业管理办公室，陈正金、胡士惠先后任主任，胡士祥任副主任，韩立国、伊兆水先后任会计，王增祥任保管。各企业的财务管理改由企业办公室统一管理，各企业独立核算。每月对所有企业财务发生的各项收支业务，由企业管理办公室工作人员进行审核，并由企业支部书记签字，方可记账。2004 年，村办企业改制，村集体的各企业财务由肥城市会计事务所进行清算核资，部分企业停办拆除，部分企业机械设备作价拍卖，厂房、厂地实行租赁经营。

土地管理

土地变动 1949年初，全村有土地面积3000余亩，其中耕地面积2750亩，人均2.8亩。1956年，成立高级农业生产合作社。1958年人民公社化后，为有利于集体耕种，公社规定，土地实行划片，将在外村耕种的部分“插花土地”调整给外村耕种。

1961年，核算单位下放到生产小队。为便于社员的耕种管理及收割，全村土地按人口和居住位置进行调整分配。1970年，开展“农业学大寨”运动，发动群众整平土地，撤高填洼、压沙盖土、平坟还田、改造荒地、道路取直等，扩大土地面积450亩。

1977年，肥城县老城搬迁，建设新县城，年年征用土地。随着新城的开发建设，村办企业新上项目逐年增多，全村的土地占有面积不断减少。1980—2000年期间，新城扩建加速，征用土地面积扩大，道路建设不断扩展，加之城区内房地产开发建设迅猛，全村土地面积迅速减少。至2004年，全村无土地耕种，所有农业户口人员成了失地居民。

土地征用 1949年，土地归私人所有，以地契为证，土地可自由买卖，租给他人或自己盖房，由个人做主。1956年，成立高级农业生产合作社后，生产资料一律归公，土地归集体所有，群众无权自由支配土地。从1964年起，私人建房一律占用个人旧地基或村内空闲非耕地，并规定每户地基只许占用三分地基，必须经过大队管委会批准，方可施工建房。

1970年后，不论集体或个人建房用地，审批权归公社管理委员会。个人提出申请，大队审查同意，上报公社管理委员会批准后，大队管理委员会方可批划用户宅基地。

1977年，老县城搬迁，新县城（以下简称“新城区”）规划建设，至今有38年之久。1977—1981年，新城区建设征用伊家沟村土地，补偿费每亩220～500元（含青苗补偿费）。1982—1990年，新城区建设征用土地每亩补偿费6万元、10万元、12.4万元不等。

1989年4月，新城镇成立土地管理所，村设有一名土地管理员，不论集体或个人建房用地，均需先写申请，由村上报镇土地管理所批准，然后由镇土管所派人监督划定。如需占用可耕地，尚须交纳一定的土地管理费。兴建公共福利设施（幸福院、学校、幼儿园、办公用房等），免交土地管理费。村办企业建厂房，每平米交纳 5.2 元的征用土地管理费。占用土地面积 3 亩以内者，先写申请，报新城镇土地管理所，由土地管理所上报市（县）土地管理局批准。占用 3 亩地以上者，由泰安市或山东省土地资源部门审批。

1999 年开始，土地征用一律由山东省国土资源厅批准。村内用地，由村委会逐级上报审批，批准后，再按征用土地面积交纳土地征用费及地上物补偿费。随着国家对可耕地的征用红线的控制，可耕地征用面积审批越来越严格，杜绝了先占后批的现象。

2000—2004 年，新城区建设征用土地由肥城市新城土地管理局储备中心控制，征用土地每亩补偿费 2.45 万元（不含地上附着物补偿）。

新城区建设 30 多年来，城市规划及建设征用伊家沟村土地，以及村集体征用土地建设村办企业厂房、厂地、公益设施、办公用房等，至 2015 年，根据统计，共征用伊家沟村土地 2941.618 亩。

村庄建设

基础设施

街道建设　伊家沟村南北、东西街道共有 9 条，总长 3030 千米。村南北大街（玄帝庙至娘娘庙至村后孙家庄）570 米；第一生产队东南角至胡家大坑 360 米；村东果园至村后南北路 420 米；第一生产队东西路至玄帝庙 240 米；秦光午宅至秦运昌宅 75 米；韩立英宅至韩家坑 210 米；关帝庙向东至果园路口 405 米；村西大坑至胡家大坑 330 米；闫家坑至胡培桓宅向东至胡培余宅 420 米（时称五道岭）。村有小巷 16 条。70 年代前，村内道路弯曲，高低不平，且宽窄不等（称为轱辘把子箭提芯），如遇雨雪天气道路泥泞，难于行走。1983—2001 年，对村内道路进行

中心街一瞥　　伊娜娜　冯　涛　摄于2017年8月

规划，采取裁弯取直，扩宽硬化，加铺水泥、沥青作路面，并在道路两旁栽植花草树木，道路建设纳入了新村整体规划。

中心街是村自古以来的集市贸易主要南北向街道。1987 年，伊家沟中心街道随街道路面原状宽度，自村南大崖子向北至新城镇供销社加铺灰土、碎石进行了硬化。1992 年村民委员会、村党总支部委员会研究决定，将村中心街与向阳街相连接，拓宽取直。搬迁 49 户，拆除玄帝庙一处、学校和新城镇供销社各一部分。1994 年建设此街，泰临路（今天桥）至村后东西路（今工业三路）总长 1050 米，路面宽 30 米，主车道宽 18 米，分两期工程。北段长 690 米铺设水泥混凝土作路面。翌年，南段铺设沥青路面 360 米，总投资 65 万元。

广兴街为南北向街道。1983 年，自老村委门口和今泰临路相连接，筑土路基 8 米。1987 年，在原路基的基础上，扩宽取直，建设石砌墙明排水沟一条，长 390 米，路面宽为 16 米，主车道 10 米，道路基础为三七灰土，道路长为 688 米，投资 5.2 万元。1992 年，将此路铺设水泥混凝土作路面，同时，将路段延伸村委门口向东至村东，南北至文明街。投资 30 余万元。1996 年，自老村委向北延伸至村后东西路（今工业三路），拆除一部分老村委院和 17 户村民住宅及第七生产组办公室 2

间，街长350米，宽16米，2002年路面铺设石硝。2012—2013年，随着旧村改造建设，已铺设为水泥路面。

文明街为南北向街道。1985年，在村东规划村民住宅的同时扩建此街为土路面。1986年将此街向南延伸。拆除砖瓦窑和部分房屋等，以拓宽街道。即现在的工业一路至工业三路，总长680米，宽16米，主车道10米。1987年投资9.16万元铺设了沥青路面。1995年又加铺了沥青路面。

文明街街道绿化　　孙　建　摄于2017年9月

老村委前东西路为东西向道路。村中心街（关帝庙）至现在的长山街，原是通往巧山村的一条弯曲道路。1992年仅将村委院前铺设了水泥路面，长110米，宽10米。1996年将路向东延伸至长山街，加铺砾土进行了硬化，长170米，宽10米。2004年，工业二路向西延伸，自长山街至文明街，扩宽整平加铺了石硝。2009年市政府投资，自长山街向西延伸至桃园街，拆除村民住宅23户和部分老村委院。

新村委前东西路为东西向道路。1989年规划建设村委办公楼。1991年秋，在村委前铺设长106米的水泥路面，宽20米。1993年对原道路向西延伸至村中心街（今向阳街），长220米，宽30米，土路基铺石硝。2004年9月，对路面进行了整修加垫石硝。2014年，市政府投资对此路建设并铺设混凝土沥青路面（今工业一路）。

村后东西路为东西向道路。原从济兖公路（今泰西大街）至尚庄村一条小路。1995年，按新城办事处路网的规划要求，伊家沟村出工整修路基，由新城办事处统一铺设沥青路面，宽10米，主车道8米。2002年，市政府投资建设今工业三路（伊家沟村拆除村民住宅17户），并铺设了沥青路面。

供电　村内用电始于1964年7月。村里在村中，即今工业二路与广兴街交汇处向西约60米处，建配电室一处，安装50千伏安变压器1台，仅供全村农业灌溉和工副业用电。1968 年加装 50 千伏安变压器 1 台。年底，家家户户用上了电灯照明，结束了煤油灯照明的历史。之后，相继在村西、西北下洼地、村东伊家林建露天和不露天配电室，安装总容量为 180 千伏安。20 世纪 80 年代初至 2015 年，共建有配电室 11 处。

自 20 世纪 70 年代，电力成为农业、工业及加工业的主要动力能源。中共十一届三中全会后，特别是改革开放以来，随着个体私营经济及第三产业的发展，生产用电量逐年增加，至 2015 年，全村生产用电量达 370 万度。

自 20 世纪 60 年代村民用电以来，随着经济的发展和村民生活的提高，家用电器发展较快，电风扇、电视机、电冰箱、洗衣机、空调、电磁炉、微波炉、烤箱、电饭锅、电褥子、电饼铛、电热水器、电动车、电脑等日渐增多。至 2015 年，全村生活用电量已达到 763 万度。

供水 建村以来，村内人畜用水均靠浅水井解决。村中浅水井有 30 余眼，取水方式均为麻绳或轱辘提桶，以肩挑运。20 世纪 80 年代初，户户均打压水机井。1986 年 3 月，在原村委东院打深井一眼。1987 年春，全村铺设安装了塑料管道，是年底，村民全部用上自来水。1995 年 10 月，由塑料管更换成铸铁管件，与市自来水公司管道接轨，村民生活用水改为由市自来水公司供水。2001 年 5 月，为节约用水，自来水承包给个人管理。2010 年 1 月，村集体对在旧村改造中拆除旧宅的户，每户每年补助自来水费 150 元。

通讯 1948 年 9 月，冀鲁豫第一军区在伊家沟村开设了长途电话中心站。1959 年，大队办公室安装第一部手摇磁石电话机，由仪阳邮电支局总机切换，通话形式为专线对讲。因有线广播节目与电话共用电话线传输，通话必须在广播节目结束之后才能使用，电话使用很不方便。1979 年，手摇磁石电话改为拨号盘式电话，管理区安装人工交换机，通话有专人守候切换。80 年代后，改为仪阳邮电支局总机自动切换，打电话可直接打对方号码即可，使用方便。

五十年代电话机

九十年代电话机

1984 年，伊家沟村电话由半程控改为全程控，实现了全国、全球一拨通。随着人们生活水平的提高，村民住宅安装电话快速发展，至 2000 年，村民固定电话入户率达到 90%。2008 年，旧村改造，大多数村民住宅拆除，搬进住宅楼房，手机方便快捷，固定电话相继减少。2015 年全村固定电话仅有几十部。

民居规划建设

伊、陈氏自明洪武元年（1368 年）从山西洪洞县迁来定居。之后，韩、胡、秦、姚、王、傅、孙、李等氏亦迁此安家落户，村庄逐步扩大。村庄因受经济条件所限，村民无力修建和改造住所。历年来，住宅大多以草房、土坯房为主。村内街道，弯曲狭窄，高低不平。住户之间胡同仅 1 ～ 2 米左右，南北大街 8 米左右，遇雨雪天气，道路泥泞，苦于行走。

1949 年，中华人民共和国成立后，在中国共产党的领导下，随着经济的逐步发展，经过近个半世纪的建设，村容村貌有了初步改观。

1978 年，中共十一届三中全会以后，在改革开放搞活经济的方针指引下，随着县城的搬迁建设，村集体和村民的收入有了大幅度提高，旧村改造有了新的开端，房屋的规划开始按成排建设设计。1982 年从村四周建砖石结构起脊式瓦屋（时称镶金边）51 户。

1985—1992 年，在村东北按成方成排规划 76 户。1986—2012 年，扩宽硬化了 3 条主要南北大街和东西路 2 条。

1994 年以后，根据村庄发展规划，对旧村住房进行翻新改造，推行高标准住房，建设 200 平方米二层小楼（时称小康楼），至 2001 年建高标准住房 83 户。

1998 年，请规划设计部门，对村进行整体规划。

2007 年，伊家沟村的旧村改造正式实施，由肥城市天华建筑设计有限公司对社区进行了全面规划设计，东区为多层“5+1”居民楼房 19 栋，小高层商品楼 1 栋（11 层）；西区为小高层区，11 层的居民楼 15 栋；17 层的居民楼和商品楼 2 栋。此后，村两委制定了新村改造方案，进行“城中村”楼房化建设。2008 年 5 月 18 日，开始拆除旧房，至 2013 年东区建设完毕，安置 550 户。西区 2015 年建设完毕 11 层的 5 栋，17 层的 1 栋，安置居民 230 户。

2008年6月旧村改造拆除现场一瞥　　　新城街道办事处　孙伟建　提供

2010年7月，社区党总支书记姚庆国到旧村改造工地指导工作。新城街道办事处 孙伟建　提供

民宅 中华人民共和国成立前，因土地私有，村内民房无统一规划，多以土坯房结构的草房为主。房宽一般在 4 米左右，高在 3 米左右，单间面积仅有 13 平方米左右。建筑材料为细沙、石料、土坯、麦秸、木料等。盖房时，先挖深 0.5 米、宽约 0.8 米地槽，以乱石做房基。因村离山远，房基只能高出地面 20 公分左右。房基之上以打土箔或土坯做墙体，土坯长 50 公分、宽 25 公分、厚 10 公分。以木檩、木梁做架，檩、梁常用槐木、榆木、枣木、杨木制成，每间 5 至 7 根不等。间与间之间以木梁或山墙支撑。草房以麦秆为主，装齐后，像挂瓦一样一层层苫在房顶上。草房又称"草屋"，房体隔热保温好，冬暖夏凉，但容易发生火灾。平房以秫秸或苇箔覆盖，上抹麦秸泥，然后再以石灰、沙混合抹平。房内每间向阳处开设窗户一个，窗户规格为 1 ～ 1.2 米左右，客厅在两米以上处开后窗一个，规格为 0.5 ～ 0.9 米左右，均为木制窗棂。冬季以纸裱糊或土坯、草苫子封堵，采光性能较差。房门两扇，均为木料制作。

中华人民共和国成立后，随着生活水平的提高，人口数量也逐渐增多，翻建、新建房屋渐多。

20 世纪 50 至 60 年代，农民建房格局、样式标准基本与 1949 年前后相同。根

50年代旧房　　孙　建　摄于2016年2月

据中共中央农村人民公社“六十条”规定，建房必须报公社、县批准，从此，新建房屋用地开始执行严格的审批手续。70年代中下期，民建房标准为四门砖柱，墙体以土箔打或土坯相结合。

80年代民宅　　孙　建　摄于2016年2月

80至90年代，村民建房要求坚固、美观、实用，墙体材料逐渐为砖所代替。瓦房屋梁一度用三角铁或钢筋焊接代替木梁，平房以钢筋混凝土制成水泥梁，檩条以水泥檩条代替木檩。为了增加住房面积和采光通风，由原来的3.5平方米增加到了5平方米左右，房内地面由土地面改为砖或水泥地面。窗户规格改为1.2米 ×1.4米或1.4米 ×1.8米。后墙窗户，讲究门窗相对（时称对门对窗），均为玻璃门窗。之后，村民建房又向前出厦、锁皮屋、套屋发展。地基以上打24×30厘米钢筋混凝土，门窗以上再打同规格的圈梁，房屋加宽8 ~ 10米。部分村民房内以水磨石作地面，有的用人造大理石、陶瓷地面砖铺地面。钢窗或铝合金门窗逐渐代替了木制门窗。以马赛克或水刷石、水泥沙灰装饰外墙面。村内较富裕者，用新型装饰材料吊装天棚，安装彩灯、壁灯，用仿瓷涂料刷室内墙壁，增加了住房的实用和美观。

1994—2001年，村民住宅向更高水平的二层平顶小楼发展。二层平顶小楼一般由市建设委员会规划科设计：三开间，房长11.3米、宽10米，中厅宽4.5米，室

孙　建　摄于2016年2月

内有套房，每户用地200平方米。地基混凝土石砌墙，30×24厘米钢筋混凝土三道圈梁，砖混结构，房顶用楼板，房前外墙用长瓷瓦24×0.6厘米镶贴，临靠道路的村户用水刷石装饰墙面，房后外墙用水泥沙灰装饰，铝合金或塑钢门窗，使室内明亮，通风透光。2001年，由市建管局规划科设计二层小楼由平顶式改为起脊式，外墙用水泥沙灰抹平，再用外墙涂料装饰，室内基本与原二层平顶小楼相同。

2007—2015年，按规划已建设多层和小高层楼房，每户在75～120平方左右。

宅　院　村内大多数农户院落布局一般是：堂屋4间（亦有3间或5间者）为正房，右侧为配房、猪舍和厕所，左侧为配房、厨房（饭屋）、大门。民间有“东南门，西南圈（猪舍），进来大门就吃饭”之说。大门内多有迎门墙，或以厨房墙作为迎门墙，墙中心写“福”字，有的则画山水或松竹梅“三友”画。有路冲宅或宅前有沟者，有的在大门外建迎门墙。1949年后，村民宅院大门宽多在1.3～1.5米，大门以起脊式门楼和平顶式较多。起脊式门楼多以麦草苫顶，后以青瓦或石灰沙混合代替；平顶式大门和配房为一体或比配房略低点。木制门框下垫石制门枕，中间加腰枕。较富裕人家，还在门枕、腰枕上精雕细刻鸟兽花草，框顶镶木制连龙板。90年代后，购买拖拉机、机动三轮车的农户较多，他们则将大门加宽至2～2.5米左右，且将木制大门改为铁制大门，有的大门外墙用彩色水刷石、大理石或瓷砖镶贴墙面，门框上方装饰“和气生财”“勤家持家”等字样的门匾。

2016年社区居民多层、小高层楼房一角。　伊娜娜　冯　涛　摄于2017年8月

宅院布局有两种样式。一种宅院多在主房前设院落，此种居多。也有在主房后再建一小院落者。宽度不等，视自己的宅基地大小而定。主房开设后门，以利出入方便和通风。

1949年后，村内富裕之家，建有四合院。20世纪80年代，新建青砖墙起脊式瓦房、锁皮屋。90年代后又出现了套房、二层小楼。进入21世纪，新农村建设、旧村改造，规划建设了多层楼房和小高层标准化居民小区。

四合院一般是主房（堂屋）为中心建筑，坐北面南，居中3间，作客房或兼卧室。左右两侧各有耳房1间，院落东西两侧各建厢房两间，皆为对称格式，南院墙之内建配房3间，与主房相称，可做居室或仓库之用。院落西南角为栏圈、厕所，东南角为院门，房屋开间一般为3米×4米为宜，高3.5米左右。这样的四合院在伊家沟村很少见。1949年前，只有少数富户拥有。

锁皮屋始建于20世纪80年代中后期。主房居中作客厅，为东西长方形。两侧各建房屋1间，为南北长方形，作卧室或仓库之用。前建廊厦，廊厦有立柱两根，起支撑作用。立柱中间为人行道，立柱两边为花棂护栏，各房门均设在厦内，主房为门连窗，两侧房门相对，呈凹形布局。大门开设，栏圈等设置同其他院落大体相同。

套房是农村目前较普遍而又比较适用的一种建筑形式。主体建筑为4间，开设二门或三门。房间南北宽为8米以上，一般是前宽5米后宽3米。中心两间作客厅，两侧各一间，皆向中心（客厅）开设内门，作卧室或仓库之用，后室用作厨房。设计合理，有较高的使用价值，受到村民欢迎。20世纪90年代后，新建或翻建房屋的居民皆采取此种套房形式。院落格局亦同其他院落大体相似。

伊家沟村1949年前无楼房。1994年实行旧村改造规划，至2001年，有83户村民住进了二层小楼。2002年，由肥城规划建筑设计院设计二栋居民楼，由肥城市第六建筑安装工程公司承建，2003年10月8日竣工，年底60户居民乔迁新居。居民楼房建筑格局为94～121平方米。

2007年，根据村两委城中村改造规划，2008—2013年，建设东区居民楼20栋，建设格局为100～120平方米左右，安置居民550户。

2012—2015年建设西区小高层7栋，建设格局为75～120平方米左右，安置居民230户。

孙　建　摄于2017年9月

公共建筑

1949年，村内公共建筑较少，主要有玄帝庙、关帝庙、娘娘庙。观音堂于1958年大跃进时代，大炼钢铁时被拆除，其材料被运至安临站贺庄炼铁厂使用。1965年，娘娘庙在建设仪阳供销时被拆除。1982年，关帝庙在学校改建时拆除。1992年延伸向阳街时拆除玄帝庙，只保留了钟石楼。

1949年后，随着经济的发展和人民生活的逐步提高，公共建筑日渐增多。人民公社化以后，有了大队院、小学、卫生室、饲养院、知青院、砖瓦窑、机井、机井房、打麦场的场园屋等。进入20世纪90年代，村内主要有村委办公楼、水果批发市场及10余处村办企业建筑。

1960年前，伊家沟村借用村民住宅办公。1961年，村在村中心，关帝庙向东120米处路南，建设6间瓦屋为大队办公室。1974年，大队办公室迁至今伊家沟小区多层住宅楼2号4号位置。院落南北宽45米，东西长58.5米，占地3.95亩，先后建设砖石结构瓦房17间。1989年，在村东南窑厂废址建设四层村委办公楼一栋，1992年竣工投入使用。办公楼面南，长60米，宽8.35米，建筑面积2300平米，为村伊家沟村党总支部委员会和伊家沟村民委员会办公地点。整个院落占地9.99亩。

村庄绿化

1949年前，伊家沟村街道弯曲狭窄，加之集市贸易，道路两旁树木甚少，村民仅在自己庭院内外种植少量槐树、枣树、榆树、椿树、石榴树、香椿树等树木。

1951年5月，伊家沟乡（孙家庄，前、后段庄）根据上级指示精神，对村民种植树木做了明确规定，房前屋后及村内属自己空闲地的树木，谁种所有权归谁，调动了村民植树的积极性。

1978年12月，全国广泛开展“五讲四美三热爱”活动，对绿化环境提出具体要求和指标，对村道路先后进行了绿化。村西奶牛厂南北路、村后东西路栽种了杨树，村前两条南北路栽种了柳树，文明街栽种了法桐树。村民除在院内种一些绿化树种外，许多家庭还在院内养花种草，分别栽种杜鹃、桂花、君子兰、海棠、百日红、樱花等高档花卉。

孙 建 摄于2017年9月

2008年，实施“城中村”改造，伊家沟小区居民楼建设，严格按照设计绿化标准，在小区道路、楼前楼后栽种了花草树木，有银杏树、柿子树、槐树、法桐树、樱花树、皂角树、迎客松、美国红叶枫等树种。

医疗卫生

医疗人员

20世纪30年代，伊家沟村有3家中药铺，从医者胡昌贤、胡昌儒、秦运昌。1952年，全二区38处私营药铺，按自愿互利的原则，联合组织成立了石坞、仪阳、大柱子、伊家沟、南阳、孙家小庄6处联合诊所。伊家沟派青年孙传瑞参加联合诊所工作，秦运昌、胡士同两家组织为联合诊所。1956年，实行公私合营大联合，伊家沟村与巧山店村诊所合并为1处联合诊所，时有5名卫生保健员。

1968年后，农村保健员称为赤脚医生。随着人民生活水平不断提高，至1980年，医疗人员先后增加到10人（陈绪明、孙传瑞、胡士同、秦秀芬、秦正芬、闫桂英、陈桂英、陈绪海、胡允连、秦正柱）。

1999年10月，按照上级指示精神，农村医疗人员实行了“三制四统一”的一体化管理，孙允江调古店村。孙业涛（孙家小庄人）、孙衍辉、孙衍秋、孙远俊（巧山村人）、赵星洲（西付村人）、邱强、王燕、乔燕（东付村人）、孙洪业（尚庄人）分期调伊家沟村卫生所，陈绪明任卫生所所长。

2015年，医务人员有陈绪明、邱强、孙洪业、王燕、邓红、伊宪芬。

医疗器械

20世纪二三十年代，伊家沟村有中药铺3家。所谓医疗器械，只有药橱、中药捣筒、戥子称、药捻子。1952年，村保健室成立后，每名保健员配备一个木制的保健箱，箱内装小剪子一把，有碘酒、红汞、磺胺结晶粉、脱脂棉、纱布、绷带、紫药水等。1958年，配备了针管、消毒盒、针盒和消毒缸等。1960年，配备新的出诊箱，箱内装大小针管、针灸针、体温计、大小镊子、止血带、烧杯等。保健室购置消毒锅、天平秤、止血钳等。

1970年后，新添置了持针器、拔牙钳子、血压计、听诊器、接生包一套。另配有输液瓶、输液针头、胶管，用于为患者输液。在当时缺医少药的情况下，实行了"三土四自"。"三土"即土方、土医、土药，"四自"即自采、自种、自制、自用。购置了电炉子、酒精灯、冷凝管、扁子等，自己动手自制复方柴胡针剂、注射用水、止痛2号、苯甲醇。

1999年，卫生室迁入新址后，配备新式药柜4组、电脑两台、氧气瓶、氧气袋、血糖仪、尿糖检测器、紫外线杀菌灯、站地灯、神灯、应急灯、诊断床、无菌柜、档案柜、电麻仪、身高体重器，各种规格的一次性输液器、注射器等，基本满足了乡村卫生室医疗器械的需要。至2015年，卫生所医疗器械固定资产共计2.8万元。

医疗机构

1952年，根据中共中央"组织起来"的指示，按照自愿互利的原则，伊家沟村私营药铺的秦运昌、胡士同两家组成了联合诊所。1956年，伊家沟村和巧山村成立了联合诊所（伊家沟村3人、巧山2人）。

1958年10月，大队建起了卫生室。1966年，毛主席号召"把医疗工作的重点放到农村去"，在仪阳公社第一个实行合作医疗制度，由集体出资，按每人每年1.5元，由大队拨给卫生室，按比例报销药费。

1981年，上级要求卫生室改制，陈绪明、孙传瑞、胡士同各自开办卫生室，并配合卫生部门搞好防疫和查治各种传染病工作。

1999年10月，按照上级指示实行"三制四统一"，伊家沟村在幼儿园院西北角建设200平方米高标准卫生所，由新城镇卫生院统一调配人员，称新城街道办事处伊家沟卫生所。

2005年，社区合作医疗实行后，伊家沟卫生所改为新城街道办事处医院定点卫生所。村民在卫生所就诊可直接报销药费。

卫生室（所）设置

1952 年，大队借第五生产队胡培娥 3 间房子，成立保健室。期间，保健室先后借民宅搬了 7 次家。20 世纪 60 年代，搬到原村中心大队部，有房子 2 间。70 年代，搬到村东大队院，房子 4 间。90 年代，搬到新村委，用传达室做卫生室。1999 年，村投资 15 万元，建设 200 平方米高标准卫生所一处，内有病房、药剂室、诊疗室、药房、观察室、值班室，基本医疗办公用品齐全，安装了土暖气，有联网电脑两台，均达到国家规定的乡村卫生所（室）设置标准。

伊家沟卫生所，1999 年、2000 年、2001 年度分别被肥城市人民政府、新城街道办事处评为先进单位。2006 年，被肥城市新型农合管理委员会定为首批新农合定点单位。2010 年，被新城街道办事处卫生院党支部、院委会评为先进单位，2011 年、2012 年度均被新城社区服务中心评为先进单位。

2015 年，由于肥城市附属小学建设教学楼，将社区卫生所迁址。在原村幼儿园西北侧幼儿教室，按照规范建设“六室一房”的卫生室标准要求，总投资 24 万元，对 260 平方米的原幼儿教室进行改造装修，成为新型卫生室。

卫生经费

1952 年前，药铺属于个人经营，经费来源于看病卖药。1956 年实行公私合营后，医生出诊不收费，医护人员由大队记工分，年终参加所在生产队分配，药品价格由国家定价，按比例提取，用于卫生室扩大经营。

1966 年，村合作医疗制度开始，由村集体按每人 1.5 元拨给卫生室，设专账，按比例报销药费。

1999 年，村投资 15 万元新建高标准卫生室一处。同年 10 月，实行了“三制四统一”的一体管理。2007 年，新型农村合作医疗实施后，按照政府规定的个人交纳部分，均由集体承担交纳。2005—2014 年，全村共交纳医疗保险费 71.98 万元。2015 年，为村民交新型农村合作医疗每人 140 元，共计 30.434 万元。

医疗制度

1949 年前，村民用药全部由个人付款，没有具体制度规范。

1958 年，大队建起了保健室，属集体办医。之后，药品由保健室按照国家规定的批发价购入，患者使用加 15% 的利润，不收注射费、诊断费，盈余用于保健室扩大发展。保健室人员由大队记工分，年终参加所在生产队的分配。

1966 年，伊家沟大队在仪阳公社第一个实行合作医疗制度。当时的方式是社员交一部分，生产队、生产大队各筹一部分资金，而伊家沟大队全部由集体负担，每人 1.5 元，由大队拔付给卫生室，设专账，专款专用，并建立各种规章制度，按比例报销药费。

1970 年，为扩大卫生室的药物资源，补充药品不足，大队成立了采药队，由村干部王发祥担任队长，药师孙传瑞，队员刁玉荣、胡允芬、孙兰英、周桂金，学生代表伊桂香、孙业才，到石坞山、刘台山、白云山采药。跑遍了肥城周围的大小十几个山头，采药十几个品种，并将采来的药配成药方，以生产队为单位熬制成大锅汤让社员服用，预防肝炎等疾病。后又增加三枝汤，即：柳枝、核桃枝、毛白杨枝，熬药服用，预防疾病。1976 年后，合作医疗中断。1981 年农村医疗实行承包制，治病吃药全部收费，集体不再负担医护人员的报酬，实行自负盈亏。

1999 年 10 月，按照上级指示实行“三制四统一”（三制为：聘任制、工资制、养老保险制。四统一为：统一聘任、统一工资标准、统一规划设置、统一法人代表）的一体化管理，人、财、物统一由新城办事处卫生院管理。

疾病防治

清末民初，村内伤寒、霍乱、天花、脑炎、白喉传染疾病常年时有发生。

1949 年后，积极贯彻“预防为主”的方针，利用医疗技术和祖国传统医药及民用偏方等多种形式防治传染病等。

预防 伊家沟村群众素有讲究卫生、预防疾病的风俗习惯。春季群众预防伤风感冒，以雄黄为小儿抹鼻子。端午节门口插艾，衣襟挂香荷包（内装艾或其他香料）避瘟疫。六月初六（农历）翻箱倒柜暴晒衣服、被褥，防霉防虫。夏季夜晚点燃艾叶、蒿，熏杀蚊虫。八月初一用猪食草沤鸡以健身、消积食、增食欲。四季给婴儿带兜兜，防腹部受寒腹泻。腊月二十三大扫除，干干净净迎春节。但1949年前街道不整，到处乱置粪堆，厕所粪便外流，蚊蝇滋生，疫病流行。

清末，在县牛痘局的主持下，聘请医生为儿童接种牛痘。1948年前后，有乡村游医接种牛痘，收费较高。中华人民共和国成立后，县人民政府免费为6岁以下儿童接种牛痘。国家每年批发大批生物制品，免费为群众预防接种。自1970年，全村婴幼儿普遍服用小儿麻痹糖丸、注射麻疹疫苗。至1984年，天花基本得到控制。

1985—1989年，肥城县疾病防疫站免费为0～7岁儿童进行免疫接种，累计达10370人。1990—1997年，由村集体拨款（每人每年3元），为0～7岁儿童进行计划免疫保偿1210人次，计10312人。1998—2015年，实行定点接种（个人到医院接种门诊），累计达10573人次。自1995年，每年的1月5号、12月5号为0～4岁儿童进行强化服苗，彻底消灭小儿麻痹症。

传染性非典型肺炎英文缩写“SARS”。简称“非典”，非典型性空气飞沫和密切接触传播的呼吸道传染疾病（世界卫生组织称为严重的呼吸道综合症）。此病潜伏期为2～3天，通常4～5天。

2003年4月23日至6月22日，国内局部地区发生“非典型肺炎”。伊家沟村遵照中央、国务院的各项重要指示及肥城市委、市政府的具体要求，采取果断措施，控制源头。同时，建立起公共卫生突发事件应急机制，完善疾病预防控制体系。购买了十几套隔离衣、消毒液、口罩、体温表、扫帚。对街道、家庭每天一次清除垃圾，消毒灭菌。

建立档案，落实流行病学的统计监测、检验报告制度，每天向办事处防非典办公室汇报情况，对省外打工返乡的5人实施隔离观察。直至经上级医院检查符合解除标准后，方解除隔离。

对在省内打工的34名务工人员，进行统计、摸底、排查、登记通讯等措施，防止疫情通过交通线传播扩散，达到了“堵住源头不输入，一旦输入不扩散”的要求。

按照上级指示，实行疫情报告制度，坚持每天14时30分统计上报各种材料，24小时两委成员轮流值班。确保可能发生的疫情，在第一时间得到控制。卫生室人员为隔离人员测体温，进行消杀灭菌。“非典”解除后，伊家沟村被评为肥城市抗击“非典”先进单位。

疾病治疗 村医孙传瑞利用自己一技之长曾为伊家沟村和邻村多名患者（特别是儿科）解除了痛苦。村医陈绪明利用针灸，治疗高血压引起的脑溢血后遗症和脑血栓后遗症，利用针灸、电疗、拔罐、穴位注射治疗面神经麻痹等病症患者100余人。

肺结核俗称“痨病”，属于严重的社会性传染病，1949年前有“十人九痨”之说。1978年，全民普查时，查出患者4例。1982年，国家对现症病人实行免费治疗。1995年以后，婴儿出生24小时，即可接种该防病疫苗。1949年前后，疟疾病每年都有发病。1949年后，上级卫生部门要求各村采取综合治理措施，熏杀蚊虫，消除蚊虫滋生地，防治疟病传染。同时，国家免费提供喹宁、百安喹啉药物，卫生员送药上门，当面服务治疟疾病。1980年以后，未见患者。地方性甲状腺肿俗称“粗脖子”，简称“地甲病”，饮食缺碘引起。政府责令医疗防疫部门和盐业部门让患者服碘油丸或食碘盐。伊家沟村认真宣传销售加碘食盐，得到村民的拥护。1990年，伊家沟村服用碘丸达1500人，起到一定的防治作用。甲状腺肿病已在伊家沟村绝迹。

妇幼保健

1949年前后，农村新生婴儿完全土法接生，新生儿死亡率高达20%以上，产妇死亡率在1.5%左右，群众把妇女临产视为“鬼门关”。当时，几乎村村有“乱葬岗子”掩埋死婴。伊家沟村的东南300米沟岸上有乱葬岗子处。

1950年后，政府重视妇幼保健，大力推行新法接生。1960年，6组伊连英参加肥城县公社卫生院新法接生培训；1976年8月，闫秀英参加公社卫生院新法接生员培训。伊家沟村建妇幼卫生室，充实了“四簿、四卡”（四簿即：孕产妇死亡登记簿、孕产妇围产期登记管理簿、新生儿出生登记簿、儿童预防接种登记簿，四卡即：新生儿出生报告卡、妇女病查治记录卡、孕产妇死亡报告卡、围产期新生婴儿死亡报告卡）。实施妇幼保健、母婴保健、哺乳期卫生及系统化管理，进行产前检查，产后访视。1979—1995年，每两年儿童健康查体一次，共普查儿童1950人次，贫血儿 5 人，先天性心脏病儿 2 人，均已实行对症治疗。

爱国卫生

中华人民共和国成立后，伊家沟村群众积极响应“移风易俗”的号召，积极改善卫生条件。1952 年，响应毛主席关于“动员起来，讲究卫生，减少疾病，提高健康水平，粉碎敌人的细菌战争”的伟大号召，开展以打扫卫生，消灭老鼠、蚊子、苍蝇为重点的群众运动，时称“男女老幼齐上阵，千军万马搞卫生”。

1960 年后，开展以管水、管粪、改厕所（1 个生产队建公厕 1 个）、改鸡窝、改栏圈、改水井、改环境的工作。1980 年，开展“五讲四美”活动，全村面貌大改观。1985 年以来，每年 4、8、11 月份开展集中灭鼠。1987 年，村打深井 1 眼，村民全部用上了自来水，部分家庭的厕所改造成双瓮漏斗式厕所。1988 年，推广全民驱虫服药，全村 2010 人服药，基本消灭了寄生虫。

2003 年，为了预防非典型肺炎的传播，全村动员，隔离防控，各路口盘查，为客户发放 84 消毒液，街道喷洒消毒水，严密排查，对“非典”进行了有效

清新、整洁的居民区一瞥　　孙　建　摄于2017年9月

的控制。

2007—2015 年年底，伊家沟村对村内道路进行硬化、绿化的同时，加强了环境卫生治理工作。村党总支副书记王开生分管卫生工作，派 10 名专职保洁员负责保洁路面和花坛的管理工作。卫生状况大为改观，实现了“六美”即：小区美、室内美、道路美、衣着美、语言美、行为美。

其他政务

征兵

1938 年，为抗击日本侵略者，伊家沟村内青年李瑞乾、胡培左踊跃参军。1938—1948 年，全村共有 26 人参军。李瑞乾、胡培左，孙传道、秦唯义、秦光德壮烈牺牲。在抗美援朝期间，伊家沟村有 6 名青年赴朝作战。1996 年 8 月，秦明考入解放军信息工程大学。2000 年 10 月，伊宪银自重庆西南政法大学毕业后，由中国人民解放军通化二炮部队招收。2015 年伊家沟村有 6 名青年应征入伍。王开宇考入解放军信息工程大学。1938—2015 年，全村共有 163 人入伍参军。

支前

1947 年 10 月，刘伯承、邓小平（称刘邓大军）率领的华东野战军，南下途中攻打汶上县城。为配合主力部队，伊家沟村石兆文带队，有伊连甲、伊兆瑞、秦众昌、秦光柱、姚松梅等 50 人，参加二区组织的担架队，支援前线。1948 年 9 月，华东野战军发起济南战役。为支援前线，由自卫队队长石兆文带领 50 余人，附带担架 20 付、小车 10 辆，将馒头干 300 余斤和军鞋 200 双，送到济南前线。并冒着枪林弹雨抢救受伤指战员。同年 11 月，华东野战军和中原野战军发起淮海战役，石兆文带领胡培清、刁传祥、伊连增（4 组）、孙立余等 30 人，配小车 10 辆、担架 20 付，将小米 3000 多斤送到前线，胜利完成了支前任务，受到华东支前委员会表彰。1950 年，抗美援朝战争爆发，先后有李恒增、胡培东、孙允昌、王发祥、陈太顺参加抗美援朝，李恒增光荣牺牲。1951 年，在支援抗美援朝运动中，伊家沟村发动群众响应县委县政府捐献飞机大炮的号召，捐献慰问袋 200 个、布鞋 100 余双、布袜 80 余双、小米 500 公斤、款 100 余元（鲁西票）。1966 年 1 月，在抗美援越战争中，伊家沟村现役军人陈正存荣获连嘉奖 3 次。1979 年 1 月至 1986 年 6 月，在对越自卫还击战中，伊家沟村现役军人伊兆厚、秦绪山在后方维修保养车辆，每天达百余辆。王新涛在老山地区对越自卫还击保卫边疆战斗中，英勇顽强、机智灵活，特别是在“5・31”战斗中曾多次冒着敌人炮火，不顾个人安危，抢运弹药，被评为红旗车驾驶员，荣立三等功。

支工

1949 年后，为支援国家经济建设，在各级政府的统一安排下，参加了多项国防、工业、交通及水利建设工程。

1958 年 9 月，全县掀起群众性的大炼钢铁运动。伊家沟大队被分配到安临站贺庄钢铁厂帮助炼钢，李允法在钢铁生产中两次创造炼钢先进工艺，提高炼钢效率和产量，获得肥城贺庄钢铁厂一等英雄光荣称号。1958 年秋，派出民工 30 余人，参加津浦铁路复线工程。1959 年 10 月，伊兆瑞、陈太生（孙家庄人）带领近千人参加济兖公路仪阳至王普段的修筑工程，陈绪明任通讯员。是年 11 月，又派出 50 人，参加县委组织的石坞水库建设。1963 年 10 月，派出 25 人，参加东平湖修筑房台工程建设。1964 年 8 月，派出 60 余人，参加东平县宿城汇河建设。1966 年 5 月，派出 170 人，参加张南阳水库建设。1967 年 3 月，村派出 30 人，参加东平湖大鞍山汇河筑房台工程。同年 9 月，村派出 20 余人，参加仪阳公社大柱子北杨水站建设。1970 年 12 月，村派出 6 人，参加省万德铁路修筑建设。1971 年春，村派出 17 人，参加“1030”引黄济肥工程。1972 年 5 月，村派出 6 人，参加辛泰铁路莱芜苗山段路基建设，历时 3 年。1976 年 10 月，村派 200 余人，参加仪阳公社组织的“十里长山”农田会战，填沟整平土地 200 亩。1977 年 3 月，村派出 40 人，参加长清县归德黄河南岸筑房台建设。是年 8 月，村派出 160 人，参加石坞筑坝工程。冬，参加大柱子万亩灌渠建设，带小车 100 辆，出民工 300 人，整平土地 260 亩。

优抚

1947 年，村人民政权建立，对军烈属优抚列入议事日程（时称“优抚”）。在土地改革运动中，制定了对军属的优厚政策，并把最好的地分给军烈属耕种。合作化以后，军烈属无劳力者，土地由集体代为耕种。人民公社化以后，军属户的口粮分配高于全村口粮平均水平的 10% 以上。优待工分、参加当年工资分配。每到春节，村团支部和学校组织青年、学生对军属户进行帮扶，敲锣打鼓为军属户贴春联，打扫院落卫生，送猪肉等过节礼品。

1982 年，根据山东省人民政府颁布的《山东省优待烈属、军属和残废军人暂行规定》，改工分优待为现金优待。1991 年以后，新城镇人民政府对优待金进行全镇统筹，现役军人家属、烈属、伤残军人，凭优待证可到镇民政办公室领取优待金或抚恤金。至 2015 年，伊家沟村现役军人家属根据规定得到优待。

2011 年，根据民政部、财政部《关于给部分农村籍退役士兵发放生活补助的通知》和民政部办公厅《关于落实给部分农村籍退役士兵发放老年生活补助政策措施的通知》，伊家沟村对 1954 年 11 月 1 日国家试行义务兵役制后至《退役士兵安置条例》实施前入伍，年龄在 60 周岁以上（含 60 周岁）、未享受到国家定期抚恤补助、未享受到“核算退休金时军龄计算为工龄”或“参加城镇职工养老保险时军龄视同城镇职工养老保险缴费年限”政策待遇的退役士兵，按参军军龄每年度领取生活补助金 10 元。2014 年每月提高到 15 元标准，进行发放。

社会救济

1949 年，伊家沟村大多数人不能解决温饱，遇上灾年更是没有着落。每年春荒，讨饭者结伙外出。1943 年，旱灾、蝗灾交替发生，伊家沟村人因饥饿死在东北的 53 人，逃荒到河北 29 人，济南 25 人，东北（大连千津寨、安山等地）274 人。1947 年土改斗争复查后，党组织广泛发动群众，把部分浮财分给贫困群众。

中华人民共和国解放初期，贫困农民虽分得土地，但仍有少数人难以抵御天灾人祸。为此，政府一方面广泛发动群众开展生产自救，另一方面发放救济款、救济粮进行赈灾。新中国成立后，虽然多次发生旱灾等自然灾害，但从未发生因冻饿致死的人命事件。

1958 年，因“五风”盛行，造成粮食减产，加之吃食堂造成粮食严重浪费，口粮严重不足。是时，政府及时调拨救济粮、棉籽油和布料等物资，对困难户实施救助。

1984 年改队建村后，各级地方政府设立民政机构，将社会救济工作纳入政策管理。每年对贫困户发放救济款、棉花、布料、面粉、油等物资。2001 年以来，低保户还拿到政府发放的定期定额生活补助金。2015 年，伊家沟村 14 户享受政府发放的生活补助金。

社会保障

1949 年前，伊家沟村内对无子女户老人无任何供养的先例。因此，许多孤寡老人靠嗣子供养终身。

中华人民共和国成立后，各级政府相继制定对鳏寡孤独老人、伤残失去劳动能力者及孤儿的供养规定。1958 年高级农业合作化时期，村成立敬老院一处（在秦光岚住宅）。1960—1983 年，村内“五保”老人的供养由各生产队负担。孤独老人 60 岁以上无劳动能力者，个人申请，由生产队实行供养。即保吃、保住、保穿、保医疗、保丧葬。其个人财产归集体所有。

1985 年 12 月，伊家沟村制定了关于“孤独老人安度晚年”的规定。1992 年，新城办事处在刘家庄建起高标准敬老院，五保老人由办事处集中供养。村按每人年交款 1600 元，办事处统筹使用。伊家沟村秦光瑞、石俊英、伊连友 3 人入住敬老院。每年老人节、春节，村干部带礼品和现金到敬老院慰问老人。

1984 年，村民委员会建立后，随着村集体经济不断发展，村委为保障村民的人身及家庭财产安全，村民的福利待遇也从无到有，由少到多，逐步提高。按上级政策，为多年来从事村工作的老干部陈绪功、王明宣、刁素珍、胡士太等，相继办理退休手续，发放退休补助费。

1986 年，各生产组办理麦场防火保险和麦田保险。

1992 年，按上级指示精神，号召鼓励村民参加社会养老保险，伊家沟村民委员会补助 10%。1996 年，60 周岁以上的老人每月享受村发放 10 元钱的生活补助。

2000 年，农业户口村民每人每年享受村发放的面粉 2 袋（50 公斤）。2004 年每人每年发放面粉 3 袋（75 公斤）。2011—2015 年，每人每年村发放 4 袋面粉（100 公斤）。

2006 年，伊家沟村 40 ~ 59 周岁参加社会养老保险者，每人每年补助 200 元。2009 年，国家规定农民年满 60 周岁以上者，每月领取养老金 55 元。2014 年提高到每人每月 75 元养老金。2015 年每人每月 85 元。

2010 年，肥城市和村集体为女 55 周岁、男 60 周岁以上失地村民办理养老保险，并按照每名村民市补助 30%、村集体补助 70% 的办法，给加入养老保险的村民每人每年发 1200 元的养老金。2016 年 1 月 21 日，村对住小高层的户（拆迁户）进行集体供暖，村委每年为每户承担 50% 的供暖费用。

至 2015 年，到村养婿、养子共 60 人。

齐鲁名村志

QI LU MING CUN ZHI

伊家沟村志

1368—2015

YI JIA GOU CUN ZHI

农业

NONG YE

农田建设

1949年前，村民均为一家一户的个体耕种，土地高低不平，水土流失严重，农田建设无人问及。全村可耕地面积2750亩，其中有1000余亩“膏腴”之地，还有旱地、涝洼地1000余亩。加之不规则的大小道路，水沟荒滩墓地及零星树林，约有15%的土地得不到利用。人民公社化后，大队党支部和管委会，带领全村村民，投工投资，扩大了土地面积，提高了土地的利用率，土地蕴藏的增产潜力，得以充分挖掘和利用。

造地还田

20世纪60年代开始，村把造地还田，作为农田基本建设的一项工作重点，发动广大村民把伊家沟村的大小墓地坟头全部平掉，造地约300余亩。1970年后，在农业学大寨中，大队带领全体村民采取大兵团会战的方式，推土填沟，整平土地，进行了三次会战。

第一次会战，为尚庄东、伊家沟村西北洼子胡家林沙滩。全村出动男女劳力160余人，经过40天奋战，压沙盖土、整平土地200余亩，用工1.5万余个。

第二次会战，全村出动男女劳力160人，用工2万个，将村东自东向西的排水沟取土填平，平掉方圆百余亩大小不平的墓地，改造成大寨式粮田。还根治了许多低洼不平，多年浇不上水的地块。几十天的奋战，改造整平土地350余亩。

第三次大会战，在村两委的带领下，全村出动男女劳力150余人，用工2万余个，在村庄南龙山河北岸，填河造地整平200余亩。

三次大会战，通过对农田进行综合治理改造，将水、田、林、路全面规划，全村土地成方，路面取直，井渠相连，全面实现了方田化、水利化。所有东西地、斜向地，一律改为南北垄种植，真正成了旱涝保丰收的稳产高产田。

土壤改良

土壤改良是粮食增产的关键。1949 年后，党和政府十分重视，对所有耕地土壤进行了改良。更换旧式耕地工具，改用新式步犁和双轮双铧犁，加深耕作层。发动群众深翻土地，耕作层加深到 25 ～ 30 厘米。把村内所有茅草地块，深翻 40 ～ 50 厘米。1965 年后，启用拖拉机耕地，耕作层 30 ～ 35 厘米，群众当时称为“海绵田”。

增施土杂肥

每年春、冬农闲季节，发动群众广开肥源，拆破屋、换旧墙，“挖四底”（屋底、厕所底、粪坑底、鸡窝底）及坑塘淤泥等，积造土杂肥，每亩增施土杂肥 10 车以上。

1972 年后，各生产队在夏季高温季节，大积大造土杂肥。把麦秸、青杂草与粪土尿掺拌密封，沤制土杂肥。亩施土杂肥增加到 15 车，提高了地力和粮食产量。之后，推行秸秆还田，改变了土壤结构，使粮食产量大幅度增长。

水利设施

1991 年秋季，因雨水灾害比较严重，又加之村内路面排水差，路难行走，给群众出行带来很多不便。村两委研究决定：从村东长山街桥、师范附属小学院北，向西至胡家大坑挖排水沟一条，用水泥、石城砌成。胡家大坑至村西大坑（称傅家坑），挖地下排水沟一条，水泥石砌结构，水泥盖板封口。新村委西向北至胡家大坑，挖排水沟一条，水泥、石砌结构。三条排水沟，总长 1500 米，动用石方 2500 立方米。同时清理了从村西大坑至尚庄村长 800 米排水沟的污水淤泥。总用工 2 万个，投资 16 万元。

是年，为了防洪排涝，不使农田作物遭受涝灾，村两委带领群众在村庄西南原看守所西，向北至尚庄，挖排水沟一条，长800米、宽2.5米，南深0.50米，北深2.5米，动用土方2500立方米，用工3000余个。同时，又从村西南向北至原六队大井，挖排水沟一条，长500米，南深1.5米，北深2.5米，宽2米，用工2600余个。

地下暗渠和地上防渗渠

1965年秋，店子管区组织各大队男女劳力400余人，在伊家沟村西北洼子，修筑了北至东南地上土水渠一条（用水泥石、砖砌筑渠槽），总长1800余米，底宽15米，北筑高6米，东头筑高1米，上顶宽2.5米，动用土方5万立方米。

同时伊家沟村又在庄西、南北路西至南，砌槽水渠一条，用水泥、砖、石块和水泥板砌成。水渠长1500米，用工6000余个。由此实现北水南调，使庄西南大部分旱地成了水浇田。

1965年，从一队中心大井向西南至南大崖子提水井，修筑土渠400米，为水泥板筑槽，动用工1200个。

1976年春，在村东原棉麻厂西至孙家庄地界向南至苹果园土沟，修建地下暗渠一条。暗渠长650米，挖沟平均深度3米、宽2米，动用土方4000立方米。暗渠全部用水泥石砌成，用圈石封顶。暗渠高1.3米、宽1.8米。共动用石方1483立方米，用工2万个。从此，使化肥厂废水得以浇灌粮田，解决了村东大片土地浇不上水的困难。

同时，又在苹果园沟东向西至韩家大坑，修建地上水渠一条。水渠长600米、宽1.5米、高0.5米，用水泥石、砖砌槽。动用土方450立方米，用工1200个。继之，又从南向提水井方向挖沟修建长为300米的地下暗渠一条，此渠用水泥石砌成，高1.3米、宽1.2米，动用土方460立方米，动用石方310立方米，用工2000个。

1976年冬，从庄东南提水井向南至盐路子，修建了由水泥、石块砌垛、水泥板筑槽的水渠一条。水渠北高2.5米、南高0.5米、上宽1.2米，总长200米，用工1000个。后来从庄南大崖子提水井，向南至一队80亩地段，修筑土、石明渠一条，总长400米，均为水泥板筑槽，用工1500个。用提水方式浇灌了西南大片土地。

水井

1949年前，全村约有土、石水井80余眼。小井井口圆形，直径1～1.2米，只有极少数用石块砌井壁，一般为土井筒。井底水面宽为1.5～2米。一般井深7～8米，水位5～6米，供安装轱辘提水浇地。大井安装旧式水车或大架式二人拧辘轳提水浇地。大井上口为长方形，长2.2米、宽1米，井口至水面8～9米，水面井壁为椭圆形，直径长2.5米、宽1.5米，多为石块砌井壁。大、小井均系人工挖成。

1949年后，随着灌溉机械化（抽水机）的发展，开始用人工挖大口井。1955年，村党支部书记兼社长陈绪富，带领干部群众，从村庄南盐路子北80亩地位置，用人工挖大口井一眼，井体用石块砌成，上口直径3～5米，井口至水面7～8米，水深4～5米。用抽水机抽水，日浇地15～20亩。伊家沟兴修水利设施工作受到肥城县委县政府的表彰，奖给8马力汽油抽水机一台、马一匹，并拍摄了电影。1964—1965年，伊家沟村架线通电，实现了农田灌溉电力化。

1965—1975年，全村先后投资10万余元，挖大口井及用大锅锥钻井50余眼，农田浇水全部实现电灌化。全村1500余亩水浇粮田，7～10天可普浇一遍。

1986年，村投资打深井一眼，深度187米。1987年春，总投资26万元，施工铺设安装自来水管道。本年度，全村村民都吃上了无污染的自备井自来水。

农业机具

耕作机具

犁 主要有旧式单铧步犁和双轮双铧犁两种。1949年后，多使用旧式单铧步犁

耕地。单铧步犁为木铁结构，有犁柄、犁托、犁铧和犁窥组成。犁托前安有一个三角形犁铧，故称单铧犁。单铧犁可人工拖拽耕地，也可用牲口畜力拖动或牵引。用牲口牵引，日耕地 3 ~ 4 亩，耕地深 15 ~ 20 厘米。1955 年，集体购进双轮双铧犁 5 部，耕地深度和耕速都优于单铧步犁。20 世纪 60 年代后期人工或畜力带动的铧犁逐步被拖拉机带动的铧犁代替。

拖拉机 20 世纪 70 年代至 80 年代，村集体先后购进拖拉机 4 部，其中江淮 50 马力拖拉机一部，上海 50 马力拖拉机一部，25 马力拖拉机两部，主要用于运输和耕地。

耙 旧式耙为木制，长方形，每盘耙装有 17 至 19 根铁制耙齿，畜力牵引，用于碎土平地。2000 年后，犁、耙消失。

挡耙 挡耙是 7 ~ 9 根铁齿按在 50 ~ 60 厘米的横木上，人抓木柄，拉荡平地，是老式工具之一，是整平土地的应手工具。

播种机具

耧 亦称耩子，木制结构，有单腿，双腿和三腿等。耧腿下安有铁角，种子顺耧腿下地，随后有一横木拉平，将地下种子掩埋。小麦播种后，用砘子砘轧。20 世纪 60 至 70 年代，各生产队都购进了铁制三腿耧，行距由原来的 8 寸改为 4 寸，较前符合密植要求被广泛应用。80 年代后，大面积使用播种机。1991 年，村集体购进 6 行精播机一台，全村基本实现了播种机械化，只有极少户使用三腿耧播种。

三腿播种耧

双腿耧（左）、三腿耧（右）

锄耘机具

旧式锄 中耕农具主要有旧式锄和两齿、三齿抓钩。旧时锄为传统的锄草、松土工具，

靠人力推拉作业，村民使用至今。

耘锄分旧式耘锄和新式耘锄两种。旧式耘锄为木质结构，安一铁角，人力牵引，前拉后推，可锄草、松土，也可开浅沟种植作物。新式耘锄自 20 世纪 50 年代后开始启用，人力或畜力牵引。用三个铁锄角可锄草、松土，用两个铁锄角可做封沟等，比旧式耘锄快 4 ～ 5 倍。20 世纪 80 年代末停用。

收脱机具

镰刀　古老收割工具。1949 年前后，主要用于收麦，收割高粱、谷子、玉米秸、大豆等作物 (收脱机具，此外还有木杈、搂筢、推筢、扬锨等)。

收割机　1992 年，村集体购进小麦联合收割机一部，用 25 马力拖拉机带动，每小时可收割 10 ～ 15 亩，且连麦粒、麦秸、麦糠各清脱出，叫“四清收割机”。

碌碡　石制圆柱体，是古老的脱粒工具，一直沿用到 20 世纪 60 年代初期。用畜力和人力牵引，笨重费力，工效很低。遇到阴雨天气不能使用，致使小麦、谷子、高粱霉烂。至 70 年代，大部分改用 12 ～ 24 马力拖拉机带动铁碌碡轧压小麦，效果好。

脱粒机　1972 年，全村购进“崂山牌”小型混合小麦脱粒机 8 部，每生产队一部，加快了小麦脱粒进度，减少了损失，但仍然需要人工或扬场机将糠粒分开。80 年代初，先后从肥城县安驾庄机械厂购进中型“四清脱粒机”26 台，用 10 千瓦电动机带动，每小时脱粒 1000 公斤。1990 年后，大部分麦田使用联合收割机，省工省力，效益好。过去收麦 10 天，机械化收麦 3 ～ 4 天，即可全部完成收麦任务。

扬场机　是分离小麦糠粒的机械工具。20 世纪 60 年代，系人工用簸箕扬，将糠粒分开。70 年代中期，先后购进扬场机 8 台，每生产队一台。后随四清脱粒机的应用，扬场机被淘汰。

运输机具

手推车 1949年前后，农村手推国均为木轮。木轮手推车是传统运输工具，伊家沟村共有200余辆，是农户运粪土、经商做买卖、搬运东西、收获谷物的主要工具。随着机械化、半机械化的发展，木轮渐渐被胶轮所代替。1957年，全村有5辆手推胶轮车。胶轮手推车使用方便、省力，农民称“推不够”。60年代初，全村胶轮手推车发展到120辆。80年代后，随着地排车的使用，胶轮手推车逐步停用。

大车 大车框架基本是木板块与铁制件结构做成，用厚铁骨件包大车轮。后改为木板块铁制件结构胶轮大车（亦称胶皮轮大车）。大车是长途载重运输工具，载重1000～1500公斤，需用2～3头大牲畜拉动。旧式木铁制件结构大车，20世纪50年代中期，全村有5辆，用来拉运粪土及拉运庄稼等。之后，村又增加新式木铁制件结构胶轮大车一辆，村副业队用来长途运输等。

小推车 又叫“小土牛”，载重量100至150公斤。小推车使用方便，老少都能用，方便应手，此车自20世纪60年代启用。至1990年，全村有400余辆。随着运输工具的发展，小推车逐年减少。至2015年，全村农户小推车已基本消失。

地排车 伊家沟村20世纪60年代开始应用，人力拉动，载重量500～800公斤。70年代配用毛驴牵引，搞运输业等。至1984年前后，地排车发展很快，全村

50% 以上的农户拥有地排车。至 2015 年，全村地排车基本停止使用。

三轮车 有机动三轮车、电动三轮车和脚踏三轮车 3 种。机动三轮车以柴油、汽油为燃料，载重量 750 ～ 1250 公斤。速度快、易驾驶，是运输和短途贩运的理想运输工具。改革开放以来，农民为做生意开始购买机动三轮车，至今全村拥有 80 余辆。脚踏三轮车，是 20 世纪 80 年代逐渐兴起的小型轻便运输工具，也是老年人和妇女接送孩子上学、赶集上店的理想代步车。目前全村拥有脚踏三轮车上百余辆，电动三轮车拥有 400 余辆。

汽（货）车小轿车 20 世纪 80 年代始，村民购置货车、汽车、轿车。全村拥有家庭小轿车 300 余辆。主要品牌有：大众、别克、桑塔纳、日本丰田、奥迪、夏利、吉利、现代、长安、尼桑共 20 多种。大小面包车汽车有 32 辆，中巴客车 1 辆。2015 年，全村家庭户拥有从事运输拉货等车辆 126 辆。其中，铲车 8 辆，双排 12 辆，吊车 11 辆，翻斗车 10 辆，货车 76 辆，30 马力运输拖拉机 9 辆。

自行车 1920—1948 年前后称为“洋车”，是人们的代步车。1949 年前，全村没有一辆自行车。20 世纪 50 年代末，自行车才开始进入寻常百姓家，70 年代后，随着农村经济的发展和农民生活水平的提高，全村自行车家庭拥有量，才有了一个较快的发展。至 80 年代末，基本达到了家家户户至少拥有一辆自行车。21 世纪后，呈现出自行车与两轮电动车并存的局面。2015 年，家庭拥有两轮电动车 1500 余辆，自行车 630 余辆。

摩托车 有轻骑摩托车、客运三轮摩托车两种。1990 年，随着第三产业的发展，村民购买轻骑摩托车、客运三轮摩托车的户逐年增多。2015 年，全村拥有量 123 辆，其中客运三轮摩托车 15 辆。

加工工具

石磨　有水磨、旱磨两种，均为传统磨面和磨面糊的工具。石磨为圆形，花岗岩石做成；有上下两层，两层相对面刻有石牙，上层转动，下层固定，推转上层用来磨面粉。每层厚度20～30厘米。石磨以人力推动或畜力拉动，笨重、工效低。日磨面粉40～50公斤。20世纪60年代前，全村有石磨80余盘。60年代后，随着电力机械化的普及，电磨代替了石磨，石磨逐渐拆除停用。

水磨　主要用于将水泡好的玉米、大豆、地瓜干颗粒等磨成面糊，再加工煎饼和豆制品。水磨的构造和石磨相同。

石碾　为古老碾米或轧粮食工具。石碾一般都安装在村中路口或墙角，全村公用，也有的安装在自家院内的。石碾多为人力推动使用，日碾米或轧粮食50～80公斤。20世纪60年代前，全村有石碾16盘。2015年，全村只存有一盘石碾，供村民使用。

磨面机　俗称“钢磨”。1964年，大队首次购进钢磨一台，加工磨面粉。用10千瓦电动机带动，日磨面粉600～750公斤。随后，有4个生产队购进了钢磨。

1986年，村投资30万元建面粉厂一处，加工的面粉有“精粉”“特一粉”“特二粉”。村钢磨机从此停止使用。

铡刀 传统的铡草工具，以木为墩，中间有一铡草沟，一头为铁棍与长形铁刀相连。旧时，凡喂养大牲畜的农户均有。1974 年，伊家沟村先后有第一、第四、第五生产队，每队购进铡草机一台，日铡干草 500 ~ 600 公斤。有力地解决了人工铡草的困难，节省了劳动力。

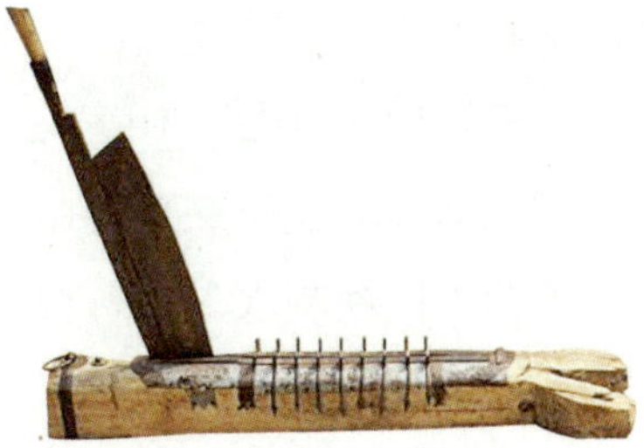

植保工具

喷雾器 1956 年，伊家沟村为推广药械治虫，购进单管压缩喷雾器 8 部，每部日工效 4 ~ 5 亩。1964 年，又购进新式 552 丙型喷雾器 12 部，每部日工效 10 亩。之后又购进大型高压喷雾器 3 部，主要用于果树喷药。1975 年，推广“工农 -16 型”背式手压喷雾器，村购进 20 部。随后，村集体又购进汽油高压喷雾器 2 台，每台日工效 50 亩，全村基本实现了大田作物植保机械化。

喷粉器 20 世纪 60 年代，各生产队均有使用。至 1975 年，全村有喷粉器 20 余部。是小麦、棉花、玉米、蔬菜等作物喷洒药粉的理想工具。80 年代后，由于喷粉器污染空气严重，粉剂治虫药物减少，喷粉器逐步淘汰。

排灌机械

辘轳 1949 年前，排灌机械以辘轳为主，辘轳有一人拧、二人拧两种。由辘轳头、辘轳杆、扠木组成。辘轳头按有拐把，上饶大绳或铁油丝绠铁木桶，日浇地不足 3 亩。1949 年，全村基本每户一架。20 世纪 60 年代初，随着先进浇灌机械的应用，大田浇地辘

轳停用。

水车 1949年后，伊家沟村购进了解放式水车28部，时称“洋水车”。水车全部铁制构造，靠链条在直管中引水。人力或畜力均能牵引，日浇地4亩。同时，还购进了二人拧铁制水车。解放式水车省力，效率高。60年代末被淘汰。

抽水机 分立式和卧式两种。1955年上级奖给伊家沟村8马力汽油抽水机一套，日浇地20亩。1956年，高级农业生产合作社分配给伊家沟村卧式烧煤8马力锅驼机一台。利用蒸汽带动水泵抽水，日浇地15～20亩。60年代初，村又购进12马力柴油抽水机一套。从此，开始了机械化浇地。1964年，电水泵逐渐兴盛，各生产队的原旧式水井均不适应电水泵作业。全村新修机井、挖大口井50余眼，并配套电机水泵30余套。1983年各生产队又配置了潜水泵，全村实现了电灌化，农作物浇灌提高了农作物的单位面积产量。

种植业经济

粮食作物

主要种植小麦、玉米、地瓜、高粱、大豆、谷子和红豆、绿豆、红小豆等小杂粮粮食作物。

经济作物

伊家沟村主要经济作物有棉花、花生、大麻、芝麻等。1984 年前，部分村民种植少量黄烟供自己用。

1949 前后，主要种植瓜菜作物品种有疙瘩、胡萝卜、大葱、白萝卜、辣椒、菜椒、白菜、南瓜、豆角、茄子、苔菜、大蒜、韭菜等。后来增加芫荽、芹菜、芸豆、土豆、黄瓜、冬瓜、西红柿、莴苣、圆葱、架芸豆、菜花、茴香苗、油菜、西芹等。

1949—1985年伊家沟村部分年份种植经济结构变化情况表

表32

年份			1949		1965		1976		1985	
总面积			2750		2693		2576		1145	
	类别		亩数	%	亩数	%	亩数	%	亩数	%
	粮田		2150	78.2%	2143	79.6%	2139	83%	815	71.77%
	经济田		600	21.8%	550	20.42%	437	17%	330	28.82%
项目	作物名称		亩数	%	亩数	%	亩数	%	亩数	%
	小麦		900	32.73%	1140	42.3%	1586	61.6%	815	71.2%
粮田结构	玉米	春播	300	11%	—	—	—	—	—	—
		夏播	250	27.8%	600	52.6%	612	38.6%	815	100%
	豆类	春播	100	3.6%	100	3.7%	—	—	—	—
	谷类	春播	200	7.3%	100	3.7%	—	—	—	—
		夏播	160	17.8%	150	13.16%	414	26.1%	—	—
	高粱	春播	250	9.1%	194	7.2%	—	—	—	—
		夏播	—	—	—	—	72	4.54%	—	—
	地瓜	春播	400	14.6%	609	22.61%	553	21.5%	—	—
		夏播	490	54.4%	390	34.2%	488	31%	—	—
经济田结构	作物名称		亩数	%	亩数	%	亩数	%	亩数	%
	棉花		120	4.4%	100	3.7%	190	7.4%	—	—
	花生		420	15.3%	176	6.5%	120	4.7%	—	—
	大麻		—	—	11	0.41%	—	—	—	—
	苹果园		—	—	150	5.6%	—	—	—	—
	蔬菜瓜类		60	21.8%	113	4.2%	127	4.9%	330	29%

耕作制度

1949年，伊家沟村一年一作的农作物，以谷子、高粱、棉花、花生、地瓜等为主。一年一作的作物占耕地面积的70%。二年三作的作物占耕地面积的30%。1949年初，仍以一年一作和二年三作为主。随着农业生产条件的不断改善和提高，耕作制度不断改革，1975年前后，玉米、棉花、花生等夏播作物实行间作套种，一年一作的作物面积逐渐减少，一年二作和二年三作的作物面积逐年增多。1982年，实行土地联产承包生产责任制后，进行科学种田，水源条件好的地块，普遍实行间作套种，提高了复种指数，增加了经济效益。1983年，全村套种和复种面积达到1193亩，占耕地面积的94%。农作物种植面积多为一年两作两收，即小麦—玉米—大豆的轮作方式，占种植面积的90%；一年三作三收即小麦—玉米—秋菜，占10%左右。

1950—1983年伊家沟村主要年份农作物播种面积和复种面积指数一览表

表33

年份	1950	1968	1970	1974	1979	1983
播种面积（亩）	2150	2190	2157	2127	1583	1193
复种指数%	41.9	66.2	69	69	82	94

小麦 随着耕作制度的改进，种植方式方法也发生了很大变化。1949年初，多用两腿耧播种小麦，有的户开沟种大沟麦，间距在1～1.5尺左右，一亩地播麦种15斤左右，小麦产量较低。20世纪60至70年代，普遍使用三腿耧播种，间距在0.7～1尺。推行人工扶垄整畦，畦宽1.65米，每畦播种三耧。1980年后，全面推行小麦种植新技术，实行畦播化，畦宽1.65～2米，留用串种行，普遍使用播种机进行精播小麦。

玉米 1948年前后至20世纪60年代，春玉米“谷雨”前种植，夏玉米小麦收割后种植。1975年，全村普遍推行麦田套种技术。播种在小满后进行，点种或开沟条播，使玉米生长期延长15～20天，提高了单位面积产量。

地瓜 1949年初，地瓜育苗一般采用地下温炕（自然温床），出芽慢、插秧晚、产量低。地瓜秧在 0.5 米时进行锄草。地瓜秧盖严地时，为防止地瓜秧扎根，进行多次翻秧。1960 年后，开始深翻土地，增施底肥，并推广合理密植，增加单产。20 世纪 70 年代，进行窝瓜种植，单产在 2500 ～ 3000 公斤以上，当时群众总结："窝瓜下了蛋（结瓜），不是八千是一万"。1964 年，推广荣成县三道沟回垄火炕地瓜育苗，地瓜温汤浸种催芽，采用塑料薄膜覆盖地瓜芽子炕等措施，使地瓜出苗早，出苗齐，瓜苗壮，插秧期提前，提高了地瓜产量。1975 年，实行地瓜沟包馅施肥法。地瓜团棵时，在苗旁挖坑追施肥，地瓜产量有了较大幅度的增加。

大豆 大豆有早熟和晚熟两种，多为黑豆和黄豆。早熟大豆于春天播种，晚熟大豆一般于 6 月中旬播种。播种方法：用两腿耧播种或开沟播种，也有开穴点种者。耕地前施足底肥，生长期一般不施追肥，中期锄草 2 ～ 3 遍，9 月份收割。亩产在 150 公斤左右。1960 年改种"齐一号"，20 世纪 70 年代改种"双跃 5 号"，1980 年前后，种植鲁豆一号、四号。至 2000 年，由于新城开发建设征用土地，加之产量低等原因，种植大豆的农户越来越少。

花生 1957 年，推广密植种植法，由原亩播 3000 ～ 3500 墩，增至 5000 ～ 5500 墩。之后，推广花生根瘤菌拌种和花生催芽法，使花生苗齐、苗旺、苗壮，一般亩增产 20%。1970 年，推广花生清棵"蹲苗法"，将苗周围的土扒去，让子叶露出地面，蹲苗。清棵技术的应用，花生产量有了较大幅度的增长。1980 年后，因新城开发建设，土地减少，花生停种。

谷子 谷子有春谷、夏谷两种，春谷一般在谷雨前后播种，开沟直播。出苗后定苗，俗称挖苗子。中耕锄草，遍数多可增加产量。雨季，可随下雨播施尿素作为追肥，8 月中旬收割。夏谷（晚谷）在小麦收割后播种，管理和春谷相同，到处暑收割。

品种改良

1949 年后，各种农作物品种都以多年的老式品种为主，一般是从作物成熟的大田里，选粒大、饱满无病虫害的做种子。年复一年，增产甚微。20 世纪 60 至 80 年代，经过对各种农作物的改良和选（育）种，农作物基本上实现了良种化。

小麦 1949 年，小麦品种为"小红芒"，1950 年后更换为山西大白麦，20 世纪

60 年代，推广品种为“碧蚂 1 号”“碧蚂 4 号”，以后引进“济南 2 号、4 号、6 号、9 号、12 号”等良种。随着生产条件的改善和发展以及科学种田水平的不断提高，品种也在不断更新换代。1971—1980 年，小麦品种改为“济南 13 号、14 号”，山东“幅 61”“幅 63”和“泰山 1 号、4 号、5 号”等品种。1985 年，引进的新品种为“鲁麦 7 号、8 号、5 号、11 号”。2000 年后，品种改为“113”“201”“1604”“鲁麦 22 号、23 号”和“晋麦 21 号”等优良品种。每更换一次新品种，亩产增加产量都在 10% ~ 20%。

玉米 1949 年前，品种多为“小粒红”“小红脐”。20 世纪 50 年代，更换为“金皇后”“白马牙”等品种。60 年代更换为“双跃 3 号、150 号、80 号”。70 年代中期，品种改为“泰单 71 号”“群单 105 号”。80 年代，品种改为“中单 2 号”“郑单 2 号”“丹玉 6 号”“鲁原单 4 号”“东岳 11 号”。1984 年后，品种更换为“掖单 4 号”“鲁玉 10 号”“烟单 14 号”“聊玉 5 号”等。2000 年后，更新为“农大 108 号”等品种。

优良品种的推广，使农村的玉米产量大幅度提高，1971 年亩产 350 公斤，1987 年亩产 400 公斤，至 2004 年亩产达到了 600 公斤。

地瓜 20 世纪 50 年代，多年栽种的品种为“胜利百号”“懒汉”等品种。60 年代，种植“华北 5245”“北京 553”“济南红”等品种。70 年代，更换为“徐薯 18”“徐州一窝红”。1982 年后，全村停种。

棉花 1949 前后，多数种植“小蚕花”。1952 年，引进“斯字 2B 棉”，单产皮棉 30 公斤。1958 年，更换为“岱字 15 号”，亩产比“斯字 2B 棉”增产 10%。1975 年引进新品种“鲁棉 1 号”，单产皮棉 40 公斤。1983 年后，因新城开发，土地减少，全村停种。

大豆 起初，农家品种有“小白花”“滚龙珠”“平顶黑”“平顶黄”，亩产 60 公斤左右。20 世纪 60 年代，更换为“齐黄 1 号”。70 年代更换为“双跃 5 号”。80 年代更换为“鲁豆 1 号”“鲁豆 4 号”，亩产 150 公斤。之后因新城建设土地面积减少，种植大豆农户基本停种。

谷子 主要品种有“棉绳头”“母鸡嘴”“62 天还仓”等品种。20 世纪 70 至 80 年代，主要种植“柳条青”“鲁谷 3 号”“7025”等品种。1985 年后，谷类作物基本停种。

高粱 种植品种有“黄乐伞”“打锣锤”。20世纪80年代，种植“如意大歪头”“一窝红”和杂交品种“晋杂5号”“原杂10号”。后因杂交品种质量差，管理种植技术不到位，一直不增产，后改为以种植“黄乐伞”“如意大歪头”“千金红”品种为主。

良种繁育

1950年前，用种多为村民在田间自选、自留、自用。之后，逐步贯彻“四自一辅”（自选、自繁、自留、自用辅以国家调剂）的原则，指导农民开展良种繁育。

小麦种繁育 1962年前，多数社员和生产大队采取地块留种的方法。在选好的地块内，去掉杂种，收割后单打留种。1962年，县种子公司繁育品种“碧蚂4号”，在全县推广种植。1964年，推广种植“济南2号、8号、9号”小麦品种。1970年后，引进推广“泰山1号”。为防止小麦良种退化，1973年，县种子公司推广提纯复壮技术，采取二年二园制种提纯复壮措施。1975年，种子公司提纯的“泰山1号”原种；自1985年进行推广大面积种植。

玉米种繁育 1962年前，生产队在场间选籽粒饱满，色泽好，无病虫害的玉米留种。1964年，从宁阳国营农场引进杂交玉米种。1965年，县种子公司先后培育玉米双交种“双月3号、80号”。之后由于培育种子基地增多，玉米种基本满足了村民的需要。

地瓜种繁育 较早种植的品种有“胜利百号”“懒汉”等。1960—1978年，繁育大量的“徐薯18号”“华北5245”“北京553”。1980年后繁育新品种“77-6”，由于新品种高产，全村普遍推广种植。

田间管理

查苗补苗 1949前后，玉米缺苗断垄，一般补种大豆、绿豆之类的作物，但田间作物常出现高低不齐、成熟不一的现象。1960年后，科学补苗得以重视。小麦苗出不齐，及时查苗补苗。玉米苗不全时，补种成熟期早的玉米品种或移栽补苗。地瓜苗不全者，及时补栽。

中耕　本地叫锄地。适时中耕既能保墒、抗旱保苗，又能锄掉杂草，减少肥力消耗。农作物不同，中耕的深浅度和次数的多少也各有不相同。实践中总结出来的中耕经验是“头遍浅、二遍深、三遍四遍别伤根”。对于小麦，一般过冬前，结合锄草中耕一次。春节后，如杂草多，也可增锄几遍，为保墒再中耕一次。玉米一般在定苗后中耕，夏玉米于麦前小满后进行套种或在小麦收割完后及时播种。等玉米苗出来后，清垄灭茬，灭茬后方可定苗。并根据玉米苗长势、草情和墒情，进行多遍划锄。锄地工具一般是用锄或镢。人民公社化后，采用三角耘锄以畜力牵引中耕。20 世纪 90 年代后，普遍使用灭草剂锄草，玉米地不再中耕，只有少数村民仍使用人力进行中耕锄草。

追肥　小麦追肥，人民公社化以前，人们习惯用足底肥，过冬前覆盖粗肥，以防麦苗受冻。20 世纪 70 年代后，化学肥料广泛使用，除播种前施足粗底肥外，每亩再施尿素或二胺 15 公斤左右。小麦生长期间，视苗情生长好坏，再随浇水或下雨天进行追肥。

玉米追肥　人民公社化前，一般在玉米长至 0.5 米时，结合培垄，追施粗肥或豆饼棉籽饼肥料，也有的直接浇灌人粪尿，上化肥者极少。20 世纪 70 年代后，开始使用“三攻施肥法”（攻杆、攻穗、攻粒）“两次追肥”“一炮轰”追肥。有的用“二攻追肥法”，即苗期少追（提苗），攻穗时多追，及“一炮轰”追肥。无论使用哪种追肥方法，每亩约追施尿素 40 ~ 50 公斤，村民一般采用“两次追肥法”。90 年代后，多数村民在玉米追肥时，氮肥掺伴磷酸二胺。其他农作物的追肥视作物品种、地力、生长特性而定。

小麦浇水　1949 前后，伊家沟村虽然地处平原地区，但缺水的地块较多，一旦遇上干旱，多数麦田浇不上水，只有靠天等雨。60—70 年代，伊家沟村经过兴建水利设施，打井修渠，北水南调，全村耕地面积基本实现了电灌化浇水。小麦产量大幅度增加。1980 年小麦亩产 450 ~ 500 公斤。小麦一般浇返青水、拔节水、灌浆水和麦黄水 3 ~ 4 次。

玉米浇水　玉米生长期浇水 3 ~ 4 次。60 年代前，多数玉米地块常年得不到浇水灌溉。70 年代后，全村大部分土地面积实现了电灌化浇水，玉米拔节抽穗浇水，灌浆时仍需保持土壤的湿润。如土壤干旱，仍须浇灌浆水，使玉米产量大幅度增长。1980 后，玉米亩产量 450 ~ 500 公斤；2000 年后，550 ~ 600 公斤。

谷子浇水 谷子生长期浇水 2 ~ 3 次。谷子苗生长初期，为利于蹲苗，不宜浇水。一般结合追肥浇水、拔节抽穗浇水，谷子灌浆时浇水。

棉花浇水 棉花苗期，一般不浇水。若墒情差，持续干旱，适量浇水。铃期遇到干旱，可酌情浇水，达到随浇随干。

花生浇水 花生苗期一般不浇水，如遇干旱也可适量浇水。

增肥改田

有机肥料 农村有机肥料种类很多，常用的有人粪尿、牲畜肥、猪圈肥、土杂肥、坑土、旧屋土、家禽肥、绿肥等。1958 年起，各生产小队用专人挖厕所积造肥。1965 年前后，伊家沟村为找肥源，提高肥效，更换了部分古老饭屋及多年的老土坯屋，肥效较好。1968—1975 年，为迅速提高粮食产量，改良土壤，各生产队组织群众广开肥源，开展“五挖五换”活动。五挖即挖牲畜栏底、粪坑底、老屋底、老厕所底、坑塘底；五换即换旧墙、旧锅台、老猪舍、老鸡栏、老磨道、碾道。通过“五挖五换”活动，广积了大批土杂肥，基本达到亩施土杂肥 10 车以上。

1982 年，土地实行家庭承包责任制后，粮食产量连年增长。粮食丰富，提高了农民饲养家畜家禽的积极性。有机肥的质量和数量均有很大提高，亩施有机肥料的数量也有所增加。

化学肥料 1949 年前，群众称化肥为“洋大粪”“肥田粉”。1949 年后统称化肥，主要有氮、磷、钾三大类。

化肥中有少量尿素。一般雨季施用化肥用于庄稼提苗，亩施不过 5 公斤。1958 年，化肥种类增加了磷铵、硝铵等。1960—1970 年，又增加了氨水，碳酸氢铵。之后，又增加了二胺等多种复合化肥。1970—1980 年，因化肥紧张，凭票供应。交公粮和交售棉花可奖励部分化肥，但不能满足要求。其间，生产队多以氨水做基肥。由于尿素使用方便，肥效快，不伤害庄稼，深受农民的喜爱。在用量上，小麦、玉米亩施 30 公斤，二胺 25 公斤，氨水 50 公斤。

磷肥又称过磷酸钙。1956 年，开始使用。之后，又增加了“钙镁磷”“骨粉”“磷矿粉”等，亩施 10 ~ 15 公斤。20 世纪 70 年代后，磷肥供应量增加，亩施 30 ~ 40 公斤作为基肥。磷酸二铵或尿素多用于追肥，以保证粮食产量稳步上升。

钾肥又称氯化钾，一般在耕地前撒在地里，对作物起壮苗，防倒伏的作用。20世纪80年代后，不论小麦、玉米、棉花、花生、蔬菜瓜果等，都以钾肥、磷肥、磷酸二铵及复合肥做基肥，使作物平衡生长，肥效长久。

科技种植

更换良种 更换新良种，是解决种子退化、粮食增产的必要措施。1949年后，伊家沟村注重农作物的品种改良与优良品种的引进。从50年代起，特别重视玉米、小麦品种的不断改良，引进“山西大白麦”“金黄后”玉米优良品种，引进地瓜优良品种“胜利百号”等，淘汰传统老式品种，提高了单位面积产量。20世纪60年代，引进新的优良小麦品种“碧玛1、4号”“济南2、4、6号”。引进玉米新品种“双跃3、150”。引进地瓜新品种“北京553”“华北5245”“徐薯18”。引进棉花新品种，代替了旧品种。经过粮食作物和经济作物品种的更新换代，作物产量逐年提高，村民尝到科学种田的甜头。

20世纪70年代，农作物品种进行了第三次更新。先后引进小麦优良品种“泰山1号”“泰山4号”“泰山5号”，“山东幅63号”。引进玉米新品种“泰单21号”“群单105”“中单2号”“郑单2号”“东岳11号”等。引进地瓜新品种“南京92”，引进棉花新品种“鲁棉1号”等。1976年夏播谷子，从外地引进优良新品种“柳条青”“鲁谷3号”等。各生产队经过科学播种，科学施肥，科学浇水，科学打药灭虫。全大队谷子产量平均亩产260公斤，比1975年夏播谷子每亩增产60公斤。80年代后，人们更加重视科学种田和良种的推广。引进种植小麦新品种“济南13号”“济南14号”“鲁麦1号”“鲁麦22号”“鲁麦23号”等品种。引进玉米新品种“掖单2号”“烟单14号”“农大108”“聊玉5号”“郑单2号”等品种。几十年来，由于农作物品种不断更新换代，粮、棉产量都有了大幅度增长。1950年，小麦亩产100公斤，玉米100公斤；2004年，小麦上升到500～550公斤，玉米上升到550～600公斤。小麦、玉米分别比1950年上升了5.5倍和6倍。

新式地瓜育苗 20世纪60年代前，地瓜育苗皆以传统方式，在向阳光处下挖50～60厘米的土池坑，先垫厚约10厘米的牛粪撒沙2厘米，将地瓜种竖排之上，上盖细沙4～5厘米，后盖杂草或麦秸。等地瓜发芽后，将麦秸杂草清除，盖上草苫即可。此传统方法，不易控制温度，地瓜发芽慢，有时延误农时，影响插秧。60年代末至70年代初，推行回龙火炕地瓜育苗技术。回龙火炕的挖砌方式：采用火道25° 坡度建炕，大小自行确定，生产队一般建育苗炕长为4～6米，宽为2.5～3米。主火道宽0.3米，高度为0.25米左右，从后端向两边扩挖回道，回道长宽同于主道。以石板或秸秆封口，盖土整平。育苗池墙用砖或土坯砌成，高约60厘米。池内下垫10厘米的农家肥，撒沙2～3厘米，依次竖排地瓜种，再用河沙覆盖地瓜4～5厘米。池坑上盖塑料布，用秫秸把支撑。主道前两端各砌高0.8～1米的烟筒。回龙火炕易于调温，出芽率高，苗壮，苗旺，成活率99%，伊家沟村沿用到70年代末。

耕作制度和农机具改进 由于农业科学技术的快速发展，耕作制度和农机具逐步进行改进，20世纪60年代末，将大沟麦改为小畦麦。70年代，又将小畦麦改为大畦麦，普遍采用小麦套种玉米。进行了粮田间作，在地瓜沟内间作大豆、玉米，提高了土地利用率，增加了复种指数，提高了单位面积产量。

小麦脱粒，历来以人工畜力牵引碌碡打轧。20世纪70年代，拖拉机牵引代替了人工、畜力牵引。之后，脱粒被滚筒式脱粒机代替。80年代四清脱粒机代替了滚筒式脱粒机。90年代后，普遍使用联合收割机，解放了大批劳动力，极大地提高了劳动效率。提水灌溉工具，早为辘轳头和旧式水车，后改为解放式水车和“二人拧”水车。60年代初改为用锅驼机、柴油机带动抽水机。60年代中期至70年代后，又为电动机深水泵所代替。耕地机具原用旧式单铧犁，后改用新式步犁双轮双铧犁。之后，改用拖拉机耕地耙地后又使用旋耕犁耕地。播种机具初用独腿耧、双腿耧，后逐步改为三腿耧、四腿耧，继之为链条式播种机所代替。运输机具先以木轮手推车、胶轮车、地排车为主，后改为农用柴油机动三轮车及汽车等，代替原先的肩挑人抬。

植物保护

病虫害预测 伊家沟村对植物病虫害预防，从20世纪50年代开始。70年代，生产大队和各生产小队，对农作物的病虫害预测和防治逐渐向专业化发展。土地承包到户后，对病虫害的预报方式也进行了改革。采用印发明白纸、科学小报发给村民或用广播喇叭进行宣传、讲解等方法进行预报。上级有关部门也用电视节目提前预报，增强农民对作物病虫害的认识，并增长农民的防治知识，让农民提前做好预防病虫害的准备工作。

病虫害防治 农田农作物病虫害主要有蝗虫、粘虫、麦蚜虫、红蜘蛛、玉米螟、棉蚜、棉铃虫、天蛾、大豆造桥虫、食心虫、蛴螬、蝼蛄、金针虫、地老虎、叶婵、飞虱等。据统计，小麦、玉米、地瓜、花生、棉花、高粱、大豆、谷子8种作物，害虫就有360多种。其中小麦虫害有69种，玉米68种，地瓜43种，棉花66种，花生46种，大豆60多种。

1949年前，农民多用旱烟秸、石灰水喷杀蚜虫，用草木灰在早晨有露水时，撒到棉花棵上灭棉蚜虫。大豆、地瓜叶子发生虫害时，用人工扑灭等方法。1943年闹蝗灾，飞蝗过境遮天盖地，落地食禾殆尽。农民用扫帚、鞋底扑打、土埋等，但收效甚微。1953年，开始推广化学农药“六六六”防治病虫害。1954年，开始用“1605”农药治虫。之后农药“赛力生”逐步推广使用。化学农药使用后，有效防治了病虫害，从而减轻了害虫对各种农作物的危害。

1982年，因部分农药有剧毒性，根据国家有关部门通知，停用一批剧毒性农药，并开始推广使用农药“乐果”防治病虫害。1987年后，普遍推广使用高效低毒、低残留的菊酯类农药，杀虫效果明显，深受广大群众欢迎。

小麦病虫害防治 1949年前，小麦主要病虫害有黑穗病、腥黑穗病和锈病，且发生面积较大。当时采用拔除病株，选用无病种子的方法，对锈病采用十倍苦果水（用旱烟秸泡成）防治。1956年，推广使用农药拌种。20世纪60年代初，基本控制了小麦黑腥病的发生。1964年，小麦锈病发生，配制3%硫铵水、5%的尿和石硫合剂等喷雾防治。1982年后，小麦锈病和麦蚜都以化学农药菊酯喷洒防治，效果良好。用“粉锈宁”农药喷洒，防治效果达85%，“粉锈宁”拌种还可以防止全蚀病、黑穗病。

地瓜黑斑病防治 1949年前，此病传入我国。1949年后，多用温水浸种法防治，20世纪60至70年代用50℃温水浸种15分钟或采用2000倍赛力散水浸泡地瓜种，或用多菌灵浸泡地瓜芽根部等多种方法杀灭病菌，效果较好。之后，在收刨地瓜种入窖时，把多菌灵药水泼洒在地瓜种上进行灭菌，使地瓜黑斑病基本得到控制。地瓜腐烂病，1970年传入我国，1975年大面积发生。1979年推广抗病地瓜品种“徐薯 18”，有效遏制了地瓜腐烂病的蔓延。

棉花枯萎病的防治 多采用拔除病株、禁止调种、轮作换茬、多菌灵胶悬剂浸种等措施防治。20 世纪 80 年代后，基本得到控制。

田鼠防治 20 世纪 80 年代前，一般用控制鼠窝进行消灭。1981 年后，田鼠危害增加，村民多用磷化锌、敌鼠钠盐、毒饵杀灭田鼠。1988 年后基本灭光了田鼠。

林果业经济

林业

村内林木品种主要有：榆树、柳树、槐树（国槐、刺槐）、臭椿树、香椿树、梧桐树、楸树、柏树、松树、毛白杨树、银杏树、皂荚树、枣树、法桐树、白玉兰树、桑树等。2014 年，社区栽植了迎客松、红叶树、樱花树、柿子树等。

1949 年前，全村共有 250 户在院内、场地、路边、门前及房前屋后植树，约有 3500 株树，有 18 户栽植成片树林，植树约 4000 株。村外有柏林墓地 5 处，共有柏树约 600 余株。栽植 200 年以上的柏树 200 余株，100 年以上的 400 余株。

村内栽植的古槐树有两棵，玄帝庙门前一棵，关帝庙门前一棵。驰名市（县）内外几千里，东北三省都知道此树的传说。

1947 年 3 月，国民党侵犯伊家沟村，为修筑碉堡、路障及围墙，将村内场园、路边的树木砍伐殆尽，只剩部分幼小树株。

1949 年后，上级号召，植树造林绿化祖国。村民在院内及“四旁”年年植树，树株逐年增加。到 1954 年，全村共植树约 1.4 万余株。

1961 年，根据中共中央“谁栽谁有”的政策，村民掀起植树造林高潮，规定每人植树 3 棵。各群团组织亦发起义务植树造林活动。是年全村共植树 6000 余株，折合林地 60 余亩。

1979 年，推行在大田内桐粮兼作，全村在大田内植桐树 1500 余株。1982 年，陆续砍伐改为纯粮田。

1986年，在新修路旁植树1000余株。后因机械耕种不便，加之新城建设占用土地，逐渐砍除。

2008年后，村集体在新建设的居民楼社区内及路两旁，绿化植树1000余株。

果业

1949年前，村内除农户在院内有零星栽植枣树、桃树、杏树、梨树、石榴树等果树外，全村有5户大田栽植桃树、梨树、杏树等树20余亩，果树约600余棵。果树瓜果成熟时，由各户到集贸市场销售。

1955—1957年，集体先后在村东栽植苹果树150余亩，品种有红星、红玉、金帅、威金、青香蕉、大国光、小国光、卸花甜等6000余棵。另外，桃树、栗子树、核桃树、杏树1000余棵。

1962年，大队组织成立管理果树林业队，由20余人组成林业队负责对果树进行喷药、治虫、剪枝、缺苗补栽、追施肥料等。果树在盛果期，每年收获苹果13万～15万公斤，销售收入6万余元。1986—1987年，因肥城市工业用呢厂建设征用土地，果树被全部处理。

育苗

1964—1965年，伊家沟村划出苗圃育苗土地40亩，组织专人管理，由县林业局技术人员指导，培育各种苗木，品种有核桃、栗子、花椒、籽槐、白蜡条苗等。出树苗后，由县林业局介绍，主要供本县山区绿化之用。之后由于管理不善，苗圃取消。

土特产

芝麻

草本植物，伊家沟村春夏常在大田或地边播种，秋天收获，晒干后，打下的籽粒叫“芝麻”。炒后碾压成面粉，称之为“芝麻盐”，香味异常、又有保健作用。如用磨加工成香油，味美可口，实属宴席最佳调味品。村现无地种植，此村特产消失。但仍有人收购外地芝麻进行加工，制成品后销售。

花生

为伊家沟村的主要经济作物之一。清光绪年间，花生称“长寿果”，亦称“长生果”，春种秋收。1949 年前全村种植 500 余亩，该作物喜欢沙壤土质。果皮薄、仁大，品种有“大红袍”“白沙”“百日熟”等品种。花生可生食，若油炸，更加香脆可口。1949 年前后，种植的花生运销各地，是农民的主要经济收入来源。现已无地耕种，此村特产消失。

椿芽

伊家沟村村民历来有在院内、宅旁或菜园内栽植香椿树的习惯。一年栽植多年受益。谷雨前后掰椿芽，可鲜炒鸡蛋或腌制食用。有时作村特产赠送亲友。

养殖业经济

畜牧业

伊家沟村家畜主要有牛、驴、马、骡、猪、羊、兔等，家禽有鸡、鸭、鹅等。

牛 历来有喂养的传统，多为当地品种。1949 年，全村养牛 63 头。农业合作化时期至 1961 年，发展到 115 头。当地牛的特征是头颈适中，角形多为龙门角和倒八字角，腰背平直，四肢粗壮，毛色多为黄色或红黄色。少有黑色和白花色。繁殖性能好，性情温顺，耐粗饲料，使役有力。1982 年，实行土地联产承包后，集体的大牲畜及财产作价处理到户。是年户存养牛量 100 余头。

驴 村民历来有喂驴的习惯。品种一直为中型灰色驴和黑色驴，脾气温顺，发病率低。1949 年前后，多用于拉磨、拉碾、拉车，或与牛配套耕地。1949 年，全村有 20 余户养驴。1956 年，农业合作化后，由于牛的数量增加，驴的喂养量逐渐减少。1970 年，由于各生产队发展地排车运输业，毛驴存养量逐渐增加。至 1978 年，全村养驴存养量 80 余头。1990 后，随着机械运输工具的增加，养驴的户数逐年减少，至 1993 年后，全村已无喂养户。

骡 马 1949 年前，骡、马只有富裕人家喂养。1958 年，集体养马一匹、骡一匹。村集体有马车一辆，主要用于副业队运输。村集体改革后，骡、马无人喂养。

猪 1949 年前，农民多养猪积肥，少则一头，多则两头不等，均以当地黑猪为主。1949 年，全村生猪存养量不足 150 头，出栏率不超过 70%。1956 年，随着粮食产量的增加，全村养猪存栏量达 300 余头。1958 年，大队在现在的龙山河北岸建养猪场一处，占地 80 亩，有土坯结构和砖石结构两种类型，共 70 间，1959 年，猪场建成，由大队党支部副书记赵继成负责猪场管理。到 1960 年，集体养猪已发展到 280 余头。1964 年后，全村养猪得到较快发展。各生产小队都建起了生猪饲养场，家庭养猪也随之得到了发展。是时集体养猪 400 头，户养猪 360 头，全村存栏量 760 头。1975 年，全村存栏量达到 800 余头，出栏率达 80%。1982 年，户养猪 440 头，养猪户占总户数的 90% 以上，品种多为长白猪和瘦肉型猪。20 世纪 80 年代末由于新城建设加快，土地逐年减少，粮食减少，1990 年后，农户不再喂猪。

羊 1949 年前后，全村养羊户不多，村里有专人负责集中成群放牧。全村计有 70 余只，于 1965 年解体。1980—2000 年，全村养羊 150 只，以圈养为主。

鸡 村民历来有养鸡习惯。1949 前后，户户养鸡，少者 1 ~ 5 只，多者 10 只以上，不少户以卖鸡和鸡蛋解决柴米油盐的花销。品种多为当地柴鸡，此品种体型小，产蛋率低，抗病能力差。从雏鸡到成鸡，死亡率一般在 30% 以上。1949 年，全村养鸡 1200 余只。1949 年后，品种逐年增加，有九斤黄、汶上大花鸡、莱航、红玉、欧洲黑等品种。1983 年，伊家沟村专业户购进孵化鸡箱两套，孵化优良品种鸡苗。后引进京白、罗克等杂交鸡十几个品种。1986 年，全村养鸡 4600 余只。2000 年，全村农户养鸡 5000 只。2012—2015 年，村内小型养鸡专业户，每年出栏量 4000 ~ 5000 只。

鸭 1949 前后，饲养鸭的农户很少，全村不超过 100 只，养鸭品种为“微山湖草鸭”。1983 年，伊家沟村有一养殖专业户在新城路南龙山河进行群养鸭，品种有“荷兰”“康贝尔”共 500 余只。品种体型小，长的快，产蛋率高。是年，全村饲养鸭 800 余只。

鹅 1949 年，伊家沟村喂养鹅的户很少，全村不超过 50 只。1949 年后，养鹅农户有所增加，1970—1980 年，养鹅的户超过 40%，全系院内圈养。品种为“五龙白”，亦称草鹅，产蛋率低，体重 4 公斤以上，全村喂养鹅 700 余只。

兔 村民过去喂养兔较少。1975 年，全村存养量 300 余只。品种为黑、白兔、长毛兔，都属于当地品种。1982 年，掀起养兔高潮。是年 3 月份，村集体从山东巨野县购进西德长毛兔和新西兰长毛兔新品种 500 只，发放到各户喂养。当年全村发展到存养量 6000 余只，经济效益收入较好。后因销路不畅和喂养技术差等原因，农户养兔逐步减少。

饲养管理 马、骡、驴为舍养，以粗饲料为主，多以麦糠、花生秧、玉米秸、谷草为主食，掺拌麸皮、豆饼糁、地瓜干面等精料。每天饮水 2 ~ 3 次，每次饮水加少量豆饼面和地瓜面。

牛为舍养，以粗饲料为主。50 年代喂豆叶、高粱叶、豆秸、麦糠、青干草等。

70 年代后，喂麦糠、秸秆、玉米秸、麦秸等饲草。细料一般喂豆饼糁、玉米糁、地瓜干面等饲料。每天饮水 2 ～ 3 次，每次饮水加少量豆饼面和地瓜面。

农业合作化后，农户的大牲畜折价入社。各生产队都建起饲养院，实行集体喂养，固定专人管理。在长期的饲养管理中，村民总结了“草膘料力水精神”“马无夜草不肥”“有料无料四角拌倒”等经验，促进了大牲畜饲养的发展。1982 年，土地实行家庭联产承包责任制后，集体所有大牲畜折价卖给农户喂养。

猪均为圈养，猪饲料历来以地瓜秧、花生秧、树叶，磨成糠为主，再掺上地瓜面、玉米面、豆饼等，煮熟喂养，也有的用干料喂养。饲养中，做到定时、定量，一般是一日三次。饲养方式：农户单喂，一般采用猪舍连粪坑的喂养方式。喂幼猪，一般送食入舍，吊斗喂养。成猪喂养则采取放猪出舍，在舍门口槽喂。集体喂养猪，3 ～ 5 头为一舍，多采取冲刷式猪舍，即水泥斜坡硬化地面，不连粪坑，每天定时冲刷猪舍，保持舍内干净卫生，减少肥猪的活动量，以加快育肥。

20 世纪 70 年代前，鸡均为散养，而后改为圈养。饲料一般为杂粮、谷子、玉米为主，掺拌谷糠、麸皮、青菜叶等。70 年代后，逐步改为合成饲料。鸡舍逐渐改建三层，即上层下蛋，中层夜宿，下层粪便。90 年代后，鸡舍改为笼养和室养。养鸡专业户用大棚和温室饲养肉食鸡。蛋鸡采用立体阶梯式大鸡笼喂养，储养量大、卫生、易管理。养鸡逐步实现科学化。

畜禽疫病防治　牲畜家禽疾病，1949 前后，多采用中药或针灸防治畜禽病疫。如春季给大牲畜灌“清肺散”“放鹘脉血”“牛针通关”等。麦后灌“防暑避瘟散”，有效率在 60% 左右。鸡瘟灌“清热解毒水”（自己熬制而成）或改凉食喂养。20 世纪 60 年代后，坚持以预防为主，“防重于治”的方针，进行定期或不定期的防疫。并宣传教育群众，喂养牲畜家禽，讲究科学，讲究卫生，精选良种。为了促进饲养业的发展，村设专职家禽卫生员，对全村家禽和家畜定期打预防针，送预防药，使村内大牲畜和家禽的几种主要疾病得到有效控制。1949 年曾流行的大牲畜“破伤风”“牛流感”“马腺疫”“猪丹毒”“仔猪白利”“鸡瘟疫病”“鸡瘟和禽霍乱”等传染病基本消除。兽医秦绪忠，60 年代在仪阳公社兽医站学习培训，后又参加了县畜牧局培训班进行学习，秦绪忠用所学知识和技术为村民所养牲畜进行预防治疗猪瘟、猪丹毒、鸡瘟、牛肺炎等，受到村民欢迎。

养蚕业

1949 前后，伊家沟村内曾有个别农户利用街头、院内、沟旁的零星古老桑树养蚕。品种为当地土蚕，茧小而薄，产量低。20 世纪 60 年代，养蚕户逐渐停养。

服务接待
一汽-大众特许经销商
肥城创伟汽车有限公司
公司
洗车入口

伊家沟村志

1368—2015

YI JIA GOU CUN ZHI

工商金融

GONGSHANGJINRONG

手工业

木业

伊家沟木业加工历史悠久，1949 前后，从事此业的木工匠数十人之多。农闲时给村户人家加工木器、家具、建筑材料等。也有的人以手工加工木器、家具产品出售挣钱贴补家用。1956 年，老木工伊连甲、郭连丙参加了伊家沟 9 个村高级农业生产合作社木工副业组。

20 世纪 60 至 70 年代，生产大队把全村木工人员组织起来，成立木工组，为各生产队修配制作各种农业生产工具，为集体和群众加工制作建房门窗、檩梁、桌椅等。80 年代后，经济体制改革，木工组解体，木工人员多转为自营。90 年代后，电锯、电刨、电钻进入木工工艺制作流程，减轻了木工劳动强度，提高了生产效率，做木工匠体力损耗减少、收入提高。此外，木工业还有园线木工，即专门制作推车木轮，为专业性较强的工艺。50 年代中期，随着胶质轮胎的发展，该项工种逐渐被淘汰，此技艺也已失传多年。

铁业

亦称“烘炉”“铁匠炉”。1949 年前，伊家沟村无有从事铁业修配者。1969 年 5 月，大队在砖瓦窑厂办起烘炉修配组，由两名技术人员组成，专门为窑厂做砖瓦机械设备配件、加工修配等服务。1982 年因体制改革，烘炉修配组解散。

纺织业

棉纺织，1948 年前后，农村主要靠手工制作。伊家沟村有 6 户手工操作木制布机。农户个人种植或购买的籽棉，经轧花机（绞车）将棉籽脱净（也有用手剥棉

籽），再经弹花弓加工成絮棉，搓成布纪，经木制纺车纺成细纱，纤成布经，以面粉上浆，用刷子刷细阴干，然后上机织布。如将棉线染色，可根据需要组成各色花条布，制作成衣服。但更多的则是送往染坊上色，或经过套版印制成各种花布，具有较显著的民族特色。土布也称粗布，以耐穿耐磨及保暖好，深受农家人喜爱。做成的被褥，冬天不凉，夏天不热。20 世纪 50 至 70 年代，国家棉布紧张，限量购买，土机织布在很大程度上使农民穿衣所需布料得到了补充。至 80 年代，国家棉布放开供应后，土布逐渐减少，手工棉纺织业的历史结束。

此外，伊家沟村亦有棉纺线织袜业（是时亦称洋袜）。1949 前后，伊家沟村有两户从事用织袜机串乡赶集，用棉纺线织袜赚钱。60 年代初，随着社会经济的不断发展和进步，此织袜业逐渐消失。

土布制作工艺流程：

籽棉→脱籽→弹制→纺线→纤刷上浆→印花上色→各色花布

编席业

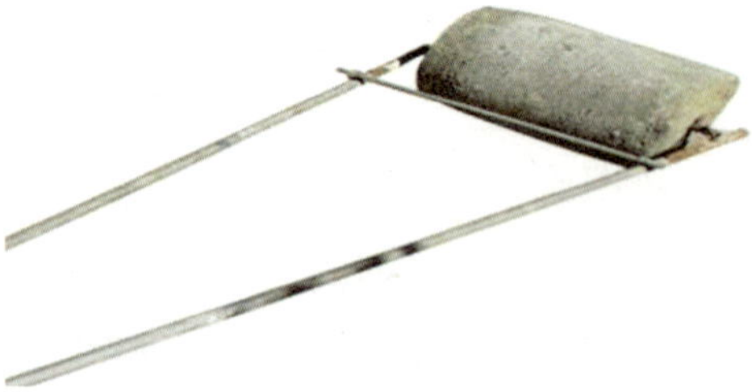

伊家沟村有历史悠久的手工编席传统。1949 前后，全村 80% 以上的家庭户，利用农闲时间，忙于手工编席业。有的编席篓，有的编穴子（存粮食用），还有几户编制草

帽等手工编制品。除自己用外，其余都到集贸市场进行出售，赚钱补贴家庭生活。

中共十一届三中全会后，随着农村经济改革开放的快速发展，农民经济生活等各方面都有了较快提高，编席手工业也逐渐消失。

编席工艺流程：首先将收获的高粱秸（亦称秫秸）选好晒干后，用秫秸撸子或刮刀去掉外层包皮叶（秫秸叶）。然后用破篾刀根据秫秸的粗细可破分篾批2～3根，破分完撒水进行潮湿，之后去场地用碌碡进行碾轧篾批，至篾批及节骨轧软即可。再用水湿透，用刮篾刀逐根刮掉篾批瓤，就形成编席篾子。

编席通常用尺度标杆量好席子长、宽度，然后开始用量好的尺寸打底编席。村民一般使用席长1.8～2米，宽1.2～1.4米。编完席后，握边整角，再用撬刀封好边，封好四个角，就形成了席。编席制作多种多样，有的用黄秫秸篾批和红秫秸篾批，在席中间搭配编制大“喜”字，用两种颜色秫秸篾批，搭配编制多种样式花纹。编的席面鲜艳好看，深受农家人喜爱。特别是在过春节期间各家各户用量较多。有的结婚铺新炕，有的挂于堂屋墙中间，用来贴福字、贴画面，标志着迎新春，辞旧岁，使新年万象更新。

编席用途很广，一般用于铺炕或覆盖物品等。席篓用于存放各种物品和其他杂物等。编制的穴子用于储存屯粮食之用，编制的苇篾草帽，人们用于夏天防晒，雨天防雨。伊家沟村几种古老传统手工艺编制产品现已失传。

汽车维修

1983 年初，村组织有关技术人员，并聘请专修汽车老师，在新城路南健康旅社院内，临时办起了汽拖修理厂，进行汽车、拖拉机维修。

1985 年 2 月，搬迁到村庄东南、泰临公路北兴建肥城县汽车大修厂。修理厂占地 12 亩，总投资 40 万元。厂内建起了大车间厂房和修理各种汽车的新式先进设备，并设立汽车烤漆设备房 1 处，1986 年 8 月投产开业，深受客户信赖，年产值 60 万～70 万元。

1987 年 5 月，与天津市进口汽车修理厂联营，厂名改为肥城县津肥汽车修理厂。1993 年 8 月，与肥城市保险公司签订了合作经营协议书，厂名改称肥城市保华汽修厂，至 1995 年 12 月止。2004 年 8 月，因房地产沿街开发，汽修厂停办拆除。

1987年5月，肥城县津肥汽车修理厂开业剪彩　（孙业才　2014年5月提供）

1984—2004年肥城市保华汽修厂干部一览表

表34

职务	姓名	任职起止时间
厂长	胡士斌	1985.1—2004.8
厂长	王启义	1993.8—1995.12
会计	伊兆芹	1985.1—2004.8
会计	王　彤	1993.8—1995.12
现金物资保管	胡士恩	1985.1—1995.6
现金物资保管	伊宪利	1995.7—1997.11
现金物资保管	孙　涛	1997.12—2004.8

备注：肥城市保险公司人员王启义、王彤分别兼任厂长、会计。

食品加工

粮食加工

1964—1965 年，大队购进 330 型电粉碎磨面机一台，为伊家沟村社员加工粮食，同时开办加工面条挂面坊，粮食加工迈出了新的一步。之后各生产小队，都办起了磨面坊、面条挂面坊，解决了村民粮食磨面加工的困难。

面粉加工

1984 年初，村投资 28 万元，在村东长山街路西、农业发展银行南建起面粉厂一处，占地 5 亩，购进中型小麦磨面机械设备一套，从清洗小麦到出面粉、麸皮，生产一条线。面粉分精粉、特粉两种，日加工小麦 20 吨，年产值 60 万 ~ 70 万元。1985 年 6 月投产开业，以来料兑换为主，兼自营销售，受到广大群众的欢迎。2004 年 3 月，因村办企业改制，实行“租壳卖瓤”的方式，租赁给专业户生产经营。

1984—2004年肥城市长山街面粉厂干部一览表

表35

职务	姓名	任职起止时间
厂长	秦正存	1984.1—2004.11
会计	王瑞祥	1985.1—1996.6
会计	陈正江	1996.7—2004.11
现金物资保管	高淑祯	1984.11—1986.5
现金物资保管	秦正合	1984.1—1987.1
现金物资保管	张厚臣	1987.2—2004.11

调味品酿造

1984—1986 年，村投资 40 万元，与济南市蔬菜公司调味品厂联合办起年产值 120 万元、生产 17 个品种的肥城市新城酿造酱菜厂。厂址在新城路南龙山河北岸，占地 8 亩。生产厂房及车间设施，由村负责建设。生产机械设备和技术安装等，均由济南市蔬菜公司调味厂负责。如：酿造温池、锅炉、蒸料设备、灭菌器、加热器等均负责提供安装。1986 年 9 月 26 日开业，产品销往肥城县各乡镇及泰安、东平、宁阳、长清、平阴、新泰等外市县区，备受客户欢迎。2001 年 3 月因村沿街开发建设，该厂停办拆除。

1984—2001年肥城市新城酿造酱菜厂干部一览表

表36

职务	姓名	任职起止时间
厂长	王德功	1984.1—1991.5
厂长	高淑祯	1991.5—2001.3
会计	伊兆水	1984.4—1995.6
会计	陈正莲	1995.6—2001.3
保管	陈正莲	1984.4—1995.6
保管	伊兆强	1995.6—2001.3

奶制品生产

1985年，村投资在村庄西南（现工业一路南）新建奶牛厂一处，占地8.7亩。1986年5月从东北哈尔滨市奶牛厂购进新品种奶牛13头。是年8月投产开业经营，所生产的奶制品产品销往新城千家万户，年产值50万～60万元。1989年4月，因产品销路受到冲击，加之经营不善，奶牛厂停产，奶牛被转卖。

1986—1990年奶牛厂干部一览表

表37

职务	姓名	任职起止时间
厂长	伊连其	1986.5—1987.7
厂长	傅甲奎	1987.8—1989.4
会计	赵忠才	1986.5—1986.12
会计	伊兆生	1987.1—1989.4
现金物资保管	伊连洪	1987.1—1990.4

制造业

齿轮厂

1988年1月，村投资150万元，征用土地9.3亩，在新城向阳街西、市场路北中段原钢球厂位置改造扩建，新上齿轮加工项目。建起厂房及车间，购进大中新型车床、刨床等20余台及其他辅助设备，并配备了高频淬火、相式电炉等先进设备，形成车、铣、铯、磨、

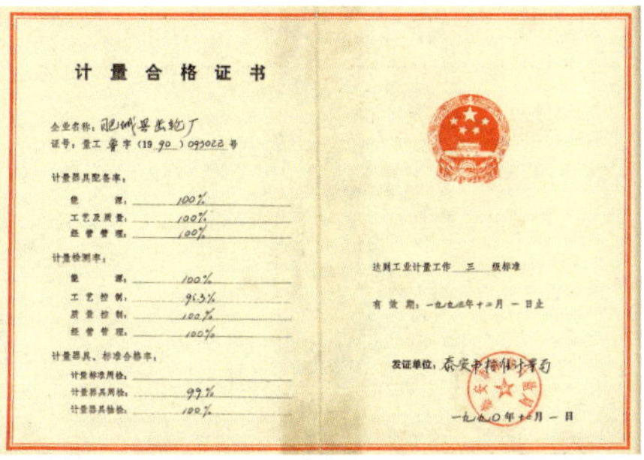

1992年，肥城市齿轮厂工人工作照　　陈忠胜　提供

镗、拉、钻多功能的生产一条线。1989 年 6 月投产开业，主要对外生产加工大小型号齿轮及其各种机械设备配件维修等。全厂员工 60 余人，其中招聘技术人才 20 人，安置伊家沟村青年 40 余人，年产值 150 万～200 万元。1991 年被泰安市经济委员会、泰安市设备管理协会评审确定晋升为山东省企业设备管理四级单位，1992 年被泰安市工商行政管理局评为重合同守信用企业。2004 年 3 月，因村办企业改制，租赁给专业户生产经营。2011 年 10 月，因村搞房地产开发，齿轮厂被拆除。

1989—2004年肥城市齿轮厂干部一览表

表38

职务	姓名	任职起止时间
厂长	陈绪泉	1989.1—1994.9
厂长	胡士惠	1994.10—1997.1
厂长	伊宪宝	1997.2—2004.9
会计	胡士惠	1989.1—1992.1

续表

职务	姓名	任职起止时间
会计	李允儒	1992.2—1994.9
会计	秦桂英	1994.10—2004.9
现金保管	秦桂英	1989.11—1994.9
现金保管	韩秀华	1994.10—2004.9
实物保管	胡士迎	1989.1—1990.9
实物保管	李允儒	1990.10—1992.1
实物保管	王申祥	1992.2—2004.9

电光源厂

1992 年初，村两委研究决定，投资 20 万元，在村原奶牛厂内，进行厂地及车间改造扩建，建立电光源厂，生产制造微型灯泡及各种汽车用的大小型号灯泡。从山东安丘灯泡厂购进生产制造机械设备一套，安置人员 30 人，并先后安排部分人员到河南安阳、安丘以及河北进行技术学习培训，是年 7 月投产开业。部分产品由安丘灯泡厂代销，其余部分有本厂销往各市县区等单位，年产值 50 万 ~ 60 万元。之后由于生产的产品质量达不到用户要求，加之市场销路不畅，1997 年 10 月停办。厂房厂地租赁实行经营，年收入可达 8 万 ~ 10 万元。

1992—1997年电光源厂干部一览表

表39

职务	姓名	任职起止时间
厂长	胡士祥	1992.7—1993.5
厂长	秦正国	1992.7—1997.10
副厂长	胡允芬	1992.7—1997.10
会计	伊兆生	1992.7—1993.5
会计	秦善亭	1993.5—1996.10
现金保管	韩秀娟	1995.3—1997.10

肥城市钢管厂

为招伙伴合资办厂上项目，村两委经与肥城市五里垢煤矿多次磋商、洽谈，最后双方达成协议，共同投资建厂。1993 年 3 月在村西南、北靠工业一路，南靠泰临公路，东靠桃园街路征用土地 30 亩，开工建设内设跨度 24 米、东西长 90 米、高 9 米的标准大车间，总面积 2160 平方米。后来，相继在厂内北侧、桃园街路西，建起办公与产品展销一体的二层楼 1 处，总面积 500 平方米。从河北省霸州市、天津等地区，购进安装了制造高频焊接钢管全自动生产线一条龙的大型机械设备，还安装了电子控制等先进设备。总投资 450 万元，日产钢管（直径 1.5 寸 ×6 米）50 吨，年创产值 1000 万～ 1500 万元，创利 100 万元。

1995 年 5 月 18 日投产开业，产品销往省内外市县区。

1997 年上半年，因市场经济滑坡，产品滞销，加之生产设备不配套，钢管不能正常生产，该厂停办。1998 年 7 月，经村两委研究，将制造高频钢管全套自动机械设备拍卖转让给莱芜钢厂。同时将厂房厂地租赁给肥城市百货大楼，年租金 16 万元。

1995年5月18日，钢管厂投产开业剪彩现场　　　　胡式君　摄于1995年5月

1993—1997年肥城市钢管厂干部一览表

表40

职务	姓名	任职起止时间
厂长	王开富	1993.3—1994.2
厂长	王启山	1994.3—1994.11
厂长	胡允滋	1994.12—1996.12
厂长	王开富	1997.1—1997.12
副厂长	姚庆国	1993.3—1997.3
副厂长	胡士元	1993.3—1995.1
经营厂长	胡允祥	1994.5—1997.12
会计	董学平	1993.3—1995.4
保管	陈自刚	1993.3—1995.4
会计	陈自刚	1995.5—1997.12
保管	孙业金	1995.5—1997.12

备注：王开富、王启山、董学平为五里煤矿人。

肥城市鹏达巾被厂

村两委经多次与肥城市毛巾厂磋商、洽谈，最后双方同意在村庄西南、泰临公路北、农村信用社西邻，先后征用土地15亩，投资合作开办企业项目。1995年7月兴建起毛巾分厂一处，生产纯棉毛巾、毛巾被等系列产品。之后更名为肥城市鹏达巾被厂。

建厂期间，伊家沟村提供厂地、厂房、车间、仓库、办公室、食堂、澡堂、取暖设备，供配电，供水等设施。肥城市毛巾厂提供安装50台毛巾织机及与50台织机相应配套的全部纺织器材设备，及生产技术经营管理等。双方合作投资410万元，安置员工300余人。1995年9月正式投产开业，年创产值1000万～1200万元，年创利税100万元。产品销往省内外各市县区及外贸单位，出口美国、澳大利亚等。之后，由于市场经济滑坡，经营模式和生产技术落后，机械设备老化，产品销路不畅，该厂停止生产和经营。1999年7月由肥城市审计事务所进行清算审计，2001年11月26日，由肥城市人民法院依法裁定肥城市鹏达巾被厂破产还债。2007

年9月，收回原厂，租赁给华隆纺织有限公司，年租金15万元，年递增1万元。至2014年12月，该厂全部拆除，建设开发新项目——电子商务城。

1994—1999年肥城市鹏达巾被厂干部一览表

表41

职务	姓名	任职起止时间
厂长	朱传荣	1994.11—1999.12
副厂长	韩立国	1995.6—1998.11
经营厂长	胡允奎	1994.11—1999.12
会计	赵宏胜	1994.11—1996.8
会计	张　霞	1996.9—1999.12
会计	钱金凤	1998.6—1999.12
现金保管	梁卫芳	1994.11—1999.12止先后任职
现金保管	荣成芳	
现金保管	韩国荣	

备注：韩立国、胡允奎，伊家沟村人。其他为泰鹏集团人员。

建材业

石灰　砖生产

1949年前，伊家沟村历史上从未有烧制石灰、青砖的传统建材项目。1949年后，大队为扩大工副业项目建设，增加集体经济收入，1961年春，在村东南苹果园南，投资建立砖瓦窑1座，厂地、厂房占地10余亩。是时，由生产大队管委会副业股长胡士太负责。随着村办工副业的不断发展和壮大，砖瓦窑厂为扩大生产量，增加经济效益，1966年6月，村投资从汶阳机械厂购压瓦机和搅泥机各1台，压瓦机人工操作，搅泥机由电动机带动，每天可生产瓦坯1500～1800片。1968年，从仪阳机械厂购进压砖机1部，用电动机带动，每天可生产砖坯10000～12000

块。同时又新扩建中型砖瓦窑两座，在窑厂东侧改建石灰窑 1 座。每年可生产青红砖 260 万块，生产青红瓦 40 万片，年产值 20 万元。由大队党支部委员王德生任窑厂厂长，具体负责窑厂的生产及其他工作。1979 年 4 月，由大队管委会副主任伊连木任窑厂厂长，接管窑厂的生产与销售工作。1983 年 6 月，随着经济体制改革的深入发展，以租赁形式承包给伊兆江、伊兆伦。至 1986 年春，因村庄规划建设通路，砖瓦窑厂停办拆除。

石料开采

伊家沟村石料开采，始于 20 世纪 60 年代初，由大队管委会副业办组织 10 ~ 16 人进行石料开采。开采石场以马连村西山及赵庄村南平山为主，开采的石料，主要供给农田水利基本建设垒坝、修地堰、兴建大中型水渠、建修机井、村建房屋等使用。石料开采是 20 世纪六七十年代伊家沟村的一大支柱产业。

混凝土预制构件厂

自 1977 年建设新城以来，随着建筑业的发展，水泥预制构件得到广泛应用。1980 年村投资在新城泰建公司职工宿舍院南建起预制构件厂 1 处，占地 10 余亩。后根据建筑市场的需求，1985 年 9 月，村投资 9 万余元，购进大型预制构件先进生产机械设备 1 套，主要加工生产预应力楼板、预制板、地面花砖、水磨石板等。2003 年，因村集体搞沿街房地产开发，该厂停办拆除。胡士梅曾担任该厂厂长。

建筑业

伊家沟建筑队

1949 前后，村内有 10 余人从事建筑行业。一般季节施工，为村民修建房屋，少有经济收入（多为管饭帮工）。是时大多以石料、土坯、青砖为原材料建房。

20 世纪 60 至 70 年代，大队管委会专门组织成立瓦工、石匠 15 ～ 20 人的农田水利基本建设工程专业队，为集体修建房屋、磊石堰、筑水坝、修水渠、修建机井等。所有修建工程均以石料为主。

1979 年 6 月，伊家沟村聘用退休建筑施工老师王才祥作指导，以村内建筑施工技术人员为骨干，组织成立了伊家沟建筑队。是年 7 月，首次承建了肥城县医院家属院瓦房工程项目，竣工验收合格后，受到县级主管部门和甲方的好评。

1979—1982年伊家沟建筑队干部一览表

表42

职务	姓名	任职起止时间
队长	伊登成	1979.6—1982.3
队长	伊兆忠	1980.6—1982.3
会计	胡士惠	1981.7—1982.3
副队长	王才祥	1979.6—1982.3
副队长	胡士祥	1980.6—1982.3
组长	秦绪江	1979.6—1982.3
组长	胡允滋	1979.6—1982.3
材料员	邱士勇	1979.6—1982.3

为提高建筑队的积极性，有利于集体管理，经大队两委研究，1982 年 3 月，由原伊家沟建筑队解体分队管理，继之成立伊家沟建筑一队，建筑基地设在村庄西南、市场路路北、占地 6.8 亩。1990 年 1 月，合并到伊家沟建筑安装工程公司。

1982—1990年伊家沟建筑一队干部一览表

表43

职务	姓名	任职起止时间
队长	伊兆忠	1982.3—1990.1
副队长	伊兆运	1982.3—1990.1
会计	韩立新	1982.3—1989.1
现金保管	李金梅	1982.3—1989.1
现金会计	李金梅	1989.2—1990.1

1982 年 3 月，成立伊家沟建筑二队，1987 年改称肥城县伊家沟设备安装工程公司。基地设在村庄东长山街路西、原面粉厂南，占地 4.1 亩。1991 年 3 月合并至伊家沟建筑安装工程公司。

1982—1991年肥城县伊家沟设备安装工程公司干部一览表

表44

职务	姓名	任职起止时间
经理	胡士祥	1982.3—1991.3
副经理	胡允滋	1982.3—1987
会计	胡士惠	1982.3—1984.9
会计	邱士勇	1984.10—1991.3
现金保管	孙艮昌	1982.3—1991.3

伊家沟市政工程队

1982 年初，成立了伊家沟市政工程队，承建新城公路建设及各单位房屋等工程项目。基地设在市场路路北，占地 12.74 亩。1990 年 3 月，合并到伊家沟建筑安装工程公司。

1977—1990年伊家沟市政工程队干部一览表

表45

职务	姓名	任职起止时间
队长	王德功	1977—1986.10
队长	王开金	1986.10—1990.3
会计	胡士森	1977—1990.3
现金保管	陈正莲	1978—1985.4
现金保管	王春连	1985.4—1987.2
现金保管	王福祥	1987.3—1990.3

伊家沟修缮队

1982 年初，成立修缮队，伊登成任队长。修缮队维修建设村集体房屋及各单位零星工程设施。1990 年 3 月，合并至伊家沟建筑安装工程公司。

肥城市第六建筑安装工程公司

1990 年初，村两委加强建筑队的集中领导，助力企业升级，将原分散管理的村建筑施工队集中合并，成立了肥城县伊家沟建筑安装工程公司，后改称肥城市第六建筑安装工程公司。该企业是伊家沟村有史以来规模最大的建筑企业。施工资质二级企业，取费乙级企业，安全资质二级，计量二级企业。公司办公室设在原健康旅社院内 1 楼，共 13 间，面积 280 平方米。

企业连续十几年，被山东省工商局、泰安市工商局授予“重合同守信用”企业，并先后被泰安市建委、建管处和肥城市委、市政府、建委、建管局评为“先进施工企业”“综合管理先进企业”“十强企业”“明星企业”“安全生产先进企业”，获泰安市建筑协会“先进会员”单位等荣誉称号。

肥城市第六建筑安装工程公司承建的肥城附属小学幼儿园　　陈玉海　提供

公司有职工1760人，注册资金1034万元，固定资产1638万元，建筑机械人均装备3.64KW，备有QT4208、QTZ25、QT20各式塔式起重设备26台（套）。公司下设施工安装、装饰装潢等9个项目经理部，并有构件加工厂一处。有能力承建资质范围内的施工、安装、装饰、装潢等工程项目。年总产值5000万元。

公司有初级以上各类技术专业职称人员186人，持证上岗人员1200余人，上岗持证率达70%以上。承建工程项目施工，有可靠的技术保证和经济实力。

1996—2002年，承建的肥城金杯大酒店，被评为“市优工程”；承建的山东傲饰集团职工宿舍区获“省优工程”。

2006年承建的肥城市师范附属小学幼儿园教学楼工程，荣获山东省建筑工程质量“泰山杯”奖（省优质工程）。2008年6月至2015年5月，伊家沟村社区内先后建起居民楼共27栋，总面积148905平方米，其中第六建筑安装工程公司承建18栋、面积90271平方米，合格率100%。

肥城市第六建筑安装工程干部一览表

表46

职务	姓名	任职起止时间
经理	陈玉海	1990.3—2007.12
副经理	胡元滋	1991.1—1993.12
副经理	胡士祥	1991.3—1992.8
副经理	伊兆忠	1998.—2012.10
副经理	王开金	1991.1—2009.10
副经理	胡士才	1991.7—2014.2
会计	赵忠才	1990.3—1997.12
会计	韩立国	1999.1—2000.11
会计	李金梅	2000.12—2015.12
现金保管	王福祥	1990.3—1998.12
现金保管	孙双燕	2001.8—2015.12

个体商业

1949 年前后，伊家沟村做大小买卖及小商小贩较多。1949 年前，为方便做生意者资金周转，伊家沟村出钱票的有 6 大商户（大同号、三义合、志新城、同聚成、义圣园、广信昌）。做买卖的商户，有的“行商”赶集摆摊设点，或走街串巷。也有的在家坐商经营，全村经商做买卖人数 60 ～ 80 人。

1980 年后，个体经商户作为国家集体商业的有效补充，受到国家政策的有力保护。

2000 年后，个体商业经营主要为豆制品行当。豆制品主要有豆腐、豆腐皮、豆腐脑 3 种，全村有 4 家豆腐、豆腐皮、豆腐脑专营业户。1950—1970 年，全村发展到 6 户，均用人工推石磨，磨成豆糊，用大锅烧汁，入瓮、包装全部手工操作，日产仅 15 ～ 20 公斤。1980—2000 年，全村发展到 10 余户，都用上了豆浆机作业，

胡士众、王秀菊夫妻做豆腐现场　　孙建　摄于2017年7月

日产 40 ~ 50 公斤。2015 年全村有 5 户从事此业。其中两户用机械化操作，日产豆腐、豆腐皮 350 ~ 400 公斤，每户年毛收入 20 余万元。做豆腐脑两户，每户年毛收入 10 余万元。至 2015 年底，全村个体工商业户从业范围逐渐扩展，所涉经营，包括 6 户专业门类和 8 户工程机械设备租赁、32 户交通运输、铝合金加工，以及从事电气焊、机电维修 10 余户。据初步统计，2015 年底，全村个体工商业户发展到 336 户，占全村总数 45% 以上。其中从事建筑安装机械维修和食品加工的个体商户发展趋势好。

个体商户萃英

伊兆木

孙　建　摄影

伊兆木，1952 年 11 月生，伊家沟人。1980 年从事经营维修机电项目，经过几年的努力，经济收入年年增长，经营范围逐渐扩大。1985 年成立了肥城市城西机电维修部，对外修理特殊型号电机、进口电机及其他电器等。为电厂、各厂矿企业机械维修设备多年，积累了发展资金。2001 年 8 月，创办成立了民营企业肥城市建强机械维修厂，伊兆木任肥城市建强机械维修厂经理。厂址在肥城市向阳街西工业二路南，租赁土地 18 亩，注册资金 50 万元，投资建厂 300 万元，职工 30 人，加工制造及维修建筑工程使用的大中型塔吊机械配件及其他使用的设备等。经过几年的大力发展，又加大投资，创办了建筑工程机械设备租赁厂，年租赁收入 600 万元，2015 年，拥有固定资产 1400 万元。塔吊“40 型”20 部、铁架管 1500 吨、铁合板钢模板 2.6 万平方米等机械设备。

胡士强

胡士强，1963 年 11 月生，伊家沟村人。高中毕业后，从事建筑行业，1980 年在仪阳公社建筑队工作，1982 年在新城建筑公司工作，1990 年回到伊家沟村伊家沟建筑安装工程公司扎根创业。

1999 年 9 月 9 日，胡士强随民业企业发展大潮，将伊家沟建筑安装公司改制成为个体民营企业“鲁强建安工程有限公司”，胡士强任肥城市鲁强建安工程有限公司总经理。地址在肥城市向阳街西工业二路北中段，征用土地 50 亩。改制后，公司在主管部门的大力支持领导下，现已发展成具有工民建施工二级资质的企业，并以建安公司为龙头，大力发展了一批其他产业。注册资金 2050 万元，固定资金 5000 万元，流动资金 3000 万元，拥有塔机 20 台、搅拌机 30 台、钢管脚手架 1500 吨等。各种机械设备价值 1200 万元。公司现有职工 890 人，其中在册职工 50 人、中高级职称 4 人、中初级职称 68 人、职工持证上岗 768 人、上岗率 86%。先后承建了地税局宿舍楼等一大批省市优良工程，工程合格率 100%，优良率达到 90%。

1999—2010 年公司的业绩得到社会各界的好评。1999 年被泰安市政府、市建管处评为“先进企业”“先进会员”单位。2000 年被评为山东省“重合同守信用”企业。2002 年承建的肥城市服务公司宿舍楼，被山东省建筑工程管理局评为“优良工程”；承建的肥城市地税局宿舍（北楼），被山东省建筑工程管理局评为“优

良工程”；2009—2010 年，承建肥城市新城办事处伊家沟社区居民住宅楼 4 栋，总面积 18484 平方米，被泰安市住房和城乡建设委员会评为“优质结构工程”；2010 年承建的肥城市双利食品有限公司 3# 楼工程被评为泰安市住房和城乡建设委员会“优良工程”等。

优良工程证书

肥城市鲁强建安工程有限公司：

肥城市饮食服务公司宿舍楼 工程被评为

优良工程，特发此证。

山东省建筑工程管理局

二〇〇三年十二月廿日

1999—2015年肥城市鲁强建安工程有限公司干部一览表

表47

职务	姓名	任职起止时间
总经理	胡士强	1999.9—2015.12
副经理	尹贻雷	1999.9—2015.12
副经理	秦　建	2005—2015
会计	王金兰	1999.9—2015.12
保管	胡　凤	1999.9—2015.12

傅升祥

傅升祥，1964 年 8 月生，伊家沟人。食品加工厂经理。1990 年，生产加工各种熟肴，在新城市场批发销售。经过十几年的拼搏发展和原始资本积累，又根据市场发展需求，2003 年 7 月，又租地兴建机械化民营企业食品加工厂，生产加工食品及熟肴。

孙　建　摄影

厂址在肥城市新城桃园街路西工业一路南。租赁土地 5.3 亩，注册资金 500 万元，职工 35 人，投资 260 万元，建冷库 1 处，面积 400 平方米，储存食品量 900

吨。建办公门市一体三层楼一栋，总建筑面积 1200 平方米，拥有固定资产 600 万元。批发销售年收入 550 万元，纯收入 55 万元。

李庆云

孙 建 摄影

李庆云，1969 年 1 月生，伊家沟人。1996 年投资在肥城市向阳街路西，肥城饭店院内建厂，名为“肥城市幸福冷饮厂”，生产自主品牌“幸福牌”雪糕。2000 年，厂扩建搬迁至肥城市新城办事处孙家庄村工业园区，面积 6660 平方米，主要生产经营雪糕及冷冻食品等。2006 年，再次投资扩建，更名为肥城市幸福食品有限公司，李庆云任肥城市幸福食品有限公司总经理。并将公司迁至肥城市王瓜店高新区孙牛路东，厂区扩大为面积 39960 平方米，拥有固定资产 1800 万元，流动资金 300 万元，现有员工 130 人。与盛世佳和联营，下设 3 家超市。与泰山新合作联营，下设 14 家超市。与肥城市华联商贸公司联营，下设 24 家超市。新城内设批发部 4 处，王瓜店矿务局设批发部一处。各乡镇超市均销售幸福食品公司代理的冷冻食品和冷冻饮品。年批发销售总收入 1600 万元。

肥城市幸福食品有限公司领导一览表

表48

职务	姓名	任职起止时间
经理	李庆云	1996.1—2015.12
副经理	伊兆华	1996.1—2015.12
会计	杨　芳	1996.1—2015.12
保管	楚秀秀	1996.1—2015.12

集体商业

联营　代销

1949 年 3 至 8 月，二区先后在仪阳、石坞、伊家沟、大柱子、沙沟分别建起了 5 处联村供销社。同年 6 月，根据泰安行署合作计划，县政府拨粮 2 万公斤，在伊家沟建立肥城合作推进社。合作推进社采取联营方式，促进工农副产品的交流，疏通供销贸易，活跃经济。社址在村南北大街集贸市中段。1950 年 6 月，合作推进社，改称供销合作社联合社。经营范围：笔墨纸张、布匹鞋袜、烟酒糖茶、日用百货及生产生活资料以及农村计划供应的煤油、火柴、肥皂、茶叶、糖类等商品。供销联合社驻村经营，既方便了群众，又增加了集体经济收入。

1975 年，伊家沟村开办与仪阳供销合作社联体的代销点门市部一处，经营日用百货、烟酒糖茶、笔墨纸张和部分生产生活资料等。设营业员 1 人，向大队交款记工分，日销售额 60 ～ 80 元，1982 年代销点撤销。

孙　建　摄影

伊家沟蔬菜便民市场

2010 年春至 2011 年 3 月，村委投资在原伊家沟面粉厂内，兴建起了伊家沟蔬菜便民市场 1 处，占地 8 亩，建筑面积 4030 平方米，其中建商品板房 56 间，总面积 1300 平方米。建钢架结构塑模夹心铁板齐脊式封顶大棚一处，面积 2730 平方米，能容纳上百余个摊位户，总投资 200 万元。2011 年 3 月 26 日投产开业，年创经济收入 50 余万元。

伊家沟商贸城

1992 年，经中共肥城市委，肥城市人民政府批准，伊家沟村自筹资金兴建起占地 65 亩的全市首家村办大型干鲜瓜果批发市场。市场地处城区北段，四面环路，南靠泰临公路，北靠工业一路，西靠向阳街，东靠广兴街，交通便利。

孙　建　摄影

1992年，村征地18亩，在泰临公路天桥北、向阳街路东西两侧由个体商户投资兴建瓜果批发市场。至1995年建起沿街营业楼101间，总面积8900平方米，形成商业建材、装饰材料等批发零售一条街。之后，二次征地65亩，由伊家沟村自筹资金，至1998年一期工程竣工，建起与向阳街沿街营业楼联合一体的商贸城干鲜瓜果市场一处。场区地面全部水泥硬化，场内设有拱形钢架结构、玻璃钢瓦封顶的大小棚7处，共3766平方米，配套营业楼60间，平房门店74间。

2004年7月，在商贸城市场中心路北段二期工程，建起钢架结构、塑模夹心铁板封顶起脊大棚2处，面积共3872平方米，商品平房12间，饭店1处。2005年下半年，在商贸城市场进行三期工程，村投资建起了东侧一条街、北侧一条街、一至三层的商业楼3栋，建筑面积13703平方米，共75间，2006年12月份竣工。市场经营业户300余户，临时摊位上百余个。设有干鲜瓜果、工业品、日用百货、烟酒糖茶、装饰材料及建材、灯具装潢、石材加工、服装、熟肴、土产杂品及生活资料等专卖市场。另有洗浴、养生足疗营业设施，以及饭店旅社、医疗服务、治安等服

伊家沟水果批发市场　伊娜娜　冯涛　摄影

务设施。至2015年，已发展成为八方客商云集的理想经营场所。村集体年总收入200余万元。

旅馆饭店

1979年春至1980年12月，伊家沟村在新城路南、龙山河北岸，征用土地8.17亩，投资开办健康旅社，一至二层楼共26间，使用面积560平方米。同时征用土地2.2亩开办健康饭店1处，设营业房屋18间，营业面积356平方米。1981年正式开业经营，旅社与饭店年经营总收入3万余元。1985年承包给个体经商业户。

肥城市新亚商贸有限责任公司

伊家沟村与肥城市商业局百货公司、中国建设银行肥城支行，合作成立肥城县贸易有限责任公司，后改称肥城市新亚商贸有限责任公司。公司地址在伊家沟村庄南新城泰临公路北中段，西靠中国人民银行。

1992年8月由商业局百货公司、建设银行肥城支行及伊家沟村三家投资，兴建起占地10亩、建筑面积7400平方米、经营面积6400平方米、造价700万元的4层商贸百货营业大厦。主要销售经营生活资料、日用百货、布匹、鞋袜、家用电器等。年销售经营额1500万～2000万元，安置员工280人，其中安置伊家沟村青年职工60余人。1995年7月试营业，1996年10月正式经营开业。

1998年上半年，由于企业经济效益下滑、资金占用大，缺乏流动资金，开业时间短、商誉低、经营管理机制不健全、经营亏损较大，无法经营。同年8月，肥城市审计事务所对肥城市新亚商贸有限责任公司进行了财务清算审计。1999年12月，由肥城市新亚商贸有限责任公司根据审计事务所的审计报告，研究决定，由肥城市商业局接管。

1992—1999年肥城市商贸有限责任公司干部一览表

表49

职务	姓名	任职起止时间
董事长	武秀桂	1992.4—1999.12

续表

职务	姓名	任职起止时间
副董事长	胡士其	1992.4—1997.12
	孙业才	1998.1—1999.12
监事会主任	胡士惠	1992.4—1994.9
监事会副主任	尹耀承	1992.4—1999.12
总经理	赵传增	1992.4—1999.12 先后任职
	曹衍玉	
	尹耀承	
副总经理	胡士惠	1992.4—1994.9
	胡允友	1994.10—1999.12
财务总监	尹耀承	1992.4—1999.12
现金保管	武　军	1992.4—1999.12

伊家沟物业公司

全称肥城市金帆物业管理有限责任公司，成立于 2005 年 7 月，注册资金 50 万元，是国家物业管理二级资质企业。2015 年，年收入物业管理费 4 万余元。

金融

存贷款

存款　1949 年前，伊家沟村私人钱庄有：大同号、三义合、志新城、同聚城、义圣园 5 处，负担伊家沟村及邻村的存款借款业务。

1949 年后，伊家沟村存款业务始于 1956 年。1958 年，成立店子管理区信用站，负责 10 余个自然村的信贷业务。是年，全村户存款量极少。“文化大革命”时期，取消自由市场，严控“投机倒把”，农业收入下降，农民收入减少，农户存款出现了跌落现象。1970 年，村集体存款不足 2 万元。

1977 年，伊家沟村设立信贷站。信贷站有两名工作人员，办理生产大队和 8 个生产小队的存款及支出业务。1997 年，信用站归山东省农村信用联合社管理，曾多次被上级主管部门评为先进信用站。2000 年，集体和个人存款达到 1500 万元。2015 年，全村人均存款 5000 元。

贷款　1949 年前，村民都是户与户之间相互借款，先定契约，注明借款金额，年息或月息，归还借款时间，分次归还或到期一次性归还，写明借款人和担保人的姓名和责任。

20 世纪 50 年代，人民政府每季发放贷款，支援农业生产。春季贷给农民，秋后归还，属低息和无息贷款。也有专门照顾困难户的特殊贷款，帮助贫下中农发展生产，解决生活困难。有病有灾的人家个人贷款，大多是 30 元、50 元，最多不超过 100 元。1953—1956 年，国家对发展农业生产、购买农具、牲畜等贷款，全部实行利息减免。1963 年，国家贷给一批长期无利息贷款，专门贷给在生活上的确困难，有病、有灾确实无能力近期偿还的农户无息使用。

1965—1980 年，为发展农业生产，农田水利建设，购置农机具、开办工副业项目、购买化肥、农药等，生产小队在资金困难时，可申请贷款 1 万 ~ 1.5 万元，当年还清。农村实行土地承包后，除了个体专业户外，伊家沟村农户用于农业生产的贷款已大幅度减少。2000 年后，随着贷款政策的转变，农村个人贷款主要体现在购买大型货运车辆、轿车、商品房购置等方面。2015 年全村农户基本无贷款。

保险

1953 年，全县办理大牲畜保险业务，为村民饲养的猪、牛等大牲畜进行保险，1954 年，取消了大牲畜保险。1959 年重新恢复。

1982 年后，农村保险业务重新办理。业务范围逐步扩宽到家庭财产保险、农作物保险、学生平安保险、养老保险、人身意外保险、车辆保险等。在学校中，由于学生投保率高，受益较大。意外伤害获赔医疗费较高，得到学生家长和村民的认可。1990 年，村独生子女户，由计生部门和村委会协助办理人身保险和个人家庭养老保险。从事交通运输者也参加了车辆安全保险。部分村民开始投保养老保险。

2000 年后，随着保险事业的商业化发展，保险业务范围不断扩大。伊家沟村也为村民投保了失地养老保险、新农村合作医疗保险。同时对全村 40 ~ 59 周岁参加社会养老金者，村每年补助保险金额 200 元。2015 年，伊家沟村为 60 ~ 79 周岁的老年人投保参加了意外人身伤害保险及全村家庭财产保险。至 2015 年年底，全村参加车辆保险的户 100%。

常用货币票证

货币

明、清时代，通用货币为“制钱”、金、银、元宝，市场流通多以“制钱”为主。大宗交易动用金、银、元宝。至清末，“制钱”在市场流通常见的多为“道光通宝”“光绪通宝”。民国初，市场流通，以“银圆”“袁大头”为主，现在村内仍有“银圆”（也称现大洋）等制钱货币的收藏。1912 后，中央银行（中国银行），曾发行多种面额带有孙中山头像的钱币。1935 年后，市场曾流通“法币”“北海币”等。1939 年后，伊家沟村域广泛流通鲁西银行发行的鲁西币。

1948 年 12 月，人民币开始发行，至 1953 年后，人民币第一套陆续发行，面额有：1 元、5 元、10 元、20 元、50 元、100 元、200 元、500 元、1000 元、5000 元、10000 元、50000 元。

1955 年，第二套人民币开始发行，同时收回第一套人民币，第二套与第一套人民币折合比率为 1 ： 10000。计有：1 分、2 分、5 分、1 角、2 角、5 角、1 元、2 元、3 元、5 元、10 元 11 个面额。由于技术原因，3 元、5 元、10 元、由苏联代印。该三种券种，1964 年 5 月 15 日停止流通。其余券种，1998 年 12 月 31 日停止流通。其中纸分币，2007 年 4 月 1 日停止流通。

1962 年 4 月发行，第三套人民币，计有：1 角、2 角、5 角、1 元、2 元、5 元、10 元 7 种面额、13 个版制，该套人民币 2000 年 7 月 1 日停止流通。

第四套人民币，由中国人民银行于 1978 年 4 月 27 日发行，计有：1 角、2 角、5 角、1 元、2 元、5 元、10 元、50 元、100 元 9 种面额。其中，1 角、5 角、1 元有硬币。为防造假，1990年版，50元、100元增加了安全线。

第五套人民币，于1999年10月1日后，陆续发行，有：1角、5角、1元、5元、10元、20元、50元、100元8种面额。100元正面头像为伟人头像，一直流通至今。

票证

1955年后，随着农村农业生产合作化的实行，经济得以逐渐恢复和发展，群众的购买力逐渐上升，但国家轻工业生产尚不发达，日常生活用品不能满足人民群众需求。根据当时的实际情况，国家确立了以产定销的计划经济政策，对人民生活必须品实行按票供应。按城乡不同标准，每年人均分配一定数量的生活必需品的各类票证。群众凭票购买生活用品，以保持经济和社会的稳定。期间实行了布票定量，由最初的每人每年1.1 ~ 5.5米，群众凭票购买所需布匹。

1955年，先后使用粮票、油票，村内流通的有全国通用的粮票和山东省粮票。外出使用粮票者，可持有相关单位的介绍信，到粮管所用粮食兑换粮票。用玉米30公斤，地瓜干20公斤，可兑换粮票42.5公斤。也可用养猪交售后的饲料单据兑换。1958年，村内兴办公共食堂，各食堂均使用生产队发放的菜票和粗、细粮两种饭票，群众到食堂就餐，须凭票领取。

1960年，自然灾害发生后，以农产品为原料的商品和副食品供应紧张。凭票供应的生活资料有棉花、布匹、针织品、服装、棉线、煤油、火柴、香烟、酒、糖、茶、肥皂等。期间，群众称之为票证年代。

1965年，商品供应紧张状况有所好转，但十年“文化大革命”中，农业生产

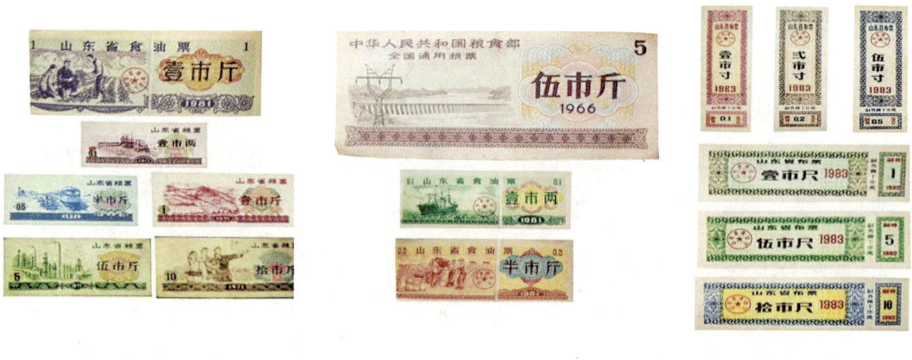

及工业生产均受到严重影响，轻工业产品、煤炭生产均出现紧缺局面。此时期，自行车、缝纫机、煤炭、化肥、柴油等均凭票购买。

1983年后，经过经济改革开放，全国工农业生产迅速发展，全部商品，开始敞开供应，从此结束了票证使用年代。

计量工具单位

长度

白布尺：1949年前后，村民织布裁衣，皆以白布尺为依据。白布尺采用十进位制，分为寸、尺、丈，每尺折市尺2.26尺，相当于0.68公尺。20世纪70年代末，农户不再织土布，白布尺不再使用，由市尺与公尺代替。

木工尺：1949年前后，木匠用来制作家具，做房架、门窗等所用量具，尺、寸、分均以十进位制。1木工尺=0.89公尺。随着公尺的应用，1980年后，已看不到木工使用旧时木工尺。

杆子尺：1949年前后，土地丈量、建房施工所用量具。因每杆长度折3尺，故称3尺杆子，每杆为1.67米。测量土地面积时，计算公式为长×宽÷240=1市亩。

公尺：习惯称公尺为米尺，米以下为分米、厘米、毫米，均以十进位制。1949年后，公尺成为主要使用量具。一般有1米、2米、5米、10米、30米、50米卷尺，分皮、铁两种卷尺。另有50米、100米测量绳。绘图制表所用的三角尺、直尺均采用公尺。

重量

老秤为旧时的主要计量工具，十六两为一斤。1953年，国家规定，老秤计量改为市秤计量。为适应老秤与市秤的使用方便、快速，经商者总结了换算的“斤乘流法”。列表如下：

表50

16 两制	10 两制	16 两制	10 两制
1 两	0.625	9 两	5.625
2 两	1.250	10 两	6.250
3 两	1.875	11 两	6.875
4 两	2.500	12 两	7.500
5 两	3.125	13 两	8.125
6 两	3.750	14 两	8.750
7 两	4.375	15 两	9.375
8 两	5	16 两	10

十两制市秤，自 1960 年，市场交易均以十两制市秤为准。由于市秤为十进制运算，使用方便，很快被群众接受和掌握。

公斤秤，1980 年后，推行使用的计量单位，1 公斤 =2 市斤，十进位制，1 千公斤 =1 吨。公斤虽被定为法定计量单位，但为了便于计算价格，人们在生活购物中，仍习惯以市斤为单位，进行交易计算。

电子秤：随着科技的发展，电子秤也称电脑秤，广泛推广应用。从小商小贩到工农业生产，大型秤重均采用电子计量。

容量容器

1949 年，村内大多有小型量具“升”。粮食收获时，多以布袋为计量依据，一布袋大约为 120 市斤左右，农户多以此为依据估算收成和产量。平时借粮交租完粮多以升、斗为计算标准。1 升约合 4 市斤，升、斗为十进位制，10 升 =1 斗。1949 年后，随着杆秤和台秤的普及应用，粮食交易不再使用升、斗量具。

孙　建　摄影

齐鲁名村志
QI LU MING CUN ZHI

伊家沟村志

1368—2015

YI JIA GOU CUN ZHI

治安调解

ZHIANTIAOJIE

治安

1948年前，治安工作由村联合组织村民自卫队、模范班等负责。为保卫新生的人民政权和土地改革、复查斗争运动成果，打击农村邪恶势力和还乡团的进攻，起到了很大作用。

1949年后，村设治保会，主任1人，委员若干人。主要任务是维护地方治安，防匪防特、防火、防盗、护麦护秋、冬季夜间巡逻、站岗放哨、保卫集体和村民的人身、财产安全。同时，对村内地主反革命分子和依法被剥夺政治权利的坏分子进行法制教育、监督改造。

1981年后，为进一步实现社会风气和社会治安状况的根本好转，巩固安定团结的政治局面，社会治安实行综合治理，村设社会治安综合治理办公室。贯彻以防为主、群防群治的方针，推行安全预防合同责任制，维护地方治安。1984年改队建村后，村内治安保卫工作出现新变化。本着防患于未然的指导思想，经常对村民特别是青少年进行普法教育，预防青少年的犯罪，刑事案件逐年减少，社会秩序得到有效治理和维护。

2010年，村综治办坚持打防结合、以防为主的社会治安体制，配合公安、司法、服务部门，搞好社会治安工作。结合建设平安肥城，村居委会成立巡逻队，由居委会干部带班全夜巡查，保证居民安居乐业。

为加强社会治安，减少集体及村民的财产损失，2015年，村投资18万元，安装监控摄像头59部，对村域实行24小时监控。其中，社区37部，村委6部，便民市场、水果市场16部。

1959—2015年伊家沟村治保主任任职情况表

表51

时期	姓名	任职时间
大队管委会	王德生	1959—1960
	王明乔	1960—1974

续表

时期	姓名	任职时间
大队管委会	伊连友	1974—1976
	伊宪茂	1976.6—1978.9
	陈玉海	1978.9—1986.3
村委会	胡式君	1986.3—2000.10
	姚庆国	2000.10—2002.11
	王开生	2002.11—2013.4

调解

1949 年，村内没有专门的民事调解员和办事机构。邻里纠纷、打架斗殴、家庭闹矛盾等事宜，由族内长者或村内有威望者出面调解。调解无效者诉诸法律解决（称打官司）。

1984 年后，村民委员会下设专门民事调解机构。设主任 1 人，委员 8 人，结合村内实际，制定一系列的调解制度处理村民理相关事务。

调解工作制度

在村两委的领导下，做好村内调解工作，化解民间矛盾，调解民事纠纷，防止矛盾激化。广泛向青年宣传法律知识，教育村民遵纪守法，遵守社会公德。经常向村委汇报村内纠纷和调处情况，定期向镇司法所汇报，反映情况。制定和宣传村规民约，评定“遵纪守法户”。

调解工作三项原则

依靠法律法规及规章进行调解，法律法规及规章没有条文的按社会道德进行调解。在双方当事人自愿平等的基础上进行调解。遵守当事人的诉讼权利，不得因被调解和调解不成而阻止当事人向人民法院起诉。

调解工作的三项任务

调解民间纠纷，防止民间纠纷激化。通过调解工作，宣传法律法规和规章。教育村民遵纪守法，遵守社会公德，预防民间纠纷发生。及时向村委、街道办事处，反映民事纠纷和民事调解工作情况。

人民调解的权限范围

轻微的侵犯人身权利的纠纷；婚姻纠纷与家庭纠纷；轻微伤害等引起的民事赔偿纠纷；财产权利纠纷；生产经营纠纷；发生在公民与公民之间，公民与法人和其他社会组织之间涉及民事权利争议的各种纠纷。

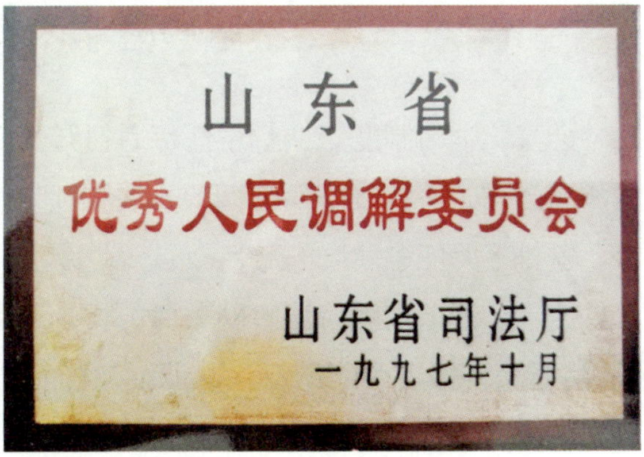

人民调解委员会不能受理调解的纠纷

法律法规规定只能由专门机关管辖处理的，或者法律法规禁止采用民间调解方式解决的。人民法院、公安机关或者其他行政机关已经受理或者解决的。

人民调解员工作纪律

不得徇私舞弊；不得对当事人压制，打击报复；不得侮辱处罚纠纷当事人；不得泄露当事人隐私；不得吃请收礼。

人民调解委员会主任岗位职责

负责本调委会及调解小组长的政治素质、思想素质、业务素质等从业素质的培养，提高从业水平，指导、监督调解员按职业道德和执业纪律要求从事调解工作；向上级组织请示、报告、汇报、建议调委会建设工作的情况；积极组织带领本组织成员依据法律法规和政策调解民间纠纷；积极组织带领调委会成员完成调委会的任务及政府司法部门和上级组织临时下达的其他任务；按照有关条例、规章全面建设调解委员会，落实各项规章制度，积极开展争先创优活动。

人民调解委员会十项制度

会议、学习制度。调解主任每月召开一次调解员会议，检查本月工作情况，分析纠纷动向，研究疑难纠纷调解方法和预防纠纷的措施，学习有关政策、法律、法令，安排下月任务。

请示、汇报制度。调解网（片）长，调解委员会主任每月要主动向司法助理员（司法所）汇报当月纠纷发生、调解及预防情况，对调解工作中遇到的疑难问题应及时汇报、请示。

纠纷登记制度。凡调委会受理，调解的各类民间纠纷，均应登《纠纷登记簿》，并按时上报司法助理员（司法所）。

纠纷排查制度。调委会每月进行一次纠纷排查，对重点纠纷及时排查调解，对纠纷性苗头作及时疏导工作，防止形成纠纷。

纠纷回访制度。调委会调解成功的纠纷，应重点回访及时解决发现的问题，以巩固调解成果。

信息报告制度。调委会应注意搜集群众对调解工作的反映，反馈对上级布置任务的落实情况，及时报告因民间纠纷引起的凶杀伤害、自杀及正在计划的纠纷情况。

纠纷移交制度。调委会对已超出人民调解纠纷范围的和明文规定由其他部门处理的纠纷，应及时移送有关部门处理，移交前应做好疏导工作，以预防矛盾激化。

档案管理制度。年终应将纠纷调查材料，调解协议副本及已用完的《纠纷登记簿》等有关资料统一整理，存档案备案备查。

岗位责任制度。调委会必须实行责、权、利相结合的责任制，把纠纷预防、法制宣传、业务登记、信息反馈等任务落实到人，要确定考核标准，每月检查一次执行情况，作为半年初评和年终总评的依据。

考核制度。调委会应按责任制要求，每半年进行初评，年终进行总评，奖优罚劣。

当事人应承担的义务

如实陈述纠纷事实，不得提供虚假证明材料；遵守调解规则；不得加剧纠纷，激化矛盾；自觉履行人民调解协议。

伊家沟村调解工作成效显著，1997 年被省司法厅评为山东省“优秀人民调解委员会”，胡式君被泰安市司法局评为“十佳人民调解员”。

1960—2015年伊家沟村调解主任任职情况表

表52

姓名	任职时间
陈绪富	1960.2—1976.8
王明宣	1976.8—1978.12
刁素珍	1979.1—1984.2
韩立运	1984.2—1986.3
胡式君	1986.3—2000.10
姚庆国	2000.10—2002.11
王开生	2002.11—2013.4
高淑祯	2013—2015

齐鲁名村志
QI LU MING CUN ZHI

伊家沟村志

1368—2015

YI JIA GOU CUN ZHI

教育

JIAOYU

伊家沟村历来有尊师重教传统、育人育才良风。清宣统三年（1911），村内有识之士组织创办私塾4处，有学生37人，开伊家沟村教育先河。

中华民国成立后，限制改造私塾，发展新式教育。村内开明人士王明礼在关帝庙西组织开办新式学堂1处。《肥城市教育志》记载，1924年创办伊家沟初级小学。

抗日战争时期，开始兴办新民主主义性质的抗日教育，教学服务于战争。

1949年10月1日中华人民共和国成立后，伊家沟村学校积极贯彻党和政府提出的“教育为生产服务”“学校向工农开门”的方针，学校放宽学生入学年龄，同时大力发展民办教育和开展扫除文盲工作。1952—1955年，毛泽东主席对扫盲工作做出“速度要快，规模要大，质量要好”的指示，伊家沟乡举办成人夜校、开设妇女识字班、扫盲班等。全乡1207户、文盲1850人，学员715人，参加扫除文盲学习分17个班、20个小组，开展以扫除文盲为重点的文化教育活动。1956年4月3日，中共肥城县委对伊家沟乡高级农业生产合作社扫盲工作的经验通报全县。

自恢复高考以来，凡伊家沟村人考入大中专院校，村两委均给予奖励。由此，村民读书学习氛围更加浓厚，考入大中专院校学生逐年增多，被当地百姓称为“伊人书香”现象。

学前教育

1952年，在兴办农业互助合作运动中，为使妇女从家务中解放出来，在群众自愿的原则下，村兴办临时性幼儿园，农忙组织，农闲解散，入园人数多少不等，无固定教师，为季节性幼儿园。

1958年，在“大跃进”运动中，动员群众户户锁门、人人出动，参加农业生产第一线，幼儿园应时重新兴办。全大队5个生产队各设幼儿园1处，设在生产队办公院或农户院内。1961年，国民经济暂时困难时期，幼儿教育受到影响，幼儿园解散。

1978年后，幼儿教育逐渐恢复并得到了发展。大队重新成立幼儿园（时称育红班）1所，教师5人，入园幼儿68人，幼儿园暂借社员宅院。

韩立运　提供

1982 年，大队将幼儿园迁移。知青大院（时称儿童乐园）改为幼儿园教室。并购买了滑梯、转椅、单杠、双杠、课桌、凳子、手风琴、脚踏琴、跷跷板、幼儿玩具等设备，从高中、初中毕业生中选拔了 4 名幼儿教师。时设大中小 3 个班，入园儿童 86 人，幼儿入园率达 100%，教师学历合格率达 100%。开设语言、计算、常识、音乐、美工、体育、美德 7 门课程。1983 年，被泰安市委市政府授予"市级规范幼儿园"。

1986 年后，村对幼儿园建设，加大投入，充实内部设备。1995 年，村投资 100 万元，在村委院北新建幼儿园。园内有办公室、接待室、多功能活动室、游艺室、休息室、保健室、传达室、盥洗室共 47 间，购置大、中、小型玩具 500 余件，使用上级统一配发的教材，园内实现美化、绿化、硬化。

1990 年后，幼儿园坚持"目标明确、思想端正、科学管理、质量先进"的办园思想，以《幼教法规》为指针，结合自身特点，实行岗位目标责任和质量评估制，形成了有特色的管理模式。根据幼儿特点，寓教于乐，注重培养幼儿的操作能力，对幼儿实施德、智、体、美全方位教育，促进幼儿的全面发展。幼儿园连年被评为先进单位。

孙爱英　摄影

2001 年 3 月 2 日，村与肥城师范附属小学签订联合办幼儿园的合同，伊家沟村幼儿园土地、房屋、设施等归附属小学，3 名教师归师范附属小学管理。幼儿直接到师范附属小学幼儿园学习。

学校教育

私塾

伊家沟村私塾始设于清宣统三年（1911）。村内创办私塾两处。胡昌年在自己家创办一处，招收学生 6 人；张丙林在老供销（尚里李子英收租处）创办一处，招收学生 7 人。教学经费由学生摊凑，所招收学生亦是较富裕之家的子弟。抗日战争时期，秦兆立在自己家招收学生 15 人，陈清铭在自己家招收学生 12 人，经费由学生摊凑。

私塾学生年龄不同，程度不一，没有统一的学习年限，不分班级，教学方式是注入式，满堂灌。启蒙阶段，先学《三字经》《百家姓》《弟子规》《千字文》和练习毛笔字。而后依次读四书（论语、大学、中庸、孟子）五经（易经、书经、诗经、礼记、春秋），后加习对联作诗。此外，选学《孝经》《古文观止》《龙文影草便》《朱子家训》等。私塾除识字外，内容多为经史，缺科学知识教育。习字是主要课程之一，“算术”则以珠算为主要内容，“九九歌”则为初学者必学内容之一。私塾学习方法呆板，偏于死记硬背。体罚学生，常用板子打手心，坚持“板子不响，学问不长”的管理方式。

小学教育

1912—1913 年，民国政府教育部公布《壬子葵丑学制》，改学堂为学校。《肥城市教育志》记载，1924 年创建伊家沟初级小学。伊家沟村记载，学校主办人王明礼时任学校校长，胡昌年、秦光瀛在初级小学任教，有学生 30 余人。

教师报酬 老师的报酬与办学经费由学生一年二季交部分学费解决，不足部分由学校从出租的 50 亩庙地租粮中解决。

教育宗旨 民国时期的教育宗旨，废除清代“忠君、尊孔”的内容，后又提出“注重道德、实利、尚武”，以道德为经，实利、尚武为纬的教育宗旨。1929年，《中华民国教育宗旨及其实施方针》又提出“中华民国之教育，根据三民主义，以充实人民生活，扶植社会生存，发展国民生计，延续民族生命为目的，务期民族独立，民权普遍，民生发展，以促进世界大同。”其实质是，以三民主义为核心，要求学生学习科学，具备尚实、尚武精神，为国民党统治服务。其间聘请东付村李仲江和张袁村张传功任教。

1938年，日军侵占肥城后，学校分为两类：一类为抗日小学，一类为日军所办的新民小学。伊家沟村小学属中国共产党领导下的抗日小学，学校使用的教材是抗日民主政府自编的油印教材，也有日伪发放的新民小学教材。学校处于半停顿状态。抗日战争胜利后，上级政府恢复发展教育。由李志高（孙家小庄村人）等在伊家沟村任教。

中华人民共和国成立后，伊家沟村小学教育得到提高和发展。先后有张传利（泰安人）、王允辉（王家南阳村人，后落户东付村）、冉令祥（王瓜店冉庄村人）任教。1955年成立伊家沟完小，当时是伊家沟乡所辖，有孙家庄、前段庄、后段庄、胡庄、尚庄、马连庄、赵庄、刘家庄、伊家沟9个自然村，校长刁传宝。由于条件限制，1～4年级在同一教室上课，实行复式教学。

1961年，贯彻国家“调整、巩固、充实、提高”的八字方针，伊家沟村学校开始分年级教学，先后在庙宇和借用农户房屋进行教学活动。

“文化大革命”时期中，学校教学工作受到冲击，秩序混乱，教学教具遭到严重破坏。1968年，《人民日报》发表山东省嘉祥县小学教师侯振民、王庆余的一封信，公办小学下放到大队，公办教师回原籍，由拿工资改为大队记工分。由于公办教师全部撤走，一度造成教师短缺。其间，在外地任教的陈学诗、胡士寅、胡培迎、赵西银4名教师回大队任教。为解决教师短缺问题又先后从知识青年中选拔傅甲奎、秦正云、伊淑田、刁继松、邱志国、王秀珍、胡秀芬、赵桂英、胡士堂等作为民办教师。同年，按照上级指示，大队派贫下中农代表进驻学校，管理学校行政和事务。学校贯彻“以学为主兼学别样”的指示，开展学工、学农、学军和批判修正主义教育路线的运动。

当时伊家沟联合中学为孙家庄、刘家庄、赵庄、马连庄、尚庄、伊家沟合办，有初中4个班，学生170人；小学6个班，学生180人。小学教师任“联中”教师，影响了教育质量的提高。1978 年，教育战线拨乱反正，逐步恢复教学秩序。

教室 1980 年，大队为改善学校教学环境，拆除关帝庙，对学校进行改建扩建。1983 年，大队投资，彻底改变学校师生使用土台子、石条、木板、凳子自备的教学旧面貌，学生全部使用了课桌凳，在宽敞明亮的教室里学习。

1985 年，东付、陈刘、马连庄、赵庄、尚庄 5 个村学生在伊家沟联办中学就读，初中 1 个班，就读学生 56 人；1 ～ 5 年级 6 个班，学生 260 人。1986 年 7 月，撤销初中班，保留 1 ～ 5 年级 7 个班，学生 310 人。

1995 年 4 月 24 日，伊家沟村与肥城市教育局签定联合建设长山街师范附属小学的办学合同。1995 年 9 月，村小学的财务和 27 名教师，297 名学生纳入长山街师范附属小学管理。

教学 1958 年，教育也稿“大跃进”。号召自编教材，对原教材进行“砍、换、补、并”。小学劳动代替体育，砍掉音乐、美术课，强调教学要克服脱离政治、脱离生产、脱离实际的问题，同时批判“关门教学，不问政治”。学生过多参加生产劳动，打乱了正常的教学秩序，教学质量明显下降。后来，中共中央颁发《全日制小学暂行工作条例（草案）》，结束了 1958—1960 年教育革命和教育“大跃进”造成的学校教学秩序混乱状态，恢复了学校以教学为中心的正常秩序，进一步落实以“课堂教育为主的”教学原则，使“教师在教学中起主导作用”。其间，课堂教学采用“精讲多练”教学法，达到所授知识当堂消化，减轻了学生负担，提高了学生学习的主动性，教学质量得到全面提高。

1966 年，“文化大革命”开始后，学校停课闹革命，教学陷于瘫痪状态，“红小兵”取代少年先锋队，小学生跟着“红卫兵”走向社会闹革命，组织破“四旧”，学校领导靠边站，教学用具遭到严重破坏。1967 年 3 月 7 日，《人民日报》发表社论《中小学复课闹革命》，学校开始“复课闹革命”，伊家沟学生逐渐恢复上课，但强调突出政治，教学质量下降。1968 年，搞“开门办学”，批判过去 17 年教育是“以课堂为中心、以书本为中心、以老师为中心”的修正主义教育路线，贫下中农管理学校，请贫下中上讲台，民兵连长上军训课，学生轮流到生产队参加劳动，教师在教学上无所适从。

1975 年，废除开卷考试，改为“推荐与考试相结合”。贯彻落实“五七”指示，强调学生学工、学农，刚恢复的教学秩序再度受到冲击。

1977 年，国家恢复考试制度。1983 年 1 月，根据《肥城县教育局关于加强教学理论研究的意见》，教师进行《教育学》《心理学》的学习，对所任学科进行集体备课和研究，有力地促进和解决了教师在教学中对学生“能力”如何培养，“智力”怎么样开发的问题，使知识、能力、智力成为辩证统一的整体，有目的性的完成教学任务，伊家沟学校的教学质量显著提高。

1987 年，伊家沟小学学习黑龙江省佳木斯市“注音识字”经验，在拼音、识字、阅读、写作方面均收到理想效果。1992 年，将小学课堂结构的研究融入到单元教学研究之中，保证教学的可控性，克服随意性，注重务实和科学性，根除空洞的教学模式和形式上，防止闭门造车封闭式教学，平衡教学知识的标准要求，避免知识教学的深度不一，保证教学质量的提高。

1994 年，伊家沟学校以贯彻《中国教育改革和发展纲要》为契机，使教育做到“为社会主义现代化建设服务，培养德、智、体全面发展的建设者和接班人”。

1995 年，伊家沟小学归属肥城师范附属小学。

孙 建 摄影

（1934年）教育部颁行的《小学课程标准》科目及每周教学时间总表

表53

年级 分钟 科目	低年级	中年级	高年级
	一年级二年级	三年级四年级	五年级六年级
公民训练	60	60	60
卫生	60	60	60
体育	150	150	180
国语	390	390	390
社会	90	120	180
自然	90	120	150
算术	60　150	180　240	210
劳作	90	120	150
美术	90	90	90
音乐	90	90	90
总计	1170　1260	1380　1440	1560

注：上列分钟数，都可以三除尽，便于三十分、四十五分或六十分支配为一节

（1934年）教育部颁行的《小学课程标准》科目及每周教学时间总表

表54

年级 分钟 科目	低年级	中年级	高年级
	一年级二年级	三年级四年级	五年级六年级
公民训练	60	60	60
国语	420	420	420
社会（常识）自然	150	150	180150
算术	60　150	180　210	240
劳作（工作）美术	150	90	9060
体育（唱游）音乐	180	120　15090	18060
总计	1020　1110	1230　1290	1380

注：①高级社会分为常识、历史、地理三科。时间分配：公民常识30分钟，历史90分钟，地理60分钟

②每节课30分钟、45分钟、60分钟不等，视学科性质、年级而变

1952年小学五年一贯制学计划

表55

科目	二	三	四	五	五年合计
语文	14	14	10	10	2356
算术	6	7	7	7	1216
自然	—	3	3	228	—
历史	—	3	3	228	—
地理	—	2	2	152	—
体育	2	2	1	1	304
国画	1	1	1	1	190
音乐	2	2	1	1	304
总计	25	26	28	4978	—

1963年全日制小学教学计划

表56

学科	一	二	三	四	五	六	上课总时数
周会	1	1	1	1	1	1	221
语文	15	15	16	16	12	12	3176
数学	6	6	7	8	9	9	1649
历史	—	—	—	—	2	2	142
地理	—	—	—	—	2	—	72
自然	—	—	—	—	2	2	70
生产常识	—	—	—	2	442	—	—
体育	2	2	2	2	2	2	371
音乐	2	2	2	2	1	1	221
国画	1	1	1	1	1	1	—
手工	1	1	1	—	—	114	6620
每周上课时数	28	28	30	30	32	32	—
劳动	四年级以上学生每年劳动半个月						

说明：语文课包括讲读、作文和习字

1978年小学教学计划

表57

科目＼课时＼年级	一年级	二年级	三年级	四年级	五年级
政治	1	1	1	1	1
语文	12	12	12	10	10
算术	8	8	8	9	9
常识	—	—	—	2	2
音乐	2	2	2	2	2
体育	2	2	2	2	2
国画	1	1	1	1	1
合计	26	26	26	27	27

1993年九年义务教育全日制五年制小学小学课程安排表

表58

科目＼周＼学时＼年级				一年级	二年级	三年级	四年级	五年级	各科总学时
国家规定课程	学科类课程	思想品德		1	1	1	1	1	170
		语文		10	10	9	9	9	1598
		数学		5	6	6	5	6	952
		社会		—	—	2	2	1	170
		自然		1	1	1	2	2	238
		体育		2	2	2	2	2	340
		音乐		2	2	2	2	2	340
		美术		—	—	—	340	—	—
国家规定课程		劳动		1	1	1	1	1	170
		周学科课时		24	25	26	26	26	4318
	活动类课程	晨会（文会）		每天10分钟					
		班队活动		1	1	1	1	1	170
		科技文体活动	科技文艺 体育卫生	1.5	1.5	1	1	1	204
		周活动课时		1.5	1.5	1	1	1	204
地方安排课程				1	1	1	1	1	170
周课时总计				29	30	30	30	30	5066

成人教育

清末民初，村内除极少数富裕人家子弟上学读书外，大多数村民子弟由于生活所迫，无力上学读书，因此文盲较多。

抗日战争和解放战争时期，在县民主政府领导下，采取“以民教民”的方法，利用冬闲季节，组织“识字班”和“农民夜校”，帮助农民学文化，参加者为村干部、民兵、青壮年积极分子。1949 年冬，村内组织“识字班”2 个，参加学习的村民达 100 余人。

1950 年，教育部印发《关于开展农民业余教育》，把农民的教育和扫盲工作放到重要位置，村以小学为基础，以小学教师为民办教师，小学生当“小先生”，开展学习文化运动。是时，伊家沟村有 140 人参加学习。

1951 年，“农民夜校”改为“以民教民，能者为师”的方针，坚持常年业余办学。业余学校课本是教育部编写的《农民识字课本》(共 4 册，1600 个常用汉字) 教材。伊家沟村参加正常学习的有 48 人。

1952 年，伊家沟村亦成立扫除文盲办公室，要求 14 ~ 50 岁的文盲均进业余学校扫盲班学习，能认识 2000 ~ 2500 个常用汉字，能阅读通俗书报，能写一般的便条、书信、收据为脱盲。采取动员小学教师、小学生送字上门，包教包会。在村口、街头设立“识字岗”，在田间地头设立“工地识字班”，让文盲、半文盲随时识字，加快扫除文盲的进度。

1953 年，随着扫盲工作水平的提高，业余教育增加了政治教育和文化教育。政治教育，主要进行党的方针政策教育、时事教育、法制教育、共产主义道德品质教育。文化教育，以认识 1500 字为脱盲，掌握本地常见事物的名称、人名、地名和常见的农具、家具及蔬菜名、认识钱币、算账交易、计量等简单内容，并联系实际学习农业生产技术知识。

1954 年，根据教育部、团中央《关于 1954 年冬学工作》的指示精神，村先后派民办教师参加二区的培训学习，民办教师之间进行观摩教学，取长补短，共同提高，促进了业余教学工作。

1955 年，伊家沟村推广莒南县高家柳沟青年团支部创办记工学习班的经验。教材以本地姓氏为主，学记工、数码、农活名、工具名、作物名及常用词语，激发农民的学习兴趣，加快了识字进度，提高了学习质量。

1956 年 4 月 3 日，中共肥城县委将伊家沟乡高级农业生产合作社扫盲工作的经验向全县通报，并在全县扫盲工作表彰大会上进行表彰。特别介绍了伊家沟乡贯彻扫盲工作为政治生产服务的原则，把“三扫掉”改为“三需要”，使扫盲工作坚持不懈，重点是帮助学校解决房子、解决教材，解决民办教师的待遇和经费；党员干部带头扫盲学习，坚持学习的党团员占党团员总数的 78%、85%，坚持学习的群众占文盲总数的 78%。

1958 年，在“大跃进”的影响下，扫盲工作也开始大跃进，上级发出“备战百日，全部扫除文盲”的号召，实行百日突击奋战。由于受“五风”的影响，男女劳力白天大干，晚上夜战，业余教育受到很大冲击，扫除文盲工作因急于求成，生搬硬套，流于形式，脱离实际。

1960—1962 年，由于受自然灾害的影响，大队业余教育出现低潮。

1963—1965 年，农业经济调整后得到恢复和发展，业余教育工作有了新的发展。在扫除文盲的基础上，开办业余小学班、业余初中班，全大队 94% 青少年扫除了文盲，70% 的壮年摘掉了文盲帽子，大队干部的文化水平有了新的提高。

1966 年，“文化大革命”开始后，生产大队全体工作人员忙于抓革命、促生产，清理阶级队伍等运动。大队业余教育组织撤销，各种形式的政治学习班层出不穷。

1978 年后，为贯彻国务院《关于扫除文盲的指示》及第二次全国农民教育工作会议精神，伊家沟恢复业余学习班。大队以农技队、林业队为主，扫盲工作转入学习农业和林业科学技术。

1984 年，随着改革开放的发展，全村办起多个专业、专项技术学习班，聘请县农广校老师和农业技术推广站技术人员为老师，讲解和学习各项致富技术。伊家沟村多个专业户发展壮大起来，带动了全村的经济发展。

1988 年，为适应农村政治、经济、文化的发展，伊家沟村建起文化大院，制定具体的学习制度和学习计划，有针对性地对各种人才进行培训。

1992 年，村人口学校迁至新村委办公楼，集计划生育、生产技术、计生协会、知识培训于一体，重点培训村民计划生育知识，参加培训村民多以党员干部、育龄妇女为主。培训目标为 85% 以上育龄群众对计划生育知识做到应知应会。至 2008 年，人口学校逐步完善电教设施，配齐各类教师，对“青春期”“育儿期”“更年期”人员举办专题培训，每期 20 课时，每年 10 期左右。同时将专业技术、致富门路等生产生活知识与计划生育工作有机结合，推动了计划生育工作的开展，促进了两个文明建设。

2004 年，根据新农村建设的需要，建立远程教育接收站，使党员干部及时掌握党的方针政策和致富信息。

2008 年 8 月，伊家沟村民委员会改称伊家沟社区居委会。为适应社区工作的要求，居委会成立伊家沟社区文明市民学校，办学的宗旨是：面向伊家沟社区全体居民，提高思想道德素质和科学文化素质。学校立足社区，服务广大群众，是实现居民教育活动规范化、经常化、社会化和群众化的有效载体。制定专项的教学内容和课程安排，至 2015 年，参加学习和培训的居民达 7891 人次，共计 52 期。

教师待遇与地位

待遇

（私塾）教师 伊家沟村的胡昌年、张丙林属自己开办私塾施教，费用全靠学生上交。

抗日战争时期，敌占区教员工资由伪政府发放。游击区教员实行“半供给制”，吃饭由民主政府供应粮柴，教师多以教学为掩护做抗战工作，薪金以粮折算。初小教员每月发小米 40 公斤，高小教员 42.5 公斤，最高 45 公斤。

1948 年前后，教员实行半供给制（穿衣归己，吃饭由民主政府供应食物，按“一粮二柴”配给），生活有一定保障。高小校长每月小米 110 公斤，教导主任 105 公斤，高小教员 100 公斤，高小代用教员 90 公斤，初小正教员兼中心小学区校长

90.5 公斤，初级正教员 90 ~ 90.5 公斤，初级代用教员 75 公斤。1946 年，乡村教员薪粮每月小米 75 公斤（当时干部每月小米 100 公斤）。

1948 年 6 月，薪粮制根据评级发粮：高小教员甲等每月小米 110 公斤，乙等每月小米 90.5 公斤，丙等每月小米 65 公斤。初等教员甲等每月小米 80 公斤，乙等每月小米 75 公斤；丙等每月小米 60 公斤。

中华人民共和国成立后，教师仍以实物为工薪。1949 年 11 月，山东省政府《关于调整城乡中小学教职员工资待遇的通令》中规定：高小教师每月小米 70 ~ 160 公斤，初小教师每月小米 60 ~ 90 公斤。当时肥城教职员工年平均每月小米 60 公斤左右。1951 年，教职员工平均每月小米 90 公斤左右。1949 年、1950 年、1951 年，小学教师之待遇按小米折合人民币计算，分别为年薪 327.3 元、351.05 元、374.91 元。伊家沟小学教师，参照规定领取小米或人民币。

1952 年，教师待遇由以粮代薪改为工资分制，以物价折价发款。到 1955 年，小学教师工资分折款，平均每人每年 433.91 元。

1955 年 11 月，省教育厅下发《关于各类教育事业改行货币工资制及调整工资等有关事项的通知》；12 月，小学教职工调整工资，调整后平均月工资为 26.64 元。其中高小教师平均 29.49 元，初小教师平均 25.64 元。翌年，中小学教师人均月工资 38 元。其中小学教师最高 59 元，最低 29.5 元。

1961—1962 年，两次调整、精简教职工，部分教师口粮转队供应。每月毛粮最高 17.5 公斤，最低 6.5 公斤，差额由国家补助。转队教师口粮仍由国家供应，每月成粮 13.5 公斤，油 0.17 公斤。

1963 年，国民经济有所好转，党和政府为教职工增加工资。是年，增加工资面为 4%。小学教职工平均月工资 37.33 元。1969 年，小学教职工平均月工资 42.4 元。

1972—1975 年，全县公办小学教职工年平均工资分别为 455 元、500 元、520 元和 486 元。

1977 年，中央为工作多年、工资偏低的教职工提升工资，提资面为 50%。1978 年，为部分成绩优异、工资偏低的公办小学教职工提升工资。1979 年 11 月，为各类学校 40% 的教职工晋级。同月，小学教师试行班主任津贴，每人每月 6 元。

1981 年，中小学教职工普提工资一级。是年，年平均工资 737 元。1983 年，农村中心小学教师最低工资每月 51 元，最高 80 元。

1985 年，中小学教师工资制度改革，推行基础工资加职务工资制度。小学教师基础工资为 39 元，职务工资最高月工资 88.5 元，最低 11.5 元。同年 1 月，小学教师发放教龄津贴，5 年以上每月 3 元，10 年以上每月 5 元，15 年以上每月 7 元，20 年以上每月 10 元。

1986 年，根据鲁工政（1986）10 号文件精神，为 1966 年底以前参加工作、工资级别相当于行政 19 级以下的教师提升工资，月增 6.7 元。1987 年 10 月起，中小学教师基础工资标准提高 10%。1988—1992 年，中小学教师实行职称评定。伊家沟教师开始根据职称发放工资，工资待遇有较大幅度提高，人均月工资达 200 元。

1991 年 1 月，根据（1990）鲁人退字 14 号文件精神，给 1989 年 9 月 30 日前离退休人员增加工资补贴。翌年 5 月，为在职教职工每人每月增加 4 元。自 1992 年 4 月起，小学公办教师每人每月发放粮价补贴 5 元。

1993 年，为所有在农村任教的小学教师上浮一级工资。至 1994 年，中小学教师月平均工资达 440 元。

1995 年 1 月，泰安地区所有民办教师转为公办教师，工资一步到位，月均近 600 元。是年，小学教职工上浮工资，人均 28 元，发放午餐补助人均 60 元。

民办教师 最初是由伊家沟村一级组织招收，上级备案，由伊家沟村聘任为民办教师，并按工作年限等划定级别。其待遇由生产大队记同等劳力的工分，年终决算随本生产小队分配。1956 年，实行工分加补贴，补贴为现金。一级每月补贴 16 元，二级每月补贴 14 元，三级每月补贴 12 元。1958 年人民公社化后，民办教师除同社员一样吃饭不拿钱外，小学教师每月补贴 3 ~ 5 元。

1970 年后，民办教师补贴，小学增至 11 元，初中 13 元，其中 8 元交生产大队记同等劳力工分，参加生产队分配。1981 年，民办中小学教师在原国家补贴的基础上，每人每年新增 50 元。

1983 年起，实行土地承包，农村取消工分制，民办教师实行工资制。民办教师工资由大队交镇，镇统筹解决。是年，民办教师工资口粮统筹标准，基本上与公办中小学教师的平均工资、口粮相同。民办教师月工资最高 57 元，最低 47 元（均含国家补助的 22 元）；民办教师口粮，一般规定每人每年 250 公斤。在粮食比例上，细粮占口粮的 60% ~ 80%。1984 年秋，收回民办教师所承包的责任田。是年，国家对民办教师队伍进行整顿，实行停止招收民办教师；加大师范对民办教师的招生名额；扩大对民办教师转为公办教师的范围；下放一批不合格教师；凡年满男60岁、女55岁的民办教师办理退休手续（待遇相当于乡镇统筹工资的60%）；继续提高国家财政对民办教师的补助等，多条路缩减民办教师规模。

1985年年底，肥城县教育局下发《关于民办教师管理的意见》，决定从1986年11月1日起，实行民办教师退休制。

1988年，民办教师在公办教师职称改革完成后，全部进行职称评定，班主任费同公办教师相同，对出村民办教师进行补助。1993年，民办教师月均工资163元。1994年12月前，民办教师月均工资230元左右。

1995年1月，伊家沟村小学9名民办教师转为公办教师，工资一步到位，月均近600元。

幼儿教师 1956年农业合作化时期，幼儿教师待遇以工换工。1958年人民公社化后，由生产队记工分。1960年，实行工分加补贴。1987年后，幼儿教师工资由村发放。1994—1999年，由村交镇教育办统一发放。2001年3月，村与肥城师范附属小学签定联办幼儿园合同后，幼儿教师工资由肥城师范附属小学发放。

地位

1912年前后，私塾教师、教员是雇佣劳动者，地位低下，职业没有保证，聘用者可任意解雇，被统治阶级视为孩子王、教书匠。“家有三斗粮，不当孩子王”由于封建礼教约束，尊师长被当时社会倡导“天地君亲师”，教师的地位在社会上还有点颜面，教师和学生之间关系，学生是尊敬和服从老师的。

抗日战争时期，小学教员属抗日人员，其政治地位和生活待遇有所提高，较前为人尊重。1945—1948年，教职员被视为革命工作者。伊家沟村1948年前参加教育工作的有伊连奎、陈学诗。

中华人民共和国成立以后，教育受到党和政府的高度重视，分别授予教师小学教员、人民教师的光荣称号，其社会地位逐步提高。

1956年1月，在中共中央召开的关于知识分子问题的报告会议上，周恩来在《关于知识分子问题的报告》中指出：“知识分子已经是工人阶级的一部分”。

1959 年的“反右倾”运动及后来的十年“文化大革命”运动中，知识分子特别是教师，受到不公正的对待。教师同“当权派”一道靠边站，不再进行教学工作，被划为“资产阶级知识分子”。特别是在批林批孔运动中，借批“师道尊严”为名把矛头指向教师。教师被称为“臭老九”，地位一落千丈。

1978 年，全国科学大会、全国教育工作会议都明确指出“广大教师是我国工人阶级知识分子队伍中的一支重要方面军，人民教师是办好社会主义教育的依靠力量”。

1985 年 1 月 21 日，全国人大常委会第九次会议决定，每年的 9 月 10 日为教师节，在全国范围内开始形成尊师重教、尊重知识、尊重人才的良好风尚。

2014 年，伊家沟村有离退休教师 18 人，教师家属农转非 11 人。

伊家沟村学校历届负责人情况表

表59

姓名	性别	职务	任职时间	籍贯
王明礼	男	校长	1924—1946	伊家沟村
刁传宝	男	校长	1946.2—1959.1	伊家沟村
孟兆兰	男	校长	1959.2—1960.10	王瓜店冉庄
高化峰	男	校长	1960.11—1965.9	仪阳石坞
陈学诗	男	教导主任	1965.10—1971.6	伊家沟村
孙锡鸠	男	负责人	1971.7—1975.9	仪阳沙沟村
赵学法	男	负责人	1975.10—1976.11	仪阳北辛庄
车崇玉	男	负责人	1976.12—1977.7	仪阳王晋
王绪才	男	教导主任	1978.8—1981.1	仪阳王晋
孙勋业	男	副校长	1982.3—1984.8	巧山村
孙业亭	男	校长	1984.9—1986.8	尚庄
张翠玲	女	校长	1986.9—1987.9	新城镇机关
张振友	男	教导主任	1987.10—1988.7	仪阳沙沟峪村
刁继松	男	校长	1988.8—1995.8	伊家沟村

学校改造

清宣统三年（1911），伊家沟村先后有私塾4处，均借民宅作教室。

1924年，村长姚子贵卖庙地3亩，校长王明礼雇人，从村东南取土填平大坑为校院，建起3间平房为教室，办起伊家沟村第一所新式学堂。之后扩建3间教室，属肥城县4所初级小学之一。

20世纪50至60年代初，由于学生逐渐增多，伊家沟村学校教室不够用，于是分别向关帝庙、玄帝庙、祠堂借用房屋作为教室。别外，还借用5户民宅。

60至70年代，逐步对学校进行建设，从原平房向西建土坯砖石结构瓦房9间，在西南建土坯砖石结构瓦房7间，后在东边建两排砖石结构瓦房12间。

80年代，对学校进行改建，向西、南扩建，将校北排教室和关帝庙全部拆除，进行重新建设。投资13万元，建砖石结构瓦房23间，宽度为8米，共计607.4平方米。1983年，投资6万余元，购置课桌、凳子、教学仪器、电教仪器、体育器材等，达到教育部门两改要求。县教育局为村颁发“两改造先进单位”奖牌。

教育经费

清末民初，私塾教育主要靠学生交费解决，包括教师工资。其余不足部分，由村庙地收入中支出。

抗日战争时期和解放战争时期，除抗日民主政府拨付部分经费外，主要经费由村按地亩随公粮征收，解决办学经费，学生免费入学。

新中国成立后，教育经费以国家拨款为主要来源，不足部分由村自筹或群众集资解决。1951年规定：一年级每生交粮食4.5公斤，二、三、四年级每生交粮食6公斤，五、六年级每生交粮食9公斤，全年分麦秋两季交纳。

1979年以前，公办小学和民办教师补助费，列县财政教育经费开支，小学收缴的学杂费按预算外特种资金处理。民办教师经费从公社、生产大队公益金中开支。1980年，民办教师经费由公社、生产大队自筹资金统一解决，不足部分，由村补助。

1984年后，实行九年义务教育，学生不再交学费改交学杂费，小学每生5元，初中每生8元，上级拨经费每班每月45元，其余电费、图书费、差旅费等不足部分，由集体承担。

1995年1月，伊家沟村民办教师转为公办教师后，工资全部由教育部门统一发放。村和肥城师范附属小学联合办学后，一切费用由肥城师范附属小学承担。

勤工俭学

1958年教育部门，贯彻“教育必须为无产阶级政治服务，教育必须同生产劳动相结合”的方针。学校增设劳动课，并参加生产队深翻土地。学校种地6亩，秋麦组织学生复收，年收入1000余元。

1960年后，村划给学校8亩河滩地（马连庄西北河东，现为公园）为学农基地。

1978年，强调以学为主、兼学别样，倡导开门办学，伊家沟村学校曾养猪、自制粉笔。中共十一届三中全会后，学校建设进入正规化，停止勤工俭学活动。

教师来源与素质

幼儿教师

1953年农业合作化后，兴办幼儿教育，教师由生产大队自选，由具有一定道德和文化修养素质的妇女担任。

1958 年“大跃进”时期，幼儿教育无固定场所，幼儿教师由生产队队长指派。1966 年后，大队根据上级指示，设立幼儿园，幼儿教师须是高小毕业生任教。1978 年后，幼儿教师由村选派后，并到公社、县培训后方可上岗。

为保障幼儿教育向更高质量提高，2001 年，村与肥城师范附属小学联办幼儿园，教师与幼儿均并附小幼儿园管理。

私塾和小学教师

旧时的私塾先生，聘有学问之士担任。村先后有胡昌年、秦兆立、陈清铭等人任教。

抗日战争时期和解放战争时期，小学教师，一般是由民国时期小学教师过渡充当；或由政府教育部门吸收高校毕业生或初小毕业生委任。

中华人民共和国成立后，教师主要是各类师范分配和社会招收的知识人才。1956 后，随着教育的不断发展，实行“两条腿”走路，公办教师由上级调派，民办教师由伊家沟村从初中、高中毕业生中选拔。1995 年 1 月，民办教师全部转为公办教师。

考试制度与奖励

1949—1966 年，中小学每学期组织期中、期末（终）固定考试两次，以分数评价学生的成绩优劣。年级升级考试不及格实行留级制度（即退班），初小升高小、高小升初中、初中升高

中均以考试录取。

在“文化大革命”期间，升学采取推荐选拔形式。1977 年后，学校恢复正常的教学秩序，高等教育招生恢复考试制度，各学校学习质量逐年提高，向高一级学校输送的人才逐年增加。

1987 年，村两委研究制定对升入中专及以上学校的学生实行奖励制度：凡升入中专者，每生奖励 200 元；升入专科、本科，每生奖励 500 元，奖匾 1 块。

2005 年改为中专 200 元、专科 600 元、本科 800 元，中专升专科 500 元，专科升本科 500 元，本科升硕士究研生 800 元，硕士研究生升博士研究生 800 元，奖匾 1 块（奖匾发一次），以示表彰和奖励。

此奖励措施 2005—2015 年仍继续施行。

1987—2015年伊家沟村升入大中专院校学生奖学金统计表

表60

组别	家长姓名	学生姓名	性别	入校年份	录取院校	学历	奖学金	奖品（件）
5	傅甲奎	傅生华	女	1987	德州医专	中专	200	1
3	秦正禄	秦　杰	女	1987	肥城师范	中专	200	1
7	胡允池	胡连英	女	1988	肥城师范	中专	200	1
4	赵忠志	赵　君	女	1989	肥城师范	中专	200	1
5	伊宪国	伊庆玲	女	1989	泰安卫校	中专	200	1
8	王德福	王　滨	男	1989	山东省信息工程学院	中专	200	1
4	赵忠礼	赵　彬	女	1990	潍坊信息工程学院	中专	200	1
2	刁继松	刁光春	男	1990	山东轻工学院	中专	200	1
1	韩立国	韩春玲	女	1991	泰安农校	中专	200	1
2	王开良	王　梅	女	1991	泰安师范专科学校	专科	500	1
8	胡士文	胡允利	男	1991	成都电子机械高专	专科	500	1
6	伊连友	伊桂霞	女	1992	肥城技校	中专	200	1
3	陈玉海	陈　宏	女	1992	泰安师范	中专	200	1
4	赵忠才	赵　鹏	男	1992	肥城技校	中专	200	1
2	王开良	王　华	女	1992	山东工业大学	专科	500	1
7	胡允泉	胡连菊	女	1993	济南大学	本科	500	1

续表

组别	家长姓名	学生姓名	性别	入校年份	录取院校	学历	奖学金	奖品（件）
6	伊兆伦	伊宪林	男	1993	南京河海大学	本科	500	1
3	秦正宝	秦秀丽	女	1993	泰安农校	中专	200	1
2	秦正娥	胡连达	男	1993	山东电子工业学校	中专	200	1
7	胡允泉	胡连昌	男	1993	曲阜中医药学校	中专	200	1
8	王祥贵	王开文	男	1993	泰安农校	中专	200	1
1	孙业生	孙　姝	女	1994	山东经济学院	专科	500	1
1	邱志国	邱　华	女	1994	泰安师范专科学校	专科	500	1
1	陈正余	陈　翠	女	1994	泰安师范专科学校	专科	500	1
2	秦绪滨	秦　伟	男	1995	青岛医学院	本科	500	1
2	王开良	王　华	女	1995	山东农业大学	本科	500	1
1	孙孟昌	孙　建	男	1995	哈尔滨地质学院	专科	500	1
2	秦绪伦	秦秀玲	女	1995	淄博卫校	中专	200	1
8	王凤祥	王　梅	女	1995	枣庄第二卫生学校	中专	200	1
6	李允儒	李　建	男	1995	肥城师范	中专	200	1
6	伊兆森	伊桂云	女	1995	枣庄第二卫生学校	中专	200	1
7	胡允池	胡连华	女	1995	济南纺织学院	中专	200	1
8	王德春	王　亮	男	1995	泰安体校	中专	200	1
3	刁继森	张　鹏	女	1995	山东省工业大学	本科	500	1
4	胡士泉	胡　波	男	1996	吉林工业大学	专科	500	1
5	伊兆水	伊宪银	男	1996	烟台师范学院	本科	500	1
2	秦绪滨	秦　明	男	1996	中国人民解放军工程信息学院北京分校	专科	500	1
4	刁继友	刁海亭	女	1996	山东农业大学	本科	500	1
8	胡士才	胡　彬	男	1996	潍坊交通学院	中专	200	1
4	韩立新	韩　燕	女	1996	淄博冶金学院	中专	200	1
4	李冬华	胡冰冰	男	1997	莱阳农学院	本科	500	1
7	胡允东	胡连峰	男	1997	承德石油高等专科学校	专科	500	1
1	孙业银	孙　姬	女	1997	山东广播电视大学	专科	500	1

续表

组别	家长姓名	学生姓名	性别	入校年份	录取院校	学历	奖学金	奖品（件）
4	胡允福	胡雯雯	女	1997	枣庄煤炭卫生学校	中专	200	1
1	邱士杰	邱　超	男	1997	泰安技工学校	中专	200	1
1	孙业银	孙　婷	女	1997	泰安职工子弟学校	中专	200	1
4	胡士保	胡建民	女	1998	肥城商业学校	中专	200	1
3	易克俭	易春亭	女	1998	济南民政学校	中专	200	1
4	胡允福	胡瑛瑛	女	1998	肥城技校	中专	200	1
2	王开良	王　莉	女	1998	聊城师范	专科	500	1
7	胡士涛	胡允刚	男	1998	山东轻工学校	中专	200	1
7	胡士芳	胡　娟	女	1998	山东省林校	中专	200	1
7	胡式森	胡允晓	男	1998	淄博建材学院	专科	500	1
1	孙业才	孙新城	男	1998	山东师范大学	专科	500	1
4	赵忠祥	赵　婷	女	1999	中国煤炭经济学院	本科	500	1
5	伊兆江	伊　静	女	1999	泰安师范专科学校	专科	500	1
7	胡允池	胡　圣	男	1999	济宁医学院	本科	500	1
8	王金祥	王玲玲	女	1999	泰安农校	中专	200	1
1	孙业君	孙翠翠	女	1999	山东机械工程学校	中专	200	1
1	秦正山	秦荣荣	女	1999	山东机械工程学校	中专	200	1
7	胡允山	胡　燕	女	2000	山东工业大学	本科	500	1
6	李允儒	李　超	男	2000	华东政治学院	本科	500	1
5	伊兆生	伊翠云	女	2000	山东建材学院	本科	500	1
3	汪顺义	汪　振	男	2000	包头钢铁学院	本科	500	1
4	韩其林	韩　群	女	2000	山东机械电子工程学校	中专	200	1
4	胡允福	胡新新	女	2000	山东卫校	中专	200	1
5	傅生祥	傅　伟	男	2000	山东中医护校	中专	200	1
2	秦绪山	秦秀贞	女	2000	泰安师范专科学校	专科	500	1
7	胡允泉	胡连梅	女	2000	泰安师范专科学校	专科	500	1
1	孙业才	孙金龙	男	2000	曲阜师范大学日照分校	专科	500	1
3	秦正滨	秦　健	男	2000	山东建材高级技校	中专	200	1

续表

组别	家长姓名	学生姓名	性别	入校年份	录取院校	学历	奖学金	奖品（件）
7	胡士泉	胡丽静	女	2000	泰安师范专科学校	专科	500	1
4	赵忠信	赵清华	女	2000	泰安教育学院	专科	500	1
2	秦正军	秦莎莎	女	2000	泰安岱岳区技工学校	中专	200	1
1	王开玉	王庆峰	男	2000	山东省政法干部管理学院	专科	500	1
4	胡士江	胡允忠	男	2000	泰安广播电视大学	专科	500	1
4	胡士国	胡　静	女	2000	山东省中医护校	中专	200	1
6	伊兆旺	伊克新	女	2001	山东广播电视大学	专科	500	1
6	伊兆岩	伊文科	女	2001	泰安师范专科学校	专科	500	1
7	胡士泉	胡允彬	男	2001	青岛建筑工程学院	专科	500	1
1	陈绪震	陈　翠	女	2001	山东省经济管理干部学院	专科	500	1
4	李庆华	李正伟	男	2001	山东省纺织工业学校	中专	200	1
8	王忠祥	王　建	男	2001	山东省纺织工业学校	中专	200	1
6	伊宪茂	伊庆强	男	2001	襄樊市职业技术学院	专科	500	1
3	胡允芬	秦雯雯	女	2001	山东城市建设学校	专科	500	1
1	陈正付	陈　芸	女	2001	泰安市师范专科学校	专科	500	1
3	秦正柱	秦善明	男	2001	山东旅游管理进修学院	专科	500	1
8	王生祥	王　刚	男	2001	三峡大学	专科	500	1
6	伊兆增	伊宪明	男	2001	肥城市技工学校	中专	200	1
1	邱士勇	邱　鹏	男	2001	济南信息工程学院	专科	500	1
8	王祥成	王　芝	女	2001	山东省泰安卫生学校	中专	200	1
5	伊兆河	伊珊珊	女	2001	山东省泰安卫生学校	中专	200	1
5	孙允海	孙　敏	女	2001	山东省泰安卫生学校	中专	200	1
4	伊兆厚	伊　霞	女	2001	济南信息工程学院	专科	500	1
7	胡式瑞	胡成镇	男	2002	山东农业大学	本科	500	1
4	胡士禄	胡佳佳	女	2002	泸州医学院	本科	500	1
8	王祥成	王　云	女	2002	泰安卫生学校	专科	500	1
7	伊连功	伊秀娟	女	2002	烟台大学	专科	500	1
4	胡士富	胡　风	女	2002	山西科技大学	专科	500	1

续表

组别	家长姓名	学生姓名	性别	入校年份	录取院校	学历	奖学金	奖品（件）
5	伊兆银	伊　霞	女	2002	泰安卫生学校	中专	200	1
8	王德胜	王　青	女	2002	泰安卫生学校	中专	200	1
3	陈玉森	陈　霞	女	2002	湖北荆门职业技术学院	专科	500	1
1	邱士勇	邱　镇	男	2002	青岛黄海职业专修学院	专科	500	1
4	伊兆厚	伊　霞	女	2002	德州学院	专科	500	1
5	伊兆江	伊　静	女	2002	泰山学院	本科	500	1
8	胡允忠	胡　彪	男	2002	肥城技工学校	中专	200	1
8	胡士才	胡　军	男	2002	肥城技工学校	中专	200	1
6	伊宪勇	伊庆柱	男	2002	泰山学院	专科	500	1
2	王开田	王庆伟	男	2002	泰山学院	专科	500	1
6	伊兆怀	伊宪涛	男	2002	肥城技工学校	中专	200	1
6	伊兆成	伊　利	女	2002	荆州市广播电视大学	本科	500	1
4	韩立新	韩亮亮	男	2002	临沂师范学院	专科	500	1
6	伊宪堂	伊焕芝	女	2002	潍坊科技职业学院	专科	500	1
2	秦正国	秦　兴	男	2002	德州科技职业学院	专科	500	1
6	伊兆成	伊艳艳	女	2002	济南农业学校	中专	200	1
3	秦正秋	秦　楠	女	2002	泰山学院	专科	500	1
4	胡允友	胡　晓	男	2002	山东济宁学校	中专	200	1
1	王开平	王　坤	男	2003	潍坊医学院	本科	500	1
3	姚庆华	姚　镇	男	2003	四川音乐学院	本科	500	1
2	秦绪山	秦秀贞	女	2003	聊城大学	本科	500	1
1	陈正祥	陈　舟	男	2003	西安交通大学	本科	500	1
3	秦善阳	秦　静	女	2003	山东农业大学	本科	500	1
6	伊宪堂	伊庆国	男	2003	德州学院	本科	500	1
8	王德胜	王　奇	男	2003	青岛大学	本科	500	1
5	伊兆良	伊素梅	女	2003	滨州职业学院、济宁医学院	本科	500	1
4	李庆华	李　静	女	2003	襄樊职业学院	专科	500	1
5	孙允江	孙美蓉	女	2003	泰安卫生学校	专科	500	1

续表

组别	家长姓名	学生姓名	性别	入校年份	录取院校	学历	奖学金	奖品（件）
5	孙允江	孙　良	男	2003	泰安卫生学校	中专	200	1
4	胡士国	胡　静	女	2003	淄博职业学院	专科	500	1
1	陈正亮	陈　肖	男	2003	泰安技工学校	中专	200	1
3	尹衍春	尹莹莹	女	2003	山东城市建设学校	专科	500	1
5	李开华	李洪泉	男	2003	肥城市技工学校	中专	200	1
8	王新祥	王金龙	男	2003	济宁商业学校肥城分校	中专	200	1
8	王山祥	王　玉	女	2003	泰山医学院	本科	500	1
6	伊兆旺	伊秋燕	女	2003	山东师范大学	本科	500	1
8	王忠祥	王　翠	女	2003	临沂师范学院	专科	500	1
1	陈正法	陈立军	女	2003	青岛黄海职业专修学院	专科	500	1
1	陈正付	陈　超	男	2003	肥城职教培训中心	中专	200	1
4	胡士国	胡伟龙	男	2003	曲阜中医学校	中专	200	1
8	胡允祥	胡　燕	女	2003	德州科技职业学院	专科	500	1
8	胡士前	胡文文	女	2003	肥城市第一职业中学学校	中专	200	1
1	孙业祥	孙冰冰	女	2003	北京师范大学信息科学院	本科	500	1
7	胡士泉	胡丽静	女	2003	山东师范大学	本科	500	1
8	胡允旺	胡连龙	男	2003	肥城市技工学校	中专	200	1
1	邱士贞	邱　菊	女	2003	肥城市技工学校	中专	200	1
2	张厚臣	张明明	男	2003	肥城市技工学校	中专	200	1
5	伊兆龙	伊宁宁	男	2003	肥城市技工学校	中专	200	1
8	胡士华	胡　刚	男	2003	山东省工业学校	中专	200	1
2	赵兰香	陈　伟	男	2003	泰山学院	专科	500	1
2	赵兰香	陈　强	男	2003	泰山学院	专科	500	1
1	孙业东	孙　强	男	2004	肥城市技工学校	中专	200	1
6	伊兆峰	伊春蕾	女	2004	肥城市第二职业高中	中专	200	1
7	石风莲	张　华	男	2004	山东省政法管理干部学院	专科	500	1
1	孙业东	孙　超	男	2004	山东建筑工程学院	本科	500	1
4	胡允友	胡　宾	男	2004	青岛飞扬职业技术学院	专科	500	1

续表

组别	家长姓名	学生姓名	性别	入校年份	录取院校	学历	奖学金	奖品（件）
6	伊宪刚	伊庆建	男	2004	青岛飞扬职业技术学院	专科	500	1
1	孙业祥	孙莎莎	女	2004	山东广播电视大学	专科	500	1
8	王新祥	王　磊	男	2004	聊城大学	专科	500	1
5	傅生祥	傅振峰	男	2004	泰山医学院	本科	500	1
3	胡培泉	胡　振	男	2004	山东力明科技职业学院	专科	500	1
7	胡士勇	胡　成	男	2004	山东建筑工程学院	本科	500	1
7	胡士迎	胡允盛	男	2004	滨州学院	专科	500	1
7	胡士广	胡聪聪	女	2004	西安建筑科技大学	本科	500	1
7	胡允山	胡　燕	女	2004	北京师范大学	研究生	500	1
6	伊兆岩	伊　莉	女	2004	河南财经学院	专科	500	1
1	孙业君	孙　东	男	2004	泰山医学院	本科	500	1
6	石绪民	石　磊	男	2004	中国人民武装警察部队工程学院	本科	500	1
6	石绪民	石焕珍	女	2004	河南科技大学	本科	500	1
7	胡式瑞	胡立华	女	2004	滨州医学院	本科	500	1
8	王　华	王苗利	女	2004	山东农业大学	本科	500	1
3	陈玉森	陈　超	男	2004	华中师范大学	本科	500	1
3	陈玉森	陈　霞	女	2004	咸宁学院	本科	500	1
6	伊兆增	伊　芸	女	2004	成都中医大学	本科	500	1
6	伊兆岩	伊文科	女	2004	聊城大学	本科	500	1
5	伊兆生	伊翠云	女	2004	武汉理工大学	研究生	500	1
5	伊兆友	伊翠芳	女	2004	中国海洋大学	本科	500	1
3	刁继木	刁光明	男	2004	枣庄学院	本科	500	1
1	孙业银	孙盼盼	男	2004	青岛大学	本科	500	1
3	尹衍春	尹琳琳	女	2004	山东滨州职业学院	专科	500	1
4	胡士亮	胡阳阳	女	2004	青岛商务管理专修学院	本科	500	1
6	伊兆成	伊　利	女	2004	湖北师范学院	本科	500	1
7	胡允武	胡亭亭	女	2004	山东省聊城教育学院	专科	500	1

续表

组别	家长姓名	学生姓名	性别	入校年份	录取院校	学历	奖学金	奖品（件）
7	胡士泉	胡允彬	男	2004	青岛建筑工程学院	本科	500	1
8	胡士令	胡　双	女	2004	肥城市技工学院	中专	200	1
7	胡允滋	胡金丽	女	2004	山东工业职业学院	专科	500	1
4	胡士强	胡　超	男	2004	长江大学	本科	500	1
5	伊兆银	伊宪明	男	2004	山东泰安卫生学校	中专	200	1
5	伊兆洋	伊　震	男	2004	肥城市商业职工学院	中专	200	1
7	胡士泉	胡丽静	女	2005	福建师范大学	研究生	800	—
7	胡允池	胡　圣	男	2005	济南大学	研究生	800	—
3	孙允平	孙　辉	男	2005	东北师范美术学院	本科	800	1
1	王玉英	陈　凯	男	2005	山东师范大学	本科	800	1
8	胡士惠	胡　川	男	2005	泰山医学院	本科	800	1
1	王开胜	王　勇	男	2005	内蒙古大学	本科	800	1
6	李允儒	李　朋	男	2005	泰山学院	本科	800	1
3	姚庆华	姚翠霞	女	2005	中国海洋大学	本科	800	1
2	王开春	王　静	女	2005	扬州大学	本科	800	1
4	胡士亮	胡晓燕	女	2005	莱阳农学院	本科	800	1
1	秦正华	陈美玲	女	2005	黄河科技学院	本科	800	1
3	秦善木	秦　凤	女	2005	曲阜师范大学	本科	800	1
7	胡士广	胡秀秀	女	2005	泰山医学院	本科	800	1
8	胡士菊	胡　娟	女	2005	内蒙古师范大学	本科	800	1
7	胡允奎	胡琳琳	女	2005	吉林建筑工程学院	本科	800	1
6	伊宪堂	伊焕芝	女	2005	山东科技大学	本科	500	—
6	伊宪勇	伊庆柱	男	2005	泰山医学院	本科	500	—
4	胡士富	胡　风	女	2005	陕西科技大学	本科	500	—
1	孙　涛	孙　露	女	2005	山东艺术学院	本科	800	1
3	陈玉森	陈　艳	女	2005	湖南理工学院	本科	800	1
4	胡士强	胡　健	女	2005	滨州学院	本科	800	1
7	胡允堂	胡　超	男	2005	东营职业学院	专科	600	1

续表

组别	家长姓名	学生姓名	性别	入校年份	录取院校	学历	奖学金	奖品（件）
5	伊兆武	伊玲芝	女	2005	山东经济学院	专科	600	1
5	李开华	李红泉	男	2005	济南工程职业学院	专科	600	1
1	秦绪国	秦淑娟	女	2005	潍坊医学院	专科	600	1
4	胡士国	胡雯雯	女	2005	淄博科技学院	专科	600	1
6	伊兆成	伊艳艳	女	2005	山东农业管理干部学院	专科	500	—
4	李洪志	孙冬梅	女	2005	山东德州科技学院	专科	600	1
7	胡士芳	胡利杰	女	2005	山东外贸职业学院	专科	600	1
6	伊宪银	伊娜娜	女	2005	山东现代职业学院	专科	600	1
6	伊兆营	伊宪荣	男	2005	莱芜职业学院	专科	600	1
2	秦绪明	秦雯雯	女	2005	泰山医学院	专科	600	1
1	李建敏	王晓晓	女	2005	青岛滨海学院	本科	800	1
1	郝俊华	陈　鹏	男	2005	山东大学经济研究中心	专科	600	1
1	孙　欣	孙文浩	男	2005	肥城职业中专	中专	200	1
7	胡允春	胡辰辰	男	2005	肥城职业中专	中专	200	1
6	伊兆奎	伊娜娜	女	2005	山东艺术学院	本科	800	1
6	伊兆芳	伊宪惠	男	2005	肥城技工学校	中专	200	1
8	王忠祥	王　翠	女	2005	临沂师范学院	本科	500	—
4	胡培元	胡士超	男	2005	山东建筑工程学院	大专	600	1
3	秦正秋	秦　楠	女	2005	泰山学院	本科	500	—
3	秦善阳	秦　聪	男	2006	华中农业大学	本科	800	1
1	陈正江	陈文涛	男	2006	山东工业职业学院	专科	600	1
7	胡允武	胡梅梅	女	2006	滨州学院	专科	600	1
6	赵衍荣	赵学翠	女	2006	济南成人中等专业学校	中专	200	1
4	伊兆荣	伊宪图	男	2006	北京师范大学	本科	800	1
1	孙　欣	孙　越	男	2006	德州学院	本科	800	1
2	王开运	王庆波	男	2006	山东师范大学	本科	800	1
1	陈正录	陈　栋	男	2006	莆田学院	本科	800	1
5	伊兆常	伊宪辉	男	2006	华中农业大学	本科	800	1

续表

组别	家长姓名	学生姓名	性别	入校年份	录取院校	学历	奖学金	奖品（件）
4	张钦河	张　群	女	2006	山东科技大学	本科	800	1
5	伊兆良	伊素梅	女	2006	济宁医学院	本科	500	—
2	秦正滨	秦　磊	男	2006	解放军炮兵学院	本科	800	1
3	刁继木	刁海燕	女	2006	浙江理工大学	本科	800	1
7	石绪伟	石昌奇	男	2006	济宁医学院	专科	600	1
4	李恒祥	李　华	女	2006	河北理工大学	本科	800	1
1	赵学才	赵　新	男	2006	济南铁道职业技术学院	专科	600	1
8	王德秋	王　燕	女	2006	聊城职业技术学院	专科	600	1
8	伊兆生	伊宪超	男	2006	菏泽学院	专科	600	1
8	伊兆生	伊宪翠	女	2006	临沂师范学院	专科	600	1
3	秦玉梅	汪　振	男	2006	重庆工业学院	研究生	800	—
4	赵忠祥	赵　慧	女	2006	哈尔滨商业大学	本科	800	1
6	伊兆成	伊　翠	女	2006	泰山职业技术学院	专科	600	1
5	伊兆明	伊海英	女	2006	长沙学院	专科	600	1
6	石绪和	石昌强	男	2006	济南技工学院	中专	200	1
4	伊兆厚	伊　霞	女	2006	聊城大学	本科	500	—
5	傅生祥	傅洋洋	女	2006	山东中医大学	本科	800	1
2	秦建华	秦丽丽	女	2006	北京中华女子学院	本科	800	1
4	刁继成	刁光涛	男	2006	肥城市技工学校	中专	200	1
4	伊兆华	伊笑雨	女	2006	华中农业大学经济管理学院	本科	800	1
5	伊兆武	伊玲芝	女	2006	山东省人民武装学校	本科	500	—
4	胡允富	胡连星	男	2006	兖州矿区职工大学	专科	600	1
1	秦绪国	秦淑娟	女	2006	潍坊医学院	本科	500	—
4	胡士禄	胡晓旭	女	2006	北京师范大学	本科	500	—
7	石风莲	张　华	男	2006	山东政法管理干部学院	本科	500	—
2	秦绪明	秦　振	男	2006	山东科技大学科技学院	专科	600	1
2	秦绪明	秦雯雯	女	2006	泰山医学院放射学院	本科	500	—
3	秦正均	秦　雷	男	2006	北京外语大学网络教育学院	专科	600	1

续表

组别	家长姓名	学生姓名	性别	入校年份	录取院校	学历	奖学金	奖品（件）
1	秦正利	秦菲菲	女	2007	湖南人文科学院	本科	800	1
3	秦　峰	秦　腾	男	2007	山东农业大学	本科	800	1
8	王　华	王东升	男	2007	山东财政学院	本科	800	1
1	王开胜	王　超	男	2007	山东大学威海分校	本科	800	1
4	毛梅英	胡垒垒	男	2007	滨州医学院	本科	800	1
4	胡士强	胡学健	男	2007	山东建设职业学院	专科	600	1
7	胡允滋	胡金芝	女	2007	吉林建筑工程学院	本科	800	1
3	秦正秋	秦　楠	女	2007	天津师范大学	研究生	800	—
1	王玉英	陈　舟	男	2007	复旦大学	研究生	800	—
3	秦善阳	秦　静	女	2007	云南农业大学	研究生	800	—
8	胡士惠	胡静静	女	2007	北京明园大学	本科	800	1
3	尹衍春	尹琳琳	女	2007	聊城大学	本科	500	—
2	秦建华	秦丽君	女	2007	天津工业大学	本科	800	1
6	伊宪堂	伊庆国	男	2007	辽宁大学	研究生	800	—
7	石绪伟	石　英	女	2007	山东经济管理干部学院	专科	600	1
3	秦正滨	秦　鹏	男	2007	德州学院	本科	800	1
6	伊宪堂	伊庆元	男	2007	湖南理工专修学院	专科	600	1
8	王德国	王佩佩	女	2007	山东教育学院	专科	600	1
6	伊宪刚	伊庆建	男	2007	青岛大学	本科	500	—
6	石绪民	石　鑫	男	2007	枣庄学院	专科	600	1
6	伊宪银	伊庆云	女	2007	山东中药技术学院	专科	600	1
6	伊兆强	伊　晶	女	2007	山东中药技术学院	中专	200	1
7	胡允武	胡梅梅	女	2007	滨州学院	本科	500	—
2	秦桂芝	辛　星	女	2007	德州学院	本科	800	1
5	伊兆武	伊建鹏	男	2007	兖州矿区职工大学	专科	600	1
6	赵三俊	伊　蕾	女	2008	青岛大学	本科	800	1
1	陈正海	陈文新	女	2008	曲阜师范大学	本科	800	1
3	秦善均	秦　盈	女	2008	山东大学	本科	800	1

续表

组别	家长姓名	学生姓名	性别	入校年份	录取院校	学历	奖学金	奖品（件）
2	秦绪建	秦 政	男	2008	哈尔滨工业大学	本科	800	1
2	赵昌君	赵 林	男	2008	广西艺术学院	本科	800	1
3	尹衍春	尹婷婷	女	2008	中国农业大学	本科	800	1
4	赵恒平	赵志胜	男	2008	泰山学院	本科	800	1
4	伊兆厚	伊 霞	女	2008	内蒙古农业大学	硕士	800	—
7	胡士广	胡聪聪	女	2008	西安建筑科技大学管理学院	硕士	800	—
5	伊兆友	伊翠芳	女	2008	中国海洋大学	硕士	800	—
7	伊连彬	伊兆磊	男	2008	贵阳学院	专科	600	1
1	赵学才	赵 翠	女	2008	山东杏林科技职业学院	专科	600	1
3	秦正冬	秦艳艳	女	2008	淄博师范高等学院	专科	600	1
6	伊宪金	伊庆梅	女	2008	山东劳动职业学院	专科	600	1
8	孙秀芝	胡潇玉	女	2008	山东现代职业学院	专科	600	1
8	王开庆	王 猛	男	2008	德州科技职业学院	专科	600	1
8	孙相芹	胡艳艳	女	2008	山东工艺美术学院	专科	600	1
5	伊兆明	伊海法	男	2008	聊城大学	本科	800	1
2	王开春	王 鹏	男	2008	济南铁道职业学院	专科	600	1
1	秦绪国	秦 凯	男	2008	济南铁道职业学院	专科	600	1
1	高淑祯	高 晨	男	2008	山东劳动职业学院	专科	600	1
1	陈玉贵	陈文文	女	2008	邢台医学高等专科学校	专科	600	1
8	王 华	王苗利	女	2008	山东农业大学	研究生	800	—
2	王开青	王文科	女	2008	山东冶金技术学院	中专	200	1
3	姚庆文	姚 钢	男	2008	山东电力学校	中专	200	1
3	陈玉森	陈 超	男	2009	山东艺术学院	研究生	800	—
2	王开春	王 静	女	2009	扬州大学	研究生	800	—
5	伊宪军	伊妍妍	女	2009	齐齐哈尔大学	研究生	800	—
3	姚庆华	姚翠霞	女	2009	复旦大学	研究生	800	—
4	胡士亮	胡晓燕	女	2009	内蒙古工业大学	研究生	800	—
8	胡士菊	胡 娟	女	2009	曲阜师范大学	研究生	800	—

续表

组别	家长姓名	学生姓名	性别	入校年份	录取院校	学历	奖学金	奖品（件）
8	胡式瑞	胡立华	女	2009	山东大学	研究生	800	—
6	伊兆增	伊　芸	女	2009	成都中医药大学	研究生	800	—
1	孙业君	孙　东	男	2009	山东大学	研究生	800	—
6	伊宪强	伊红雪	女	2009	黄冈师范学院	本科	800	1
6	赵衍海	赵　红	女	2009	滨州学院	专科	600	1
7	胡允祥	胡　亮	男	2009	青岛酒店管理职业技术学院	专科	600	1
8	王军祥	王　民	男	2009	江西省普通高等学校	专科	600	1
3	尹衍秋	尹逊国	男	2009	山东杏林科技职业学院	专科	600	1
7	石绪伟	石昌奇	男	2009	济南大学	本科	500	—
8	胡士庆	胡艳艳	女	2009	山东工艺美术学院	本科	500	—
4	胡士才	胡　勇	男	2009	肥城第一职业中专	中专	200	1
3	秦绪昌	秦　明	男	2009	山东电力学校	中专	200	1
1	陈学金	陈　鹏	男	2009	重庆理工大学	本科	800	1
5	傅生荣	傅振超	男	2009	济南铁道职业技术学院	专科	600	1
3	翟承海	翟琳琳	女	2009	济南科技大学	本科	800	1
9	刘兴祥	刘正辉	女	2009	山东城市建设职业学院	专科	600	1
3	秦善刚	秦　晓	女	2010	中国海洋大学青岛学院	专科	600	1
7	胡允建	胡琳琳	女	2010	烟台南山学院	专科	600	1
3	秦玉梅	汪其鑫	男	2010	中国人民解放军理工大学	本科	800	1
7	胡允武	胡梅梅	女	2010	聊城大学外语学院	研究生	800	—
3	秦善阳	秦　聪	男	2010	华中农业大学资源环境学院	研究生	800	—
7	胡士庆	胡秀秀	女	2010	重庆医科大学	研究生	800	—
2	王开运	王庆波	男	2010	华东师范大学	研究生	800	—
5	傅生祥	傅洋洋	女	2010	黑龙江大学	研究生	800	—
3	姚庆国	姚　彤	男	2010	潍坊科技学院（曾到韩国学习）	本科	800	1
1	陈爱莲	宿舟荔	女	2010	泰山职业技术学院	专科	600	1
5	李　军	李开亚	男	2010	湖南工程学院	本科	800	1
1	陈玉贵	陈文文	女	2011	河北医科大学	本科	500	1

续表

组别	家长姓名	学生姓名	性别	入校年份	录取院校	学历	奖学金	奖品（件）
7	胡士波	胡晓炜	女	2011	山东中医大学	本科	800	1
8	王德秋	王　燕	女	2011	泰山学院	本科	500	—
8	张桂兰	张显威	男	2011	山东理工职业学院	专科	600	1
7	胡允朋	胡建欣	女	2011	滨州职业学院	专科	600	1
5	伊凤英	卞　丽	女	2011	泰山学院	专科	600	1
2	秦建华	秦丽君	女	2011	天津工业大学	研究生	800	—
7	胡式瑞	胡立华	女	2011	山东大学	博士	800	—
3	秦善阳	秦　静	女	2011	昆明理工学院	博士	800	—
6	伊宪茂	伊庆强	男	2011	蚌埠医学院	研究生	800	—
6	张传平	张　霞	女	2011	肥城市高级技工学校	中专	200	1
6	赵衍水	赵　敏	女	2011	肥城市高级技工学校	中专	200	1
6	赵三俊	伊　蕾	女	2012	西安交通大学	研究生	800	—
3	秦善均	秦　盈	女	2012	山东大学	研究生	800	—
6	张秀英	赵　红	女	2012	滨州学院	本科	500	—
9	孙绪圣	孙　新	女	2012	山东科技大学	本科	800	1
1	赵桂英	张倩倩	女	2012	泰山职业技术学院	专科	600	1
7	胡允奎	胡　进	男	2012	滨州学院	专科	600	1
3	刁广均	刁　伟	女	2012	泰山护理职业学院	专科	600	1
6	伊宪友	伊庆磊	男	2012	肥城技校	中专	200	1
4	伊华	胡明浩	男	2012	肥城技校	中专	200	1
8	胡士伟	胡允忠	男	2012	肥城技校	中专	200	1
1	陈仲国	陈　斌	男	2012	泰山科技学院	专科	600	1
8	胡允军	胡连冰	男	2012	平阴职业教育中心	专科	600	1
9	孙秀玲	李　鑫	男	2012	德州职业技术学院	专科	600	1
8	王德平	王文波	女	2012	青岛求实职业技术学院	专科	600	1
8	伊兆利	伊洁晨	女	2012	肥城技校	中专	200	1
7	石绪伟	石昌奇	男	2013	山东农业大学	研究生	800	—
8	王德平	王文玉	女	2013	山东科技大学	本科	800	1

续表

组别	家长姓名	学生姓名	性别	入校年份	录取院校	学历	奖学金	奖品（件）
9	杨福永	杨　栋	男	2013	苏州大学	本科	800	1
8	杨海英	王文祥	男	2013	青岛酒店管理技术学院	专科	600	1
5	孙允廷	孙　丽	女	2013	山东旅游职业学院	专科	600	1
8	王　俊	王　晓	男	2013	泰山医学院	专科	600	1
2	秦绪兰	王玉莹	女	2013	山东女子学院	专科	600	1
2	秦建东	秦　飞	男	2013	山东医学高等专科学院	专科	600	1
3	刁广臣	刁欣瑜	女	2013	泰山护理职业学院	专科	600	1
8	胡允义	胡连杰	男	2013	滨州学院	专科	600	1
4	赵恒平	赵志胜	男	2013	上海大学	研究生	800	—
4	昌爱玲	胡连恒	男	2013	山东万杰医学院	专科	600	1
3	秦善亭	秦翊玮	男	2013	山东职业服装学院	专科	600	1
8	胡士惠	胡　川	男	2013	山东大学	研究生	800	—
4	胡连胜	胡文华	女	2013	泰山护理职业学院	专科	600	1
8	王开勇	王先进	男	2013	泰山护理职业学院	专科	600	1
8	胡华忠	胡连巍	男	2013	泰安技校	中专	200	1
7	石绪红	石　鹏	男	2013	泰安技校	中专	200	1
8	胡式利	胡金涛	男	2013	泰安技校	中专	200	1
6	伊宪强	伊庆森	男	2013	泰山护理职业学院	中专	200	1
8	王开红	杜垚烁	男	2013	山东新东方职业学校	中专	200	1
4	胡连胜	胡文龙	男	2013	肥城技校	中专	200	1
5	伊宪玉	伊晓辰	女	2013	泰山护理职业学院	中专	200	1
7	李凤英	胡建帅	男	2013	山东职业学院	中专	200	1
6	伊兆岩	伊　莉	女	2014	曲阜师范大学	研究生	800	1
6	伊兆国	伊　扬	女	2014	海南大学	本科	800	1
7	胡允朋	胡建欣	女	2014	潍坊学院	本科	800	—
5	伊凤英	卞　丽	女	2014	滨州学院	本科	500	—
9	国荣珍	孙　鹏	男	2014	山东公路技师学院	专科	600	1
8	王开生	王雪梅	女	2014	山东旅游职业学院	专科	600	1

续表

组别	家长姓名	学生姓名	性别	入校年份	录取院校	学历	奖学金	奖品（件）
1	王新涛	王　鑫	女	2014	威海职业学院	专科	600	1
3	胡式近	胡　雪	女	2014	泰山学院	专科	600	1
8	王祥柱	王玉靓	女	2014	山东现代职业学院	专科	600	1
8	胡允英	刘春风	女	2014	山东服装职业学院	专科	600	1
8	王开军	王玉莹	女	2014	山东交通职业学院	专科	600	1
1	陈　刚	陈方岳	女	2014	潍坊科技学院	专科	600	1
4	胡士义	胡金文	女	2014	山东现代职业学院	中专	200	1
1	秦绪华	翟洪振	男	2015	青岛科技大学	本科	800	1
4	伊兆贵	伊文彬	男	2015	中国石油大学	本科	800	1
7	胡允安	胡雪萍	女	2015	山东工商学院	本科	800	1
8	王文祥	王开宇	男	2015	中国人民解放军工程大学	本科	800	1
6	赵延军	赵晓浩	男	2015	曲阜师范大学	本科	800	1
5	孙允明	孙莹莹	女	2015	烟台南山学院	本科	800	1
5	伊庆喜	伊超凡	男	2015	山东科技大学泰山科技学院	本科	800	1
3	秦　勇	秦　源	男	2015	南京航空航天大学	本科	800	1
1	秦正利	秦善彬	男	2015	山东科技职业学院	专科	600	1
2	王开峰	王　琪	男	2015	烟台大学文经学院	专科	600	1
1	陈　涛	陈　鑫	女	2015	泰山护理职业学院	专科	600	1
5	伊兆旺	伊文涛	男	2015	山东电子职业技术学院	专科	600	1
8	王　勇	王钰辉	男	2015	山东劳动职业技术学院	专科	600	1
1	邱士金	邱　伟	男	2015	山东科技职业学院	专科	600	1
8	王德峰	王　露	女	2015	中国石油大学胜利学院	专科	600	1
6	伊兆谊	伊琪琦	女	2015	山东聊城教育学院	专科	600	1
2	孙　健	孙衍亮	男	2015	山东水利职业学院	专科	600	1
2	秦正旺	秦晓群	女	2015	山东协和学院	专科	600	1
3	秦正伟	秦亚楠	女	2015	山东女子学院	专科	600	1
1	孙焕勤	朱锦宇	男	2015	泰安技师学院	专科	600	1
1	陈自伟	陈方岩	男	2015	泰安技师学院	专科	600	1

续表

组别	家长姓名	学生姓名	性别	入校年份	录取院校	学历	奖学金	奖品（件）
4	李大华	李永志	男	2015	泰安护理职业学院	专科	600	1
8	胡允国	胡连坤	男	2015	泰山技师学院	专科	600	1
7	胡允章	胡军浩	男	2015	青岛开发区职业中等学校	中专	200	1
2	秦正甲	秦晓倩	女	2015	山东服装学院	专科	600	1
6	伊宪章	伊庆华	女	2015	山东女子学院	本科	800	1

注：胡立华、秦静为硕士升博士。

胡丽静、胡圣、汪振、秦楠、陈舟、秦静、伊庆国、伊霞、胡聪聪、伊翠芳、王苗利、陈超、王静、伊妍妍、姚翠霞、胡晓燕、胡娟、胡立华、伊芸、孙东、胡梅梅、秦聪、胡秀秀、王庆波、傅洋洋、秦丽君、伊庆强、伊蕾、秦盈、石昌奇、超志胜、胡川、伊莉为本科升硕士研究生。

伊焕芝、伊庆柱、胡凤、王翠、秦楠、伊素梅、伊霞、伊玲芝、秦淑娟、胡晓旭、张华、秦雯雯、伊琳琳、伊庆建、胡梅梅、石昌奇、胡艳艳、陈文文、王燕、赵红、胡建欣、卞丽为专升本。

伊艳艳为中专升大专。

胡学建、胡连冰、李鑫、王文波、王玉靓、刘春风、王玉莹、陈方岳为“3+2”专科。

齐鲁名村志
QI LU MING CUN ZHI

伊家沟村志
1368—2015
YI JIA GOU CUN ZHI

文化

WENHUA

古遗址　古建筑

玄帝庙

玄帝庙手绘图

玄帝庙位于村南头，古槐树之北。玄帝庙建于明万历二年（1574），院落990平方米，坐北面南三开间，面宽13米，进深5米，高6米，前廊式、硬山单起脊。脊有二龙戏珠深浮雕，两端鸱吻，七级台阶，砖石结构（青石墙体），重梁起架，室内正中央供奉塑有双手按膝赤脚的“玄天上帝”。右下方塑有眉清目秀站立的“桃花仙姑”，左下方塑有腋下长有翅膀、怒容满面的“雷公”等形象各异的泥塑。内墙壁皆为栩栩如生的彩色壁画，有“放饭的、持刀的屠夫、黄牛跪地双目落泪”等画面。

玄天上帝，即真武帝，或真武、北极真君。真武即北方之神玄武，宋时避讳改玄为真，称真武帝。宋朝道教的北方上帝，明朝天子的保护神。元始天尊说法于玉清，下见恶风弥塞，乃命周武伐纣以治阳，玄帝收魔以治阴。因此玄天上帝又为主持兵事的剑仙之主，地位仅次于剑仙之祖一广成剑仙。真武兴盛于宋代，至元代又被晋升为元圣仁威玄天上帝，明成祖时地位更加显赫。有关真武的传说中，龟蛇乃六天魔王以坎离二气所化，然被真武神力蹑于足下，成为真武的部将。后世称之为龟蛇二将。玄天上帝每斩妖锄魔，都御剑出行。武当山为玄天上帝的圣地。

玄帝庙右旁有石钟楼，面东，楼檐下横石梁。明崇祯十二年（1639）仲夏吉日，创建石钟楼。石钟楼为石块底坐，四根方形立柱起架，八根石梁嵌入立柱上方，石檐厦出，歇山式楼顶，二龙尾盘旋于楼顶两端（注：为了取直街道庙已拆除，仅存石钟楼）。

1987 年 11 月，肥城县将石钟楼列入文物保护单位之一。村主任孙业才任文物管理员，肥城县文物管理委员会为其颁发工作证（0129）。1989 年，肥城县人民政府签发第 126 号文件，将石钟楼列为“县级文物保护单位”。后因年代久远，面临毁坏。2006 年 11 月，伊家沟村成立石钟楼筹建委员会，申请有关部门，对玄帝庙、石钟楼进行维修。2007 年 10 月，经肥城市文物管理委员会同意，伊家沟村村民和各界人士捐献资金 2.45 万元，整修玄帝庙遗址，对石钟楼进行维修。

镇街之神

在玄帝庙北 100 米处，有座面西朝东雕刻精细的“小石庙”，传说庙内是镇街之神。

关帝庙

关帝庙手绘图

关帝庙位于村中间，居十字路口西侧。三开间、前出厦，砖石结构，院落坐北面南，院内有石钟楼。庙前厦两侧各有石碑一通，庙内供奉着红脸“关帝老爷”，头戴多串不同颜色的珍珠帽，身披金色袍，端坐于中央。身旁还站立一尊木雕“关帝”，身高 1 米多，用来取雨之用。

过去每年农历五月间，多为天旱之际。此时正是农作物用水时期，庄户人都盼望着下场及时雨滋润农田，但天旱多日无雨。相传人们就盼五月十三，这天是关帝老爷磨大刀的日子，也是下雨之日。如过此日仍天旱无雨，人们就把木雕关帝抬出来供奉，举行仪式，鸣炮进香，许愿祈雨。

1947 年，庙内关帝塑像被拆除，改为小学教室。1980 年秋，伊家沟村改建学校时，将关帝庙拆除。

娘娘庙

娘娘庙位于村南北大街丁子路口，建筑特殊，庙前厦后平，三开间。院落坐北面南，院内有钟楼，围墙及整个院落红里透黄，建筑布局合理。大门外 10 米处，建有迎门墙一座。庙屋内供奉着“送子娘娘”，墙上皆为壁画。一些善男信女为求子求女而来，烧香拜神许愿。加之此处是集贸市场，四邻八乡前来许愿的较多，香火很旺。1965 年，仪阳公社在此处建供销社门市部，将庙拆除。

观音堂

观音堂位于村东北胡氏大坑西北百米处，坐南面北，占地 30 余平方米。石基砖墙体。

庙内供奉有菩萨等塑像，院内有钟楼，院门向北。经常有香客前来进香，祈盼菩萨保佑一家平安。

1958 年，大炼钢铁时拆除，砖运到安临站贺庄做炼铁炉之用。

观音堂手绘图

土地庙

土地庙位于村西北，村西大坑西百米处，坐北面南，总占地 200 平方米。精雕青石结构，起脊式，内有泥塑神像一尊。庙前有大杨树、柏树各 1 棵，石条两块。村内有人去世，都要到此处举行祭拜仪式，称为“豁汤”。20 世纪 60 年代初，拆除此庙。“文化大革命”之后，终止祭拜仪式。

伊家沟村汉代遗址

20 世纪 50 年代至 80 年代，伊家沟村民进行农田改造等活动中，先后在位于伊家沟村北边沿挖掘、发现文物：出土物为汉代陶瓮、细口大肚罐、灰陶豆、盆、铜剑。文物上缴肥城县文管所收藏保存。

古槐

古槐树位于关帝庙西南侧 10 米处。树围三人合抱，周长达 4 余米，树高 50 余米，分三层七十二根分枝，树桩高大旺盛，根深叶茂，枝叶茂密。相传，人可在此古槐一、二层上如地行走。树冠面积约 1300 平方米，宛如一把遮天盖地的巨伞，直插云霄，远近闻名。每年有众多的人前来观赏。

1958 年“大跃进”时期，为取木材，聘请河南人氏，将位于关帝庙西侧的古槐砍伐制作农用木轮小推车和学校的课桌，以及为五保和孤独老人做棺材 22 口。2015 年，伊家沟村古槐保留年代较久、存活在世的还有秦氏古槐、孙氏古槐等。

现存秦氏古槐　　伊娜娜　冯涛　摄影

民间艺术

剪纸

剪纸为传统艺术。1948 年前后一段时期，村中儿童穿猫头鞋、小猪鞋、虎头鞋，女子穿绣花鞋，大都需要提前剪裁绣花图案纸样，依样绣花。久而久之，一些妇女沿袭传统，都学会了剪裁绣花纸样。后来，村民虽不穿绣花鞋了，但剪裁绣花图案纸样的手艺，做为一项民间艺术保留了下来。部分巧女在原有的基础上不断创新。结婚喜庆，多请巧手，用大红纸剪各种不同的喜字，用彩纸剪各种花卉图案的窗花，贴在新房的窗户上。

20 世纪 70 年代，伊家沟村各生产队剪纸的有 1 队张秀珍、2 队刘秀英、3 队刁文荣、4 队孙传英、伊连明，5、6 队李庆双、刘兰英，7、8 队张广英。随着妇女不再穿花布鞋，剪纸逐渐减少。

现在结婚喜字窗花都在商店购买，村内剪纸的能手只有 87 岁的张秀珍和 85 岁

伊家沟村民部分剪纸

的孙传英及70多岁的刘兰英等。70多岁的退休职工李允才心灵手巧，凭他的绘画技艺剪的部分12生肖等栩栩如生。

扎纸

1949年前后，老人过世，村民一般是在扎纸铺买上几件如钱柜、马、牛、摇钱树、银山、金山之类的扎纸，以办理丧事之用。伊家沟村较出名的扎纸张广英。现在，村内有丧事，大都到专卖店去定做。

小戏剧

20世纪60年代初期，组成30余人的剧组，排演吕剧《小姑贤》《李二嫂改嫁》。而后排演的《三世仇》，由秦绪海、闫宪成谱曲并导演，秦绪海饰演虎二妈，胡培怀饰演王老五，赵忠礼饰演虎儿，秦秀兰饰演小兰，韩立祥饰演伪县长，秦正春饰演周扒皮，伊兆泉饰演三水狼妻，“经多次排练，初演即达到预想效果，观

孙　建　摄影

众痛哭流泪”。村剧组在县城和公社驻地及邻村巡回演出以上小戏剧节目多场，深受广大观众的欢迎。

20世纪70年代初，排演部分以阶级斗争为教育内容的文艺节目。伊宪武编导的生命枪，有伊淑生、秦秀珍、伊宪宝、李开富、伊兆江等演员排练演出。伊宪武编导的《古庙深仇》，主要演员有伊淑生、秦秀珍、胡允才、王玉梅、王德泉、李开富、伊宪宝等，整个剧组20余人。剧组多次应邻村和矿区之邀，前去演出。在石坞村演出时，观众入了戏，几位老大娘哭软了腿脚，场面十分动人。

故事班子

1949年前，伊家沟村有两起故事班子。以“关帝庙”为界，庙北以伊、胡两姓为主，经济比较富裕，道具好；庙南以秦、陈两姓为主，经济条件差，道具一般。但两故事班子各有拿手戏，均有绝活。

舞狮子 80年代，秦绪海、伊连明按照伊家沟村扎制裱糊狮豹头的老工艺，扎制一对舞狮。夜晚表演时，场面壮观。一对狮子摇头摆尾，伏、跳、腾、挪，活灵活现、栩栩如生。演员秦善华、胡允金、李开富、伊宪宝等年轻力壮，具有舞台表演基础，力气超人，配合默契。特别引人注目的是，狮子随引狮人秦绪成跳上桌子，并在桌子上玩耍直立，从口中吐出祝大家新年好的竖联，展现向观众拜年的姿势，然后翻滚下桌，稳稳落地，引得观众一阵阵喝彩叫好。

“二鬼摔跤” 伊连忠表演“二鬼摔跤”(亦称“摔鬼子”)时，将摔跤道具牢牢地捆绑在背上，双腿全蹲，双手倒穿一双薄底布靴，在道具围子的隐藏下，用两只胳膊扮演对方的两腿，形成两个夸张的矮人摔跤姿态。在武场乐队的伴奏下，手足并用，做出抡、转、举、扫、磕、绊、支架子、下绊子等摔跤动作。1个人活灵活现地表演二鬼摔跤场面，表演强悍有力，动作诙谐幽默，极具观赏性和独特的艺术魄力。引得观众一阵阵喝彩欢呼。

“扑蝴蝶” 秦正春、王玉莲表演。道具用几根细软长短不齐的竹竿或竹批，按有一手柄，顶端用硬纸做的几种大小不同颜色的蝴蝶。王玉莲身穿艳丽的小姑娘服装，手拿道具做各种优美的动作。而秦正春身穿一套肥大的服装，头戴滑稽帽，扮演小丑扑蝴蝶，引得观众笑声不断。

民间歌谣

民间歌谣是村民间的一门传统艺术。它既是劳动者生产的生动写照，还是表达老百姓情感和内心世界的一门乡间艺术。在极为通俗易懂的字里行间，浓缩了人们的喜怒哀乐。

村民间歌谣的传唱源远流长，且在生产、生活中不断充实，日臻完善。随着时代的发展，民间歌谣更加形式多样、丰富多彩，更加具有浓郁的时代气息。村内流传至今的有儿歌、生活歌、劳动歌和时政歌等。

儿歌

吃馍馍

东打夯，西打夯，下来麦子喝面汤（面条）。
东打锣，西打锣，下来麦子吃馍馍。

小板凳

小板凳，打歪歪，我上家后割青苔。
割了青苔喂黄牛，喂了黄牛拉石头。
拉了石头盖小屋，盖了小屋娶媳妇。
娶了媳妇生娃娃，生了娃娃叫大大。

小包袱

小包袱，叠三叠，骑着大马叫姐姐。
姐姐问，吃啥饭，擀油饼，杀公鸡，你是俺的好兄弟。

小红袄

小红袄，肩上搭，俺是娘的一枝花。
哥哥给俺描金柜，俺是哥哥的小妹妹。
哥哥问俺多大啦，十八啦。
多娶咱，腊八，谁抬轿，小老道。
谁打灯笼，小蜜蜂，一吹一嗡嗡。

小麻雀

小麻雀，尾巴长，娶了媳妇忘了娘。
把娘背到山沟里，把媳妇背到炕头上。
擀油饼，熬肉汤，媳妇媳妇你先尝。
我到山后找咱娘，咱娘变成屎壳郎。
推小车，贩红粮，吱呦吱呦到宁阳。
只要媳妇不要娘，一头碰到墙壁上。

新年到

新年到，新年到，闺女要花儿要炮，
儿媳要块香肥皂，老头要顶小毡帽。

打箩箩

打箩箩，吃馍馍，吃不够，找大舅。
大舅没在家，找大妈，大妈赶集去，找你二姨去。
你二姨，摊煎饼，一找找到当天井（院子）。
当天井，有木匠，一找找到南仪阳。
南仪阳，一窝猴，咬了姥娘的妈妈头（奶头）。

小叭狗

小叭狗，戴铃铛，唏哩吭啷到集上。
仨包子，俩茴香，哪里吃，庙台上。

铺着衫，盖着裙，蹬着大娘的小腚锤。

小木碗

小木碗，圆悠悠，我在姥娘家住三周。
姥娘疼，妗子扭，还说外甥是个狗。
妗子妗子你别扭，石榴开花俺就走。

小叭狗

小叭狗，没有血，有个儿子忘了爹。
翻脸狼，心不良，娶了媳妇忘了娘，
一准没有好下场。

小花狗颤轿轿

小花狗颤轿轿，颤的小狗戴帽帽。
叫你摘了不摘了，捂得头皮漆黑了。

月姥娘

月姥娘，滴溜圆，里面坐着小铺毯。
铺毯出来烧香，里面坐着姥娘。
姥娘出来买菜，里面坐着奶奶，
奶奶出来打水，里面坐着小鬼。
小鬼出来喝糊糊，烫的腚眼一鼓出。

小杨叶

小杨叶，哗啦啦，他舅给妮说婆家。
一说说到东庄上，也有楼也有马，
也有金花和银花，也有妈妈看娃娃，
也有小狗舔巴巴，也有小车走娘家，
也有大车拉庄稼。

小妮说，不要楼，不要马，
不要金花和银花，不要妈妈看娃娃，
不要小狗舔巴巴，不要大车拉庄稼，
只要小车走娘家。

小香炉

小香炉，腿又短，今天烧香来得晚。
也没米，也没面，喝口凉水再行善。

小老鼠

小老鼠，上谷穗，掉下来，没有气。
大老鼠哭，小老鼠叫，一个蛤蟆来吊孝。
给他啥，也不要　单给一个小孝帽。

蝎子爪

二月二，炒蝎子爪，大娘婶子给一把。
二月二，炒料豆，蝎子不到你炕头。
蝎子爪，不给尝，蝎子爬到你炕上。
爬这头，爬那头，蛰了大娘的妈妈头（奶头）。

小金鱼

小金鱼，真机灵，会摇尾巴要鱼虫。
我说喂完一条虫，它吐泡泡加俩“o”。

节约

一滴水，不白流，一粒米，不乱丢。
一针一线要爱惜，勤俭节约记心头。

放炮放花

噼里啪，过年啦，放鞭炮，放烟花。
宝宝不往跟前凑，离得太近危险大。

别电着

电插座，电插头，电线电门电灯口，
宝宝小心别电着，别朝它们伸小手。

小泡泡

肥皂泡，到处飘，宝宝抓泡泡，抓到不见了。

泡脚丫

妈妈洗脚丫，我也伸脚丫，好像俩小鸭，跟着鸭妈妈。

生活歌

下关东

正月里，正月正，老汉推车下关东。弯腰撅腚使劲推，热汗四流肚子空。
二月里，龙抬头，老婆拉车在前头。一摇三晃走不动，骨瘦如柴直哼哼。
三月里，三月三，肥城连年遭荒旱。寸草不长地裂缝，逼租要债气难咽。
四月里，四月八，年年庙里把香插。磕头烧纸许神愿，菩萨根本不管咱。
五月里，五端阳，糯米粽子谁能尝？地主老财酒肉臭，穷汉大家饿断肠。
六月里，整半年，推车出了山海关。离家越远心越凉，何时才能回家乡。

青秫秸

青秫秸，扎大车，上面坐着花大姐。
心又灵，手又巧，两把剪子把花铰。
左手剪个莲花瓣，右手剪个灵芝草。

十八的媳妇

十八的媳妇四岁的郎，夜夜把郎抱上床。
媳妇戏小郎：“小来小来你喊娘。”
婆婆门外正听见：“小家小家你说的么？”
媳妇慌忙来答对：“你小闹着不上床，嫌的是上面被窝凉。”

会当媳妇

会当媳妇两头瞒，不会当的两头传。
传来传去起祸端，终久自己受牵连。

新生活

常年吃细粮，家家住瓦房。
人人穿布鞋，土炕换成床。
在家看电影，干活听“三洋”。
多年老光棍，娶上大姑娘。
秋后农闲了，旅游去观光。

小麦粒儿

小麦粒儿两头尖，磨了面，白鲜鲜，
包了饺子两头弯。
金勺舀，银碗端，端到院里敬老天。
老天吃了心欢喜，一年四季保平安。

情歌

咕咕喵

咕咕喵，喵咕咕，小二寻了个好媳妇。
又会走，又会摇，又会擀饼切面条。
擀的薄，切的细，小二吃了真如意。

小柏树

小柏树，搭拉枝，上头坐着花大妮。
搓麻线，纳鞋底，扎裹扎裹小女婿。

石榴树

石榴树，开红花，我的婚姻我当家。
谁要包办胡强迫，坚决斗争不依他。

选女婿

为人嫁个街头站，喝口凉水也坦然。
为人嫁个二鳖种，吃酒捞肉不舒坦。

择妻

头发梳的光，脸上抹的香，
好吃不劳动，没人答她的腔。

耪高粱

新打的锄头把子长，妹子到田里耪高粱，
叫声高粱你快长，长得和我一般长。
高粱地里会情郎。

抗日歌谣

日本鬼

日本鬼，喝凉水，打了罐子赔了本。
坐大车，扎断腿；坐轮船，翻了底；上战场，挨枪子。

小擀杖

小擀杖，两头尖，打败日本和汉奸。

小擀杖，两头挺，打败日本得飞艇。
小擀杖，两头翘，打败日本得大炮。

站岗放哨

大姐二姐来放哨，三姐就把路条要。
你有路条你就走，没有路条办不到！
小三小四去站岗，小五手拿红缨枪。
来往行人都盘问，做事认真有主张。
查着坏人不放松，忙到村里叫民兵。
两支大枪跟上来，喊声别动上了绳。

模范班

叮叮当！叮叮当！日本鬼子下了乡。
抢来麦，赶猪羊，还要十个花姑娘。
鬼子正在发疯狂，不料敌后开了枪。
大刀片，红缨枪，杀的鬼子没处藏。
两个倒在地，两个投了降，两个跪下叫爹娘。
盒子炮，三八枪，一齐挎在咱肩上，模范班，真荣光。

打鬼子

黄河水，黄又黄，东洋鬼子太猖狂。
逼着青年当炮灰，逼着老年送公粮。
今天烧了李家寨，明天又烧王家庄。
这样活着有啥用，拿起刀枪干一场。

鱼水情

同志们呀，个个要听真，咱为救人民参加八路军。
咱本来在家都是老百姓，革命战士不要忘了本。
同志们呀，我要问问你，吃的饭，穿的衣都是哪来的？

吃的穿的都要依靠老百姓，咱离开老百姓就是鱼离水。
鱼儿离开水呀活不成，咱离开老百姓就不能打胜仗。
老百姓爱护咱就像爱儿郎，咱爱护老百姓就像爱爹娘。
革命战士不要忘本，毛主席教导咱爱护人民。
军政民一条心打垮反动派，最后的胜利属于咱们。

中央军来了更遭殃

想中央，盼中央，中央军来了更遭殃。
门摘净，树砍光，抓夫抽丁抢财粮。

八路军与杂牌军

八路军，喝稀饭，打起仗来真勇敢。
杂牌军，吃馍馍，见了鬼子打哆嗦。

救国要靠八路军

鱼靠水，箭靠弓，抗战要靠毛泽东；
船靠舵，屋靠梁，百姓要靠共产党；
鸟靠林，树靠根，救国要靠八路军。

抗日有面大红旗

抗日有面大红旗，旗手就是毛主席，
全国百姓跟党走，抗日一定会胜利。

小日本

小日本，太疯狂，又抢衣，又抢粮，
又杀人，又烧房。
简直就是狗豺狼。
我们赶快扛起枪，保卫中华保家乡。

做军鞋

布子好，麻线壮，我做军鞋黑白忙。
缝的缝，绱的绱，双双军鞋一个样。
白鞋底，黑鞋帮，又好看，又跟趟。
同志们穿上好打仗，撵的敌人没处藏。

十劝

第一劝爹娘，受了鬼子的伤。
要想报仇赶快把兵当，赶快上战场。
第二劝我哥，听我把话说。
我去当兵你好好把活做，千万莫懒惰。
第三劝我嫂，听我把话表。
八路军来了你要照应到，借东西赶快找。
第四劝我妹，你比我小两岁。
赶快参加妇救会，抗战才是对。
第五劝我妻，听我把话提。
我去当兵你千万莫哭啼，哭啼无道理。
第六劝自己，自己拿主意。
最后胜利是我们的，当兵莫迟疑。
第七劝村长，听我把话讲。
日本鬼子来了不要给他送给养，不要给他修围墙。
第八劝自卫队，站岗不要睡。
盘查行人帮助游击队，莫怕受苦累。
第九劝同胞，听我把话讲。
鬼子扫荡就要来到了，赶快去破道。
第十劝街坊，听我把话讲。
要想逃难草窝把身藏，莫要再遭殃。

杀死东洋狼

狼来了！虎来了！什么狼？
什么虎？东洋狼，东洋虎。
快吹号，快擂鼓，赶走万恶东洋虎。
快磨刀，快擦枪，杀死万恶东洋狼！

打的日本嗷嗷叫

日本兵，吃豆渣，不用筷子用手抓。
不坐板凳坐地下，地上凉，坐炕上。
炕上热，坐汽车，汽车开到肥城城。
肥城有门迫击炮，打得日本（鬼子）嗷嗷叫。

小日本，真可恶

小日本，真可恶，一心侵占我中国。
中国人民也不怵，组织起来和他干。

劳动歌

打井

铁镢头，二斤半，一刨刨到龙王殿。
龙王见了直发颤，“要水，要水，我照办。”

整地

刨的刨，剜的剜，小车装的像小山。
推的推，拉的拉，平了沟子再整洼。
运的运，搬的搬，满岭石头下了山。
上的上，挖的挖，砖头瓦块全搬家。

打夯号子

领：同志们拉起来呀！众：哎嗨咿呀嗨！

领：同志们加把劲呀！众：呀呼呀呼咿呀嗨！

领：为北水南调多出力呀！众：呀呀嗨，呀呀嗨！

时政歌

太阳出来楼上楼

太阳出来楼上楼，无产阶级不得自由，思想起来实在难受。

哎嗨嗨哟，思想起来实在难受。

地主门前拴骡马，穷人门前少车无牛，自落的人当牲口。

哎嗨嗨哟，自落的人当牲口。

地主吃的鱼和肉，穷人吃的菜窝窝头，糊涂汤还喝不够。

哎嗨嗨哟，糊涂汤还喝不够。

地主穿的绸和缎，穷人穿的破棉袄，补着补丁还露着肉。

哎嗨嗨哟，补着补丁还露着肉。

地主娶妻又娶妾，穷人无钱娶媳妇，直落得断子绝后。

哎嗨嗨哟，直落得断子绝后。

地主有钱把书念，穷人无钱满街溜，不识字实在难受。

哎嗨嗨哟，不识字实在难受。

地主住的瓦屋房，穷人住的半间草屋，

进门来还得低头，哎嗨嗨哟，进门来还得低头。

宽心歌谣

日出东海落西山，愁也一天，喜也一天；

遇事不钻牛角尖，人也舒坦，心也舒坦；

每月领取养老钱，多也喜欢，少也喜欢；

少荤多素日三餐，粗也香甜，细也香甜；

新旧衣服不挑拣，好也御寒，赖也御寒；
常和知己聊聊天，古也谈谈，今也谈谈；
内孙外孙同样看，儿也心欢，女也心欢；
全家老小互慰勉，贫也相安，富也相安；
早晚操劳勤锻炼，忙也乐观，闲也乐观；
心宽体健宜天年，不是神仙，胜似神仙。

齐鲁名村志

QI LU MING CUN ZHI

伊家沟村志

1368—2015

YI JIA GOU CUN ZHI

村风民俗

CUNFENGMINSU

岁时习俗

农历传统节日

春节 农历正月初一为春节，人们俗称过年。春节是中华民族最重视、最隆重、最古老的传统节日。

春节的历史渊源流长。据史书记载：唐虞时叫“载”，这是万象更新的意思。夏代叫“岁”，是表示新的一年已到，春天到来了。商代叫“祀”，是表示四季已尽。直到周代才开始称谓“年”。据《诗经》记载，每到农历新年，就有喝春酒、祝“改岁”的习俗。人们尽情欢乐，喜迎岁首，庆祝一年的丰收。

1948年前后，伊家沟村立有集市，农历三、八逢集。腊月始，集市上便日渐繁荣。日用杂货、布匹服装、食用物品、鞭炮香烛，应有尽有，琳琅满目。人们赶集上店，裁做新衣，筹办年货，民间称为“赶年集”。赶集筹备春节后走亲戚的礼品，比较重义的亲戚，则买几块猪肉（称作“礼条”），买几条白鳞鱼，封几包点心等。随着村民生活水平的提高，购买力亦年年提高。年货购置，数百元者有之，数千元者亦有之。腊月二十以后，春节气氛更加浓郁，各种筹办活动更加火热，人民开始杀猪宰羊，碾米磨面，摊煎饼，蒸馒头，备齐鸡、鱼、肉、菜，多数农户制作豆腐，蒸制多层年糕，寓谓“年年富裕、岁岁登高”之意。

腊月二十三 亦称过“小年”是送灶王爷上天的日子，民间俗称辞灶日。灶王爷，亦称灶君、灶神，供奉于灶头之上。相传灶王爷掌管一年的祸福。灶王爷上天，是向玉皇大帝汇报一家人的善恶言行。因此，在灶王爷神像左右贴上红纸对联：“上天言好事，回宫降吉祥”。横批为“风调雨顺”。是日，将灶王爷神像从灶头之上请下，将其嘴上抹上糖稀粥，意为封住灶王爷的嘴，摆上糖果供品，焚香、烧纸，并用秫秸为灶王爷扎成纸马，备好草料，连同灶王爷一起烧化。家人边磕头，边祷告，求灶王爷上天报喜不报忧，保佑来年风调雨顺，五谷丰登，阖家平安，并将新“请”的灶王爷神像及对联贴于原处。是时，在外或住娘家的媳妇，二十三日前必须回到婆家，否则，将被“辞”在家外。中华人民共和国成立后，贴“灶王爷”神像及辞灶之俗已渐消亡。

除夕 伊家沟村人俗称“年除”。家家户户再打扫房屋、院子和街道。妇女们擦洗家具、餐具，准备干干净净过新年。是时，在堂屋中间挂“家亲轴子”，摆设亡者灵位、卷轴，张贴对联、年画。在迎门墙上，高贴“福”字，下贴“春光满院”“满院生辉”等。有的把“福”字倒贴，寓福到之意。牲畜栏圈上贴“六畜兴旺”；盛粮食的囤或缸上贴“五谷丰登”，或“福、酉”之类的吉祥字样。车辆等运输工具上贴“日行千里”“一路平安”等。

春联多用红纸书写。如老人去世，服孝3年期间，亦有用蓝纸或绿纸写春联者。

除夕傍晚，由家长用托盘端着香炉、牌位、酒具在家门口或村头，朝祖坟方向焚香烧纸人或烧谷草把子（谷草谓神灵的隐身草），洒酒磕头，并默念请家亲回家过年。此习俗称请“家亲”。家亲请进门，坐落在堂屋供桌两旁椅子上。直到初三，人们不得上坐。在大门内放置“拦门棍”，以防乱鬼孤魂进门。院子里设香台，香台上空悬“天灯”。传说姜太公封神时，天上诸神都封了神位，唯独忘了自己。因此，每到此时供神时，便把天灯下作为姜太公的神位。天灯之下的供桌上摆放供品，燃烛烧香，供桌两旁的座位，人们亦不能入座。一般到初三傍晚，家人端着供品，到村头烧纸叩头，将家亲送回。1949年后，此俗逐渐破除。

除夕之夜，阖家团聚，彻夜不眠，俗称“守岁”。分居的儿子，须携带家人，到父母家饮酒辞岁。父母去世者，弟弟须到兄长家，畅饮辞岁酒，吃年夜饭。时下，有不少村民到饭店吃年夜饭。午夜，鸣放鞭炮，放焰火，俗称“发码子”，象征着新的一年里，红红火火，四季发财。

是夜，人们多吃素馅水饺，象征来年“素静”。吃水饺蘸蒜，意味着过日子会“算计”，细水长流。包饺子时，将个别饺子内包上硬币、糖块、花生米之类的东西，谁吃到有“硬币”的水饺，意味着新的一年里，四季发财，财运兴旺；吃到有糖块的水饺，意味着来年日子会越来越甜蜜，越走越幸福；吃到有花生米的水饺，意味着会延年益寿，长命百岁（花生果又名长生果，寓长寿之意）。年夜饭后，晚辈给长辈叩头拜年，长辈向晚辈分发“磕头钱”，亦称“压岁钱”。之后，本族近户互拜，祝福春节愉快，阖家幸福。现在，全家人观看中央电视台春节联欢晚会的节目，以代替守岁。

年三十之夜，为祈求在新的一年里大吉大利，是时有诸多禁忌。如说话要温柔和气，不准苦恼。这是对家人进行的儒家“和为贵”及“温良恭俭让”思想的教育，以望家庭的纽带编织得五光十色、丰富多彩。

年初一，街坊邻居开始拜年，族人相互拜访。是时，族内晚辈向长辈拜年，须行叩头大礼。1949 年后，免去叩头大礼，代之互相致以问候。各家备有茶、烟、糖果、瓜子等物相待。最近几年，利用电话、发短信、网上拜年，也比较盛行。

1948 年解放前，穷苦人家过年如过关。一则没有钱置办年货，二则所欠债款须年底还清。有的贫苦农户为躲债，不敢在家过年。但旧时也有不成文的规定，除夕这天，只要请了“家亲”，便不能再登门讨债。肥城“嫂子水饺店”门两边有副对联，上联为：“忆往昔年年难过”，下联为“看今朝天天过年”，生动反映了当地人民往昔过年及今朝日常生活的天壤之别。

正月十五以前，是走亲串友小辈看望长辈的日子。在伊家沟村，一般初二看望姥娘、姥爷和姑母，初四看望岳父母。结婚三年之内，女婿看望岳父母比较重意，年前给岳家送“年礼”，年礼常为 6 斤左右猪肉礼条一块、鸡两只、鱼两条，加之点心之类。去岳家压回几斤重的年糕，意为祈祝女儿家年年兴旺、岁岁登高。年后女婿去岳家，岳家设盛宴款待，且有本族长辈相陪。看望一般亲朋好友，常带 6 斤馍馍篮子，猪肉一块，配以糕点等物。现今多以肉、鱼、烟、酒等礼品为主。有的至亲好友，不带礼品，以人民币相赠。小辈看望长辈后，长辈须让子女携礼回访，谓之“礼尚往来”。

初五，村民午饭习惯吃水饺，俗称“掐五”。有“初五吃顿弯弯角，打得粮食没处搁”之说，以示人们期盼风调雨顺，五谷丰登之意。

元宵节 农历正月十五，是中国人民的传统节日——元宵节，又称“上元节”或“灯节”。正月十五闹元宵，是旧时农历新年的高潮，也是一年中最热闹的时候。

元宵节起源于西汉，鼎盛于唐、宋，历经元、明、清，流传至今。唐、宋仍沿用旧俗，盛而不衰。至元，增加民间灯舞、跑旱船、踩高跷、耍狮子、吃元宵等风俗。其间，宋代将元宵节增加十七、十八两夜。因民间有“麦收十四（正月十四）、秋收十五、晚秋收十六”和“收灯不收灯，还看十七那场风”之说，意指四天内风和，年内麦、秋两季丰收；若风大，年内歉收。

伊家沟村元宵节有中午吃水饺，下午做灯、晚上上灯及晚上吃元宵的习俗。元宵节做的灯有两种：一种是用胡萝卜、水萝卜做的萝卜灯，亦有将白菜疙瘩挖空做的白菜疙瘩灯。用草棒缠棉絮作捻，内加豆油，点燃后放置门口、院落、厕所、牲畜栏、粮屯和水井、池塘旁。一种是用麦面和豆面做的面灯，面灯做 12 个，意为 12 个月。且在面灯沿上捏上角，捏一个角的代表正月，两个角的代表二月，直到十二月。再将面灯在笼中蒸半熟，取出后看哪个面灯中水多。

据说面灯代表着月份，本月中雨水就多。然后仍将草棒缠棉絮作捻，加豆油（是时富家亦有加香油者）点燃，放置于天帝位、灶君位、财神位及堂前供桌之上。上（点）灯时分，家家户户上灯，万家灯火。大街小巷，提着各式各样的灯笼，灯火辉煌。元宵之夜，人门扶老携幼，上街观灯，观看伊家沟村玩社的演出，到处人声鼎沸，锣鼓喧天，此即为“闹元宵”。

所做各种灯，灯油燃尽后，灯捻会呈现各种形状。似棉花者，预兆今年棉花会丰收；像高粱、谷子者，表示今年谷类将获得好收成；如桃杏者，预示今年果类会丰收。群众可将面灯切成条状而煮食之，清香可口，大饱口福。

元宵节上灯的习俗延续至今，但萝卜灯、面灯已被各种船形、元宝形蜡烛所代替。且有（以电灯照明）十二属相灯、鲤鱼灯、荷花灯、火箭灯、飞机灯等，各式各样的花灯色彩艳丽、精巧玲珑。灯光与五彩缤纷的焰火，把夜空点缀得五彩斑斓，如同白昼。本年庄稼的丰收与否，已不再依灯花的形状而言，而以品种优良及加强管理为主要关键。是夜，机关企事业单位多在门口悬挂纱灯，在建筑物上悬挂彩灯。自 1985 年始，市在新城举办花灯展和焰火晚会。伊家沟村演出队每逢元宵之夜，皆前往参加演出活动。

1949 年前后，元宵节历来吃元宵的习俗，一般仅限于少数富有人家。一般农户元宵节吃面条、水饺。因将饺子比作元宝，面条喻为银条，有“领灯饺子，领灯面”之说。两者皆表示人们祈求平安富裕的心理。以示一年风调雨顺，四季平安发财之意。随着人民生活的提高，吃“元宵”城乡都比较普遍和盛行。据传说，元宵灯也是吉祥灯。元宵节上灯时，端灯照遍房内屋外，院中旮旮旯旯，意为避免虫蛇侵袭，少生灾祸。用灯给孩子照耳朵、眼睛，可以耳聪目明，不生灾长病。总之，是人们一种期盼四季平安、人寿年丰的心理。

正月十六，有长辈到晚辈家看望的习俗，谓之走百家，亦称“走百病”，含有把百病走没之意。这也是一种对全家一年四季平平安安，幸福美满的想法。

二月二　农历二月初二，是中国传统岁时习俗中的一个重要节日，俗称龙抬头日或龙抬头节。伊家沟村至今流传着“二月二，龙抬头，大囤满，小囤流”的民谣。龙抬头，意为雨水调和，五谷丰登，寄托着农家祈求年年粮食丰收的美好愿望。二月二，旧时有打囤和吃蝎子爪的习俗。

打囤。是在日出前，各家用草木灰在宅院、房内，场院等处，分别划上数个大小不等的圆圈，谓之“打囤”。场院谓“柴草囤”，宅院谓“粮囤”，室内谓“钱囤”。囤中放置五谷和铜钱，并盖上瓦片、砖头等，叫做压囤。意为非常富足，金钱丰厚。且将余灰撒到屋内院中各个角落，意为防蝎子、蚰蜒出来伤人。现在，此俗个别农户仍然沿袭。

炒蝎子爪。伊家沟村沿袭下来的旧俗，但至今仍然保留。二月二前，家家户户将大豆用五香面、盐水浸泡、晾干。二月初一夜，用油炒半熟，谓之“炒蝎子肚”。二日早上，再用油炒熟，即成“蝎子爪”。食之香酥可口，余味无穷。左邻右舍互相赠送。

二月二炒蝎子爪的习俗还有一个神奇美丽的传说。相传武则天当上皇帝，玉皇大帝闻之大怒。于是传谕四海龙王，三年不得降雨。司管天河的龙王，不忍看到人间干旱、粮食无收、百姓饿死的惨景，甘犯天条为人间降了一场大雨。玉帝得知，勃然大怒，将天河龙王打下凡间，压在大山之下，并立下戒规，不准其重登凌霄殿，除非金豆遍地开花。人间百姓为了营救龙王，报答救命之恩，家家户户炒蝎子爪，并在院中设案焚香，供上“开花”的“金豆”，祈求玉皇大帝开恩。玉帝感黎民百姓之诚，便于农历二月初二传谕天河龙王重回天庭，并让四海龙王继续为人间兴云布雨。从此，民间形成习俗，每到二月初二，便炒蝎子爪，感戴天河龙王的救命之恩。有的地方，亦有爆米花之俗。其实，撒石灰“打囤”和炒“蝎子爪”等习俗，只是人们表示一种驱瘟避害、保健祈福的渴望。

寒食节　寒食节在清明的前一天。是时，伊家沟村与境内各地相同，有不动烟火、吃冷食的习俗。此习俗起源于春秋时晋文公悼念介子推的故事。据《东周列国志》载：晋文公重耳在未当政前，遭弟弟晋惠公的追杀，流亡国外，受尽屈辱，吃尽苦头。在卫国境内，重耳饿的昏倒在地，陪臣介子推自割腿上肉，煮后给重耳吃了，方得以生还。19年后，重耳回国即位，称晋文公。在封赏有功之臣时，唯独忘了介子推。介子推不愿争功，就和母亲隐居绵山。晋文公悔之不迭，亲自到绵山寻找，但介子推避而不见。晋文公知其是孝子，便下令放火烧山，逼其下山受封。但大火连烧三天，仍不见介子推的踪影。晋文公再次上山寻找，但见介子推背着母亲死在一棵被烧焦的大柳树下。重耳悲哭下拜，将介子推及其母亲葬于柳树之下。为了纪念介子推，在绵山上建祠庙，将绵山改为“介山”、绵上县改为“介休县”，并将烧山之日定为寒食节，每年此日禁忌烟火，寒食一日。此俗沿至于今。但禁烟火、吃冷食已废止。

清明节　亦是起源于介子推的故事。第二年寒食节，重耳率群臣至介山，在山下寒食一日，翌日素服徒步，登山祭奠。但见死柳树复活，且绿枝千条，随风起舞。重耳敬重地折柳条编圈戴于头上，众臣效之。祭奠后，重耳将复活之柳树赐名“清明柳”，又把这天定于“清明节”。

自唐、宋始，人们在寒食到清明的三天内扫墓，家家门前插柳，意为招先人之魂，表示对故去先辈的悼念，此俗沿袭至今。

清明节既是祭祀祖先、缅怀先人的宗亲节日，又是中华儿女认祖归宗的重要节日，是一条维系海内外华人思想情感的文化纽带。清明节，村民习俗，对故世三年内的祖亲坟墓，于此日中午，由死者亲属置供品、纸香上坟、添坟祭奠；对故世三年以上祖亲的坟墓，在清明节后三天内（现亦有十天内者），由亲属到坟前烧纸祭祀。

1949年后，破除迷信，上坟烧香纸者逐渐减少。进入21世纪，亦有向先祖坟墓敬献鲜花者。机关、学校、群众团体，于清明节组织青年学生和群众祭扫革命烈士陵墓，讲述革命烈士英雄事迹，以进行革命传统教育。村民们还有到野外踏青游玩、放风筝的习俗。

端午节　又称“端阳节”“五月旦五”。伊家沟村人民历来有包粽子、煮鸡蛋、缝戴香荷包、门前插艾等风俗。相传此节是为纪念战国时代楚国著名爱国诗人屈原。屈原曾任楚国左徒、三闾大夫（官名）。时，楚国屡遭秦国侵略，人民痛苦不堪。为使楚国免于覆亡，屈原主张联齐抗秦，但为楚怀王拒绝。之后，楚怀王被张仪骗至于秦，忧虑成疾而死。悲愤欲绝的屈原，又上书新即位的顷襄王，选将练兵，为怀王报仇。顷襄王宠信奸佞，将屈原削职逐放。继而秦攻占楚之郢都。楚失地千里，百姓尸横遍地。极端忧郁、悲痛的屈原，在农历五月五日投汨罗江而死。老百姓为避免其尸体为江中鱼龙所伤，纷纷将粽子、鸡蛋投入江里喂鱼龙。后来，历代沿袭，便演变成端午节吃粽子和鸡蛋的风俗。

是日，伊家沟村人有在门口插艾的风俗。妇女们用彩色花布缝制的瓜果、花卉、鸟兽、鱼虫等各种形状的荷包，内装香附、艾叶、丁香等配成的香料粉，戴在身上，香气袭人。插艾和戴荷包，都能起到驱蚊虫之功，杀病菌之效。自20世纪70年代，缝制荷包逐渐消失，但包粽子、煮鸡蛋之俗至今仍然盛行。

端午节是有着悠久历史渊源，深厚文化内涵的民俗活动。2007年，国家把端午节规定为法定节日，以弘扬爱国主义精神。

夏至　是日，伊家沟村人历来有喝“夏至面”的习俗。面条在锅里煮熟后，捞到温或凉开水中。少许，再将凉面捞至碗中，浇以麻汁、大蒜、醋等佐料食之。夏至面有降温防暑的作用，适宜夏季食用。此俗流传至今。

六月六　伊家沟村旧有“六月六，晒龙衣”之俗。传说这天晒的衣服不发霉，不生虫。是日，天气晴朗，家家户户扯绳晒衣晒被。以防进入雨季后，雨水较多，天气阴潮，衣物被褥难找晴天晾晒，且不便于保存。这天，午饭吃水饺、喝凉面，改善生活。此俗延续至今。

八月初一　“八月初一吃焖鸡”流传已久。前一天将老母鸡宰杀洗净，装入罐中，加适量清水和“猪食菜”及其他佐料后封口，文火焖煮一夜，待初一凌晨开封食用。传说这天吃焖鸡能驱寒强身，治疗和预防各种疾病。伊家沟村尚有女吃公鸡，男吃母鸡之说。1948年前后，八月初一吃焖鸡，多为老年妇女和体弱多病者。此俗至2015年仍相传，但多用高压锅或铁锅蒸炖之，全家享用，成为改善生活的美味佳肴。

中秋节　农历八月十五日，是中国民间传统的重要节日——中秋节，有“八月十五过小年”之说。

因为，农历八月十五居于秋季的正中，所以称为“仲秋”(“仲”即居中的意思），而此日又居“仲秋”之中，故称为“中秋节”或“仲秋节”。

中国古代，帝王有春天祭日，秋天（八月十五）祭月的礼制，民间有逢八月中秋亦有祭月、拜月、赏月之风。据史籍记载，在唐代，祭拜月神后，或是赏月吃团圆饼（月饼），或是饮桂花酒等，以示祝福，喜庆团圆。中国传统节日众多，唯独在此节中加一“佳”字，称“中秋佳节”。实为以祭拜月神来寄托“花好、月圆、人长寿”的美好愿望。节前，伊家沟村家家户户置办月饼、水果、肉类、酒菜等，亲朋好友之间互赠礼品，借以加深感情、促进友谊。在外谋事的家人，一般都在这天赶回家中团聚，故又称“团圆节”。节日晚上合家欢聚，且又备有丰盛之酒肴。家人欢声笑语，一边赏月，一边分食月饼，称之“圆月”。旧时须先烧纸、焚香，供奉月神，现已废止此举。国家于2007年将中秋节规定为法定节假日。

重阳节 农历九月九日，是中国”一年一度秋风劲”的重阳节。中国古代，以“六”为阴数，“九”为阳数，此日为两个阳数相重，故称之为“重阳节”，亦称“重九”。重阳节源于汉初，盛于唐代。九月重阳，天高云淡，金风送爽，五谷飘香。是日，古人有头插茱萸，手提菊花酒，登高游玩之习俗。1949年前，此日也是地主辞退长工的日子，因此，民间不过此节。1987年，国家将重阳节定为老年节。

民间有以重阳阴晴预测冬季雨水多少的习俗，有“九月不下盼十三，十三不下一冬干”之说。此时，农家已粮食归仓，柴草归垛，家家包饺子改善生活，喜庆丰收。

十月一 农历十月初一，是中国民间的祭祖节。民间家家户户都要上坟焚香烧纸，祭奠故去的先祖。是日，出嫁的妇女依照旧例回到娘家祭祀已故的长辈。在外工作者，亦须回故里祭祀去世的祖先。三年内故去亲人的坟墓，后辈须在“十月一”这天上坟。三年以上故去者，晚辈十日内均可到坟墓上坟祭祖。若有晚到者，见有人已焚香烧纸上坟，将所带的纸（币）压在坟头即可。祭祖后，一般以三锨新土覆盖于坟墓之上，谓之“添土”。十月一上坟，表示对已故祖先的怀念及追悼之情，此俗延续至今。

冬至 冬至是由天文节气演变而来的传统节日。冬至处于仲冬时节，是一年之中阳光照射最短的一天，冬至过后便进入隆冬酷寒时节。伊家沟村村民对此节历来十分重视，有“冬至大如年之说”。冬至这天的午饭，家家户户均吃水饺，即所谓“冬至饺子，夏至面”。亦有“冬至吃水饺，不会冻耳朵”的说法。有的农户，尚有喝酒御寒暖身子的习俗。

腊八节 农历十二月初八，俗称“腊八”，是中国历代相沿成俗的一个传统节日——“腊八节”。腊八节是春节的序幕。自此，人们就开始闻到“年味”了。

古代“腊”“猎”“蜡”为同一个字，是一个祭祀名。远古时代，人们将在年终猎获的野兽来祭祀天地、祖宗，以祈福求寿，避灾迎祥。从周代始，农历十二月就成“腊月”。因所祭之神有八种，固此，又称为“腊八”。自汉代，开始正式将祭祀日定在农历腊月初八日。此日又是佛教节日，据传是释迦牟尼成道之日。至南北朝时，佛教盛行，又将年终祭祀日与佛祖纪念日合为一体，一同在农历十二月初八这天举行。

每到腊八这一天，当地有吃“腊八粥”的习俗。

是日，伊家沟村家家户户用五谷杂粮掺入花生、莲子、葡萄干、枸杞子、栗子、红枣、核桃仁、杏仁、糖等原料熬制香甜可口、营养丰富的“腊八粥”，作为御寒健身的饮食佳品。吃腊八粥之前，要先盛一碗粥，抹在车、碾、磨盘、牛槽、猪圈门上，就连鸡猪也有幸品尝，以图求吉祥、祈丰收、避灾祸。还有的把粥和大枣放在枣树上，盼望来年枣子大丰收。

20 世纪至 21 世纪以来，村民多在此日用醋腌制生蒜，谓之“腊八蒜”。

公历节日

中华人民共和国成立后，国际国内一些具有历史意义和纪念意义的日子，经中央人民政府明文规定和提倡，逐渐形成民间节日。

元旦 公历 1 月 1 日，民间亦称“阳历年”。每到这一天，全国城市和乡村，都张灯结彩，披上节日的盛装，不少单位悬挂起“庆祝元旦”的巨幅标语，欢庆新年，争取更大的胜利。

元旦，其中的“元”是第一或开始的意思。“旦”是太阳升起的意思。国内考古工作者，曾发现一幅太阳从山颠升起，中间云雾缭绕的画。经考证，这是最古老的“旦”字的写法。后又发现“旦”字被简化成日出地平线的形状。“日”与“一”相连，就是太阳从地平线冉冉升起的图像。自此，就把一日开始的“元”和“旦”两字相合，引申为新年开始的第一天。

元旦起源历史悠久。唐代房玄龄等编撰的《晋书》记载：“颛帝以孟春正月初九为元，其时正朔旦立春。”意指远在颛顼时代，即把春季第一个月，即农历的正月为“元”，初一为“旦”。“朔旦”是每月的初一。为区别其他月份，后人就把元月的朔旦称为“元旦”。南宋吴自牧所著《梦粱录》也载：“正月朔旦，谓之元旦，俗称新年”。后经历朝历代，其说略有区别。

1949 年 9 月 27 日，中国人民政治协商会议第一次全体会议决议：“中华人民共和国纪年采用公元纪年法”，即是所说的阳历。为区别农历和阳历两个新年，又鉴于农历二十四节气中的“立春”恰在农历新年前后，便把农历正月初一改称为“春节”；阳历 1 月 1 日定为“元旦”，并将此日定为法定假日。从此，元旦才成为全国人民的欢庆节日。

是日，伊家沟村村委、学校及驻村单位皆升国旗，门口悬挂“庆祝新年”或“庆祝元旦”的巨幅红色标语。

亲朋好友之间有互相赠贺年片的习惯。因地处城区，节日比较隆重。家人团聚，举行酒宴，共同庆祝元旦。

“三八”妇女节　“三八”妇女节也叫“三八国际妇女节”“国际劳动妇女节”。“三八节”是世界各国劳动妇女为争取和平民主、妇女解放而斗争的节目。

1909 年 3 月 8 日，美国芝加哥市的女工为争取自由平等，反对资产阶级的压迫、剥削和歧视，举行规模巨大的罢工和示威游行，得到广大劳动妇女的热烈响应。翌年 8 月，在丹麦哥本哈根召开的第二次国际社会主义妇女代表会议上，定 3 月 8 日为国际劳动妇女节的建议。

中央人民政府政务院于 1949 年 12 月，规定“三八”国际妇女节为中国劳动妇女的节日。伊家沟村妇联常在“三八”妇女节召开庆祝和座谈会，总结计划生育和其他各项妇女工作，表彰好媳妇、好婆婆、好妯娌、好姑嫂和致富女强人等，进一步促进妇女工作的开展。

植树节　3 月 12 日，为中国的植树节。

植树造林，是有益于当代、造福子孙的千秋大业。中华民族素来有“前人栽树，后人乘凉”的传统道德风尚。

中华民国政府于 1929 年 2 月 9 日公布，各省应于每年 3 月 12 日——孙中山总理逝世纪念日，举行植树式及造林运动，以唤起民众注意林业。

1949年后，毛泽东主席、党中央和国务院向全党全军和全国各族人民发出“植树造林，绿化祖国”的伟大号召，林业工作取得很大成绩。1979年2月13日，全国人民代表大会常务委员会第六次会议原则通过《中华人民共和国森林法（试行）》，并决定3月12日为中国植树节。此日，伊家沟村干部、学校师生及其他群团组织等，参加植树造林活动。

“五一”劳动节 5月1日，亦称“五一”国际劳动节。

1886年，5月1日，美国芝加哥20万工人举行声势浩大罢工游行，要求改善劳动条件，实行8小时工作制，遭到资产阶级的血腥镇压。经过流血斗争，在美、法各国工人的罢工声援下，美国工人阶级终于赢得8小时工作制的权利。

为了纪念这次斗争，1889年7月14日，在巴黎召开的第二国际成立大会上，根据法国代表团的提议，通过关于“五一”节的决议。从此，5月1日就成为全世界劳动人民团结战斗的节日。

中国工人阶级最早于1907年，以铁路工人为主的哈尔滨劳动人民，在俄国革命的影响下，开始国内最早的“五一”节庆祝活动。

1949年后，中央人民政府政务院于1949年12月，规定5月1日为中国工人阶级和劳动人民的劳动节。

“五四”青年节 5月4日是中国青年节，亦称“五四”青年节。

1919年5月4日，北京学生游示威、抗议巴黎和会承认日本接受德国侵占中国山东的各种特权的无理决定。“五四”运动之后，为了使青年继承和发扬“五四”运动以来中国青年光荣的革命传统，1939年陕甘宁地区西北青年联合救国会规定5月4日为中国青年节。中华人民共和国成立后，1949年12月，中央人民政府政务院宣布5月4日为中国青年节。

“六一”儿童节 为国际儿童节，亦称“六一国际儿童节”“儿童节”。

国际儿童节是根据国际民主妇女联合会，于1949年11月莫斯科召开的理事会上决定产生的。为保障全世界儿童的生存权、保健权和受教育的权利，反对帝国主义虐杀和毒害儿童，会议决定把每年的6月1日，定为国际儿童节。

中华人民共和国成立后，1949年12月23日，中央人民政府政务院通令，规定“六一”国际儿童节为中国儿童的节日。是日，全国儿童普遍开展各种纪念活动。伊家沟村“两委”及驻村各机关、团体也向幼儿园赠送节日礼物。

“七一”建党节 7月1日，是中国共产党成立的纪念日。

1921年7月23日，中国共产党第一次全国代表大会在上海召开。出席会议的有毛泽东、董必武、陈谭秋、何叔衡、王尽美、邓思铭、李达、李汉俊等13人，代表全国57名党员。

大会讨论了政治形势、党的基本任务、组织原则和组织机构等问题。通过中国共产党的第一个党纲。党纲确定党的名称为中国共产党，并决定建立党的地方组织。大会选举党的中央机关，陈独秀担任中央局书记，组成中国共产党。

1941年，党中央正式把“七一”作为党的生日固定下来。

中华人民共和国建国以后，每年都有党的生日纪念活动。每年的“七一“建党节，村党组织都召开党员座谈会等活动，纪念党的生日。

“八一”建军节 中国人民解放军建军节，也称“八一”建军节。

1927年8月1日，周恩来、朱德等人领导

南昌起义。向国民党反动派打响了第一枪，创建了人民的军队，使中国革命进入了第二次国内革命战争时期。

1933年6月26日，苏区中央局根据中央革命军事委员会的决议，作出《中国共产党中央局关于“八一”国际反战争斗争日及中国工农红军成立纪念日的决定》；6月30日，中央革命军事委员会发布《关于决定“八一”为中国工农红军成立纪念日》的命令。7月11日，中华工农民主共和国中央政府人民委员会在瑞金沙洲坝召开的第四十五次会议，作出《中央政府关于“八一”纪念运动的决议》，规定每年8月1日，为中国工农红军诞生的光荣节日。自此，每年都用各种形式庆祝“八一”建军节的传统，一直继承下来。

每年的这一天，新城街道办事处，对军属、烈属、残废军人发放生活补助，以示关怀。

教师节 9月10日，是全国人民教师的节日——“教师节”。

1985年1月21日，第六届全国人民代表大会常务委员会第九次会议同意国务院关于建立教师节的议案。决定9月10日为教师节。

即日，伊家沟村村两委向联办附小、一中、泰西中学、六中、实验中学等学校赠送慰问金。

国庆节 10月1日，是中华人民共和国成立纪念日，亦称“国庆节”，是全国

各族人隆重欢庆建国纪念的节日。

1949 年 9 月 21 日，中国人民政治协商会议第一次全体会议隆重开幕。会议制定和通过《中国人民政治协商会议共同纲领》，确定中华人民共和国为新中国名称，选举毛泽东为中央人民政府主席，选举朱德、刘少奇、宋庆龄、李济深、张澜、高岗为中央人民政府副主席。会议确定“五星红旗”为中华人民共和国的国旗，以田汉作词、聂耳作曲的《义勇军进行曲》为代国歌，把北平改为北京，作为中华人民共和国的首都。

1949 年 10 月 1 日下午三时，在首都天安门举行中华人民共和国开国大典。毛泽东主席庄严的向全世界宣告中华人民共和国中央人民政府成立。

是时，肥城县委、县民主政府在伊家沟村召开了全县万人大会，热烈庆祝中华人民共和国成立。晚上，村内到处张灯结彩，人民载歌载舞，举行丰富多彩的庆祝活动。

礼仪习俗

婚嫁

1949 年前后，婚嫁有套封建式的繁文缛礼。男婚女嫁遵从父母之命，媒妁之言。男女双方年龄大小、相貌丑俊、聪明愚钝等，甚至残疾与否，均无选择的权利，并且买卖婚姻屡见不鲜。此类婚姻多数是女方家庭贫穷，男方以钱财相许，且大多男女岁数相差较大。女子出嫁必须从一而终，丈夫夭折、早逝也不能改嫁。有“好马不配二鞍，好女不嫁二男”之说。妻子去世，男子则可以再娶，称之“续弦”。富者亦可纳妾。

换帖　男女一般到十五六岁，富裕者到十三岁左右，就开始提亲。经媒人说合，双方老人同意，便初步定下亲事。而后，择吉日订婚时由媒人携带男方“敬求金诺”或“久仰名门、愿结秦晋”“不揣寒微、仰攀高门”的红帖至女家，换回“仰答玉音”或“谨遵召命”“辜借冰音、仰答红章”的红帖。谓之“换帖”。因帖均由媒人来回传递，故又称“传小帖”。1948年前，男女通婚，以女大为贵，故有“女大三，抱金砖”和“女大三，过的黄金触着天”之说。

换柬 换帖之后，再择吉日由媒人携带书有男子姓名、年龄、生辰八字等内容的四折红柬和装有聘金及礼品至女家，换回许亲的红柬，定下亲事。

1949年后，伊家沟村和境内其他村庄一样，废除封建婚姻制度，贯彻婚姻法，实现婚姻自主，换帖、传柬的形式终止。20世纪50至70年代，自由恋爱在农村尚未形成风尚，男女双方即使互相产生爱慕，有了相伴终生的念头，也要托人牵线，男女约定日期见面。之后，双方各自了解对方的人品脾气、身体条件、文化工作、家庭状况等，若彼此中意，便择日订婚。80年代之后，自由恋爱逐渐形成风气，新式婚姻只有订婚、结婚两种形式。

订婚 男女双方彼此了解成熟后，择吉日（现在多选双头日），男女设宴款待女方家人，照订婚相，并向女方赠送衣物、首饰和现金作为订婚礼，为见面礼。也有的以男女双方互换手绢为名，男方赠女方现金。

20世纪50—80年代，所赠现金几十元到百元不等。1990年后，增加到800元至1000元。男方较富裕者，有的增至10000元。有的地方时兴1001元或10001元，名为“千里挑一”或“万里挑一”。时下，赠女方耳环和戒指者，亦不在少数。女方到男方家叫爹娘或认识其他长辈，都给见面钱，其数额少者百元，尚有几百元到千元者。

结婚 1948年前后，结婚经媒人征得双方家长同意，选定良辰吉日，再由男方根据女方的八字命相，请占卜先生查好黄道吉日（均为双月双日），正式向女方送婚帖，帖上写明迎亲日期、上下轿的方位及禁忌等事宜，女方一次做好婚嫁准备。婚期前三天，男方给女方送红袄，俗称“催嫁衣”。及装有金银首饰、粉妆、梳具的梳妆盒子等，俗称“送梳子”或“送红袄”。男方的亲朋好友备礼品（一般为钱财）贺喜，称“道喜”。女方的亲朋好友亦备礼品祝贺，称“添箱”。

喜事前一天晚上，女方准备嫁妆，新人上轿前“开脸”“盘髻”，称“上头”。穿红袄，蒙红盖头，在凌晨临走前“抓福”（即抓盘中的麸子、制钱），然后顶红伞，走红毡上轿。贫穷人家一般用椅子抬新娘上轿。女方除抬嫁妆以外，还要去一至三名男女送客，讲究“去双回单”。花轿前后，彩灯数盏。途中遇庙过桥，新娘扔钱一对。

男方事先装点新房，迎门墙上贴红“囍”字，尚有用红纸剪作“囍”字贴在窗上者。门口贴“清风入蜜月，喜气来洞房”或“洞房两朵爱情花，灯下一对幸福人”之类的对联。大门、客厅、父母住房等均贴喜庆对联。

娶亲前一夜，时兴大伯哥给新人铺床，被头敞着的一方朝新娘，意为新娘进门准备吃气，铺毕在床上打个滚，意为当年生个“小胖子”。有的新房墙上挂艾和蒜，意为小两口相亲相爱，过日子会算计。枕头内放枣、栗子和花生，意为早“立子”，“花着生”。送亲、迎亲人员，尚有“姨不迎，姑不送，嫂子送了穷光腚”之说。

花轿至男门口，须等到指定的时辰，新娘方可下轿，俗为“磨性子”。新娘下轿，由礼宾主持，先拜天地，后拜父母，夫妻对拜，再入洞房。新郎用秤杆为新娘挑去蒙头红，新娘向众人散发喜烟、喜糖、长命烧饼。之后，新娘喝从娘家带来的“宽心面”。

男方设宴款待送客者，拂晓即归。天亮后，男方大摆宴席，宴请亲朋好友喝喜庆酒。晚上，新人喝交心酒，晚辈闹洞房。新娘坐帐三天。三天后，新娘由嫂子陪同到族家近门磕头认亲，长辈付“见面礼”钱。第四天，新郎、新娘带鸡、鱼、肉等四牲礼到女方家“回门”，亦称“认亲”。为防差错失礼节，一般由本族长辈陪

孙 建 摄影

同。女家盛情款待，请新郎坐上首，亦请本家长辈相陪。酒宴多为“两大件”或“四大件”，女家较贫的亦有“十大碗”者。席毕，新郎、新娘须在落日前回到家中。整个结婚程序尚包括，两亲家见面，谓之“会亲家”；新娘回娘家，谓之“住对月”；女方长辈将新娘送回，谓之“送对月”等。

1948年前，因婚姻不自由，家庭条件差，封建迷信等原因，还有一些封建习俗，如童养媳、娃娃亲、换亲、转亲、纳妾、冥婚等。21世纪后都已废除。

1950年，全县贯彻婚姻法，废除封建婚姻制度和封建婚俗，实行婚姻自由，喜事新办。20世纪50年代，一般用地排车、独轮车、推车将新娘送到婆家；60年代后，以自行车代之。“文化大革命”中，娘家有以锄、镰、镢、锨“四大件”作为陪送嫁妆，拜天地、拜父母、夫妻互拜以鞠躬代之。80年代，改由男女双方由团组织出面迎送新娘，有的旅行结婚。过去，婚宴均在男方家中，现在结婚仪式及婚宴基本在饭店举行。

1948年前后，男方贫穷且兄弟多的家庭，男方有到独女家结婚的习俗，称为“倒插门”。男子须改名换姓，且受到歧视。20世纪70年代，计划生育政策实施后，提倡男到独女家落户，结婚仪式和女到男家相同，且受到尊重和法律保护。

生育

婴儿出生 妇女生孩子，伊家沟村俗称“坐月子”或“占房”。中国的传统观念认为，生儿育女乃为宗嗣增人添丁，延续香火，故为家族之大喜。

妇女怀孕，称“得喜”或“有喜了”。家庭都特别强调孕妇的保养，想吃之食，应有尽有。但是禁忌吃兔子肉，以免胎儿生豁嘴；不准吃姜，怕胎儿生六个指头；忌吃鸡肉、狗肉，担心胎儿化掉；忌吃葡萄，怕生葡萄胎。不能参加婚礼和丧礼，怕孕妇情绪激动或悲伤，影响胎儿发育。以上诸多旧俗，现已不甚讲究。

孕妇产前一个月，娘家母亲或嫂子须带红糖、挂面等前去看望，谓之“催生”。婴儿出生后，丈夫到岳家“报喜”和通知吃面时间。娘家让报喜人带回部分鸡蛋。产后三天，娘家母亲或嫂子携带鸡蛋、红糖、挂面、小米等物前去看望闺女。1948年前，生男孩称“大喜”，生女孩称为“小喜”，现在重男轻女观念已逐步改变。婴儿出生一个月内，其祖父或父母要给孩子起乳名，亦称之“小名”。亦有外祖父母或其他人起名的。

送粥米，产妇分娩一个月，亲朋好友，左邻右舍送鸡蛋、挂面、大米、小米、红糖等，称“送粥米”或“看月子”。主家压回部分物品或回赠染红皮的熟鸡蛋。现在，除送鸡蛋、挂面等物品外，送“婴儿装”“婴儿毯”，亦成新的习俗。

吃面 产妇产后6天、9天或12天，娘家近族一般以鸡蛋、红糖、挂面、大米、小米为主，装成数篮，上盖红布，由男孩担着，到产妇家，谓之“吃面”，主家设宴款待。1948年前后，须将接生婆请来并做首席，并以现金相赠，称“洗手钱”。现在均在医院分娩，在饭店设宴。娘家人前去吃面，带物品者较少，一般都带现金。宴毕回家时，主家以红皮熟鸡蛋和现金相赠。

满月 产妇满月之日，早饭要吃油饼，称“状腰”。要炖一只老母鸡吃，称“补身子”，并“卧床出汗”。之后，娘家要接回去“住满月”。1948年前后，产妇去娘家住满月，临走时要在孩子脸上抹上一道黑灰，从娘家返回时，要在孩子脸上抹道白灰，称“黑狗去，白狗来，奶奶在家等双鞋”。1949年后，此俗已废，但“住满月”之俗仍沿用。且在产妇回婆家时，娘家要给孩子一身衣服，称“退毛衫”，还要做双鞋。

百日 婴儿出生一百天，称“百日”。1948年前后无庆贺仪式。20世纪70年代后，父母给婴儿照“百日相”，以作纪念。

周岁 婴儿出生一年，谓之“周岁”，亦称“一生”。是日，桌上摆设书本、笔、算盘、馒头、秤等物，让孩子随意抓，谓之“抓生。”以孩子先抓的物品，评判其一生的作为。今村内仍有“抓生”之俗，但多视为游戏而已。

祝寿

伊家沟村有“六十六，吃块肉”之说。老人到66寿诞之日，子女要为老人上寿，谓之“做生”。祝寿之日，儿女携带鸡、鱼、肉、酒等礼品，前去为老人祝寿。旧时，晚辈有给老人磕头之俗，早已革除。现在，除带以上礼品外，尚带祝寿糕，有祝老人“高寿”之意。或不带礼品，以现金代之。近几年，为小孩过生日者渐多。

店铺开张

店铺开张营业，俗称“开市”。营业前，将铺面、货物准备齐全，下请柬，邀请亲朋好友及与本业有关者光临，举行开业典礼。被邀请者带贺幛、贺镜、花篮等。若店铺在楼上，贺幛长度要从楼顶至地面。贺幛上书“热烈庆贺 ×× 单位隆重开业”或“生意兴隆通四海，财源茂盛达三江”，或创业领导致贺词。典礼开始，鞭炮齐鸣，甚为隆重。现时，店铺周年，亦有举行典礼庆贺者。此间，多搞商品优惠活动。典礼结束，店主设宴款待或以礼品相赠。

乔迁

乔迁新居后，亲朋好友携带礼品前去庆贺。是时，礼品以鸡、鱼、肉、酒为主，现多为礼金。主人设宴款待，俗称“温居”或“温锅”，此俗至今仍盛行。

丧葬

1948 年前后，伊家沟村丧葬习俗，迷信色彩浓重，礼节繁多。

入殓 老人病重时，子女须守在身边，即使在外工作者，亦须请假火速赶回家中。病危时，子女为老人洗脚、洗脸、剃头、穿送老衣服（寿衣），以免咽气后难以穿戴。并在气绝前，将其移至明间，置毯子或席子上，以免招魂，隔在屋里。气绝后以火纸盖脸，白纸盖身，死后烧“倒头纸”，以示死者灵魂已赴“阴间”。此时，家人放声痛哭。为死者净面、整装，将尸体移入棺内，叫“入殓”。若死者为女性，由长子到伊家沟村长辈和姥娘家磕头，称“跪门”，以告知其娘门人，求本族及乡邻帮助料理丧事。

本族长辈受委托，议定“总理”，总揽“丧局”。

报丧 “总理”定下后，先和家人商定应报丧的亲戚朋友等，然后着人写“丧帖”。丧帖须写明死者享年、病故时辰、出殡日期，丧帖须派专人报送。发丧日期不能更改，亲戚朋友必须如期参加丧礼。死者女儿家，接到丧帖后，由专人至婆家

“讨服”。丧主家门上须贴白纸，或写“丧联”，门口摆放纸幡，门旁悬鼓，吊客至时敲击。此俗现除。

扎纸 1948 年前后，老人病故，子女为其扎“摇钱树”“聚宝盆”“金童、玉女”等。富裕人家还扎纸“轿”“车马”“阴宅”等，20 世纪末至 21 世纪初迷信人家亦有扎“电视”“沙发”“楼房”“发电机”者。送殡时拿到墓地在坟前焚烧，以祈故人在阴间仍可享受如阳间一样的生活。此俗 20 世纪 60 年代曾被革除，近年，在农村亦有回潮。

戴孝 1948 年前后，老人去世，子女要服重孝。男穿白布长衫，名曰“孝袍”，带孝帽，并以麻绳束服，绳头拖地，曰“拉孝绳”。穿白布覆的鞋，手执缠有火纸条的柳木棍，曰“哀杖”。孝子迎宾朋，须弯腰低首走路，以示哀痛。女儿、儿媳及近支女眷穿白孝衣，扎“白褟头”，未婚女子扎白布条。统称为“披麻戴孝”。父母去世，子女服孝三年，侄孙服孝一年。服孝期间，不得穿红戴绿。春节，不能贴红纸对联。妻亡，夫不戴孝；夫亡，妻服孝三年。晚辈族人，亲友参加丧礼吊唁或过“五七”，男发孝帽，女发白布头巾，称“破孝”。未过门的女婿须红布搭身，称“十字披红”。1949 年后，披麻戴孝渐废，以黑纱上写“孝”字代之。21 世纪初，个别地方又有恢复。

送殡 又称“发丧”、出殡。一般在人死后第三天送葬。丧前，孝子抱公鸡到祖林“点穴”、烧纸、磕头，然后破土挖穴。富裕人家先请“风水先生”择墓地，以砖石砌穴。送葬前棺材放正房中央，为“停灵”。贫穷者亦有在当天出丧者。出殡前，孝子男左女右在棺木两旁守灵，邻里亲朋吊唁时，陪同痛哭，姥娘家来人时，须出门相迎。亲友吊丧付“礼钱”、送轻纱、花圈；乡邻付“人情”钱；女儿家和其他至亲要办鸡、鱼、肉“三牲礼”。出丧时先“泼汤”，即乡邻用筲抬着米汤去土地庙，边走边泼，子女等号哭随行。至土地庙，焚香烧纸，祭奠后返回，此举称“泼迷魂汤”。意为让死者灵魂迷路，不到过节“请家亲”，平时不要随意回家。出殡时，先送“盘川”，再拜“路祭”，棺材抬起时，孝子摔“老盆”。手持“哀杖”和“引魂幡”前往坟地，孝子由晚辈搀扶，称“架孝”。抬棺人后跟，亲属及女眷随棺哭行。一路撒纸钱，意为让“小鬼”拾钱莫挡道。至坟待棺入葬，助葬者堆土成坟。亲友按次序“祭酒”，同时焚香烧纸哭悼致哀，所带纸香全部焚烧，将“引魂幡”插坟头之上。安葬结束，孝子游坟，亲友脱孝返回。

丧后第三天，子女端供品、酒具到坟地烧纸、祭奠，称“复三”。之后，“三七”“五七”“百日”“祭日”，亲人均带供品到坟前焚纸祭奠。有“三七”和“五七”一起举行祭奠仪式的，出嫁女子仍须备“三牲礼”前来。“五七”之内，孝子如见认识的人，无论辈分高低，均须磕头，有“老人去世小三辈”之说。

1949年后，丧仪崇简，迷信礼俗逐渐革除。20世纪70年代，县（市）内推行火葬，先为死者开追悼会，举行遗体告别仪式，家属及亲朋好友均前来参加。之后火化，带回死者骨灰盒。家属及亲朋好友送至坟地安葬或送骨灰堂安放。“三七”“五七”“百日”祭奠仪式依前进行。

称谓

曾祖父：称老爷爷。

曾祖母：称老奶奶。

祖父：称爷爷。

祖母：称奶奶。

父亲：称爹、大大、爸爸。

母亲：称娘、妈、妈妈。

伯父：依次称大爷、二大爷等。

伯母：依次称大娘、二大娘等。

叔父：依次称大叔、二叔等。

婶母：依次称大婶子、二婶子等。

姑母：依次称大姑、二姑等。

姑丈：依次称大姑父、二姑父等。

姑之子女：称表哥、表弟、表姐、表妹。

兄：称哥哥、或大哥、二哥等。

嫂：称嫂子、或大嫂、二嫂等。

弟：称弟弟、兄弟、或大兄弟、二兄弟等。

弟媳：称弟妹、或妹妹。

姐姐：依次称大姐、二姐或姐姐。

姐丈：依次称大姐夫、二姐夫或哥哥。

妹妹：依次称大妹妹、二妹妹。

妹夫：依次称大妹夫、二妹夫或弟弟、兄弟。

外曾祖父：称老姥爷。

外曾祖母：称老姥娘。

外祖父：称姥爷。

外祖母：称姥娘。

舅父：依次称大舅、二舅等。

舅母：称妗子或依次称大妗子、二妗子。

舅之子女：称表哥、表姐、表弟、表妹。

姨母：称姨或大姨、二姨等。

姨丈：称姨夫或大姨夫、二姨夫等。

姨之子女：称表哥、表姐、表弟、表妹。

岳父：与妻同称，或称大爷、大叔。对外称岳父、丈把爹。现称爸爸。

岳母：与妻同称，或称大娘、婶子。对外称岳母、丈母娘。现称娘、妈。

妻兄：与妻同称，对外称舅子哥。

妻嫂：与妻同称。

妻弟：与妻同称，对外称内弟、小舅子。

妻弟媳：与妻同称。

妻姐：与妻同称，对外称大姨姐。

妻妹：与妻同称，对外称小姨妹。

连襟：与妻同称，对外称“两乔儿”“乔兄弟”。

公公：与夫同称，外称老公公。

婆婆：与夫同称，外称老婆婆。

夫兄：与夫同称，外称大伯哥。

夫嫂：与夫同称。

夫弟：与夫同称，外称小叔子。

夫弟妹：与夫同称。

夫姐：与夫同称，外称大姑子姐。

夫妹：与夫同称，外称小姑子。

父亲的姑：称姑奶奶。

父亲的姑父：称姑爷爷。

父亲的姨：称姨奶奶。

父亲的姨夫：称姨爷爷。

父亲的舅：称舅姥爷。

父亲的舅母：称舅姥娘。

母亲的姑：称姑姥娘。

母亲的姑父：称姑姥爷。

母亲的姨：称姨姥娘。

母亲的姨夫：称姨姥爷。

公婆对儿媳的称呼：1948 年前，一般不直呼名字，而叫“大小家”“二小家”，或儿子的名字加家“XX 家”，现多呼名字。

对丈夫的称呼：1948 年前，称“当家的”“掌柜的”“小他爹”，20 世纪后，称“劳力”或直呼姓名。

对妻子的称呼：1948 年前，称“俺家里”“做饭的”“孩子他娘”，现直呼姓名。

对晚辈的称呼：对女儿称“闺女”。兄弟的子女，称侄、侄女。姐妹的子女。称外甥、外甥女。

对友人的称呼：则根据年龄性别，称大爷、大娘、大哥、大姐、兄弟、妹妹或称先生、老师、师傅等尊称。

交际

相见礼节

乡邻相见：平辈间互相称呼、问候：“吃饭了吗？”“早上好？”“干什么去？”长幼之间，幼者主动向长者问候。在自家门口见到乡邻，一般说：“家来坐会儿”，“家来喝水吧？”旧时，妇女见男长者，要稍低头、并脚、轻声问候。若师生相遇，学生向老师鞠躬行礼；1949 年后，行少先队礼。“文化大革命”时，此礼仪中止。近年学生见到老师，主动向老师问好。骑车见到乡邻，要主动下车打招呼问候。春节后见到乡邻，要问“新年好？”乡邻病愈后相见，问“好利索了吗？注意身体。”

同事、朋友相见：彼此握手问好。

亲友相见：互问家中“老人壮实吗？”“孩子们好？”若路人遇熟人，止步、问候。

途中问路：视性别、年龄、职业等，先尊称，后问路。而后说“谢谢”“麻烦了”等客气话。

串门：村民喜欢串门。农闲、收工后或阴雨季节，愿到“知己”者家中，抽烟、喝茶、聊天。串门者多，视为在村内人缘好。串门时先敲门，或在门外打招呼，对方应答后，方可进院或进屋。夏季天热穿衣较少，串门切记应先敲门。

客人、朋友来，要迎至门外问候；客人进屋要让座于上首，先沏茶、敬烟，后叙话。客朋离去时，主人要送至门外，并招呼“改日再来”“给老人捎好”。

近几年，普及使用用礼貌用语，即“请、您好、对不起、没关系、谢谢、别客气、再见”等，使人们交际往来更趋文明和谐。

宴席礼节

1948 年前，在农村设宴多用八仙桌或方桌，20 世纪 80 年代后，多用圆桌。一桌为一席，一次多席者，以堂屋正间（亦称明间）为首席，俗称“正阳席”。一般招待比较重意的亲戚朋友。

八仙桌子一般安排客人 8 至 10 人，最多 12 人，有“八仙桌子怕十三之说”。八仙桌、方桌，与桌缝平行面朝上菜的方向，左为上座，右为陪座，亦以左为尊。背靠上菜的一边为席口，多由主人或陪客者就坐，负责递菜、斟酒。圆桌亦有主坐、陪坐之分。

每道菜上席，先置于桌中央，陪客者举筷示意，请主客动菜吃菜，众人随之。每次举筷吃同一道菜，即使不合个人口味，也要少吃应酬。大家都吃过的菜，方可随意吃。一般举次筷夹菜 1 至 2 次，然后放筷叙谈。亦忌满盘乱翻和夹朝别人方向的菜。

喝酒也以主客为主，众人随其举杯、放杯。席间，主人和陪客要向客人敬酒，以示待客之敬意。敬酒数量均为双数，敬两杯为“两好”；敬四杯为“四季发财”；敬六杯为“六六大顺”。亦有在敬酒后再陪客人饮酒的，数量亦为双数。陪客人按酒令划拳，亦在敬客人之例，现在已不多见。

吃饭。在客人的要求下，方可端上饭菜。但主人和陪客不能早放饭筷，即使已吃饱，亦要舀点饭或汤，待客人吃完，方可用尽，并陪客人离席。等收拾好桌面，再陪客人回来饮茶。

20 世纪 50 年代以后，此习俗仍然沿袭，但已简化诸多内容。

其他礼仪

送礼：亲朋、庄乡、邻居等，遇有喜事或逢年过节，均有互相送礼之习俗。前几年，乡间、机关为求人办事，送礼之风盛行。21 世纪初，国家提倡廉政节俭，此风渐止。

串亲：俗称走亲戚，一般每年 2 次。一次是在春节后正月十五以前，另一次是在麦后。近几年，中秋节前走亲戚已成风俗。出嫁女子去父母家，未过门的女婿去岳父家等，称为“送十五”。20 世纪 70 年代前，串亲多带馒头、挂面、糕点等物。80 年代后，以高档酒、烟、肉、罐头、活鱼、鸡等礼品为主。

接风、送行：亲朋好友在外工作多年回来探家，其他亲朋好友相约，携礼前去祝贺，称“接风”，亦称“洗尘”。临走再去“送行”，亦称“发脚”。现在，找上工作前去上班，考上学前去上学，送行之风时兴。在回家和外出的时间上，伊家沟村有“要回家二、五、八”（阴历初二、五、八日），“待要走三、六、九”的习俗，现在仍讲究。

探病人：探病人讲究在上午携礼探望，病人痊愈后，再次携礼前去探望，称之“起病”。下午及初一、十五忌探视病人。

生活习俗

服饰

衣着 1948年前，村内人着衣，一般人家以自纺自织的棉布为料。富裕之家常用“洋布”、绸缎、麻织品。1949年后，机制平面布即为人们惯称的“洋布”为主要衣料。20世纪60年代，斜纹、华达呢、卡其、国尼布料流行。“文化大革命”中，以“红卫兵”穿黄色仿军装为荣，黄色布料紧销。70年代，的确良、涤卡、凡尔丁等化纤布料称为时髦布料。进入80年代，随着人民生活水平的提高，毛、呢等高档衣料渐多，且花色、款式多种多样，成为人们的主要布料。

女装，清代富家妇女多穿旗袍。民国时期，妇女多穿大襟褂和大裆裤。褂子扣子斜钉在一边，裤子接白色或花色裤腰，以带束之。老年妇女以蓝、黑色为主，青年妇女多穿印花布。上衣肥大，袖短而肥，妇女腿上习惯扎带子，中老年人多用黑色，青年妇女多用红色和绿色。1949年后，特别是20世纪60年代后，制服裤子、对襟上衣开始在中青年妇女中流行。80年代流行裙式服装。中老年妇女习惯穿棉袄、棉裤。冬季，老年妇女喜欢穿大红袄，外罩蓝、黑褂子，露出红袄边，上穿小花袄，外穿大衣或面包服、呢子外套等。20世纪90年代后，女裤“右开门”为“前开门”所代替，夏季多穿裙装、吊带装，女孩多戴肚兜，上衣色彩多样。

男装，1948年前，春秋冬三季，男人一般上穿对襟褂，下穿直裆裤。夏季，农民多光背披“搭肩布”，也有上穿褂衩，夏穿裤衩。家庭富裕者，冬穿大襟棉袍，外套马褂或短坎，夏穿丝绸裤褂，以蓝色布扎腰。冬季劳作特别是推车者，喜欢穿无腰两裤腿以带相系扎腰的“衩裤”。幼童穿连脚棉裤。1949年后，中山装逐渐流行。20世纪60年代，中青年喜着学生服、军便服、国防服等。80年代，服装样式增多，老年人多穿中山装，中青年人着小翻领上衣，喇叭裤、牛仔裤、西装、面包服、皮夹克、防寒服、毛料大衣等。

帽 1948年前，青年人戴红顶帽衬，老年人戴青顶帽衬，多为一般布料或绸缎制成。冬季戴防寒棉帽，或戴“一把捋”线帽、毡帽头，儿童戴“马虎帽”。有的带“大礼帽”，妇女多以斗花头巾包头，中年妇女多戴镶有银质帽花且带帽链的“帽溜”，老年妇女喜戴黑色绒帽。中华人民共和国建国初，青少年多戴“瓜皮帽”。中青年戴解放帽，青年妇女围长、方头巾。

20 世纪 80 年代后，帽式多样，男子戴“鸭舌帽”者有之，戴呢子帽毛线织成的各式便帽者亦有之。夏季戴“太阳帽”、草帽等。女子冬季也多戴毛线、绒线织成的各式帽子。儿童戴防空军帽等样式。

农民下地劳作，多以戴草帽防晒、防雨。1949 年，多用高粱秸皮编制而成。20 世纪 60 年代，多以麦秸编成。70 年代后，以竹编帽为多。80 年代，青年男女讲究美观，下地或外出多戴“太阳帽”。

鞋 1948 年前，一般人家男穿双脸布鞋，壮年劳力穿铲鞋。女子穿尖头鞋，鞋尖绣花。富裕之家男穿偏口鞋、皮鞋；女穿缎面绣花鞋；儿童穿猫头鞋。1949 年后，男女皆喜欢穿球鞋、解放鞋、白力士鞋和五眼系带布底鞋等。

20 世纪 60 年代，流行塑料底松紧口布面鞋，女子喜欢穿方口布鞋，夏穿塑料或皮质凉鞋。老年冬季穿骆驼鞍棉鞋和东北乌拉鞋。80 年代，皮鞋、各类球鞋、登山旅游鞋普及。青年女子穿高跟鞋、半高跟鞋，款式丰富多样。男子冬季穿皮棉鞋，女子冬季穿女棉鞋和皮马靴等。老年妇女穿尖头鞋，质地、款式亦有变化，多不绣花。冬季出门，男女均戴各式各样的手套。

袜 清末民初，男穿纳底布袜，女子则用长布条裹脚。20 世纪 30 年代后，男女皆穿手摇机织棉线袜。富裕人家则穿细线织成的“洋袜”。夏季，男子多不穿袜。1949 年后，男女多着细线袜。60 年代后，流行呢绒袜。70 年代以后，呢绒、锦纶丝袜普及。90 年代后，青年女子夏季穿长筒袜。

装饰 1948 年前，中青年妇女有戴戒指、手镯、耳坠、耳环的习俗。媳妇发髻上插银花，老太太发髻上插簪子，儿童多戴镯子。富裕之家，老年男人亦戴戒指，有的还戴玉质“扳指”。姑娘、少妇擦脂抹粉、描眉画眼、抹口红。1949 年后，此俗渐少。“文化大革命”期间，此俗作为“资产阶级生活方式”而被禁止。80 年代后，带戒指、项链、耳坠，美容化妆在部分青年妇女中重新兴起。21 世纪前后，男青年中的赶时髦者，戴戒指者亦不罕见。

发型

清末，男子均在脑后留长辫子，且周围头发剃光，辛亥革命后废除。之后，剃光头者居多，少数学生、有身份者留短发、“平头”“大分头”等。1949 年后，中年男子多留平头、分头；老年人仍剃光头。20 世纪 70 年代后，男子发型多样，有的青年留有“大背头”“大鬓角”，蓄长发、烫发者亦有之。

清末民初女子发型，未婚者扎独辫，额头留“刘海”，婚后梳成发髻，外罩发网，有的还插上银花首饰，称“网子头”。老年妇女“绾纂”，俗称“疙瘩纽子”。1949 年后，青年妇女留短发或扎双辫，中年妇女剪髻留短发或梳成“飞机头”。后来，中老年妇女多剪为短发。80 年代后，中青年妇女烫发者渐多，还有的理成“运动头”、披肩发、马尾辫、男式头等，有的以染发为美。

男幼童在近脑门处留巴掌大的一块头发，称“留头心”，因小儿的卤门尚未闭合，有时呈波动起伏的状态，“留头心”，以防寒气侵入，一般在满月进行的一种古俗礼节。大一点的儿童在头顶留弯月形头发，称“月亮头”，有的在头顶两侧各留巴掌大的头发，长长之后扎小辫，称留“乖毛”，还有的在后脑勺留发扎辫，称“八十毛”，意为能活到 80 岁。

留须

1948 年前，男人到 50 至 60 岁即留须，意为已进入老年。嘴上留“八字胡”，嘴下边留“下颌胡”。1949 年后，老年人留胡须者日趋减少，理发的同时也刮胡，以示“少相”。但也有少数青年留胡须，称“青年胡”，以示时髦。

饮食

主食　1949 年前，村内一般人家多以玉米、高粱、谷子、地瓜为主粮，间以大豆、绿豆、虹豆、小豆等小杂粮。以胡萝卜、疙瘩、白菜、槐树、榆树叶及荠荠菜，米篙等野菜补主食之不足。只在年节或待客时吃少量面粉。1949 年后的 20 世纪50—60年代，以玉米、地瓜为主。1978年后，小麦逐步成为主食，现完全成为主食，地瓜成为改善生活的稀罕物品。

村内有吃窝窝头、饼子的习惯，多蒸或在糊粥锅里煮。为了节省柴草和时间，常在锅里炖菜，四周以饼子贴之，味香可口。还有用豆子糁、玉米糁掺白菜疙瘩、胡萝卜叶、槐叶等做“小豆腐”的习惯。80年代以后，随着主食的改变，窝窝、饼子、小菜豆腐很少有人再做，而以馒头、面条、蒸包、水饺等所代之。

村内人自古喜食煎饼。旧时，以玉米、高粱、瓜干碾成糁子，过水浸泡后，用水磨子磨成“煎饼面糊”，再用鏊子摊制而成。20世纪70年代以后，多用玉米制作，有的还加入大豆、小米、小麦等。富裕之家，则完全用小米摊制。煎饼制作有摊、刮、滚三种做法。80年代后，又增加了机制煎饼。

喝糊粥是村内每户普遍的饮食习惯。一日三餐或两餐必备。糊粥一般用玉米面或小米面熬成。20世纪60年代经济困难时，以瓜干面为主，玉米面辅之。添加黄豆、虹豆、绿豆等，称“豆子糊粥”。若加各种菜叶和少许盐，称“菜糊粥”或“咸糊粥”。富裕之家，尚在糊粥内加粉条、花生、香菜、豆腐皮等，则味道更加香美。

村内尚有吃饼的习惯。以白面薄单饼、油饼、菜饼、发面饼为多，并将饼类之食及面条、水饺作为待客的食品。面条有手工面条和机制两种面条，食用时有清汤面和炝锅面两种。凉面常在夏季食用，浇之以鸡蛋汤等。水饺和蒸包有素馅和荤馅两种。年初夜常食素馅水饺，以图全年素静平安。

20世纪80年代，随着经济条件的改善，农户均以白面为主食，兼食大米、小米、大豆、玉米等粗粮。馒头、面条、火烧、油条、烙饼等成为人们的主食，逢年过节和平时改善生活，人们仍喜欢吃各种馅的水饺。

副食 蔬菜：春季，人们多食白菜、小白菜、菠菜、苔菜、油菜、韭菜等。夏季多食豆角、莴苣、茄子、黄瓜、西红柿、土豆等。冬季多食大白菜、土豆、萝卜、芹菜、芫荽、山药、菜花、藕等，主要蔬菜是大白菜。20世纪80年代后，蔬菜棚大发展，人们一年四季均能吃到各种新鲜蔬菜。肉类：以猪肉为主，牛、羊肉次之。逢年过节或招待客人，多食鸡、鱼和“锅子肴”。蛋类：以鸡蛋为主，鸭蛋、鹅蛋次之。作为菜肴，或炒、或腌。夏季不容易存放，人们常以盐水腌鲜蛋，以备食用。近年，鹌鹑蛋亦成为一种过节或待客佳肴。豆制品：常年副食主要有豆腐、豆腐皮、豆芽。豆芽类有黄豆芽、黑豆芽和绿豆芽。另外，还有绿豆粉皮和豆腐乳。咸菜：以前，人们多自腌水萝卜、胡萝卜、香椿芽、韭花、辣菜疙瘩、黄瓜等，还有腌蒜、冬瓜等。近年，自腌咸菜减少，多买酱菜厂腌制的各类酱菜。油炸食品：村内人喜食油炸各类制品，诸如炸鱼、炸肉、炸藕盒、炸茄盒、炸香椿芽、炸花生米、炸藿香等。所用油为豆油、花生油、菜籽油、猪油等。从健康的角度，人们以讲究豆油和猪油以 7 ∶ 3 比例为好。口味：村内人们习惯以咸为主，少数人喜食酸、辣、甜。葱、姜、蒜和酱油、醋、味精是常用做菜之佐料。90 年代后，人们的口味渐趋清淡。

餐数 1949 年前，因多数人家生活困难，只在农忙时节一日三餐。农闲之时，多为两餐，晚餐多喝汤。中午炒菜，早、晚以咸菜代之。1949 年后，日食两餐者减少。20 世纪 80 年代后，饮食结构改善，副食品增多，讲究营养和卫生。以前，早餐时间较晚，一般早出工，学生起床后上学，早餐在学生放学和人们收工后，共同用餐。随着伊家沟村成为“城中村”，早餐亦随机关、学校而变化。即起床洗漱后用早餐，饭后出工、上班，学生上学。

待客 村内民风淳厚，热心好客。1949 年前后，一般人家待客，多是一壶酒（2 至 5 小两），四盘菜，吃馒头或面条。20 世纪 60 年代后，多以“四盘两碗”待客。侯贵客或新女婿，多用“八顶八”（八盘八碗）“十大件”（十盘十碗），多饮散装白酒。70 年代，待客多用瓷或铁盘盛菜，四至十几盘不等。招待新女婿，仍讲究“两大件”“四大件”。80 年代后，待贵客、新女婿，讲究高档原装白酒、啤酒或果酒。

饮茶 村内人们习惯饮茶，且讲究茶具。1949 年前后，一般人家饮大叶茶，也叫“老干烘”。或以“炒槐米”和霜桑叶代替。富裕之家多饮绿茶、红茶和花茶。20 世纪 60 年代后，群众多饮低挡茉莉、珠兰花茶和炒青茶。凡有来访者必饮茶，是起码的待客礼节。有的人饮茶成习，每日必饮，多则日饮二三次。80 年代，百姓始饮中高档茶，除花茶外，还饮碧螺春、毛尖、龙井等。随着生活水平的提高，夏季除饮茶外，吃冰棍、冰淇淋、饮矿泉水、汽水者日渐增多。

家用茶壶　张志银 收藏　陈东昌 摄影

茶具 1948 年前农家以小瓷茶碗为主。

讲究人家，以宜兴“紫砂壶”镶锡盖锡嘴，配以江西景德镇豆绿色茶碗为最佳。有的将豆子装满壶，内加水以豆胀将壶撑破，或冬天壶盛满水将壶冰破，再请工匠用铜锔子锔之，以显示壶之珍贵。现仍以“紫砂壶”为贵，且表示对客人之尊敬，但已为数不多。一般农户用较粗的陶瓷茶具，较讲究人家多用细瓷成套茶具。砌好茶后，要先倒半碗茶倒回壶中，称“回壶”。为客人倒茶，不能过满，以多半碗为宜。

田野送水陶罐壶及饮水碗　　张志银 收藏　陈东昌 摄影

住宅

1949年，村内居民住房，多是以砖、石结构作墙基，墙为土坯墙，平屋用石灰掺沙、石捶顶，起脊房多为麦草房顶。北屋为正房，称“堂屋”，多是三间一门，一明两暗。中间为明间，明间后墙居中开一小窗，称“溜檐窗”。开北门者谓之“过道门”，但过道门外多有围墙者。暗间朝南9至13棂窗，冬季糊白粉连纸避风御寒。上靠屋檐。有的四间布局，则是开两门，其中一门一独间，其他三间，两明一暗，暗间为里间，亦称“偏房”。明间为正屋（堂屋）。正房由长辈居住，晚辈住偏房。

院内尚盖东屋或西屋，低于正房，称配房。配房两间的，一间为晚辈居室，一间作厨房或储藏室。院内东南或西南盖栏圈、垒厕所，大门设在另一角。院落方正，房屋间有院墙连接。大门里有影壁，称“迎门墙”或“影门墙”。

村内较富裕之户，多为基石、青砖到顶的瓦房或平房，平房顶前后有砖砌“拦水”。皆门窗高大，并配有东西厢房。砖垒院墙，大门建门楼或门洞，黑漆门扇，有的前后两院，墙高院深。

1949年后，人们住房条件逐步改善。20世纪60年代，村民建新房，一般石头为根基，土墙瓦房或平房，以砖镶门镶窗，石条过梁。平顶向阳，用石灰抹墙皮。多为正房四间，布局为三间一门，一间一门。

80年代，村民建房讲究宽敞明亮，多为石基砖墙，有的前墙皮做成水刷石，玻璃门窗，顶用盖板或楼板、混凝土垂顶。部分人家建“锁皮厅”配钢筋水泥浇制平顶配房，一排五间，三间正房居中，出厦两根顶柱，两头各一间耳房。正中门前筑有台阶，两侧耳房间垒有花墙。砖石院墙，大门、厕所分设在正房前方左右两角。90年代，部分富裕之户建起两层楼房，用“水刷石”“贴瓷砖”或“马赛克”。有过道大门和写有大“福”字或绘有松、竹图案的迎门墙。

2008年，根据城市统一规划，旧村逐渐拆除，以新建楼房而代之。现已建多层、小高层楼房27栋，每户使用面积93 ~ 127平方米，室内布局为三室两厅两卫（卫生间）。

农家小院一景　　　孙　建　摄影

家用器具

家具 1948 年前，一般人家有抽屉桌、木柜或箱子、单桌、饭桌、板凳、杌子、马扎等，睡土炕或木床。夏季铺席，盖“布条”（背面或被里），挂蚊帐；冬季铺麦谐草褥子（俗称草包），盖棉被。

富裕之家有八仙桌、条山几、太师椅、躺椅、衣柜、皮箱、木箱等，睡木床或棕床、顶子床。夏挂蚊帐，盖毛毡等；冬铺褥垫、盖绸缎被。置茶几、挂钟、座表、穿衣镜等。家具多为栗子红色大漆油刷。

1949 年后至 20 世纪 60 年代，一般家庭仍以传统家具为主，有八仙桌、旧式椅、条几、板凳、杌子等。睡木床，被褥多为花色布面，少数人戴手表。70 年代后，方桌、木椅、大立橱、双人床等逐步进入农民家庭。夏季铺凉席、挂蚊帐、盖毛巾被；冬季铺棉垫、棉褥、每床有贴身被，还有“压风被”。部分家庭用上电热毯，被子套被罩、床罩。80 年代，开始购置沙发、躺椅、电视机、收录机、电风扇、洗衣机等。90 年代后，电冰箱、洗衣机、摩托车、手表等，普及大部分家庭。进入 21 世纪之后，富裕家庭购置拖拉机、农用汽车及轿车者，亦不在少数。

取暖用具 1948 年前，农家多用烧制的陶盆或破锅，焚谷糠碎草等。富裕人家烧木炭或用自制炉具烧焦炭取暖。1949 年后至 60 年代，个别户用铁炉子烧煤取暖，还能烧水做饭。20 世纪 70 年代，铁煤炉取暖，在伊家沟村普及。80 年代后，不少农户用上暖气取暖。

灯具 1948 年前，多用碗盛豆油照明。20 世纪 40 年代，部分农户开始用玻璃罩煤油灯，富裕人家用罩子灯，或用烛台点燃蜡烛。1949 年后，多沿用煤油灯具。50 年代后，夜间外出用提灯，部分农户用上手电。村内开会、演戏等，公共场所用汽灯照明。70 年代，农村开始用电。80 年代后，伊家沟村普遍用上电灯，村及企业单位，开始用各种吊灯及装饰灯。

瓷制油灯盏　　张志银 收藏　陈东昌 摄影

炊具 1948年前，村内农家多用土坯垒锅灶，烧柴草，以风箱或风车鼓风。20世纪60年代后，随着肥城煤田的开采，村民多以煤炭取暖做饭，使用风箱锅灶或铁炉子。80年代后，部分村民使用改造后的省柴灶，亦有部分村民使用铸铁蜂窝煤炉，还有使用石油液化气炉者。

1948年前，煮饭皆用铁锅，盛饭用木勺，吃饭用黑陶碗，有的用土陶盆、罐、葫芦水瓢和面瓢、铁皮制烧水壶等。少数农户有细瓷碗碟、铜勺、铁勺、铜盆、锡制烧壶、铁皮勺子等。20世纪60年代后，逐渐用各式铝制锅、盆、瓢、炒勺、碗、壶、桶，钢制炒瓢、搪瓷面盆等。个别农户用上电热锅、电热壶、高压锅等。现在，蒸、煮、炒多种功能并用的电饭锅或电饭煲普遍使用。

代步工具 1949年，人们外出多是步行。妇女串亲，近路步行，远路骑毛驴或坐独轮推车。富裕人家有乘轿或骑马者。20世纪60年代，青年人外出有的骑自行车，老年妇女外出坐地排车或胶轮推车。70年代，自行车逐渐普及，汽车开通，人们外出，近路骑自行车，去泰安、济南等地多乘公共汽车。80年代，部分富裕家庭购买摩托车或机动三轮车、拖拉机，亦成为代步工具。90年代之后，村民购买汽车者逐渐增多。

通讯工具 80年代至90年代一般家庭使用程控电话作为通讯联系工具。无线寻呼机20世纪90年代中后期，BP机曾兴盛一时。村内许多年青人以有BP机为时尚。寻呼方式须经电话输入寻呼台号码和机主号码进行呼叫。人工台须通过人工传呼，自动台直接输入台号和机号，BP机用户通过呼机震动或呼叫感知音号，然后阅读信息内容。信息表达方式有两种，一种为汉字代码的数字显示，称数字机；一种直接显示汉字，称汉字机。汉字机比数字机贵一些。BP机兴盛几个年头，2000年前后均被移动、联通手机替代。

移动手机手机原称无绳电话，俗称大哥大，是无线与有线相结合的一种通讯设备。20世纪90年代中期手机兴起，村内有人购买使用。因价格不菲，用手机的人多为企业负责人或业务人员、村干部等。早期机型多为液晶显示，单具备通话、收发文字信息功能。之后才陆续具备彩信收发、摄影、录像、录音、上网、游戏等功能。随着通讯网络的发展，小灵通用户于21世纪初也在村内出现，并以价格适中、收费低、使用便捷等优点，深受村民的欢迎。但因受通讯区域限制，现已无人使用。至2015年，村民普遍使用智能手机和老年手机，各类手机普及率达

90% 以上。

对讲机是一种双向移动通信工具，对讲机在不需要任何网络支持的情况下就可以通话，没有话费产生，对讲距离在 3 ～ 5 千米，最远 10 千米左右。1992 年秋，在村委楼安装了对讲台，为村两委成员、财务、企业、建筑公司负责人，配备了对讲机。后来，由于移动手机的迅速发展，对讲机有局限性，因此对讲机取消。

陋习流弊

迷信

占卜相面　1948 年前，人们遇有疑难病灾之事，往往占卜算命，以祈预知吉凶。占卜者，走街串巷，用黄雀叨卦、抽签、相面、拆字等迷信方法，对前来相术者察言观色，诱人表露内心之事，然后模棱两可的点破迷事，“预卜未来”，借以骗取钱财。上当受骗者不在少数，尤老年妇女受骗者较多。

1949 年后，随着科学文化知识的普及，占卜、相面、算命者越来越少。“文化大革命”期间，从事占卜、相面、算命的人受到批判。20 世纪 80 年代以后，此种迷信活动又开始出现。

看风水　1948 年前，民间修院建房、修坟造墓，均请“风水先生”择地选址，谓之“看风水”。认为占了好风水，就会万事亨通、升官发财、荣华富贵；若遇灾祸，便以为宅基地或墓地风水不佳。有的移坟，有的改大门等。富贵人家尤重此俗，怕犯了风水、冲了太岁，毁了祖业。一般人家也怕“太岁头上动土”而造成“时运不济”。时有人家上当受骗。

巫术　1948 年前，人民因缺乏科学知识，或因无钱求医买药，患病多不求医，而请巫婆、神汉祈求神灵保佑。巫婆、神汉便以骗术谋财，病人常因耽误时间或误诊而导致死亡。1949 年后，此迷信活动受到限制，随着科学文化知识的普及和提高，多数人不再迷信巫婆、神汉，而及时到医院就诊。

祈雨　1948 年前，久旱不雨，庄稼浇灌及人们饮水受到严重影响。村民便自发组织起来，抬着龙王塑像，鸣锣开道，到附近村庄游行，沿途村民磕头烧纸焚香，奉献贡品，祈求龙王降雨。领头者身穿龙袍，头戴柳条圆圈，户户门前插柳，有的门旁还放一缸水。如果三天内降雨，则搭戏台唱戏以报答龙王救命之恩。此外，有老年妇女用扫帚“扫水坑”祈雨之俗。久旱无雨，老年妇女们敛钱置办供品纸香。择日“扫水坑”，祈求龙王降雨。边扫边祷告：“扫的扫，捅的捅，不到三天下满坑”。1949 年后，祈雨之俗废除。

禁忌 1948 年前，因长期受封建统治和迷信思想影响，在日常生活中，民间有诸多“忌讳”。

过年时，忌说“完”“破”“断”“坏”等“不吉利”的字眼。年除夕包饺子，忌讳馅、面用光。除夕下水饺忌讳拉风箱，怕“吃年”。除夕饭忌吃光。认为“面菜用光，来年必荒”。正月初一忌去井上打水，怕惊动“龙王”。忌做活，忌打碗、盆等器具，忌锅空，要在锅内用碗放几个水饺“压锅”。正月初一忌说“死”字等。若有人在这两天内病故，要谎称是死于初二，春节前死的人，要提前过完“五七”，忌春节后过“五七”，意为发丧不能发两年。

新媳妇不过三年，忌讳在婆家过正月十五和腊八，说“十五不看灯，看灯死公公”“腊八不摸勺，摸勺死婆婆”。

二月二，忌动针线，说“二月二动针线，蝎子、蚰蜒连成串”。

每月初一、十五，忌走亲访友。

结婚做被褥，忌用不全之人（即寡妇、无儿或无女者）。姑忌娶亲，姨、嫂忌送亲，有所谓“姑不迎，姨不送，嫂子送了穷光腚”之说。

正月里不剃头，有“正月不剃头，剃头死舅舅”之说。忌拆被褥、衣服。

九月里忌做被子，糊窗纸，有“九月被，没人睡”之说，意思是睡了要死人。九月里糊窗纸，要犯“九女星”，光生女孩不生男孩。

父母去世三年内，儿女忌穿红着绿，过春节不能贴红纸对联，不过“五七”，儿子忌理发。

孕妇忌看丧事，尤忌靠近棺材头。大忌在娘家生孩子，有“沾了娘家的草，一辈子过不好”之说。忌食兔子肉，有吃兔子肉孩子是豁子嘴之说。忌吃狗肉，说狗肉化胎。产妇不满月忌串门，忌动土和泥，忌断奶水。

忌下午看病人，说下午看病人病情会加重。

借用别人的药锅，忌送还，若送还须在锅内放少许玉米面或小米。忌提着药包串门，意思是会把晦气带给别人。药包忌放在锅台、窗台、柜台“三台”上。

盛饭，勺子忌向外侧倒，说这是给犯人盛饭的舀法；忌敲碗筷，有“敲碗敲筷，早晚要饭”之说，亦说这是骂做饭的；忌将筷子插在盛满饭的碗里，此为供奉死人的方法。

定亲、结婚等喜庆日子，忌单日；走亲访友，赠送礼品忌单数。

挖井，忌孕妇近前。

建正房，忌高于后邻居正房屋脊，说是会压倒邻居的财运，易引起纠纷，也忌偏房高于正房，意为会家运不好。

人的年龄，忌说七十三、八十四、一百岁。说“七十三、八十四”是“损头年”，有“七十三、八十四，阎王不叫自己去”之说，说一百岁是人的生命极限，“百年之后”是指人死之后。男人忌说四十一，有四十一死妻之说。

1949年后，随着科学知识的普及，诸多迷信的陈规旧俗渐除，仅有少数老年人固守。

陋习

赌博 1948年前，因伊家沟村是集市，一些富家子弟及游手好闲者，常以娱乐为名，聚集在一起设局赌博。形式有“打麻将”“摊牌九”“掷骰子”“玩纸牌”等。冬春农闲季节聚赌者较多。赌注从几元、几十元到上百元不等，有的甚至以家产作赌注。导致倾家荡产者有之，妻离子散亦有之，有的酿成祸患。1949年后，党和政府明令取缔，此习禁绝。

吸毒 1948年前，村内少数富户人家及部分不务正业游手好闲者染上吸毒恶习。吸毒者以吸鸦片为主，亦有吸海洛因者。吸毒之人面黄肌瘦，四肢无力，人称“大烟鬼”。此类人最后多沦为乞丐，有的因穷困潦倒病饿而死。1949年后，党和政府严禁吸毒，强制其戒毒，取缔毒品商贩，禁绝罂粟种植，从此吸毒者绝迹。

缠足 1948年前，视女子脚小为美，有“三寸金莲”之说。女孩从六七岁开始用布帛缠足，致使足骨变形。成人之后，脚又尖又小，严重束缚了广大妇女参加社会活动，身心健康也受到了摧残。民主革命时期，始号召妇女“放足”，此习逐步禁止，1949 年后，此习根除。

童养媳 俗称“团圆媳妇”。多为女方家境贫寒、无力抚养的，早寻主以求生存的女孩。凡此，男方大都因家庭较贫穷，年纪偏大，或有生理缺陷难以娶媳者。童养媳在婆家多受欺凌虐待，至十四五岁方才结婚，称“圆房”。抗日战争时期，未成婚的童养媳多数解除婚约回到娘家。1949 年后，此俗废除。

娃娃亲 1948 年前后，挚友之间爱好作亲，将童男童女许配婚姻，亦称“娃娃媒”。也有的“指腹为婚”，待子女成人后结婚。此种婚姻无感情基础，大多酿成悲剧。1949 年后，随着婚姻自主，此种婚姻渐废。

换亲 多为男方家庭贫寒或有生理缺陷，难寻配偶，只能以姐、妹换亲。经媒人与双方家庭商定，彼此将女儿交换作媳妇。有的三方或四方转换，称“转亲”，商定后同时结婚。期间，若有一方出现波折，换亲双方皆受影响。因此，容易导致婚姻纠纷和家庭悲剧。

亲上亲 1948 年前后，人们不知近亲结婚之弊端，以亲上加亲为美。姑舅亲、姨娘亲较多。导致后代常见畸形儿。随着婚姻法的贯彻执行，此种婚姻已杜绝。

纳妾 清代、民国时期，官商、富户多有纳妾者。有的因原配无子，为传宗接代纳妾，有的视女子为玩物，娶“三妻四妾”寻欢作乐，以“妻妾成群”为荣耀。妾，俗称小婆或偏房。为妾者多是贫家子女，一般被视为奴仆。1949 年后，实行一夫一妻制，禁绝纳妾。

守节 1948 年前后，男子丧妻后可以续娶妻子，而女子丧夫后把终身不再改嫁视为“守节”“贞节”。或未婚丧夫，或初婚丧夫，一生空守房门，美名曰“好马不配二鞍，好女不嫁二男”。导致老来无依，仅换取一块刻有“节孝永贞”或“冰清玉洁”的节孝碑。1949 年后，此俗杜绝。

冥婚 俗称“阴亲”。1948 年前后，未婚男女死后，父母托媒人为死者说媒。合婚时间一般选在清明节或十月初一，女方家庭置办纸扎“嫁妆”，从墓地起出棺材，与男方合葬。“婚”后，男女两家便成亲戚，有的还要“立嗣”继承男方财产。1949 年后，伊家沟村此俗根除。

方言

伊家沟村方言属汉语官话方言中的北方官话。在山东省方言中，属山东西区方言中的西齐方言区。由于地处与西鲁方言区的交界地带，因此，伊家沟村方言虽然接近北方官话，但在某些方面仍呈现出过渡特点，同普通话还有一定的差异。

伊家沟村方言的语言特点主要有："如、软、荣"等字读 L 声母。"借—界""斜—鞋"等字韵母不同，前者读韵母 ie，后者读韵母 iai；"追、墨""德、则、隔、客""百、拍、麦、窄、拆"等字均读韵母 ei；"责、策、色"等字读 zhei、chei、shei；"飞、肥、匪、肺"等字读 fi；"松"读 xueng。韵尾字儿化。老年人一般直接元音卷舌，如一张儿读 zha，小坑儿读 ke，影儿读 ie。

日常用语中有不少特殊词，有的使用频率很高。例如称谓：母亲叫"娘"（音 niang 或 nia 去声），父亲叫"大"（音大，阴平），或叫"爹"（音 die，阳平），祖母叫"奶奶"（n ā nn ā n）。姑娘叫"客家子"（"客"音 kei），出嫁后，娘家人叫她"老 × 儿"（前缀。"老"加夫家姓氏儿化，如"老张儿""老王儿"）。其他的常用特殊词如："窝儿"（地方），"收烟"（吸烟），"行"音 hang（泛称果园，如"果行""桃行"），"行子"（树林，如"柳行子"），"漫"（man，从）。还有个别词的独特含义：如"可是"一词，除与普通话中含转折意思相同外，在伊家沟村口语中还含有肯定、赞同的意思。如，张说："这个人真实在。"王说："可是！"这里的"可是"没有任何转折的意思，而是表示肯定、赞同的意思。"子"字同作地名、村名时 zi 和 si 有时不分。如村名"大柱子"，叫"大柱子 zi"，有的也叫"大柱子 si"。

语言

伊家沟村语言属汉语系，北方话、北方方言。文字在悠久的历史传统中，部分语音与普通话音节基本相同或相近，但部分字的读音与普通话却截然不同。随着文化教育事业的发展，普通话的推广和广播电视中普通话的影响，某些读音不准确的字得到矫正，但仍有人特别是老年人，读音仍不准确。

声调对照

表61

方言	普通话	例字
阴平 214	阴平 55	发一桌高
阴平 42	阳平 35	隔足急察
上声 55	上声 214	曲笔百铁
去声 313	去声 51	迫祝质却
阳平 42	阳平 35	床盆文棉
上声 55	上声 214	故女吕体
去声 313	去声 51	树怒近麦

声母对照

表62

伊家沟村方言	普通话	例字
l	r	入弱若如乳褥汝儒
zh	z	泽择责仄淄
zh	ch	惩
x	s	肃宿松
sh	s	森色
t	d	堤
j	zh	铸

个别字的韵母对照

表63

伊家沟村方言	普通话	例字
ei	o	伯柏迫魄墨默
ei	e	德得勤泽责侧策册革
ei	ai	百白拍麦脉摘窄宅拆
i	ei	飞
ai	e	核
ü e	iao	角
u	ou	粥
eng	en	侦

普通话与地方话部分语音对照表

表64

例字	普通话读音	举例	地方话读音	举例
酿	niang	酿造	rang	酿造
剿	jiáo	围剿	chaó	围剿
责	zé	责任	zhéi	责任
策	cè	计策	chei	计策
触	chù	接触	zhù	接触
绒	róng	绒线	lóng	绒线
堆	du ī	一堆	zu ī	一堆
笔	bǐ	毛笔	běi	毛笔
薄	báo	薄冰	bò	薄冰
隔	gé	间隔	gěi	间隔
踩	cǎi	踩踏	chái	踩踏
轴	zh óu	轴承	zhu	轴承
白	bái	白花	bèi	白花
鞋	xi é	皮鞋	xiài	皮鞋
殊	sh ū	特殊	chū	特殊
剖	pōu	解剖	páo	解剖
矮	ǎi	高矮	yài	高矮
歼	ji ān	围歼	qiān	围歼
勺	sh áo	勺子	shuó	勺子
乳	rǔ	乳白	lǔ	乳白
宅	zhai	宅院	zhèi	宅院
药	yào	药品	yuè	药品
跃	yuè	跳跃	yào	跳跃
伯	bó	大伯	bài	大伯
软	ruǎn	柔软	luǎn	柔软
乐	lè	欢乐	luò	欢乐
森	sēn	森林	shēn	森林
俗	sú	风俗	xù	风俗
淄	zí	淄博	zhí	淄博
角	jiǎo	墙角	júe	墙角

词汇

伊家沟村词汇方言常用词语，大体按其意义分类，意义相关的词排列如下。无法写出的汉字用同音字代替，有的词有新旧不同说法，一般在旧说法之后加括号标注。

天文　地理　方位　时辰

老爷爷：太阳。　老爷爷地儿：太阳地儿。

天河：银河。　背阴边儿：阴凉儿。　月姥娘：月亮。　贼星：流星。

打呱啦：雷劈。　饭不拉子：小雪粒。

勺星：彗星。　冻冻：冰块。

拉雾：下雾。　煞风了：风停了。

早晨（qin）：早上。

头午：上午。　头晌午：中午之前。　过晌午：下午。　夜儿：昨天。

今们儿：今天。　明（mie）儿：明天。　大后儿：大后天。

前儿：前天。　大前儿：大前天。

横行：晚上。　秋里：秋天。　冬里：冬天。

五单五儿：端午节。　这霎：这会儿。

多咱：什么时候。　坷垃头：土块。

旮旯儿：角落里。　当天井：当院子里。

年除：除夕。　老鸹枕头：鹅卵石。

湾坑：水坑。　哪窝儿：什么地方。　近处：附近。

亲属称谓　代词

大大：爸爸、爹。　娘：母亲。

大爷：伯父。　大娘：伯母。

姑：父亲之妹。　姨：母亲之妹。

姑姥娘：母亲的姑。　姨姥娘：母亲的姨。

姥爷：外祖父。　姥娘：外祖母。
舅：母亲的哥、弟。　妗子：舅的妻子。
闺女：女儿。　外甥：出嫁女的儿子。　外甥闺女：出嫁女的女儿。
公母俩：夫妻俩。　娘们儿：已有孩子的妇女。
小子：男孩儿。　小妮子：女孩儿。
客（kei）家子：大姑娘。　小客家子：小姑娘。
老妈妈儿：老年妇女。　腻歪头：不讲道理的人。
老丈人：岳父。　死孬包子：做事不干脆的人。
这户儿：这一类。
下材烂：道德败坏的人。　鬼钻子：坏心眼多的人。
无心菜：做事心中无数的人。　孬泥巴圈子：专做坏事的人。
榆木头：不开窍。　打光棍：未婚成年男子。

身体　疾病　医疗

额脸盖：额头。　脖儿梗：脖梗。　眼眨毛：睫毛。　赤玛糊：眼屎。
口啦啦：口水。　耳碎：耳屎。
手面子：手背。
妈妈：乳房、奶子。　布脐眼儿：肚脐。
胳拉拜：护膝盖。
不如贴：不舒服。　干哕：恶心想呕吐。　结巴子：口吃
扎裹病：治病。　羊羔子风：羊角风。　发疟子：疟疾。
痨病：泛指肺结核。　跑茅子：拉肚子。　恶发：化脓。
着凉：伤风。　踮杠腿：瘸子。　潮拜：傻瓜。
园慰：迷信做法，念叨使疾病早愈。
脚骨拐：脚拇指外突部分。　打吊针：输液。　混账病：不治之症。

生活　行为　红白事

收烟：吸烟。　揍饭：做饭。　虾腰：弯腰。　孤堆下：蹲下。
挤刮眼子：眨眼频繁。　丧败人：故意说气人话。　舔腚：巴结人。

不搭闲腔：不带搭理。　娇待：娇惯。　礼拜：星期天。

扒翻：扒拉寻找。　谋量：估摸。　烦恶：讨厌。

胡弄：哄弄，不认真。　甭家：别这样。　没家有：没有。

盖店：锅盆之类的盖，用秫秸梃子穿的盖。

道喜：给结婚男方送礼品。　添箱：给结婚女方送礼品。

吃面：出嫁女生孩子，娘家去吃酒祝贺。　陪送闺女：为出嫁女置办东西。

占房：坐月子。　挑怂：挑拨离间。　愚磨：做事拖拉。

老娘婆：接生婆。　盘缠：路费。　猛个丁地：突然。

胡拉八扯：不说正经话。　胡儿麻约：做事马虎，不认真。

薅草：拔草。　拥送：把事情推给别人。　摆故：摆弄。

红事儿：指喜事。　白事儿：指丧事。

溜手：不注意松手。　温居：给搬新房的人家去庆贺。

伤了：泛指幼儿死去。

林地：坟地。　老林：祖坟地。

贫嘴呱叭舌：爱说废话。　寒毛扎沙：头发直立，显病态。

拉扒孩子：哺养孩子。　踩干边：不干实事，轻飘。

酒嘟噜：盛酒的器具。　揍生：上寿。　搭伙：作伴。

邋遢：拖拉，不整洁。　搭伙儿：非法同居。

房屋用品

宅子：房屋。　饭屋：厨房。　虚棚：顶棚

当院子：院子。　影门墙：迎着大门的墙。　竖角：地基石。

茅子：厕所。

门枕：门两侧搁门的方石头。　门插关儿：门闩。　薄障子：篱笆。

风掀：风箱。　擀汤轴：擀面杖。　擀饼轴子：做薄饼用的擀面杖。

钩担：带钩的扁担。　电棒子：手电筒。　电驴子：摩托车。

小土牛：小土车。　炭：煤。　摸合鱼子：木鱼。

臭球：卫生球。　面案子：面板。　水筲：水桶。

拄棍儿：拐棍。　擦脸布子：手巾。　黄香：松香。

香炉子：烧香的炉子。　别帮：高粱秆子编的盛东西的筐子。

服饰饮食

椰头鞋：为娃娃做的前有图案的鞋。　衩裤：旧时农人穿的两根腿无裤腰的棉裤。

大氅：长大衣。　脖格拉子：围嘴儿，围脖。

扎裤腰：裤腰带。　扎腰：农民扎在腰间外面的布带子。

胶鞋：雨鞋。　铺盖：被褥。　豆枕：枕头。

晌午饭：中午饭。　馍馍：馒头。　卷子：方形馒头。

包子：水饺。　面汤：面条。　擀汤：擀面条。

疙瘩头：面做的疙瘩汤。　粘糊：稠小米饭。　油炸果子：油条。

鬼子肉：驴肉。

大油：猪油。　卫生油：植物油。　长果仁：花生米。　长果油：花生油。

锅子肴：熟猪头及五脏肉。

菜头（豆）腐：将植物根叶切碎杂以豆面（玉米面）蒸制的食物。

山楂串儿：冰糖葫芦。

动物植物

犍子：已阉割的公牛。　牤牛：未阉割的公牛。

趴牯：公牛。　市牛：母牛。　叫驴：公驴。　草驴：母驴。

儿马：公马。　骒马：母马。

羝羊：未阉割的公绵羊。　羯羊：阉割的公羊、头羊。

牙猪：公猪。　牙狗：公狗。

骟（摘、锤）：割去牲畜的睾丸或卵巢。

儿猫：公猫。　女猫：母猫。

嬎蛋：下蛋。　菢小鸡：孵小鸡。

黄鼬：黄鼠狼。　貔子：狐狸。　妈虎：狼。

老鸹：喜鹊。　黑老鸹子：乌鸦。　光棍多虫：布谷鸟。

残打木子：啄木鸟。　夜猫子：猫头鹰。

檐撇虎子：蝙蝠。　蚂蚱：蝗虫。　少马夹：一种身子细长的蝗虫。
知了儿：蝉。　伏了儿：秋后的小蝉。　知了鬼儿：蝉的幼虫。
蛤蟆：青蛙。　疥蛤蟆：蟾蜍。　蛤蟆蝌胎子：蝌蚪。
泞泞狗：泥鳅。　波螺油子：蜗牛。　磕趴油子：水中的蜗牛。
土鳖子：土元。　蚁蛘：蚂蚁。　曲里船：蚯蚓。
蝎虎子：壁虎。　蛇出律子：蜥蜴。　蜜虫子：蚜虫。
恶螂蛛子：蜘蛛。　蛐蛐儿：蟋蟀。　臭虫：大蛇蚤。
得儿驾：喊牛驴骡行走口令。　伊：喊牲口左转弯。　哦：喊牲口右转弯。
吁：喊牲口停下。　叽叽：唤鸡声。　咾咾：唤猪声。　花花：喊猫声。
棒子：玉米。　秫秸：高粱收后的秸秆。　麦秸梃子：麦梃子。
杆草：头、根去后的谷秸。　长果儿：花生。　芋头：地瓜。
地蛋：马铃薯、土豆。　莠子：谷苗样的野草。　洋柿子：西红柿。
包头白：卷心菜。　橛萝卜：较长的萝卜。　场院花：向日葵。
薄薄丁：蒲公英。　猪耳朵棵：车前草。　指甲桃子：夹竹桃。
行子：树林。　果行：果林园。　桃行：桃树园。

性质　状态

得劲：舒服。　结实：坚固、牢靠。　俊巴：漂亮。　实诚：诚实、实在。
铮平：很平。　铮明剔亮：明亮。
二红砖：不讲理，霸道。　二乎：犹豫。　二二乎乎：犹犹豫豫。
孬：不好。　笨不拉儿：很笨的样子。　傻儿呱唧：很傻的样子。
死闹包子：不明事理，优柔寡断的人。　酸不拉儿：含厌恶的语气。
咸不拉儿：比较咸。　乎辣：很辣。　煞白：很白。
格没声地：悄悄地。　净心：故意。　统里：仅仅。
半吊子：不够数。　忒好：非常好。　起根里：从开始。
当不住：可能是。　差不离儿：差不多。　孟个丁的：突然，没提防。
甭介了：不用了。　肃静：清净。　鬼头蛤蟆眼：样子不让人信任。
猴头摸鸡：贼溜溜的。
没时气：运气不好。　亏了：幸亏。　坑人：欺骗人。　疵毛：不好。

神道：举止精明又工于心计。

马上马的：立即。

其他

漫：从。漫家里来　从：在。他没从在。　跟：同。跟他的一样。

捋着：顺（沿）着。捋着这里往东走　一码事：一档子事。

一口屋：一间屋。　百儿八十：大概数。

打酒：买酒。　称肉：买肉。　拉肉：割肉。　搬个西瓜：买个西瓜。

觉摸着：感觉。　寻思着：考虑着。

语法

伊家沟方言土语较之普通话有不同之处，大致同于肥城北部方言土语。方言与普通话的不同语法特点，大体表现在以下几个方面。

名词词缀

除了方言和普通话都常用的“老”“小”“初”“儿”“子”“头”外，方言还有以下普通话较少用的名词前缀和后缀。

二楞（愣头愣脑的人）。　二急（鲁莽蛮干的人）。

二红砖（比喻不成熟的人）。　二青（办事鲁莽，不计后果）。

二秕货（言行差劲的人）。

动词后缀

巴：捏巴（捏）。　拉扒（培养）。　打：踢打（锻炼）。　拍打，摔打。

么：寻么，捞么，沾么，迂么。　送：哄送，吁送，赔送，拥送。

乎：戳乎，惹乎，引乎，热乎。　拉：扑拉，搅拉，扒拉，糊拉。

查：扒查，扣查，刮查，糊查，摸查。　索：扣索，掖索，摸索。

悠：搓悠（反复搓），转悠，晃悠，忽悠。

形容词词缀

伊家沟村方言有以下两个形容词后缀：

巴：俊巴（俊俏）。 瘦巴（瘦）。 傻巴（傻）。 乎：二乎（犹豫）

热乎（热）。 近乎（关系近）。 胖乎（长的胖）。 粘乎（不干脆）。

此外，方言中还有大量的形容词，生动形式是以在词干前面或后面加词缀的方式构成。具体有如下几类

XA 式　X 是修饰成分，A 是意义主体，有时几个 XA 可以并列。X 加深了形容词 A 的程度，并使 A 更加生动形象。如：

精瘦（很瘦）。 精浅（很浅）。 精短（很短）。 精光（没有东西）。

溜光（很光滑）。 溜酸（很酸）。 溜窄（很窄）。

铮平（很平）。 铮亮（很亮）。 铮明剔亮（很明亮）。

焦黄（很黄）。 焦干（很干）。 焦酥（脆酥）。

老高（很高）。 老远（很远）。 老厚（很厚）。

黢黑（很黑）。 黢紫（很紫）。 通红（很红）。

喷香（很香）。 希甜（很甜）。 乔苦（很苦）。

楞姿（很舒服）。

XYA　XY 是修饰成分，A 是意义主体，程度较 XA 更深刻。例如：

剔溜光（非常光）。 剔溜圆（非常圆）。 焦巴酸（非常酸）。

焦巴干（非常干）。

大 AA、精（或：溜、铮）AA 式

AA 是单音节形容词的重叠。

“大 AA”把积极形容词的程度往大里加深；“精 AA”式等把消积形容词往小里加深。例如：

大高高（很高）。 大咧咧（不在乎）。 大远远（很远）。 大厚厚（很厚）。

大宽宽（很宽）。 大粗粗（很粗）。 大深深（很深）。

精矮矮（很矮）。 精香香（很香）。 精光光（没东西了）。 精嫩嫩（很嫩）。

铮细细（很细）。 铮亮亮（很明）。

溜薄薄（很薄）。 酸溜溜（很酸）。 溜浅浅（很浅）。 溜咸咸（很咸）。

AXX 式　A 是单音节形容词，意义主体，XX（有的可儿化）是叠音后缀，用

来加深 A 的程度。例如：

酸溜溜　苦吟吟　苦英英　辣乎乎　热乎乎　黏糊糊　黑乎乎　胖乎乎

黢黑黑　硬邦邦　红火火　紧绷绷　大发发　紧溜溜　香喷儿喷儿

甜丝儿丝儿

AYY 儿、AXYZ 氏　A 是意义主体，“XY 儿”或“XYZ”是不叠音后缀，“不叽儿”，使形容词带上喜爱或褒义色彩，其他后缀使形容词成为贬义。例如：

笨不叽儿（笨乎乎）。

咸不叽儿（微咸）。　酸不叽儿（微酸）。

笨不拉叽（笨儿呱唧）。

黄不拉叽（形容黄的难看）。

酸不拉叽（形容酸的难吃）。

傻不拉叽（傻不愣登）。

傻里呱唧（不聪明、灵透）。

黑咕隆冬（很黑）。

副词后缀

后缀“价”用在副词后，用于加强语气：

价：别价（别）。　甭价（不用）。　没价（没、没有）。　成天价（成天）。

助词“了”

在方言中，相当于普通话“了”的助词有两个读音：

“了”（le）用在动词后，表示动作已完成；相同于动态助词“了”（lia）用在句末，肯定事态出现了或将要出现变化，相当于语气助词“了”。如有宾语，则 le 在宾语前而 lia 在宾语后。例如：

吃了（le）饭了（lia）。　买了（le）票了（lia）。　吃了（le）饭就去。

我吃饭了（lia）。　他走了（lia）。

同时，还有可能补语：“可”字句、比较句、反复句、转折复句及紧缩省略句，在伊家沟村方言中，村民随着文化水平的逐步提高、电视的普及及学生使用普通话的影响，原有的方言用语已逐渐为普通话所代替，不再记述。

语料

歌谣

（一）

嗷嗷，睡觉觉（jiao），
猫来了，咬耳朵（dao）。

（二）

东打夯，西打夯， 下来麦子喝面汤。
东打锣，西打锣， 下来麦子吃馍馍。

（三）

小老鼠，上灯台， 偷油喝，下不来。
叫猫奶奶抱下来。

（四）

小板凳（儿），打歪歪，
我上园里割韭菜。
割了韭菜喂黄牛， 喂了黄牛拉石头，
拉了石头盖新屋， 盖了新屋娶媳妇，
娶了媳妇抱娃娃， 抱了娃娃叫大大。

（五）

小小虫（雀），尾巴长， 娶了媳妇忘了娘。
把娘背到北山上， 把媳妇背到炕头上，
擀油饼，熬肉汤， 媳妇媳妇你先尝， 我到北山叫咱娘。

谚语

社会生活

人活一张脸，树活一张皮。

天有不测风云，人有旦夕祸福。

不怕一万，就怕万一。

一柞不如四指近。

你敬我一尺，我敬你一丈。

人争一口气，佛争一炷香。

一俊遮百丑。

外财不富穷人命。

龙多死靠，人多胡闹。

好借好还，再借不难。

有状元徒弟，无状元老师。

青出于蓝而胜于蓝。

有钱难买老来瘦。

夫妻本是同林鸟，大难来时各自飞。

老婆汉子，不如把里攥子。

话不说不知，木不钻不透。

开水不响，响水不开。

浇花浇根，交人交心。

人往高处走，水往低处流。

远路的和尚会念经。

河里无鱼市上看。

若要人不知，除非己莫为。

多行不义必自毙。

时间如流水，流去不复回。

一寸光阴一寸金，寸金难买寸光阴。

叫唤猫不拿老鼠。

人心要实，火心要虚。

有钱难买回头看。

远亲不如近邻，近邻不如对门。

众人是圣人。

省囤尖莫省囤底。

只要功夫深，钢梁磨成针。

宁为玉碎，不为瓦全。

书到用时方恨少，事非经过不知难。

害人之心不可有，防人之心不可无。

众口难调。

一个篱笆三个桩，一个好汉三个帮。

远路无轻载。

夜长梦多。

言多必失，语多伤人。

塞翁失马，安知祸福。

出门不叫哥，必定走路多。

好记性不如烂笔头。

一动多枝摇。

人逢喜事精神爽，月到中秋分外明。

冬吃萝卜夏吃姜，不用医生开药方。

女大十八变，越变越好看。

饭后百步走，活到九十九。

饱汉子不知饿汉子饥。

清官难断家务案。

人无百日好，花无百日红。

过时的黄历看不得。

善有善报，恶有恶报。

吃不穷，喝不穷，盘算不到就会穷。

醋是陈的酸，姜是老的辣。

糟糠之妻不下堂。

祸从口出，病从口入。

林大什么鸟都有。

要吃还是家常饭，要穿还是粗布衣。

教养无孝子，严教出孝郎。

枪打出头鸟。

宁吃鲜桃一口，不吃烂杏一筐。

人外有人，天外有天。

在家千般好，外出处处难。

拿了人家手短，吃了人家的嘴短。

会说的不如会听的。

死狗拖不到南墙上。

有理走遍天下，无理寸步难行。

新官上任三把火。

只许州官放火，不许百姓点灯。

要想欲其事，必先利其器。

无气不生病，无毒不长疮。

揭人别揭短，打人别打脸。

外贼好备，家贼难防。

吃饭品滋味，听话听下音。

与人不睦，劝人盖屋。

临阵磨枪，不快也光。

穷家富路。

治气不养家，养家不治气。

孩子哭了抱给娘。

小心没有搁伙的。

干活不依东，累死也无功。

不冷带衣裳，不饿带干粮。

树大招风。

十里赶一嘴，不如在家喝凉水。

常在河边走，哪有不湿鞋。

车到山前必有路。

为人不做亏心事，不怕半夜鬼叫门。

笑一笑十年少，愁一愁白了头。

跟着好人学好人，跟着巫婆会下神。

一人难称百人心。

饿了帮一口，强似富了帮一斗。

向人难向理。

隔一皮差一皮，妗子不胜姨。

人无头不走，鸟无头不飞。

初生牛犊不怕虎。

千年的邻居，万年的庄乡。

离家二里地，自己立规矩。

七岁八岁万人嫌。

千里之行，始于足下。

一物降一物，石膏点豆腐。

人怕伤心，树怕伤根。

千里之堤，溃于蚁穴。

人心齐，泰山移。

人正不怕影子斜。

人多瞎胡乱，鸡多不下蛋。

路上说话，草窝里有人。

人大心开，树大自直。

人老心不老，人穷志不短。

人过留名，雁过留声。

人不可貌相，海水不可斗量。

人怕出名猪怕壮。

不到九十八，别笑人家聋和瞎。
冻死闲人，饿死馋人。
开店不怕大肚子汉。
解铃还须系铃人。
不怕不识货，就怕货比货。
读书百遍，其义自见。
经商不欺人，不用敬财神。
师傅领进门，修行在个人。
物以类聚，人以群分。
众人拾柴火焰高。
花钱要忍，还账要狠。
纸里包不住火。
三思而后行。
头三脚难踢。
人凭志气，虎凭威。

农业农事

白露早，寒露迟，秋分种麦正适宜。
前人栽树，后人乘凉。
人误地一时，地误人一季。
深耕细耙，旱涝不怕。
蚕老一时，麦熟一晌。
立秋栽葱，白露种蒜。
人怕老来苦，麦怕胎里旱。
六月六，看谷秀；七月七，掐谷吃。
要想害虫少，锄尽田间草。
四月芒种麦在前，五月芒种麦在后。
六月六，挂锄钩。
春打六九头。

夏至三更属头伏。

冬至十天阳历年。

棉花锄八遍，桃子赛鸡蛋。

立秋十八天，百草结籽粒。

夏至栽茄子，好了一碟子。

一年两春，带角的贵似金。

春打六九头，遍地黄牛走。

人勤地不懒。

灭茬如上粪。

麦浇旱，谷浇老。

枣芽发，种棉花。

枣树长芽，麦子露芒；枣树开花，麦子还家。

种地不上粪，等于瞎胡混。

头伏荞麦，二伏萝卜，三伏白菜。

冬天不出土，不如土里捂（麦）。

有钱难买五月里旱，六月连阴吃饱饭。

立夏花，满把抓；小满花，不回家。

清明后，好种豆。

旱锄棉花，涝锄谷。

吃了夏至饭，一天短一线。

好儿有好娘，好种多打粮。

庄稼一枝花，全靠粪当家。

有钱买种，无钱买苗。

稠谷稀麦坑死人。

小暑不算热，大暑到伏天。

小满种棉花，十年九年瞎。

棉花不打杈，光长柴禾架。

丰收有三宝，一苗三肥三锄草。

过了夏至节，锄头不能歇。

春分前后，种瓜种豆。

七月核桃八月梨，九月柿子乱赶集。

七月十五枣红腚，八月十五打个净。

要想富，近种棉花远栽树。

麦盖三床被（雪），枕着馒头睡。

三分种，七分管，十分收成才保险。

麦耩黄泉谷耩糠，豆子耩在地皮上。

除虫没啥巧，治早治小又治了。

立夏早，芒种迟，小满前后串玉米。

三秋不如一麦忙，三麦不如一秋长。

五月芒种麦不割，四月芒种净了坡。

麦捆根，谷捆腰，芝麻捆在正中腰。

九月九不下盼十三,十三不下一冬干。

一九、二九不出手。三九、四九冰上走。五九、六九杨花开柳。七九河开、八九燕来，九九加一九，耕牛遍地走。

气象谚语

云彩往北一阵黑，云彩往南雨涟涟。云彩往东一阵风，云彩往西放牛小子披蓑衣。

燕子低飞蛇过道，大雨即可要来到。

泥鳅翻湾，就要变天。　大旱不过五月十三。　大雾不过三，过三十八天。

东虹（jiang）咕噜西虹雨，南虹出来卖儿女。

雨中知了叫，老天要晴了。　黑龙吊挂，当时就下。

日落北风死。　天黄有雨，人黄有痞。

一场春雨一场暖，一场秋风一场寒。

头晚火烧云，明天晒死人。

冷在三九，热在中伏。　交了六月节，龙王不停歇。

春打六九头，吃穿不用愁。　瑞雪兆丰年。

八月十五云遮月，正月十五雪打灯。

旱刮南风不下雨，涝刮北风不晴天。
端阳无雨是丰年。　淋了伏王一天一场。
太阳倒照，晒得猫叫。　清明刮南风，当年大收成。
六月北风当时雨。　瓮穿裙，雨淋淋。
先下牛毛没有雨，后下牛毛不晴天。
早晨下雨一天晴。　夜晴无好天。
乱绞云，下满盆；瓦块云，晒死人。
连刮三天东南风，下雨不用问先生。
八月初一下一阵，旱到来年五月尽。
雨吃虹（jiang）下一丈，虹吃雨下一指。
夏至十八天，冬至当日回。　云彩接太阳，夜里下一场。
日落红云接，黄泥晒成铁。　春雨贵如油，越下越不愁。
黄鼠狼叫三声，不下雨就刮风。　七月十五定旱涝，八月十五定太平。
立秋不立秋，六月二十头。　早蛙阴，夜蛙晴，半夜蛙叫到不了明。
十雾九晴。　日晕风，月晕雨。　春分，春分，昼夜平分。
春风有雨病人稀。　长五月，短十月，不长不短二八月。
大雁不过九月九，小雁不过三月三。　火灶憋烟，雨落当天。
该冷不冷，不成年景。　该热不热，五谷不结。

歇后语

骑着墙看书——夹墙（加强）学习。
骑着驴看唱本——走着瞧。
骑着墙喝牛奶——夹墙（加强）营养。
搬倒碾砸磨——实（石）打实（石）。
八月十五坐月子——赶节上了。
黄面窝窝掉灰窝里——拍不得打不得。
做梦娶媳妇——尽想好事。
姜太公钓鱼——愿者上钩。

脑袋上挖井——败坏头。

孔夫子搬家——净叔（书）。

孔夫子挎军刀——能文能武。

六个指头挠痒痒——多一道子。

头发打绳——不合股。

兄弟媳妇嫁大伯——高升一级。

猪八戒照镜子——里外不是人。

背着儿媳妇进山——出了力不落人。

李双双死丈夫——没希望（喜旺）了。

嗑瓜子磕出臭虫来——什么人（仁）都有。

抱着元宝跳井——舍命不舍财。

飞蛾扑火——自取灭亡。

西北风刮圪针——连讽（风）带刺。

秃子头上的虱子——明摆着的。

张飞穿针——大眼瞪小眼。

外甥打灯笼——照旧（舅）。

绣花枕头——草包一个。

电线杆子底下埋地雷——崩没根。

竹篮打水——一场空。

墙头上的草——随风倒。

黄河里尿尿——随大流。

大水冲了龙王庙——一家人不认一家人。

泥菩萨过河——自身难保。

二月二打囤——围的圆。

剃头的挑子——一头热。

切菜刀剃头——玄得拉的。

笼子的耳朵——摆设。

癞蛤蟆垫桌子腿——硬撑。

十五个吊桶打水——七上八下。

戴着草帽打伞——多此一举。

铁树开花——千载难逢。

王婆卖瓜——自卖自夸。

敲锣卖糖——各管一行。

卖香油的敲锅盖——好大的招牌。

狗咬耗子——多管闲事。

哑巴吃黄连——有苦难言。

黄鼠狼给鸡拜年——没安好心。

八仙桌子盖井口——随方就圆。

癞蛤蟆想吃天鹅肉——心高妄想。

狗咬月亮——不知天高地厚。

刘备的江山——哭来的。

瞎子点灯——白费油（蜡）。

螃蟹走路——横行霸道。

马尾拴豆腐——提不得。

水里的鸳鸯——难分难离。

孙猴子的脸——说变就变。

飞机上挂暖壶——高水平。

瞎猫碰着死老鼠——巧了。

高射炮打蚊子——大材小用。

裁缝掉剪子——光吃（尺）了。

一口吃了二十五个小老鼠——百爪挠心。

推小车扭屁股——不由自主。

兔子尾巴——长不了。

锅腰上山——钱（前）紧（进）。

西施上磅秤——自称美人。

十一个人走路——人五人六。

牤牛耳朵——离家（角 jia）近。

嘴上抹石灰——白说。

芝麻开花——节节高。
抱着孩子拜堂——双喜临门。
小葱拌豆腐——一清二白。
八仙过海——各显其能。
嫦娥脸上长痣——美中不足。
竹筛子盛水——漏洞百出。
老鼠给猫捋胡子——死巴结。
石膏拿豆腐——一物降一物。
水缸里扎猛子——不知深浅。
寡妇生孩子——来路不明。
张阁老骑驴——倒行逆施。
墙上贴狗皮——不像话（画）儿。
叭狗子咬狼——豁上命上。
沙锅子砸蒜——一锤子买卖。
千里送鹅毛——礼轻情意重。

齐鲁名村志
QI LU MING CUN ZHI

伊家沟村志
1368—2015
YI JIA GOU CUN ZHI

艺文

YIWEN

诗歌

泰山诗千首——摘录

作者介绍：伊宪武，详见《人物·人物传略》。

飞来泰山

巴得要登山，脱门出站栏，
英雄山来迎，碧翠洗尘汗，
捧然一盆卉，挽然敬花篮。
路蕾晃笑面，满目吟靥甜。
松枝犹牵手，岱影扑来揽。
气笛一长鸣，我为脱离弦。

重岳

东岳显重不显轻，温如泰山甜云平。
为民谋富比高岱，千古高风写成峰。

仰岳

春阳云绢柔峰山，顾盼花簇焕锦衫。
雾隙透翠排松走，可望红亭又启年。

烟岳

古称岱宗今泰山，东岳神俊亿万年。
北枕黄涛峰未睡，南阙汶水绾细烟。

万猜山

怀有万猜仰岳影，挎包冒句兜探荣。
襟揽云花心意意，环游笑眼意层层。
古城慈祥迎来客，路蕾花廊放彩风。
人在匝荫心在山，情探伟峰习峥嵘。

虹岳

夏晴万山极高岱，紫气岚盈品果醢。
宛然一弓虹霓彩，四百方圆山澎湃！

丽阳山影

熙熙春晴暖丽阳，七十二峰犹芽黄。
元君布施蓝花女，点红堰翠俏梳妆。

泰山脚下小诗

锦毯绒绒秀不滑，芽桃水晶刺绾杈。
喷角金兰愣子草，低仰高瞰穗匀花。
嬉指袅兰凸凹碧，玉臂纱裙坐读娃。
一并兴喻结缔莲，诗书洇晕鹅卵沙。

秋志

蕊花新芽相共屏，钿于秋山苍墨中。
碧深绿奥来淹意，异朵荡晴是湛空。
江山不老情未了，不了浩叹共宇同。
坚信高岱耸国志，熙熙爽风第一峰。

泰山小唱

艳巾亦俗丽不媚，洁风清气耸高楼。

素装淡裹晶莹绿，雄伟泰山飘来神，
旷远盛情山晴放，爽骨清脉驳浪云。
排芽芳笋雅淡树，兴高采烈过游人。

典雅山

山中鸡跃显身小，飘来蔚蔚趁鹡鸰。
松取天蓝作峤衣，水簇蓝花挎峣岹。
风雅已见曹子建，五色八音才使好。
大可识博未达博，天下泰山独踞高。

慕岩

历史雅传神话山，封禅天子都慕岩。
可知东岳之功峻，仰望云头正游仙。

牛耕

远眺东岳如耕牛，月作犁头耕神州，
千古中华畇沃地，泰山伟姿独风流。

观岳

因山依势起庙阙，碧云翠雾画楼阁。
宫尺殿门祠观寺，一串珍珠掌上烁。

月哭

封禅恭盛荣誉高，司马谈哭声啸啸。
天子封岱已未行，认明来世落苦淖。

怀月

无怀氏始西周止，七十二君封禅祭。
泰山燔柴盛大典，旌卷旗翻数千里。

书画

伊宪武作品选登

伊淑田作品选登

作者介绍：伊淑田，详见《人物·人物简介》

三句半

繁荣经济、倡导文明

作者介绍：王秀梅，详见《人物·人物简介》。

秦正芬，1939 年 9 月，伊家沟村人。

甲：敲锣打鼓走上台　乙：姐妹心里乐开怀

丙：人逢喜事精神爽　丁：唱起来

甲：党中央召开的十六大五中全会　乙：稳定宏观经济好政策

丙：促进和谐建设新农村　丁：得劲

甲：八荣八耻要倡导　乙：精神文明大提高

丙：街道环境有变化　丁：干净啦

甲：新城就在咱村前　乙：老嫂子您在家别闲谈

丙：向南一走能挣钱　丁：不难

甲：找准门路闯市场　乙：咱们妇女好榜样

丙：不信咱就比比赛　丁：看谁跑的快

甲：大车小辆运输忙　乙：倒蛋倒菜进市场

丙：姐妹一旁高声响　丁：卖鸡蛋

甲：青菜摊联成片　乙：胡萝卜辣椒葱地蛋

丙：嫂子那也吆喝　丁：绿豆芽

甲：油条锅饼火烧店　乙：炸糕油饼荷包蛋

丙：水饺混沌全羊汤　丁：豆腐脑

甲：姐妹起早贪黑连轴转　乙：自制茶蛋 鸭蛋 松花蛋

丙：熟肴烧鸡滑肉片　丁：真能干

甲：快餐部 大酒店　乙：卡拉 OK 舞厅转

丙：南北饭菜风味全　丁：管

甲：各种佳肴街上摆　乙：来了客人挑着买
丙：鸡鸭鱼肉样样全　丁：真方便
甲：梆子一敲满村响　乙：豆腐皮每天销售上万张
丙：叫卖声响遍全新城　丁：您听听
甲：核桃桔子大鸭梨　乙：富士苹果 菠萝蜜
丙：香蕉 西瓜 哈密瓜　丁：真甜
甲：出租车几十辆　乙：拉客运输天天忙
丙：春夏秋冬闲不着　丁：真忙
甲：电器维修车子铺　乙：铝合金装修几十户
丙：经营有方看的远　丁：多挣钱
甲：烟酒糖茶小卖部　乙：服装加工鞋袜铺
丙：买卖红火多门路　丁：能致富
甲：沿街开发联成片　乙：婆媳小姑夫妻店
丙：妇女成了女老板　丁：人称赞
甲：繁荣经济大发展　乙：少斤短两别找俺
丙：文明经商照章纳税　丁：做得对
甲：党的政策真英明　乙：叫咱快富不受穷
丙：妇女哪个不如男　丁：真行
甲：政治教育抓的好　乙：明确了人物和目标
丙：抓教育强素质增合力　丁：促发展
甲：暂存优惠真正全　乙：吃水发面幼儿入托不要钱
丙：年满 60 岁还发钱　丁：真齐全
甲：说到这里算一段　乙：说的不好别见怪
丙：等到明年这时间　丁：再见面
合：再见

民间传说

过年的传说

民间把过春节叫做“过年”，这件事还有一段有趣的传说哩。

相传古时候，有一种凶残的怪兽，人们叫它“年”。每到三百六十五天的晚上，“年”就出来伤害人畜，人们对其十分恐惧。一次，这个怪兽到了一家门口，看到这家人都穿着红衣服，取暖盆子里的木柴“啪啪”地爆响，“年”怕响、怕红、怕火，吓的急忙逃窜。这家人立即将这一喜讯，告知全村，并敲锣打鼓进行祝贺。

之后，每到年末岁首，人们就敲锣打鼓和燃放鞭炮来去邪消灾，祈祝五谷丰登，人畜兴旺，称之为“过年”。鞭炮亦称爆竹。年复一年，逐渐演化为每逢过年，人们互相拜年，表示庆贺。同时，用贴红对联代替穿大红衣服。用点旺火，放鞭炮来代替爆竹等风俗。

元宵节的来历

农历正月十五，是中国人民的传统节日——元宵节。民间正月十五闹元宵是农历新年的高潮，也是一年之中最热闹的时候。

元宵节起源于汉代。汉惠帝刘盈死后，吕后篡权。吕后死后，周勃、陈平等人协力扫除诸吕，拥立刘恒为帝，为汉文帝。因为扫除诸吕的日子正是正月十五，所以，每到这天晚上，文帝就微服出宫与民同乐，以示纪念。古代，夜同宵，正月又称元月，汉文帝就将正月十五定为元宵节。

民间每到元宵，挂彩灯、耍龙灯、耍狮子、踩高跷、划旱船、吃元宵等，热闹非凡，一直延续至今。

十月一上坟祭祖烧纸

农历十月初一，是中国民间传统的祭祖节。说起祭祖节的来历，还要从蔡伦造纸和蔡莫烧纸说起。

东汉时期，蔡伦利用树皮、麻头、破布和旧渔网造出纸来，从此代替了笨重的木简及竹简。蔡伦造出了纸，人们争相购买，赚了很多钱。蔡伦的嫂子慧娘非常眼红，就让丈夫蔡莫跟蔡伦学造纸。仅学三个月，就自己开造纸作坊。可是造出的纸十分粗糙，人们戏称“火纸”。堆了满屋就是卖不出去，夫妻二人十分发愁，慧娘煞费心机，想出来自己装死的办法。

一天深夜，蔡莫突然放声大哭，领居们闻声前来，蔡莫说，因纸难卖，妻子生气上吊而死。邻居们帮蔡莫将慧娘装棺入殓，蔡莫边哭边说：“我造的纸不好，让你寻了短见，要这些纸何用?”说着，把纸一捆一捆的烧掉。正烧着，忽听棺材里慧娘叫：“我回来了。”邻居们吓得东躲西藏，蔡莫也假装吓得要死。但慧娘叫喊不停，人们只好壮着胆子把棺材打开。慧娘出来后装腔作势地说道：“多亏我丈夫烧了那么多纸，阳间以铜币为钱，阴间却以纸当钱。我把钱分给阴间的阎王、判官、小鬼，他们就把我放回来了。”蔡莫一听，又堆起纸张，边烧边说：“阎王、判官、小鬼，我再给您多送钱，别让我死去的爹娘受罪啊！”

人们听说烧纸能通鬼神，使死者免受苦难，争相购买“火纸”。不久，蔡莫存的纸就被抢购一空。慧娘还阳之时，正是农历十月初一，因而人们便都在这天祭祖，上坟烧纸，以示对先辈的怀念。

喝腊八粥的来历

相传，朱元璋小时家中贫穷，只好到财主家放牛。一天，一老牛滑到山间摔断了腿。财主十分气恼，把他关在屋里三天三夜，不给饭吃。朱元璋饿的头昏眼花，在屋里转来转去，想找点东西吃。找了半天，见墙角有一个老鼠窟窿，就使劲挖起来。只见老鼠洞有一粮仓，里面有大米、小米和红枣等。他把这些东西煮了一锅粥，食之美味香甜。朱元璋当了皇帝后，山珍海味吃腻了，忽然想起喝过的那顿香甜的杂粮粥。就叫御厨煮了一锅杂粮粥，又尝出了当年香甜的味道。那天正好是腊月初八，因此叫做“腊八粥”。文武百官亦个个效仿，后来传到民间。腊月初八喝杂粮粥延续至今。

仙家日子的传说

在百余年前，伊家沟村有个叫胡际旺的村民，他家家大业大，膝下有四个儿子，胡德三、胡德贤、胡德俊、胡德芳。那时过日子狠，他每天天不明就喊儿子、儿媳起来往地里去干活。有一天，他忘了时间起得特别早，喊完孩子们后，他顺着村通往东北的一条小路走去。正在低头走着，碰到了一伙小矮人抬着东西迎面而来，胡际旺问：“你们干什么去？”他们说：“给胡际旺家送钱去。”当时胡际旺没有回声就走了。

后来，胡际旺建一处宅子，天天用对瓮中的谷子作生活之用。白天取出谷子，第二天谷子又满了，整套宅子建完了，那对瓮谷子却还是满满的。后被传为“仙家日子”。

冰雹砸了个一平无息

据村记载：1918 年阴历 5 月，伊家沟村发生了一次较大的雹灾，发生时间在麦收结束后，一天中午西北突然变黑，满天乌云，顷刻冰雹直下，一般的是茶碗大小，在坡干活的人有的被砸破了头，有的头顶筐头和推车的粪篓，冰雹停止后，有伊家沟村地保伊曰杰跑到肥城县太爷（外号赵扒皮）处报受灾情况说：“俺村庄稼被冰雹砸了个一平无息”县官等了五天后，坐着小轿来验收灾情。可是这五天中被砸的庄稼又返了青，当时县官大怒，喝令手下把谎报灾情的人打了一百大板，地保伊曰杰被打的鲜血淋漓，才算罢休。

纪实文学

委员长战斗过的地方
——肥城市伊家沟村发展纪实

孙连远　汪达娜

（摘自《山东文学》1994 年第 12 期）

肥城市新城办事处伊家沟村，老一辈革命家、第七届全国人民代表大会常务委员会委员长万里同志曾在这里为了人民的解放事业呕心沥血，创下过可歌可泣的伟绩，留下过战斗的足迹，在今天，再用什么去写这种对待人民情深似海的深情？伊家沟村党员鲜明地回答，用实打实的工作，用政绩。这里原是一片贫瘠的土地。20 年前，30 岁的胡士其当选为这个村的党支部书记，挑起了全村脱贫致富的重担。

弹指一挥间，伊家沟人创造了连做梦都未曾想到的业绩，1993 年，全村经济收入 8100 万元，人均纯收入 2050 元，被评为泰安市“状元村”，1994 年 6 月，又被泰安市命名为创“双百”先进单位。伊家沟人走出了“编大席挣零钱，卖鸡蛋换油盐”的历史。

80 年代初，改革的春雷滚滚响起，震颤着伊家沟这块古老的土地。胡士其克制不住心头的兴奋，彻夜难眠。一个崭新的发展计划在辗转反侧中酝酿成熟，美好的前景在脑海中次第清晰起来。

村委办公室，灯光，窗户，朦胧的夜空。胡士其目光投向窗外，眺望灯火阑珊的新城，作总结性发言：“背靠大树好乘凉。新城发展起来，企业需要产品配件，生活需要农副产品。现在，我们可以发展蔬菜生产，下一步还可以办商店，建工厂。”

烟雾渐渐散去，人心豁然开朗，说了算，定了干。1984 年，伊家沟一口气建起汽修厂、面粉厂、酱菜厂等八家产业。当年投产，当年见效。伊家沟人尝到了发展经济的甜头。1988 年，创建齿轮厂。胡士其率众下湖南、上北京，考察立项。从北京火车站去中科院，风雪中走了半夜，但是想到家乡父老的重托，想到共产党员的职责，这群铁青大汉迈出了稳健的步伐。

东方风来满眼春。1992 年春天，邓小平同志南方讲话敲响了深化改革扩大生产的战鼓。伊家沟人在沉思审视自己，觉得发展速度不快，没有形成大规模生产。究其原因：一是缺人才，缺乏科学管理。二是“小富即安、小成即满”的思想在作怪。在市场竞争日趋激烈的今天，亦步亦趋，就没出路。

思想的解放，使伊家沟人再次把握了发展时机，走上了凭自己优势，借外部力量，发展壮大自己的股份合作制新路子。1993 年，投资 400 万元，新上五个股份制项目，与天津大邱庄、市五里垢矿联办了高频焊管长，与河南安阳市联办电光源厂，该项目填补了泰安市空白，和市保险公司联办宝华大修厂另有商贸大厦、泰西商城。这些项目投产后，可年增产值 9000 万元，94 年底达亿元。

经济要腾飞，人才是关键。伊家沟人深谙此理。他们瞄准大企业、大专院校，先后引进企业管理、专业技术人才 28 名，同时，注意培养本地“土专家”“明白人”村里定期举办培训班，对村办企业的干部职工进行系统的在职培训，各类专业技术人才达 400 多名。

人才给企业注入了生机和活力，企业经济逐年提高，竞争能力明显增强，1992 年以来他们先后完成 13 个技改项目，村面粉厂由原来生产普通面粉，技改后能生产特二粉，能使玉米去皮，提高经济效益两万多元；电光源厂过去只能生产民用灯泡，现在可以生产高标准的汽车专用灯泡；酱菜厂实现了流水线一条龙生产包装，年增产值 30 万元。

人们求富求发展，同样求知、求美、求乐、求祥和，伊家沟人在经济发展的同时，尤其重视加强社会主义精神文明建设。

把基础设施建设放在首位。投资 200 万元，建起了高标准的文化大院，设有党员活动室、会议室、青年、民兵、妇女之家、人口学校、农民科技夜校等，并建立健全了各项学习、会议、评比、达标制度。

注重发挥“四个作用”。一是党员干部的先锋模范作用，二是青年、民兵、妇女、治保、调节等群团组织的纽带作用，三是部门的职能作用，四是社会及宣传舆论的监督作用。

暂住人口多，人员较复杂，一度出现酗酒闹事、骂大街、婆媳邻里不和等不文明现象，影响了社会安全，稳定才能改革发展，村两委针对上述情况，成立了以胡士其为组长的社会综合治安治理领导小组，健全各项规章制度，逐级签订责任书，同时，深入开展法制宣传教育，用社会主义法制规范人们的言行，结合伊家沟村实际，制定十条村规民约和十六条详尽细致的治安调解管理规定，把一切民间纠纷消灭在萌芽状态，他们成立了几人组成的治安巡逻队，坚持重大节日、三夏三秋昼夜巡逻，有效地防治各类案件的发生。

在伊家沟，最“高级”的建筑是学校，投资120万元建造的高标准幼儿园，占地20860平方米，40余间房屋，枯黄色墙壁，翠绿色廊檐，显示出勃勃生机与希望，娱乐设备齐全，达到泰安市一类园，被评为省级优秀家长学校，去年又与市教委联建了长山街小学，现已正式开学。

行在街中，最惹眼的是门楣上熠熠闪光的牌匾：“五好家庭”“十星级文明户”“少生快富带头户”……伊家沟善于通过各项评选活动，改革旧风俗习惯，建立文明健康的生活方式，使尊老爱幼、助人为乐、讲究卫生等成为村民自觉行动。去年，共评出优秀党员、模范干部15人，十星级文明户516户，好婆婆、好媳妇、好妯娌等“八好”125人，计划生育连续五年达到“三无”，孤寡老人进了养老院，多年来，村里从没给农民摊派过一分钱，每年近10万元的五项统筹费都有村里支出。

胡士其说过，班子风正民风正，班子强盛百业兴，伊家沟的两个文明建设应天时，得地利，更有赖于一个廉洁、勤政、团结的领导集体。量才使用，配强班子。在班子建设中特别注重个体素质与整体功能的统一。选人，不求全具备，配班子，注重年龄、文化结构、气质技能的互补，班子中既有“诸葛亮”，也有“五虎将”。

工作能力的增强有赖于文化素质的提高。胡士其经常告诫同事，少参与些应酬，多挤时间学习，没有落后的群众，只有落后的干部。胡士其率先垂范，1989年，39岁的他踏进了北京经济函授大学的门槛，1991年毕业后又接连报考了中央会计函授学校和济南职工培训中心学校，学以致用，村企业管理的21项规定就出自他手。

在胡士其的办公室里，“天朗气清，惠风和畅”的长条字幅醒人眼目。十九年前上任伊始，胡士其就与班组成员约法三章，党员干部吃亏在前享乐在后，不与群众争名利，不接受群众的宴请与送礼。十几年，胡士其为村民办了多少好事，不计其数，拒收赠礼多少次，也不计其数，他时刻想的是严以律己，宽以待人，廉洁勤政，无私奉献。

这里工厂林立，机器声隆隆，但是在肥城市的历史上，1948 年 7 月 8 日，正式在这里结束了解放战争的最后一战——伊家沟之战，一次毙伤国民党七十三师五十旅和还乡团 500 多人，还乡团头子胡玉河被当场击毙。这里街道平直，花坛簇拥。正是在这里，1950 年 3 月，召开了肥城历史上第一届妇女大表大会，参加会议 300 多名。这里楼上楼下，电灯电话，户户轻骑摩托进进出出。正是在这里，在肥城市的历史上，1950 年 5 月 5 日—8 日，召开了共青团肥城第一次代表大会，参加会议代表 400 人。

1993 年 6 月，时任全国人大常委会副委员长、著名经济学家费孝通来到伊家沟，看着满目风光，曾高兴地说：“步子迈得不小啊，简直是肥城的一颗明星！”

再也找不到老一辈革命家万里、段君毅和房东促膝谈心的小土屋和老枣树，但是伊家沟村的党员们，遵循党的宗旨，对人民群众的情谊更醇更浓，书写着更加美好的明天。

带头人胡士其亦信心十足，框架已搭起，下一步就要抓住发展这个中心，大手笔作文章。人们期待着伊家沟的成功！这块有着光辉和光荣历史的土地！

注：孙连远，肥城市新城街道人，曾任山东省作家协会会员。

汪达娜，肥城市新城街道办事处党委宣传委员。后调任肥城市人大常务委员会办公室任职。

（张显威　摘编）

齐鲁名村志

QI LU MING CUN ZHI

伊家沟村志

1368—2015

YI JIA GOU CUN ZHI

人物

RENWU

村志应立传事迹突出的人物6人。

烈士6名在人物表收录。9名参加解放战争及抗美援朝等事迹材料征集较少的功勋人物，录《功勋人物表》。并在“荣誉”中录其个人照片及其奖章图像。为保存资料，弘扬英杰，以“人物简介”形式收录副科级、副高级职称以上及对社会做出贡献者。单列“荣誉”，收录个人及集体荣誉。

立传人物以生年为序。

人物传略

陈绪富（1913.9—1977.11）

伊家沟村人。中共党员，高级农业生产合作社社长，原中共伊家沟村党支部书记。

1944—1946年，任减租减息组长。他认真执行抗日民主政府减租减息、土地回赎、雇工增资的政策，通过减租减息和为雇工增资，为每位打长工者每年发给粮食600斤，其中小麦300斤。在土地改革运动中，任农民协会委员会主任。

1947年春，复查斗争结束。3月27日（农历二月初五），国民党新五军2000余人（号称十万大军压境）进驻伊家沟村，地主还乡团告发村财粮主任、土地改革运动积极分子陈绪富。匪徒把陈绪富捆绑到村公所院子里，扒掉身上衣服，用丝绳拴住手指头吊在槐树上，进行多次拷打逼供，企图让其说出公粮的存放地点。敌人利诱说：“交出公粮，放人奖励”，陈绪富坚决拒绝。敌人又实行残酷毒打，用刺刀对着陈绪富的胸膛，他忍受着肉体的折磨，没有屈服，使敌人的阴谋诡计没能得逞。傍晚时分，他趁敌人开饭混乱之际，弄开身上的绳索逃到陈绪信家藏了起来。敌人发现后狂叫如雷，蜂拥般赶到陈绪富家到处搜查，又逼迫其父母说出陈绪富的下落，被父母二人严厉拒绝。穷凶极恶的敌人把他父母二人毒打一顿，并把家里的东西抢劫一空，但未得到一粒公粮。1949年3月，加入中国共产党。1950年，任互助组组长。1952—1954年，任初级社社长、农业生产合作社社长。

1955年2月任伊家沟村党支部书记。1955年11月7日，中共肥城县委向全县转发伊家沟乡关于陈绪富农业生产合作社的生产计划。同年，带领广大群众打井治水，受到县里的表彰，并给予物资奖励，有关新闻部门拍摄电影。

1956年春，成立伊家沟高级农业生产合作社（辖9个自然村），任合作社社长。1957年，陈绪富被评为山东省劳动模范。1958年，带领干部群众深翻土地1700亩，并建占地80亩养猪场一处，猪圈70间，大力发展养猪。1959—1977年，任村党支部委员（兼一队队长），多次被评为“五好干部”。

1977年11月，因病医治无效病逝，享年64岁。

陈继阳（1922.10—1986.9）

出生于一个贫穷的农民家庭，自幼饱受旧社会压迫之苦。1935年由于生活所迫，在伊家沟村小学辍学后参加劳动。1937年，年仅15岁即在伊家沟村地主家当短工。

1938年到大连市甘井子村满化工厂给日寇下苦力，受尽日本资本家的百般凌辱。1945年任伊家沟村农会主任。期间，带领群众开展“减租、减息”土地改革运动，动员青年参军、参战，支援前线。1947年3月，加入中国共产党。同年，带领广大贫下中农斗地主、分田地。阶级敌人对他怀恨在心，企图把他活活处死，还乡团匪徒把他的三间草屋烧掉。1948年1月，任村党支部书记。同年7月8日，在伊家沟战斗中，带领村干部和群众积极为部队服务。

1949年5月至1954年5月，任伊家沟乡（胡庄、尚庄、马连庄、赵庄、刘家庄、孙家庄、前段庄、后段庄、伊家沟）党支部书记兼乡长，后在伊家沟村任分支委员、党小组长。1958年11月，到新汶电厂工作，后任起重工班长。

1986年9月，因病医治无效病逝，享年64岁。

王明宣（1923.10—1995.2）

伊家沟村人。中共党员，原中共伊家沟村党支部书记。

1948年10月至1952年7月，参加中国人民解放军，成为一名铁道兵。1950年1月，加入中国共产党。1953—1955年，任伊家沟村分会长、小组长。1956—

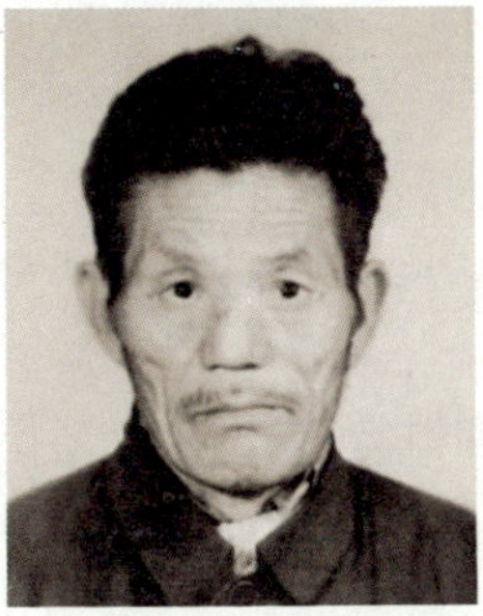

1958年，任伊家沟村老五队队长。1959年1月至1966年5月，任村支部书记。1974年11月至1976年8月，任村支部书记。期间大搞农田水利基础建设，使农业生产得到较快发展。1976年8月后，任村支部委员、大队管委会委员、治保主任。1984年2月退休。

1995年2月，因病逝世，享年72岁。

高文成（1926.1—2009.2）

参加过淮海战役的高文成及功勋纪念章

伊家沟村人。中共党员，原西安中建五局九公司三处书记。

青年时代，家庭贫穷，为维持生计，1940—1945年离开伊家沟村到光荣店药铺当店员，后奔赴北京长辛店在铁路上当劳工，1946年返回家乡。1947年参加中国人民解放军，为华东军区第三野战军28师88团二营战士。在淮海战役的一次战斗中，炮弹皮崩到肺部，后经治疗痊愈。1949年底转业后，在肥城县民政科工作。1952—1981年，在西安中建五局九公司三处工作。1953年3月加入中国共产党。期间，历任政工科长、组织干事、保卫科长、队长、书记。1981年3月，经组织批准离休返乡。

高文成返乡后，保持一个共产党员的先锋模范作用，积极为群众服务。1998年7月，村成立老年协会，他为老年人当老师教拳术，并为周边村老年人当教练十几年，为老年人的健康做出了贡献。1999年，被陕西省委老干部局授予“共和国创立者”光荣称号。2003年10月，任村道德评议会、党员议事会成员，为伊家沟村的经济发展献计献策。多次被肥城市、新城办事处、村“两委”评为优秀党员。他始终与党组织保持高度一致，讲党性、顾大局、为人正直，赢得了全村父老乡亲的尊敬。

2009 年 2 月，因病去世，享年 83 岁。

伊兆禄（1932. 1—1994. 3）

伊家沟村人，中共党员，原中共伊家沟村党支部书记，革命委员会主任。

1950 年，加入共产主义青年团。1951 年，任团支部委员，1954 年，任团支部书记，同年加入中国共产党，任生产队副队长。1957 年，任党支部委员兼生产队长。1966 年 5 月至 1974 年 11 月，任大队长、支部书记、革命委员会主任。在文化大革命中，抓革命促生产，开展农业学大寨的群众运动。1994 年 3 月，因病逝世，享年 62 岁。

伊宪武（1945. 12—2009. 3）

伊家沟村人。中专学历，肥城市文化馆创作员。

伊宪武出身于一个农民家庭。1953 年 7 月至 1960 年 7 月，在伊家沟村小学读书。1960 年 7 月至 1963 年 7 月，毕业于肥城第一中学。1963 年 10 月至 1968 年 9 月，参加中国人民解放军，在昌乐某部服役。期间，任宣传队编导，因在《解放军文艺》《前卫报》上发表诗作，受所在部队团嘉奖两次。1968 年 10 月至 1970 年 1 月，参加伊家沟村毛泽东思想文艺宣传队。期间，编剧、绘景、谱曲十场歌剧《古庙深仇》《生命枪》两个剧本和十几场歌剧。1970 年 2 月至 1971 年 7 月，在肥城县电影公司（合同工）工作，1971 年 8 月转为正式工人。期间，任美工员，制作的幻灯《王老汉养牛》《车上金光道》，分别获泰安地区二等奖。1985—1986 年，陆续发表诗歌，其中 5 篇曾被泰安日报社表彰。在桃园镇电影管理站任站长。1986 年 7 月至 1988 年 7 月，参加肥城县委党校干部政治思想理论和文化知识中专班学习。1988 年 7 月，调肥城县电影公司任宣传员，后调肥城市文化馆工作。期间，1989 年 10 月 1 日，在中国青年诗歌大奖赛中，《花卉诗一千二百首》荣获二等奖。1990 年 1 月 17 日，在全国“金不换杯”诗歌大奖赛中，诗《磨镰》荣获一等奖。1991 年 10 月 22 日，参加北京中国长城诗歌创作笔会，由当代诗人丛书编辑部颁发证书。1992年春，在诗坛新秀新作千人千首组稿选拔赛中，《磨镰》荣获三等奖。1993年3月，在全国计划生育文艺创作有奖征文活动中，创作的二人转《九子梦》和诗朗诵《大地的呼吁》，均被评为三等奖。1995年，在泰安市小品剧本创作评奖活动中，《超生捣蛋部队》获三等奖。1995年度，获花卉出版社评为当代文学奖。同年出版诗集《世上桃园歌》。1996年度被古籍出版社评为人民文学奖，在泰安市1996年度戏剧创作活动中，《春风杨柳》荣获创作奖。

2000年，中华人民共和国文化部文化艺术中心、中国文学艺术界联合会艺术指导委员会、人民画报（中国画报）社、2000年世界华人艺术展组委会，对诗文《泰山诗千首》及插画作品，严格评审后，推荐入选2000年世界华人艺术展，并荣获银奖，特授予世界华人优秀艺术家荣誉称号。

伊宪武在弘扬华夏文化，促进艺术发展方面作出很大贡献。1998年10月退休。2009年3月，因病逝世，享年64岁。

人物简介

1976—2004年村党（总）支部书记

1976年前村党（总）支部书记已在“人物传略”录的，此处不再录。此处按任职先后排序。

胡士其

生于1946年7月，伊家沟村人。中共党员，大专学历，经济师。曾任中共伊家沟村党总支部书记。原新城街道办事处政协副主任。

1960年7月，毕业于伊家沟村完小。1964年12月至1969年2月，参加中国人民解放军，为兰州军区8153部队工程兵。1969年2月从部队复员回村。1970年2月，加入中国共产党。历任村团支部书记，管区团总支书记。1970年10月，参加仪阳公社驻村工作队（驻陈庄村）。1976 年 8 月至 1997 年 12 月，任村党支部书记。胡士其任村党总支书记期间，带领全村干部群众抓住机遇，艰苦创业，借助新城优势，抓工促商。至 1994 年，村办企业发展到十几处，全村经济实现了突破性的发展，人均纯收入达到 2350 元。随着村经济不断壮大，村与市教育局联合建起了高标准的长山街肥城师范附属小学；幼儿免费上幼儿园；为 60 岁以上老人每年发放生活补贴；为村民免费供城市管网生活用水；办起党员、青年民兵、妇女、老年之家、科技夜校。由于成绩突出，胡士其于 1980 年 2 月被评为肥城县劳动模范。1990 年 2 月，被肥城县委、县政府授予农业劳动模范称号。1991 年 12 月，被评为省优秀家长、泰安市先进儿童工作者。1993 年 12 月，被泰安市人民政府授予泰安市优秀乡镇企业家称号。1993 年、1994 年，两次被泰安市市委、市政府命名为泰安市优秀乡镇企业家。1994 年 2 月，被泰安市委、市政府授予致富状元称号。同年 6 月，在泰安市委创“双百”活动中被评为优秀党支部书记。同年 10 月，转为国家干部，上挂中共新城办事处委员会副书记。1995 年 4 月，被山东省委、省政府授予山东省劳动模范称号。同年 5 月，被泰安市委、市政府授予泰安市劳动模范称号。1997 年 12 月，调新城街道办事处任政协副主任。2006 年 10 月退休。

孙业才

生于 1956 年 7 月，伊家沟村人。中共党员，大专学历，原中共伊家沟村党总支书记。

1976 年 7 月，毕业于肥城第七中学，在校期间任校学生会主席，校团委副书记。回村后在伊家沟村搞宣传工作。1976 年 10 月至 1978 年 10 月，被仪阳公社借调在贫协工作。1978 年 11 月至 1979 年 4 月，任村信代员、团支部书记。1979 年 5 月，任村现金实物保管、村管理委员会委员。1982 年，任刘家庄镇第一届团委委员。1984 年，荣获泰安市新长征突击手称号。1984 年 4 月至 1986 年 4 月，任党支部委员、村会计。期间 1985 年 1 月，任新城镇第二届团委委员。1986 年 4 月至 1997 年 12 月，任村党（总）支部副书记、村民委员会主任。期间，1983 年、1986 年，参加新城办事处人代会。1990 年，被肥城县人民政府评为文物先进工作者。1992 年 10 月，被肥城市科委评为助理经济师。1994 年，被泰安市委、市政府授予劳动模范称号。1994 年 10 月，转为国家干部（副乡级）。1996 年 10 月，被泰安市农民技术职称评审领导小组评为农艺师。1998 年 1 月至 2000 年 10 月，任村党总支书记。2000 年，被泰安市科委评为经济师。2000 年 10 月，任党总支委员、纪检委员、计划生育委员会主任。2001 年 3 月，被泰安市农民技术职称评审委员会评为高级经济师。2006 年 2 月，被肥城市人口与计划生育领导小组评为全市人口与计划生育先进工作者。2007 年 12 月退休。

王秀梅（女）

生于 1947 年 8 月，伊家沟村人。中共党员，大专学历。原中共伊家沟村党总支书记。

1963 年 7 月，在伊家沟小学毕业。1964—1969 年，在伊家沟村参加生产劳动。1970—1975 年，任团支部副书记、民兵副连长。1971 年 6 月，加入中国共产党。1975—1976 年，参加仪阳公社工作队驻王家南阳村。1976 年 8 月至 1986 年 4 月，任村党支部副书记，妇女主任。期间 1976 年 8 月参加仪阳公社党代表大会。1982 年 3 月参加新城镇第一次党代表大会、第一次妇女代表大会、肥城县第五次妇女代表大会（执委委员）。同年 4 月，参加泰安市妇女第六次代表大会（执委委员），参加新城镇第一次人民代表大会。1983 年 10 月，参加山东省妇女第七届代表大会。

1984 年 4 月，参加新城镇第二次人民代表大会。1984 年 9 月，参加肥城县第六次党代表大会。同年 12 月，参加新城镇第二次党代会。1985 年 1 月，参加新城镇第二次妇女代表大会（执委委员）。同年 8 月，参加肥城县第六次妇女代表大会（执委委员）。同年被泰安市妇联授予“三八红旗手”称号。

1986 年 4 月至 1997 年 12 月，任村党总支委员、妇女主任、计生协会会长。期间 1986 年 4 月，参加泰安市妇女第七届代表大会（执委委员）。12 月，参加新城镇第三次人民代表大会。同年被泰安市妇联授予三八红旗手称号。1989 年 2 月，被泰安市委、市政府评为计划生育先进工作者。1989 年 4 月，参加新城镇第四次人民代表大会。12 月，参加肥城县妇女第八次代表大会（执委委员）。

1990 年 12 月，被肥城县科委评委授予“助理统计师”。1991 年 3 月，被泰安市妇女联合会授予优秀信息员荣誉称号。4 月，在山东省妇女联合会双学双比竞赛活动中，被授予先进女能手荣誉称号。12 月，被山东省妇女联合会命名为省三八红旗手。5 月，被泰安市计生委、人事局评为计划生育先进个人。1994 年 3 月，参加泰安市妇女第八届代表大会（执委委员）。4 月，被山东省妇女联合会授予省三八红旗手荣誉称号。1996 年 10 月，被泰安市农民技术评审领导小组授予农民艺师称号。1997 年 5 月，参加肥城市妇女第九次代表大会（执委委员）。同年，被肥城市委、市政府授予市级文明家庭。1998 年 1 月，任党总支副书记、妇代会主任、计生协会会长，肥城市妇联执委委员。

1992—1999 年，多次被新城街道办事处评为先进工作者。

2000 年 10 月，任村党总支书记。2004 年 11 月退休。

2015 年在任“村民委员会、村党总支部委员会”委员

姚庆国

生于 1966 年 8 月，伊家沟村人。中共党员，大专学历，经济师，中共伊家沟村党总支书记。

1982 年 6 月，在伊家沟村学校初中毕业。1982 年 7 月至 1984 年 10 月，在伊家沟村务农。1984 年 11 月至 1989 年 3 月，在山东省军区某部服役。1988 年 11 月，加入中国共产党。1989 年 4 月至 1993 年 2 月，在新城办事处林业站工作。1993 年 3 月至 1997 年 3 月，任村钢管厂副厂长。1997 年 4 月，调任村土管办，任管理自来水会计。1999 年 3 月，当选为村民委员会委员。2000 年 3 月，任村民兵连长。2000 年 10 月，任村党总支委员、民兵连长。

2002 年 1 月至 2004 年 11 月，任副书记、民兵连长、组织委员。2004 年 11 月，任村党总支书记。2007 年 12 月至 2014 年 11 月，任村党总支书记兼村民委员会主任。2014 年 11 月，任村党总支书记。

2004—2007 年，被新城街道办事处党工委授予优秀共产党员荣誉称号。2006 年 7 月，被肥城市市委授予全市百佳优秀共产党员荣誉称号。2006 年 12 月，被泰安市农村职称评审委评为经济师。2007 年 8 月，被肥城市国防动员会评为关心国防建

设十大英模人物。2008 年 2 月，当选为肥城市第七届政协委员会委员。2008 年 6 月，被肥城市委授予肥城市优秀共产党员荣誉称号。2007 年度、2008 年度、2009 年度被新城街道办事处工作委员会授予优秀农村党支部书记荣誉称号。2009 至 2010 年，2014 至 2015 年，被肥城市委、市政府授予全市优秀党支部书记荣誉称号。2010 年 7 月，被肥城市委、市政府评为十佳优秀党支部书记。2011 年 7 月，被肥城市委授予桃都先锋荣誉称号。2014 年，被评为肥城市劳动模范。2012 年 1 月，当选为肥城市第十七届人大代表。2015 年，肥城市强村固基五比竞赛百优村党组织书记。

陈建国

生于 1970 年 9 月，伊家沟村人。中共党员，大专学历，中共伊家沟村党总支委员、村民委员会主任。

1987 年 6 月，肥城市实验中学职业中专毕业。1987 年 7 月至 1995 年 12 月，在肥城市工业用呢厂、肥城市轻工机械厂工作。1996 年 1 月至 1999 年 12 月，任村商贸城财务会计。2000 年 1 月至 2002 年 1 月，任村财务记账会计。2002 年 1 月至 2007 年 9 月，任村财务记账会计、团总支书记，负责水电工作。2004 年 8 月，加入中国共产党。2007 年 10 月至 2011 年 3 月，任村财务会计、团总支书记、组织委员。2011 年 3 月至 2013 年 12 月，任村党总支委员、村民委员会委员、村财务会计、组织委员。

2014 年 1 月至 2014 年 11 月，任村党总支委员、村民委员会委员、村财务会计。2014 年 12 月，任村民委员会主任、党总支委员。

2002 年，被泰安市统计局授予全市第五次人口普查先进个人。2002—2010 年，被肥城市团委评为优秀团支部书记、新青年突击手。2009 年 1 月，被肥城市委评为肥城市新长征突击手。2009 年，被肥城市评为经济普查先进个人。被共青团肥城市授予青年自愿者先进个人。2010 年 1 月，被新城街道办事处评为优秀共产党员。2010 年，被泰安市统计局授予全市第六次人口普查先进个人。2010 年 1 月、2011 年 1 月，被新城街道办事处评为优秀青年工作者。

胡士惠

生于1964年11月，伊家沟村人。中共党员，本科学历，高级经济师，高级工程师，中共伊家沟村党总支副书记。

1981年7月，毕业于肥城第七中学。1981年8月至1985年9月，任村建筑队会计。1985年9月至1987年7月，在泰安乡企中专工民建专业学习。1987年8月至1992年6月，任村齿轮厂副厂长、会计、团支部书记。1992年7月至1994年9月，任村与肥城市商业局联办的商贸大厦筹建处副总经理。1994年9月，加入中国共产党。1994年9月至2000年10月，任村齿轮厂厂长、企业党支部书记兼企业办主任、村民委员会委员（以下简称“村委委员”）。2000年10月至2007年12月，任村民委员会委员、党总支委员。2006年12月，被泰安市农村专业技术人员职称评审工作委员会授予高级经济师。2013年，被泰安市农村专业技术人员职称评审工作委员会授予高级工程师。2011年3月起，任伊家沟村党总支副书记。1991年10月，荣获山东省青年科技优秀成果奖。1992年2月，荣获肥城市新长征突击手称号。1992年6月，荣获全国农村青年星火带头人称号。1996年1月，荣获肥城市第三届青年科技奖。2008年12月，被伊家沟村评为特殊贡献奖。2009年度，荣获肥城市优秀工会工作者。2015年，荣获新城街道办事处史志工作先进个人称号。

王开生

生于1968年10月，伊家沟村人。中共党员，大专学历，经济师，中共伊家沟村党总支副书记。

1984年7月，在伊家沟村学校初中毕业。1984年至1986年9月，在伊家沟村务农。1986年10月，参加中国人民解放军，在吉林梅河口某部服役，1988年荣立三等功一次。1989年6月，加入中国共产党；7月，转代理排长。1990年和1991年，被团党委授予学雷锋标兵、优秀班长、优秀党员称号，并荣获团6次嘉奖。1992年1月至1999年3月，任村团总支书记、计生主任。1999年4月至2004年10月，任综合办主任、调解主任、卫生办主任、治保主任。2004

年11月至2011年2月，任村党总支委员、综合办主任、民兵连长、调解主任、土管办主任，分管商贸城工作。2011年3月至今，任村党总支副书记，分管物业、商贸城、物业小区管理、黑山苗木、卫生管理工作。

1994年，被肥城市团委评为优秀团干部。2003年，被肥城市团委评为先进志愿者。2011年，被新城街道办事处党工委授予优秀党员称号。

秦善阳

生于1962年2月，伊家沟村人。中共党员，大专学历，建筑工程师，中共伊家沟村党总支副书记。

1978年10月，毕业于肥城第一中学。1978年12月，参加中国人民解放军基本建设工程兵，在河北省迁西县潘家口水利发电站服役，之后调广西隆林天生桥水利发电站水电武警部队。1984年11月，加入中国共产党。1985年9月，退伍后由村派出肥城建材水泥纸袋厂任技术员。1986年11月至1988年12月，任钢球厂技术员。1989年1月至1991年10月，经营个体餐饮业。1991年11月至1993年5月，任村齿轮厂标牌车间主任。1993年6月至1995年12月，任肥城设备厂安装工程公司项目部经理。1996年1月至2004年12月，任肥城市六建工程公司项目部经理。2004年12月至2007年12月，任村民委员会委员。2007年12月至2011年3月，任村党总支成员、村民委员会委员。2013年3月，任村党总支副书记，分管组织工作。

高淑祯

生于1966年8月，伊家沟村人。中共党员，大专学历，中共伊家沟村党总支委员，村民委员会委员。

1982年，在伊家沟村学校初中毕业。1982年9月至1984年10月，在伊家沟村务农。1984年11月至1986年5月，任村面粉厂保管员。1986年6月至1991年4月，任村酿造厂技术员。1991年5月至2001年12月，任村酿造厂厂长。2002年至2007年11月，任村建设办、物业公司副主任。2007年12

月，任村党总支委员。2014 年 12 月，任村民委员会委员。1990 年 8 月、1991 年 5 月，在肥城市乡镇企业职工培训中心参加技术工程基础理论学习。1991 年 5 月，由肥城市科学技术委员会认证技术员资格。

孙衍霞（女）

生于 1964 年 12 月，新城街道办事处巧山村人。中共党员，大专学历，中共伊家沟村党总支委员、村民委员会委员、妇代会主任、计生办主任。

1982 年 8 月，毕业于巧山农业中学。1987 年 1 月至 1992 年 12 月，任伊家沟村第七村民小组育龄妇女组长。1993 年至 1997 年 12 月，任村妇代会副主任兼计生协会秘书长。1998 年 1 月至 2004 年 12 月，任村计生协会秘书长、村妇代会主任。2005 年 1 月至 2011 年 3 月，任村妇代会主任、计划生育委员会副主任兼计划生育统计员。2006 年 1 月，加入中国共产党。2011 年 3 月至 2015 年，任村党总支委员、村民委员会委员、计生主任、宣传委员、社区主任、精神文明办主任。1998 年，荣获肥城市妇联双学双比女能手称号。先后荣获肥城市人口计划生育先进工作者，市妇联五好家庭文明标兵，新城街道办事处三八红旗手等称号。2011 年 11 月，参加泰安市“两委”女性正职干部培训班。

副科级副高级职称以上人员

陈学银（现名陈立新）

生于 1945 年 2 月，伊家沟村人。中共党员，大专学历，经济师，政工师。四川省攀枝花市橡胶总厂原党委副书记，享受副处级待遇（副县级）。

1953—1959 年，在伊家沟村上小学。1965 年，毕业于肥城第一中学。1967 年 7 月，毕业于山东济南交通高等专科学校，被分配到交通部成都第四公路工程机关待岗。1968 年 8 月，毛泽东主席发出“广大知识青年要到厂矿去，到三线建设最需要的地方去”的号召，分配到交通部第五工程处，在机修连劳动锻炼。1973 年 12 月，调攀枝花市翻胎厂任保卫干事。1974 年 6 月，加入中国共产党。1975 年 10 月，任厂党支部委员、副书记（副科级）。1978年10月，翻胎厂升格为县团级单位，任党委办公室主任（正科级）。1980年，任副厂长（副处级）。1985年，任攀枝花市橡胶总厂工会主席。1988年2月，被市政府授予劳动模范称号。1995年，任党委副书记兼纪委书记，享受副处待遇。2005年11月底退休。

退休后，被西区路北社区党委聘为老干部党支部委员，蓝湖社区推选为老年协会会长积极参与社区的多种公益活动，发挥晚年的光和热。

秦正修

生于1954年2月，伊家沟村人。中共党员，大学学历。泰安市泰山区教育局副局长。泰安六中校长，正局级干部。

1974年7月，毕业于肥城第七中学。1975年9月至1977年12月，参加仪阳公社工作队，先后驻孙家小庄、鹿家沟大队。国家恢复高考后，于1978年考入泰安师专中文系。1980年，分配到泰安四中任教。1984年9月，调泰山实验中学，先后任教师、教导主任（期间1990至1992年在泰山区教育局教研室担任中学语文教研员两年）。1994年8月至1996年10月，任泰山区粥店中学校长。2000年9月至2007年，任泰安六中校长。2003年8月至2007年9月，任泰山区教育局副局长、泰安六中校长。2007年10月至2014年5月，为泰山区教育系统正局级干部。

1988年，荣获泰山区园丁奖。1990年，被评为泰山区优秀教师。1995年，被评为泰山区十佳教育工作者。1999年，被评为山东省优秀教育工作者。2003年，被评为全国创新写作实验学校优秀校长。2004年，先后被评为泰山区专业技术人才、泰安市首届泰山名校长；同年9月，山东电视台以《为学校荣誉》对其进行专题采访报道。2005年3月15日，《中国教育报》以《名校之名贵在名师——解读秦正修校长的教师队伍建设思想》为题进行大篇幅专题报道。2007年6月，为《山东教育》杂志封面人物。

2014年5月退休。

伊淑田

生于1945年10月，伊家沟村人。山东省兖矿集团邹城二小学教师。

1961年1月，从事教育工作。2006年10月退休，从事教育工作45年。1998

年5月，参加第三届希望杯全国师生书画印大奖赛荣获大奖，被授予新世纪校园书画艺术人才荣誉称号。2009年10月16日，在济宁二号煤矿庆祝中华人民共和国成立60周年暨建矿20周年书画摄影展览中，荣获绘画一等奖。2001年7月，伊淑田艺术传略和书画艺术作品选入中国当代书画艺术家大型系列丛书《中国书画艺术博览》一书。

伊宪银

生于1978年12月，伊家沟村人。中共党员，双学位。现任中国人民解放军火箭军某部政治部主任。（正团级）

1996年6月，毕业于肥城第三中学。1996年9月至1999年6月，在烟台师范学院就读，在校任社团部部长。1999年9月，考入西南政法大学。2000年12月，加入中国共产党。2001年7月，西南政法大学毕业后，携笔从戎，历任排长、政治指导员、科长、政治教导员、政治部（处）主任等职。辗转山东莱芜、吉林通化、辽宁大连等地，在部队10余年。秉承家风，为人朴实，工作踏实，多次被评为先进个人。2003年、2007年，因工作突出荣立个人三等功2次。

秦　明

生于1978年10月，伊家沟村人。中共党员，大学学历。现任中国人民解放军92564部队科长（副团职）。

1985年9月至1987年7月，就读于伊家沟小学。1996年9月，肥城第一中学毕业后考入郑州解放军信息工程学院。1999年9月至2013年12月，在92762部队任助理工程师、工程师、参谋。2001年11月，加入中国共产党。2014年1月，任中国人民解放军92564部队科长（副团职）。

陈玉俊

生于1949年2月，伊家沟村人。中共党员，大学学历，原吉林省吉林市纪委监察局常委、副局长。

1956—1958年，在伊家沟小学读书。1958—1968年，在吉林市读书。1968年9月至1970年5月，随吉林市知青下乡。1970年5月至1974年4月，参加中国人民解放军，服役于吉林省军区。1971年12月，加入中国共产党。1974年4月至1976年6月，在吉林化公司任职员。1976年6月至1982年，任吉林市人事局职员。1982—1991年，任吉林市纪委审理室主任。1991—2009年，任吉林市纪委监察局常委、副局长、调研员（正处级）。期间于1994年8月至1996年12月，毕业于中央党校函授学校。2009年2月退休。

李瑞超

生于1980年9月，伊家沟村人。中共党员，研究生学历，上海市徐汇区机构编制管理委员会办公室主任。

2000年7月，毕业于肥城第一中学。2000年9月至2004年7月，毕业于华东政治学院。2002年11月，加入中国共产党。2004年10月至2014年12月，任上海市徐汇区组织部干部科干事。2014年1月，任上海徐汇区机构编制管理委员会办公室主任（正科级）。

伊宪林

生于1974年12月，伊家沟村人。中共党员，大学学历，肥城市考核办副主任（副局级）。

1993年7月，毕业于肥城第一中学。1993年9月至1995年7月，毕业于南京海河大学，其间，1995年5月，加入中国共产党。1995年7月，参加工作，至2003年8月，任肥城市王瓜店镇财政所副所长（正股级）。期间，1996年9月至1998年12月，山东省委党校经济管理专业毕业，大学学历。任市高新区财政局预算外科科长。

2003年8月至2007年11月，任肥城市委市政府督查局、考核办科员、综合科副科长。2007年11月至2012年12月，任肥城市委市政府督查局考核办考核科科长。期间，2009年7月至2011年7月，中央广播电视大学汉语言文学专业毕业，本科学历。

2012年12月，任肥城市考核办副主任。期间，2013年4月至2013年8月，挂职老城街道办事处副主任。

人物表

伊家沟村革命烈士情况表

表65

姓名	性别	出生年月	参加革命时间	入党时间	牺牲时所在单位	牺牲时职务	牺牲时间地点
胡培左	男	1922	1938.6		晋冀鲁豫野战军	排长	1946年阳谷县庆阳里战斗
秦唯义	男	1927	1945.7		泰西军分区司令部	战士	1946.6平阴县三里庄战斗
李瑞乾	男	1919	1938		晋冀鲁豫军区一分区九团二营	战士	1947大别山
孙传道	男	1915	1945		肥城二区区队	战士	1947.5肥城县二区马尾山战斗
李恒增	男	1924	1944.7	1941	志愿军四十一军政治部	连长	1952.3朝鲜
秦光德	男	1902	1946.5		二野七纵	炊事员	

注：秦光德1958.12被追认为烈士

伊家沟村功勋人物表

表66

姓名	出生（卒年）时间	入伍至退伍	主要功勋
傅景春	1911.12—1991.3	1945.3—1953.2	参加四平战役 获功勋纪念章
陈太顺	1924.11	1946.8—1952.10	参加抗美援朝
王发祥	1926.10—2007.2	1953.1—1955.2	参加抗美援朝
胡培东	1929.10—2017.11	1948.12—1961.5	参加抗美援朝 获功勋纪念章
孙允昌	1930.6—2015.3	1948.12—1952.5	参加抗美援朝
陈正存	1947.11	1965.11—1971.10	参加抗美援越 获功勋纪念章
秦绪山	1956.4	1974.12—1980.1	对越自卫反击战 获功勋纪念章
伊兆厚	1956.9	1974.12—1980.1	对越自卫反击战 获功勋纪念章
王新涛	1963.9	1980.11—1986.10	对越自卫反击战 获功勋纪念章

备注：功勋人物以生年为序。

荣誉

个人、集体荣誉只收录获肥城市以上单位颁发的荣誉。

功勋人物与荣誉奖章

参加过东北四平战役的傅景春及功勋纪念章

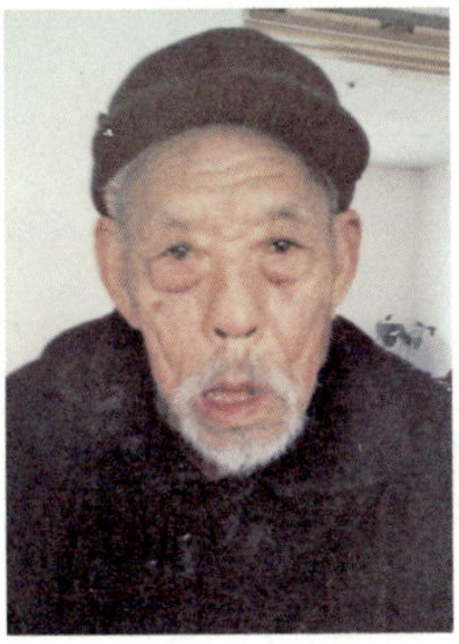

参加过抗美援朝的胡培东及功勋纪念章

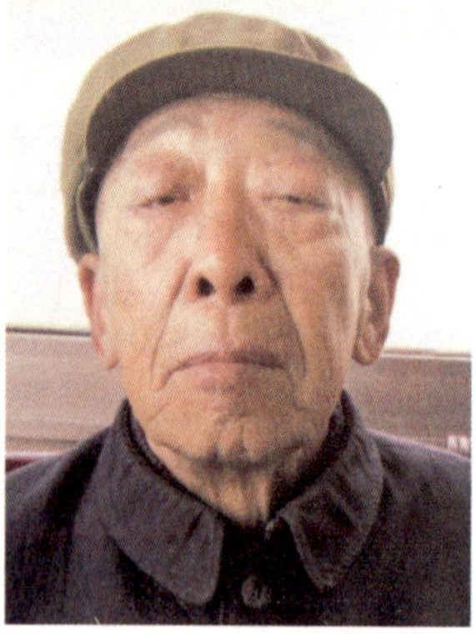
参加过抗美援朝的陈太顺

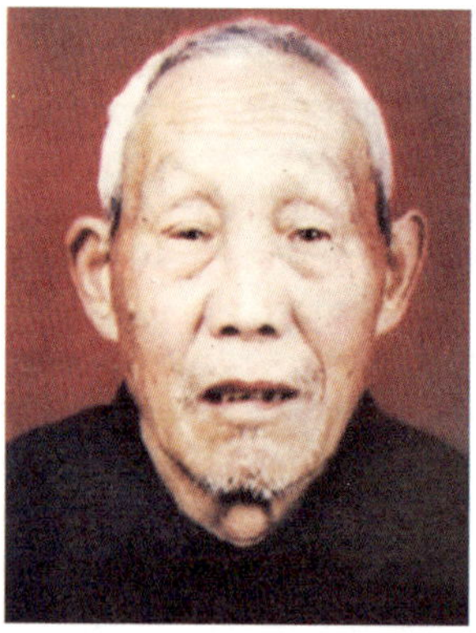
参加过抗美援朝的孙允昌

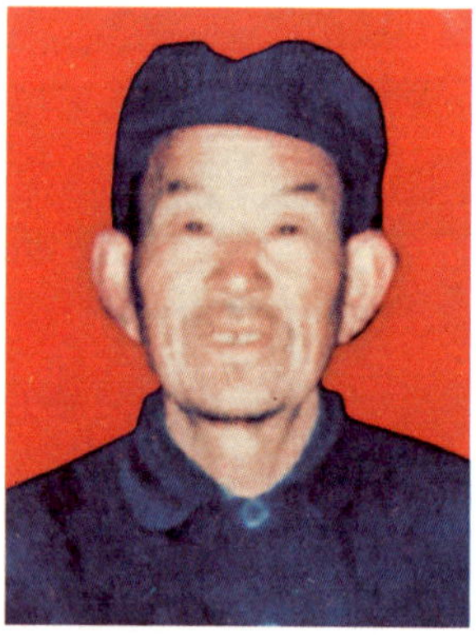
参加过抗美援朝的王发祥

参加过抗美援越的陈正存及功勋纪念章

参加过对越自卫反击战的王新涛及功勋纪念章

参加过对越自卫反击战的秦绪山及功勋纪念章

参加过对越自卫反击战的伊兆厚及功勋纪念章

2008 年度肥城市文明家庭

王翠杰　孙秀梅　王春祥

2009 年度光荣榜

肥城市优秀道德评议会会长：伊兆江

肥城市五好文明家庭：韩立运　路克香

2015 年度先进人物

秦　腾被共青团肥城市委、肥城市人力资源和社会保障局授予“桃都青年创业标兵”荣誉称号。

1980—2015 年伊家沟村荣誉称号

1980 年肥城县先进生产大队。

1983 年山东省三八红旗集体。

1983 年泰安市市级规范幼儿园。

1985 年泰安市先进青年之家。

1985 年山东省（省级）青年之家。

1985 年山东省三八红旗集体。

1986 年肥城县民兵工作先进单位。

1987 年山东省优秀家长学校。

1988 年肥城县科普先进单位。新城镇先进党支部。

1989 年肥城县供电优质服务先进单位。

1990 年泰安市市级文明单位。

1990 年肥城县精神文明单位。

1990 年肥城县先进团支部。

1991 年山东省先进妇代会。

1991 年泰安市红旗妇代会。

1991 年肥城县多种经营，乡镇企业先进单位。

1991 年肥城县双学双比竞赛活动先进单位。

1991 年肥城县五年普法先进单位。

1991 年肥城县文明单位。

1991 年肥城县先进党支部。

1991 年肥城县工作先进单位。

1991 年肥城县计划生育工作先进单位。

1991 年肥城县村规划建设先进单位。

1992 年泰安市市级规范幼儿园。

1992 年肥城市标准用电村。

1992 年肥城市企业产值首次过一千万元奖杯。

1992 年肥城市先进团支部。

1992 年肥城市学科学、用科技先进妇代会。

1992 年肥城市建筑安装强村。

1993 年泰安市三强建设先进村。

1993 年肥城市建设先进单位。

1993 年肥城市社会治安综合治理先进单位称号。

1994 年泰安市创双百先进党总支。

1994 年肥城市四通工程建设先进单位。

1994 年肥城市实现四通、造福人民先进单位。

1994 年肥城市民兵基层建设先进单位。

1994 年肥城市城市齐鲁杯活动先进单位。

1994 年肥城市村庄建设先进单位。

1994 年肥城市建筑安装强村。

1995 年泰安市电化教育示范村。

1995 年肥城市市级文明单位。

1995 年肥城市城市齐鲁杯活动先进单位。

1995 年肥城市先进基层党组织。

1995 年肥城市二五普法先进单位。

1995 年肥城市先进调委会。

1995 年肥城市民兵基层建设先进单位。

1996 年泰安市儿童工作先进单位。

1996 年肥城市市级文明单位。

1996 年肥城市先进基层党组织。

1996 年肥城市精神文明建设示范单位。

1996 年肥城市合格村计划生育协会先进单位。

1996 年肥城市双争先进民兵连。

1996 年肥城市建筑安装十强企业。

1997 年山东省优秀人民调解委员会。

1997 年肥城市社会治安综合治理先进单位。

1997 年肥城市齐鲁杯创建现代化城市活动先进单位。

1997 年肥城市市级文明单位。

1997 年泰安市第一次农业普查先进单位。

1997 年西付村全体群众敬赠救助危难情谊无价匾一块。

1998 年肥城市市级文明单位。

1999 年肥城市计划生育三为主合格村。

1999 年肥城市计划生育三为主模范村。

2004 年肥城市农村优秀道德评议会。

2005 年泰安市规范化文明市场。

2005 年肥城市优秀农村道德评议会。

2006 年肥城市元宵灯车展最佳创意奖。

2006 年肥城市优秀农村道德评议会。

2008 年山东省十大干鲜果品交易先进市场。

2008 年泰安市绿化示范村。

2009 年泰安市党员干部现代化远程教育明星村。

2009 年肥城市科普文明村。

2009 年肥城市平安村。

2009 年肥城市城市社区工作先进单位。

2010 年山东省示范社区。

2010 年肥城市新农村建设示范村。

2010 年肥城市平安村。

2011 年山东省省级卫生村。

2012 年泰安市市级文明社区。

2012 年肥城市人口和计划生育工作先进单位。

2012 年肥城市先进团支部。

2013 年山东省文明诚信市场。

2013 年泰安市市级绿色社区。

2013 年肥城市平安建设先进单位。

2013 年肥城市新农村建设 30 强。

2013 年肥城市示范妇女之家。

2013 年肥城市强村固基‘五比’竞赛十强村。

2014 年泰安市五四红旗团支部（总支）。

2014 年泰安市地震局、民政局、市科学技术协会授予泰安市地震安全示范社区。

2015 年山东省地震局、民政局、市科学技术协会授予山东省地震安全示范社区。

2015 年肥城市桃都美丽乡村示范村。

齐鲁名村志
QI LU MING CUN ZHI

伊家沟村志
1368—2015
YI JIA GOU CUN ZHI

附录

FULU

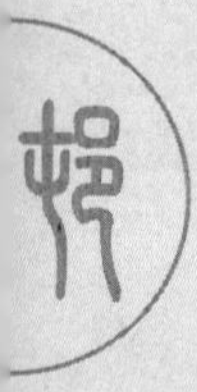

文献辑存

伊家沟村1994年度“两委”干部学法计划

为深入开展全面普法，全方位推进依法治村，进一步增强村民委员员会、村党支委员会（以下简称村“两委”）的法律意识和依法办事的自觉性，为社会稳定，经济发展创造一个良好的社会环境和法制环境，根据上级指示精神，结合伊家沟村实际，就村“两委”干部学法，特制定如下计划安排：

一、指导思想

以党的十四大和十四届三中全会精神为指针，紧紧围绕“改革、发展、稳定”这个大局，立足于增强村干部的民主意识和法制观念，提高村干部依法行政、依法办事的自觉性，保障和促进改革开放和社会主义市场经济的发展，为伊家沟村经济的快速发展，创造一个良好社会环境。

二、学法内容

1. 高举宪法旗帜，继续广泛深入地学习宪法，进一步增强宪法意识，自觉维护宪法的尊严，同一切违背宪法的言论和行为作斗争，形成浓厚的学习，宣传氛围。

2. 在巩固去年学习成果的基础上，今年重点学习《中华人民共和国税收征管法》《中华人民共和国食品卫生法》《中华人民共和国环境保护法》《中华人民共和国义务教育法》等法律法规。

3. 认真学习马列主义、毛泽东思想，学习建设有中国特色社会主义的理论，自觉同党中央保持一致。

4. 认真学习党和国家在农村的各项方针政策、学习《中国共产党党章》及党的基本知识、牢固树立全心全意为人民服务的思想。

三、具体要求

1. 每季度为村“两委”干部学法时间，村干部要按时参加，不得无故缺勤。

2. 积极参加学习，认真做好学习笔记，按要求及时完成课堂作业，积极参加上级及村组织的普法考试。

3. 尊重教师，互帮互助，搞好所包片及家庭成员的普法学习，使其法律意识增强。

4. 两委干部以身作则，否则，不能被评为各类先进。

伊家沟村法制教育依法治村办公室

1994 年元月

伊家沟村依法治村实施方案

根据十三大关于加强社会主义民主政治建设和社会主义法制建设的精神，和县人大通过的依法治县总体方案的要求，结合我村实际，特制定依法治村的实施方案。

一、指导思想

依法治村的指导思想是：以党的十三届七中全会精神为指针，坚持“一手抓建设和改革，一手抓法制”的指导思想，组织动员村民来学法、用法，依法办事，从而把全村村民的政治生活、经济生活和其他社会生活逐步纳入社会主义法制的轨道，巩固和发展我村安定、团结的政治局面，促进两个文明建设。

二、目标

实现依法治村是一项长期而艰巨的社会工程，在八五期间，计划用五年的时间逐步实现以下目标：

1. 在第一个五年普法的基础上，百分之九十五以上的公民基本上掌握“十法一条例”，以及与自身关系密切的法律法规内容，并会运用维护社会公共利益和自身利益应采取的基本法律手段，使违法现象逐年减少，公民运用法律的能力明显提高。

2. 党总支、村委会、治安调解委员会认真学习《中华人民共和国行政诉讼法》，坚持依法行政，领导者都能依法决策。

3. 治安调解人员都能依法调解民事纠纷。民事调处率达到百分之百，调处成功率达到百分之九十以上。

4. 各种条块组织健全，形成村、组普法教育网络；形成村、组两级法律咨询网络，形成村级治安联防网络，形成村、户二级帮教网络，形成村、组二级合同管理网络。

5. 社会治安秩序良好，刑事案件发案率力争稳中求降。

6. 全村人民的政治生活、经济生活和其他社会生活逐步纳入社会主义法制的轨道。实现经济发展，社会稳定，案件减少的要求。

三、步骤

制定计划：一九九一年上半年主要是组织动员和制定方案，村组厂校等都制定本单位的具体方案实行目标化管理。

实施阶段：一九九一年三月至一九九三年组织实施、总结调整。随着形势的发展，对方案进一步调整补充完善；自一九九一年三月至九二年底，继续抓好“十法一条例”的普及教育工作，同时建成五个网络，九三年总结调整。

巩固发展阶段：一九九三年从组织上、制度上、方法上形成一套依法治村的科学制度，使各项工作达到规范化和法律化。

四、措施

1. 提高全村人民对依法治村重要性的认识，增强公民依法办事意识和法制意识。利用报纸、展览室广播、电教、黑板报等工具，采用座谈会、群众会等方式广泛宣传依法治村的意义，深入学习十三届七中全会精神，为方案的实施打下一个良好的群众基础。

2. 抓好骨干培训，依法治村方案的实施有带头人。计划每年举办十期培训班，二年内把企业干部和村干部及五网络成员轮训一遍。

3. 建立严格的双千分考核责任制、岗位责任制和计划生育“一票否决权”制度，充分发挥各组、企业的积极性。

五、组织领导

建立村、组领导体制，组织领导依法治村的实施。成立由村总支书记为组长，分管领导同志、村主任任副组长，治保、调解、学校、青年、妇女、土地管理负责人为成员的依法治村领导小组；企业、建安要成立由经理任组长的依法治企协调小组；各企业单位，也要成立以主要负责人为组长的依法治厂治校领导小组。必须把依法治村工作列入重要议事日程，常抓不懈。

一九九四年五月十日

警民共建文明村实施意见

为进一步推进伊家沟村社会治安综合治理，促进民主法制建设和精神文明建设，结合伊家沟村实际，制定警民共建实施意见：

一、指导思想

以党的十五大精神为指针，加强村民的法制观念增强村民遵纪守法的自觉性，认真贯彻“三五”普法的实施，达到人人遵法、守法，做到依法治村，依法行政，依法办事，做到有法可依，执法从严，违法必究，为促进我村经济发展，稳定民心，创造一个良好的社会环境。

公安机关是为改革开放和经济发展保驾护航的主力军，是执行国家法律的主管部门。加强共建活动，是两个文明建设的需要和保证，民警是基层治保会的桥梁和纽带，是同群众心连心的有效途径，推动社会治安综合治理工作的深入开展。

二、目标要求

警民共建是引导和加强我村干部和村民的法律意识、法制观念，提高村干部和村民的学法、知法、懂法、守法、遵法的自觉性。特别是村干部形成依法行政，依法办事的好习惯，做到与事先找法，解决问题依照法律，做到有法可依，有法必依的社会风气。

警民共建在严励打击各种违法犯罪扫除黄、赌、毒等活动中起到稳、准、狠，从重从快加强社会治安综合治理的力度，使伊家沟村达到无刑事案件，无村民犯罪，无治安犯罪，无治安灾害事故，无群众集体性闹事事件，形成社会秩序良好。

警民共建要在工作中经常不断取得联系，各种工作共同协调是做好流动人口管理工作的有利条件，对流入伊家沟村的人员逐一进行登记办证，发现怀疑人员及时与分局联系，不能让一个流窜犯罪分子逃过法网。同时有利于对伊家沟村“重点人”和“两劳”“五类”人员进行教育监督，帮助他们学法、守法，减少犯罪和重犯罪，树立起重新做人的思想观念，用自己勤劳的双手和才能建设好自己的家院，争当“五好文明幸福家庭”。

警民共建活动，是为村民建设文明村庄，建立健康、文明的家庭，为新城辖区和伊家沟村达到社会安定、政治稳定、经济繁荣、文明进步起到重要的作用。

三、方法步骤

1. 成立领导机构：建立领导小组，领导主持警民建设工作。

2. 制定方案：按照公安分局的要求，结合伊家沟村的实际，认真研究警民共建“公约”分步实施。

3. 建立学法、工作制度，领导小组每月二号召开学法研究会议，村干部两个月一次，村民一季度学习法律知识的轮训。

4. 检查验收：为巩固提高警民共建活动，半年进行检查验收，采取听、查、访、评的办法，访问干部群众对共建工作的反映，及时整改，促进共建活动的开展。

一九九八年十月十六日

伊家沟村关于旧村拆迁和新村安置的有关规定

根据肥城市人民政府《关于加快“城中村”开发改造的意见》，结合我村实际，经村民代表大会通过，对我村旧村拆迁与新村安置特作如下规定：

第一条　拆迁范围

拆迁范围为伊家沟村旧村范围的所有房屋及其地上附着物。

第二条　拆迁补偿范围及依据

拆迁补偿范围为工业二路规划线以内及村按照规划需要拆迁的。

拆迁补偿依据为省物价局、财政厅联合下发的（重 999）314 号文件。

第三条　拆迁规定

所有拆迁户必须在规定时间内拆除完毕。在规定时间内拆除完毕的，经拆迁领导小组验收合格后，奖励该户 2000 元，每拖一天减 200 元。一户多宅的，只安排一套公寓楼。多宅房屋按照规定给予补偿，不再安排公寓楼. 宅基地范围外的地上附着一律不予补偿，由户主自行清除。否则村按照有关规定予以强制清除。

第四条 安置条件

居民楼安置严格按照有关规定进行，根据《土地管理法》及肥城市人民政府第25号令关于《肥城市农村住宅建设用地和拆迁管理办法》的有关规定，所有入住户必须符合宅基地的审批条件，即：

（一）户口在伊家沟村，有合法房产的；

（二）符合新要房条件，且户口在伊家沟村的；

（三）回原籍落户的，拆迁户或农村确无住房的。

第五条 属于下列情况之一的，申请新要公寓楼不予批准：

（一）不符合第四条安置条件的之一的；

（二）出卖、出租、转让，继承住房或改变住房用途的；

（三）一户多宅的；

（四）政策规定的其他不予批准的；

第六条 优惠政策

（一）按规划及自愿拆迁的户，其居民楼建筑成本价控制在600元/平方米，地下室成本价定为420元/平方米。

（二）符合第二条及自愿拆迁的户，拆除旧房购买公寓楼以100平方米为基数，100平方米以内享受成本价40%的优惠（即360元/平方米），100平方米以外按建筑成本价购买。自愿拆迁购楼的不享受拆迁补偿。

（三）符合新要房条件的村民，购房价定为720元/平方米，地下室价定为504元/平方米。

第七条 安置次序

首先安置第二条拆迁补偿范围内的户，其次安置危房自愿拆迁户，第三是安置自愿拆迁户，最后安置新划户。

第八条 安置方案

符合居民楼安置条件的户以交款（包括楼层差价、煤气、有线电视开户等）先后顺序，在村规定的时间内完成，并且拆迁户与村签订拆迁协议后，按第七条安置次序进行抓阄分配。

第九条 其它规定

（一）居民楼属宅基地性质，村民不得买卖、转让，如确需转让，需经村委研究同意，按照肥城市人民政府《关于加快实施“城中村”开发改造的意见》的有关规定办理。

（二）本规定自公布之日起执行，原有规定自行作废。

（三）拆迁时间和拆迁要求村另行通知。

（四）本规定由拆迁安置领导小组负责解释。

伊家沟村村民委员会
二〇〇七年八月二十六日

特载

伊家沟战斗

第一次伊家沟战斗

第一次伊家沟战斗发生在1938年的秋末冬初，是由肥城抗日政府县长兼保安大队长于会川亲自指挥的。

于会川毕业于东北讲武堂，长期从事军事工作，具有丰富的军事知识和军事经验，多次指挥对日伪军作战，都取得胜利。在1938年秋末冬初，他指挥的战斗就有伊家沟战斗、固留战斗和东尚里战斗。伊家沟战斗前，得知驻肥城（老县城）日伪军到城南抢掠的时间和路线，于会川带领县保安大队向预定地点疾驰前往，在原二区伊家沟村与敌人相遇。具有丰富作战经验的于会川，为保证村民房屋、财务和生命免受损失，将兵力布置在沟路两旁设伏，未等先到达的伪军展开兵力，便命令部队集中火力猛烈射击，集中将手榴弹向伪军密集处猛扔，炸得伪军晕头转向，惊慌失措。紧接着，于会川率先士卒，带领部队向伪军发起冲锋，进行激烈的肉搏战，直杀得伪军鬼哭狼嚎，惊心丧胆，抱头鼠窜。

后面的40多名日军见势不妙，固守一块坟地，以坟头为掩护，负隅顽抗。于会川当即命令部队分东、南两面牵制敌人，命五中队战士从正面进攻，指令战斗力最强的“青训班”40多名战士冲在最前面，向敌人发起了攻击。由于我军武器粗劣，火力不足，且军事素质差，射击命中率不高，以致连续几次进攻不能奏效，双方构成对峙局面，持续了一个多小时。于会川权衡了当时的战局，认为速战速决已不可能，下令部队迅速后撤，自己带领一个小分队断后掩护。部队撤出战斗，于会川指挥小分队散开队形，隐蔽待命。日军见我撤退，钻出坟地组织追击。这时，于会川躲在一棵大树旁的土坎下，用长枪瞄准敌人，一连3枪，打到了3个日军。我小分队相继开火，又有8个日军被击毙。日军不敢再追，掉头逃回城里。

伊家沟战斗激战近半日，由于抓住战机，行动果断，于会川身先士卒，冲锋在前率部与敌英勇战斗，击毙日伪军10多人，于会川亲自打死日伪军3人，县保安大队也伤亡10余人，取得了胜利。

诡计多端的郁仁治，为了达到借日伪军之手消灭县保安大队的罪恶目的，并未派出一兵一卒参战，充分败露了国民党顽固派假抗日、真反共、反人民的丑恶嘴脸。

第二次伊家沟战斗

1948年7月8日（农历六月初二），我泰西军分区（是月改称鲁中南七分区）二团、七团，肥城县大队、保卫队、二区武工队，同国民党军七十三师十五旅、肥城还乡团，在伊家沟和孙家庄村东一带，约30平方公里地面上，进行过一次战斗，这次战斗以命名为《伊家沟战斗》载入我肥城解放战争的史册。

1948年7月7日（农历六月初一）不到下午两点，二团团首长安春华（团长）、陈庆毕（副团长）、高琳（政委）、王海明（副政委）、解广临（副参谋长）和政治部主任张歧等同志，集合全团指战员冒着盛夏的酷暑出发，行军4个多小时，驻进东付村一带。团部驻陈刘村，一、二营驻东付村，三营驻西付村。二团准备在西路截击敌人。七团战斗力较强，准备打先锋。副团长吴志笃、副政委廖春山、副参谋长郭哲生等团部首长，率全团于傍晚前进驻了康王河以南济兖公路附近的伊家沟村一带。团部和一、二营的九连驻伊家沟村，团部设在村中央关帝庙学校里，三营营部及七、八连驻孙家庄村。肥城县大队、县保卫队（县公安部队）和二区武工队驻井楼村受命参战。任务是：敌人若出城往东南一带，可诱敌至伊家沟和孙家庄村东（现在的苹果园小区、新新家园）一带，利用伊家（坟）墓地、孙家庄的孙家（坟）墓地和两条沟的有利地形，将敌包剿全部歼灭。

7 月 8 日（农历六月初二）黎明前，为了让敌人能准时进入埋伏圈。分区派县保卫队长高子源，带领保卫队的 50 人，到济兖公路的大桥村西，准备迎战。县大队队长李铁军、政委葛子东、参谋牛顺山、带领全大队约 200 人和二区武工队二三十人，由区队长肖洪禄、副队长崔绪河同志带领二三十人进入了沙沟村，做好战斗准备。我部队所到各村，均设岗哨，严密封锁，对行人只准进村不准出村，以防走漏消息。天明后，二团已做好战斗准备。七团团部也向全团近千名指战员做好了战斗部署。团指挥部设在伊家沟村东伊家大林（墓地）里，机枪连、炮兵连和特务连也部署在林内。一营把守伊家沟村东和东北面，二营把守伊家沟村东南面，三营营部设在孙家庄村东的孙家大林（墓地）里，七、八、九连在孙家庄村东由北往南摆开阵势。

七团主力在伊家沟村东安置了重机枪 6 挺，轻机枪 12 挺，在巧山窑厂安放轻、重机枪各一挺（现在车桥厂东），在伊家沟村韩家林坟上安放重机枪一挺（现村委东南），准备与敌人展开阵地战。当时，我县大队每连各有一挺轻机枪，县保卫队虽在大桥村头朝北向敌开枪，为我军助威，但因我县区队力量薄弱，抵守不住，县大队二连副连长陈景运中弹挂花，县大队将被包围。未来得及与七团联系，便趁势撤离阵地，顺长山向孙家小庄山撤去。于是敌人向伊家沟村东南我七团二营阵地进攻、战斗在激烈进行。

上午 12 点左右，二团团部接到分区命令，配合七团击退敌人。团长安春华通知一、二营全体指战员，集合在东付村北的康王河河滩里，作了简短的动员，命令二营营长王占周率全营出发，顺河东进，协同七团作战。

整个战场的北半部，我包敌、敌包我，敌围我、我围敌，进行了短兵相接的包围混战。炮火猛烈，弹片纷飞，杀声阵阵，战斗十分激烈。战场的南半部，形势是敌攻我守的阵地战。敌军从巧山村增兵一路，顺巧山村通往伊家沟村一米多深的大沟西进，目的是攻占伊家大林（墓地）里我七团指挥阵地。敌人占据了巧山村西南的砖瓦窑厂，架起小炮和轻、重机枪，向西北猛烈轰击和扫射相距二华里左右的我七团指挥所阵地，掩护敌人向我冲锋。在离我七团指挥所阵地约不到五十米时，危及我七团指挥所和我机炮连阵地。团首长吴志笃（副团长）、郭哲生（副参谋长），身临火线，奋不顾身，面对冲上来的敌人，临危不惧。郭副参谋长扒掉褂子，光着膀子，沉着指挥，命令机炮连全体战士，英勇杀敌，消灭敌人，守住阵地。机炮连连长潘占林，即当指挥员，又当战斗员，用短枪和手榴弹击退敌人，充分发挥了轻、重机枪的威力，扫射一次又一次冲近我团部阵地的敌人，敌死伤成片。机炮连三排的任务是运送弹药。排长刘吉祥、副排长邱国岳同全排战士一起，冒着枪林弹雨，紧张而忘我的运送着弹药。我机枪手集中炮火轰击敌人占领的砖瓦窑厂阵地，炸毁敌炮一门。二营五连连长董化林，四连连长刘胜武，分别带领本连部分战士，在我炮火掩护下，在炮声响彻通沟，一片震耳的杀声中猛向敌人冲杀，把敌人击退到巧山村窑厂附近，敌我短兵相接，进行了"白刃战"，经奋力拼杀，我军攻占了窑厂阵地。

下午一点多钟，战斗仍激烈进行。二团团首长率一营全体指战员顺康王河东进冲入阵地。团部特务连连长刘子云、机枪连连长郑跃修，炮兵连连长李化武，分别带领本连战士，紧紧跟随团首长，奋勇冲杀，包围敌人。二团一营二连指导员郝振祥，在战斗中一脚跟中弹负伤，不下火线，仍坚持指挥战斗。三连连长杜学训、副连长阮来宝不顾个人安危，带领全连战士奋力冲杀。三连二排排长柳明田，命全排战士追杀撤退的一股敌人。二排六班班长孔祥生带本班战士刘松河、刘德社，奋不顾身，忘我杀敌，打死打伤敌人数人，生俘敌一人。战士刘德社腿部挂花，鲜血直流不能走路，连长杜学训见势用机枪掩护三人撤回。激烈的战斗持续到下午三点多钟。

敌见我部队源源增加，对我军估计不透，敌生惧心，边打边撤。此战共毙伤敌人 150 多人，我军伤亡 10 余人，伤亡人员由尚里担架队，抬到学校团部。伊家沟村党支部书记陈继阳和王瑞祥、胡士太、胡培庄等人，在战斗中一直为部队服务。最后一名伤员由伊连增（4 组）、胡培礼、胡培义抬送到学校，再转移至东尚里军分区医院进行救治。下午五点多钟敌全部撤走，至此，伊家沟战斗结束。

材料来源

1. 在县党史办查阅摘抄郭哲生同志（原七团副参谋长、现公安部第二局）回忆录的有关伊家沟战斗的部分资料。

2. 访问部分参加过伊家沟战斗的老同志：

肥城县新城干休所离休老干部张丰周同志（原七分区司令部宣传干事）
县建筑公司离休书记赵绪林同志（原分区司令部侦通股股长）
县水利局打井队队长王协福同志（原司令部李东潮司令员的警卫员）
县银行行长阮来宝同志（原二团一营三连副连长）
县盐业公司书记刘松河同志（原二团一营三连二排六班战士）
县城建局局长刘庆彬同志（原二团二营四连一排二班战士）
县副食品公司门市部经理邓光迎同志（原七团一营二连部通讯员）
县司法局局长王志昂同志（原七团二营五连文化干事兼一排排长）
县医院书记齐太岳同志（原七团三营九连战士）
县防疫站书记陈义常同志（原七团团部电话排电话员）
县建筑公司保卫科李宝岱同志（原七团二营五连文书）
县物资局机电设备公司杨宝生同志（原七团炮兵连三排战士）
县看守所孙传发同志（原县大队二连战士）
市（县）委宿舍大院门卫负责人闫勇海同志（原县大队通讯班通讯员）
新城镇政府生产主任段绪谦同志（原县大队战士）
新城镇太平村退伍军人赵庆录同志（原县大队战士）
县林业局离休局长杨云贞同志（原县保卫队队员）
新城镇孙家庄村伊连奎同志（原二区武工队指导员）
新城镇孙家庄村赵立堂同志（原七团炮兵连二排排长）
3. 访问对伊家沟战斗知情的部分老同志：
县食品公司经理鹿忠源同志
县工业局离休局长苏恒友同志
肥城师范伙管员尹承森同志
县水泥杆厂主任徐文芝同志
原新城镇党史办公室孙勋业
4. 访问退休干部王瑞祥，村民伊连增等老同志。

肥城县民主政府进驻伊家沟村情况简介

1948 年 10 月，泰西地委、专署进驻肥城老县城。肥城县民主政府及所属机关进驻伊家沟村（县委驻巧山村）。伊家沟村成为全县革命和生产指挥中心的村庄之一，提高了伊家沟村的政治地位和影响，掀开了续写伊家沟村革命历史新篇章的序幕。

县民主政府概况

肥城县民主政府县长曾永源同年 12 月，县长曾永源调华东局党校学习，原县府秘书张海光接任肥城县县长。肥城县民主政府下设法院、公安局、监狱、民政局等。县民主政府设在秦光岚住宅。公安局和局预审股在胡培晨住宅。

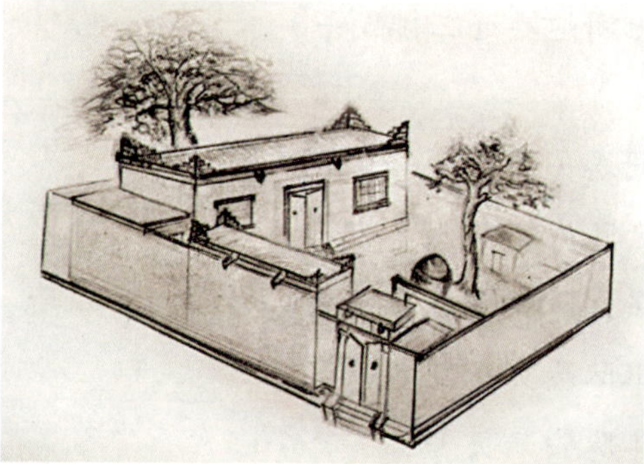

县民主政府办公院（秦光岚住宅）手绘图

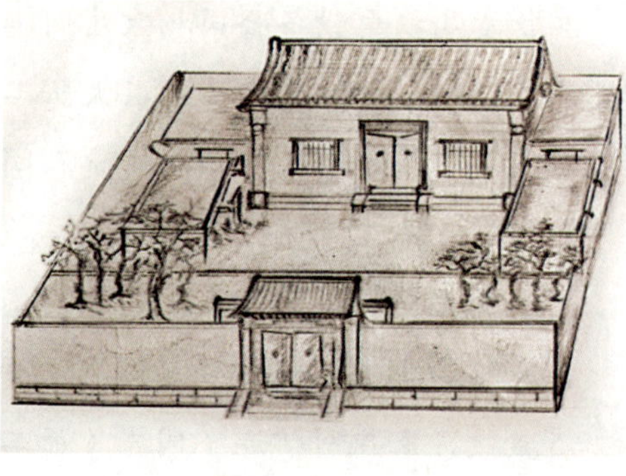

张海光县宿舍
县长宿舍（秦光瀛住宅）手绘图

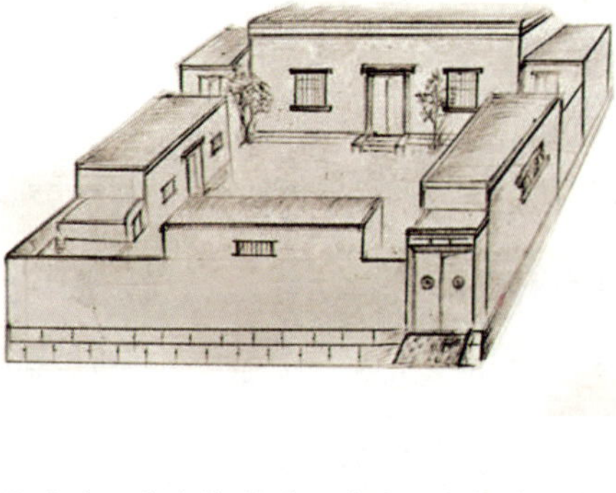

县法院、大众诊所（王德林住宅）手绘图

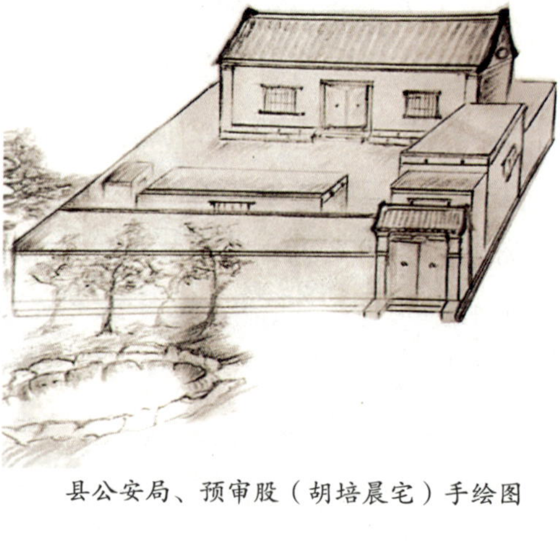

县公安局、预审股（胡培晨宅）手绘图

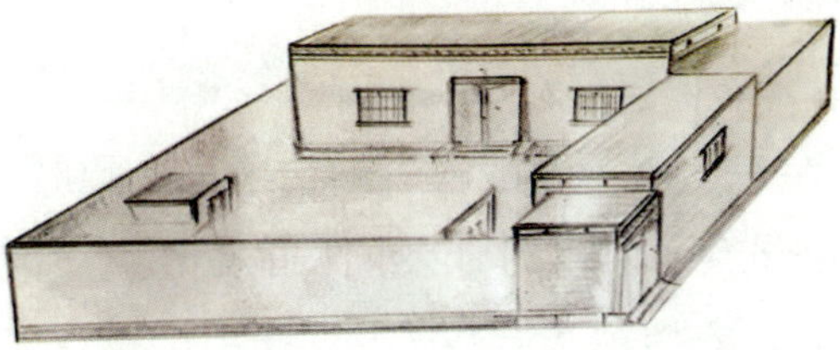
县民政局（胡培良住宅）手绘图

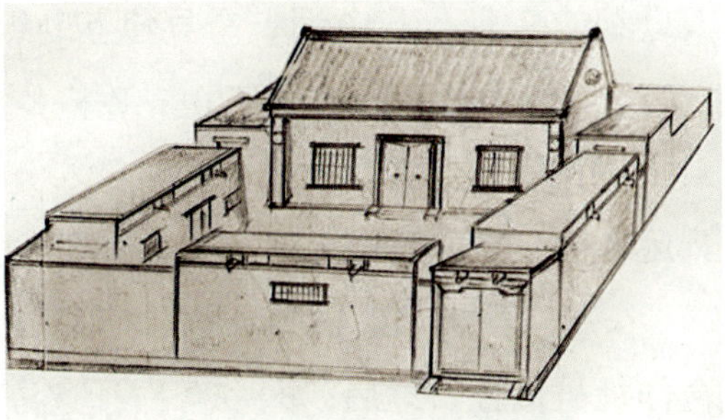
县监狱（胡培同住宅）手绘图

驻村期间主要工作

1948年11月，根据上级指示，县委、县政府再次开展了动员参军工作（1946年8月，为支援解放战争，保卫翻身成果，全县2000多人报名参军，超计划近1倍，受到上级军政领导表扬；1947年夏，在参军参战保卫胜利果实的大动员参军中，全县4000余名青年踊跃报名参军，有1000余人到野战部队，其余大部分充实了地方武装和民兵组织），有1000名青壮年参军，超过计划500余人，受到地委和军分区的表扬。

11月，动员民工近万人，担架800余副，各种车辆4000余辆次，先后向前线送粮约200万公斤，支援淮海战役。

12月，先后在巧山店、伊家沟等4个村进行建团试点，发展团员20名。

同年12月，县政府设实业科，负责工农业生产，赵立芝任副科长。

下半年，全县共建简易粮库8个，同时设粮食局，翟德山任局长。

1949年

1月，地委、专署和肥城县委、县政府机关干部及当地群众近万人，在县城书院小学召开大会，悼念在抗日、解放战争中牺牲的烈士，地区文工团演出了《三世仇》《赤叶河》等话剧。

1月，县民主政府设卫生科，阴海峰任科长。

2月，县委、县政府在刘家庄（现属新城街道办事处）召开欢送南下干部大会，南下接管新县委的领导班子，由胡国栋任县委书记，吴笑山任县长。

4月，县政府在伊家沟组建大众诊所。诊所有医护人员5名，阴海峰兼任所长。1950年，诊所迁至县城南关。

4月，推广二区孙长业、石长修两个农业生产互助组的典型经验，全县掀起办互助组的高潮。至 10 月，全县建互助组近 400 个。

5 月，根据上级关于建立乡政权的决定，县委在伊家沟村进行建乡试点工作。县委书记张瑞周主持群众大会，选举建立了全县第一个乡政府——伊家沟乡政府，孙远金任乡长。同时建立中共伊家沟乡支部委员会，伊家沟村陈继阳任书记。

6 月，根据行署 1949 年合作工作计划，县政府拨粮 2 万公斤，在伊家沟建立了合作社推进社。之后，区乡合作社逐渐建立。年底，全县商业网点发展到 4000 多个，其中国营的 60 多个。翌年 6 月，合作社推进社改称为供销合作社联合社。

7 月 1 日，泰西地区民工委员会在县城召开立功授奖大会，泰西地区随军南下的 2000 余名民工，有 1500 名立功受奖。

9 月，县政府在县城关帝庙路西，建立新华书店华东总分店山东分店肥城支店，刘培堂任经理，有工作人员 3 名，下设 20 处文化服务社。

9 月，县政府集中全县 500 余名教师于刘家庄，进行集训和评选模范工作。教育科副科长胡仲吉具体负责集训工作，县长张海光作了报告。本年，高级小学由解放战争初期的 10 余所增至 23 所；初级小学由 350 所增至 430 余所，教育事业得到很快恢复和迅速发展。

10 月 1 日，中共肥城县委、县政府在伊家沟召开全县万人大会，热烈庆祝中华人民共和国成立，庆祝人民当家做主人。县委书记张瑞周等领导人和各界群众代表，在会上发了言。晚上，伊家沟等地到处张灯结彩，人们载歌载舞，举行了丰富多彩的庆祝活动。

10 月 29 日至 11 月 2 日，县委、县政府在伊家沟村召开了全县第一届各界人民代表大会。参加这次会议的各界代表共 235 人。其中，农民代表 166 人，妇女代表 29 人，教育代表 10 人，学生代表 10 人，工商界代表 4 人，士绅代表 6 人，党、政、军代表 10 人。会议历时 5 天。开幕式上进行了升旗、鸣炮、奏乐等议程。泰西专署专员张耀南致开幕词，县长张海光作政府工作报告，县委书记张瑞周提出冬季工作意见。会议经广泛民主酝酿，选举产生了由 23 人组成的肥城县各界人民代表执行委员会和常务委员会。

12 月 25 日，县委、县政府在伊家沟村召开了全县表彰生产劳动模范大会。会议历时 5 天，共有劳模代表 149 人参加。经过民主推选，147 人分别代表村、互助组和个人获得了一、二、三、四等奖，得到了奖状、耕牛、耧、耘锄等精神和物质奖励。

12 月，县长张海光调华东局工作，曹耕力任肥城县县长。

四季度，由于旱涝灾害相继发生，泰西地区的汶上、梁山、东平等县的部分地区灾情严重，肥城各地的农业生产也受到一定损失。县委、县政府除号召当地灾民自救外，全县接受外地受灾群众 5200 余人和当地灾民 1700 余人，无一人因饥饿致死。同时，还为灾区捐献各种粮食 4.8 万公斤，各种干菜 1000 公斤。全县共征收秋粮 414.8 万公斤。

冬，为了提高农民的文化水平，县委县政府发动开办 391 处冬季识字夜校和妇女识字班，8424 人参加学习。

冬，泰西地委确定肥城为结束土改试点县。县委、县政府确定了 21 个结束土改试点村，74 个附带试点村，进行了一系列思想政治工作。同时，经过结束土改试点，进一步划定了阶级成分，对错划错斗人员进行了改正和补偿。

是年，县政府开办的新华服装组在伊家沟村建立。年产服装 5000 套，帽 2 万顶，除供给机关干部使用外，还对外销售一部分。

是年，县委、县政府将医治战争创伤，恢复和发展生产列为年内中心工作，工农业生产得到恢复和发展。至年底，全县工业总产值达到 250 余万元，创历史最高水平，其中国营企业创产值 40 余万元，更是前所未有。

全县粮食总产达到 7400 万公斤，平均亩产 82 公斤，接近战前水平，人民生活有所改善。

为夺取全国革命战争的胜利，全县党和广大干部群众，不怕牺牲，前赴后继，作出了巨大牺牲。据不完全统计，全县有 9800 余名青壮年参军，有 1100 余人英勇献身，被批准或追认为革命烈士。全县共筹措军粮 360 余万公斤，做军衣 7000 余套、军鞋 9.4 万双。全县动员民工 37 万人次，担架 8000 副，小车一万余辆，支援了济南、淮海等战役和境内 70 余次战斗。干部群众冒着生命危险抢救、掩护伤病员和地方干部 4400 余人次。2000 余名民工和干部群众，在支前、掩护伤病员及军用物资中立功受奖。

1950 年

3 月，为了加强民兵和兵役工作，根据上级指示，肥城县人民武装部建立。武装部受地方同级党委政府和军分区的双层领导。县委书记张瑞周任武装部第一政委，梁青山任部长。之后，抓紧了民兵组织的整编扩建等工作。年底，民兵人数由原来的近 4000 人，发展到 8000 人，翌年春达到 1 万余人。

3 月，肥城县首届妇女代表大会在伊家沟召开，参加会议的代表 300 人，成立了肥城县民主妇女联合会。民主联合会选出主任 1 人，委员 19 人。

3 月，发行胜利折实公债。为了稳定物价，支援国家经济建设，中国人民银行得到肥城办事处代理发行胜利折实公债 1100 份（每份折合 2.6 元）。由于县委重视，超额完成了认购任务。如二区，全区分配 50 份，仅伊家沟就认购了 30 份。

1951 年

1 月，泰西、泰安两地委专署合并，称泰安地委、泰安专署，由肥城老县城进驻泰安城。肥城县委、县政府于本月 15 日，分别从巧山店、伊家沟迁驻老县城。伊家沟全村人民挥泪相送，部分干部民兵和青壮年帮助往县城运送办公用品。

参考文献

山东省临朐县冶源镇志编纂委员会编:《冶源镇志》,方志出版社,2016年2月。

广东省东莞市虎门镇志编纂委员会编:《虎门镇志》,方志出版社,2016年4月。

浙江省绍兴市柯桥区钱清镇志编纂委员会编:《钱清镇志》,方志出版社,2016年2月。

山东省肥城县史志编纂委员会编:《肥城县志》,齐鲁书社,1992年4月。

中共肥城市委党史征集研究办公室编:《中共肥城地方史(第一卷)》,中共党史出版社,2004年11月。

中共肥城市委党史征集研究办公室编:《中共肥城地方史(第二卷)》,中共党史出版社,2007年1月。

烟台古现东村志编纂委员会编:《古现东村志》,方志出版社,2014年9月。

郭庄村志编委员编:《郭庄村志》,中国文化出版社,2013年8月。

孙路志编纂委员会编:《孙路志》,中国图书出版社,2016年12月。

青岛市崂山区金家岭村志编纂办公室编:《金家岭村志》,方志出版社,2010年8月。

《东流亭社区志》编纂委员会编:《东流亭社区志》,方志出版社,2014年7月。

孙家小庄村志编纂委员会编:《孙家小庄村志》,齐鲁书社,2008年1月。

编后记

金桂飘香、枫叶流丹。2017 年 10 月 20 日，在中国共产党第十九次全国代表大会胜利召开之际，作为伊家沟村建村 600 余年以来而编纂的首部《伊家沟村志》，历经四载，数易其稿，由章节体村志编为纲目体村志，顺利通过山东省首批“齐鲁名村志”专家评审，并即将付梓印刷，实属可喜可贺。

《伊家沟村志》编纂始于 2014 年 1 月。时任新城街道办事处伊家沟村党总支部、村委会领导根据上级号召，结合村居形势，研究决定编修一部留住村庄历史文化、留住乡愁、乡音，服务当代、惠泽后世的新时代村志。是月，伊家沟村志编纂委员会成立。村党总支部书记姚庆国任编委会主任、副书记胡士惠任副主任，负责村志的编修工作。编委会下设办公室，选拔 3 名具有一定文化水平、熟悉伊家沟村情况的退休干部组成编写小组，具体负责章节体村志的编修工作。

2014 年 1—10 月，资料征集阶段。村党总支、村委会向全体村民及在外人员发放邮寄了 2000 余份《村志编修倡议书》，发送函调信、打电话、邮寄资料、征集通知 500 余次；村志编辑人员多次到肥城市档案局、教育局、土地管理局、民政局等单位查阅历史资料；同时征集了伊氏、陈氏、孙氏等诸姓氏的家谱资料；多次召集老党员、老干部、知情人士征集口述史资料；并到新汶、泰安、济南等地采访老干部，征集相关资料，为村志编写创造有利条件。

2014 年 11 月至 2015 年 8 月，村志试写阶段。编辑人员在学习有关志书编修知识的基础上，对村志的各章节进行了分工试写。经过 10 个月的艰辛努力，基本完成了章节体村志初稿稿样。

2015 年 9 月至 2017 年 9 月，初稿修改、资料再补充和深加工。编修人员对本人撰写的志稿进行了自查自改，然后互换志稿修改；村两委负责人及各部门负责人审阅把关。反馈意见后村志编写组再次修改。至 2016 年年底，历时三载，章节体村志完成初稿。2017 年 3 月初，初稿分别报送肥城市史志办公室、新城街道办事处史志办审核。3 月下旬，根据肥城史志办公室审读意见再次修改完善，随后形成征求意见稿及送审稿。

2017年9月底至11月，章节体村志编为纲目体村志。是年9月底，山东省、泰安市、肥城市史志办公室建议将章节体《伊家沟村志》改为纲目体村志，参加山东省首批“齐鲁名村志”评选。是年10月1日，肥城市史志办副主任贾安东与伊家沟村党总支书记姚庆国、副书记胡士惠及村志编委成员孙业才会商确定，抓机遇，参加齐鲁名村志评选。

万事开头难。由此上溯肥城历史上所出版的村志、镇志，均是编修的章节体志。“纲目体村志”肥城市内没有先例可循，现村志编修人员均无编写纲目体经验。欲将章节体村志改为纲目体村志，大家表示很为难。肥城市史志办公室副主任贾安东表示，可以代为执笔一试。原章节体《伊家沟村志》编委会主任姚庆国、副主任胡士惠及编委成员孙业才研究后达成初步意向：组建纲目体《伊家沟村志》编委、口头委托贾安东任主编，将原章节体村志编为纲目体村志。

10月2日，贾安东、胡士惠、孙业才及原章节体特约主编孙传云到齐鲁名村志指定排版印刷单位了解相关事宜。村志编委主要负责人正式确定参评名村志，由贾安东主编纲目体村志。孙传云当场表示同意由贾安东改编章节体《伊家沟村志》为纲目体村志。3日，贾安东参照《齐鲁名村志文化工程实施方案》，结合伊家沟村实际，打破原章节体村志框架，创新性设计纲目体村志框架结构，进行原创性编辑纲目体《伊家沟村志》。纲目体村志架构，删除原章节体《伊家沟村志》繁锁重复内容和一般性资料，凸显获得省级以上荣誉称号的相关资料，单设纲目，新增“艺文”等类目、分目，以扬“名气”，重点记述村内重大的、有特点的、名气响的人和事。是日，孙业才到肥城新华印刷有限公司取回原村志电子文档。4日，贾安东、胡士惠、孙业才、伊兆水到济南黄氏印务，将原章节体村志电子版交黄氏排版厂、改版。（5日在肥城期间，贾安东挤时间改编另一村志，6日至8日在济南改编章节体另一村志为纲目体村志）10、11、12日，贾安东、孙业才、伊兆水、张显威到济南黄氏排版厂编修纲目体村志。

期间，主编为求纲目设计更具科学性、合理性及创新性，多次推敲纲目，并补充撰写相关文章，编辑文字、图片等。夙兴夜寐，孜孜以求。是月，12日下午基本完成了纲目体《伊家沟村志》初审稿，按时上交山东省史志办公室。20日，首批“齐鲁名村志”志稿评审会在泉城珍珠泉礼堂会议室召开，省史志专家高长海、亓远程对《伊家沟村志》提出了指导性修改建议。期间，孙业才、伊兆水、张显威根据主编修改意见到黄氏排版厂校对村志。24至25日贾安东、孙业才、伊兆水根据专家指导意见进行第一次修改。10月27日至29日，贾安东再次修订伊家沟村志纲目。11月6日至12日，贾安东、孙业才、伊兆水根据《伊家沟村志》纲目修订方案，进行了四次修改。贾安东总纂村志，孙业才、伊兆水校对村志内容，并穿插随文照片。11月17日至19日及11月29日至30日，12月1日，贾安东再次调整修改村志文字，并同孙业才调整村志图片。12月7号，贾安东、胡士惠、伊兆水到黄氏再改版校对。

村志编写过程中特别是章节体村志编修中，肥城市史志办公室、档案局、土管局、民政局、教育局、仪阳街道、新城街道、孙家小庄、孙家庄、乔山村、市医院、肥城新华印刷有限公司、在外工作的陈继兰、王瑞祥、刁继松等同志积极提供有关帮助，市科委离休干部董玉莲（女）回忆演唱了抗日战争和解放战争时期的歌曲，肥城市史志办负责人及新城街道分工负责人多次到村指导，提出宝贵建议，在此一并表示衷心感谢。

编写纲目体村志，是肥城历史上的首次创新性工作，且所编村志由于时间跨度大、涉及内容广泛、征集资料难免挂万漏一，改编时间紧迫、仓促，主编学识水平有限，且同时承担主编两部村志重任，精力有限，顾此失彼在所难免，志书错讹之处，敬请广大读者见谅，给予批评指正。

纲目体《伊家沟村志》部分文字资料及部分图片均取材于原章节体《伊家沟村志》。因改编时间紧未来得及与文字资料及图片著作权人逐一联系，若著作权人需要咨询相关问题，可与伊家沟村志编纂委员会或伊家沟村委联系，伊家沟村委会依照著作权法为你奉上稿酬，并表谢意。

主　编

2017年12月

主编简介

贾安东，1962 年 11 月生，山东省泰安市泰山区人。1981 年毕业于山东省商业学校后参加工作。1990 年毕业于泰安师范专科学校中文系。1999 年山东省委党校函授本科经济管理专业毕业。历任肥城市委（县委）办公室机要局干事、肥城日报编辑部副主任、肥城市党史（地方志）办公室副主任等职。1994 年从事新闻工作，1998 年破格获聘新闻编辑职称。2003 年具备新闻出版类副高级职称主任编辑（出版副编审）资格。2004 年从事地方党史、地方志工作。系肥城市摄影家协会常务理事，曾获山东报业先进工作者、全国党政系统机要业务技术能手称号。

主要著作：

《中共肥城地方史第一卷（1927—1949）》中共党史出版社，2004 年 11 月。山东省优秀党史成果二等奖。

《中共肥城地方史第二卷（1949—1978）》中共党史出版社，2007 年 1 月。山东省优秀党史成果二等奖。

《中共肥城历史大事记（1995—2010）》中国图书出版社，2011 年 12 月。山东省优秀党史成果三等奖。

《肥城红色遗迹概览》中国图书出版社，2012 年 3 月。山东省优秀党史成果三等奖。

《漫漫人生——萧思瑞回忆录》中国文化出版社，2012 年 12 月。

《伊家沟村志》《古店村志》方志出版社，2017 年 12 月。入选山东省首批齐鲁名镇名村志文化工程志书。由山东省档案馆、山东省图书馆、山东大学图书馆、山东师范大学等收藏①。

主要论文：

“三新曲”唱响时代之歌——浅谈梁衡作品的创作特色，全国新闻核心期刊《新闻采编》1996 年第 6 期。由《中国语言文学研究网》收录。

既要志存高远又要脚踏实地，全国新闻核心期刊《新闻通讯》(今《传媒观察》）1997 年第 12 期。论文获新华日报、江苏省新闻工作者协会“如何造就一支合格的县市报新闻队伍征文大赛”三等奖，载时任人民日报社社长邵华泽题名《县市报研究》一书。由教育部主管、清华大学主办的《中国知网》收录。

实现三贴近的有效途径，全国新闻核心期刊《新闻采编》1997 年第 6 期。《中国知网》录。

周末刊的相关点与兴奋点，《中国地市报人》1998 年第 5 期。

办专栏亦要有群众观念，新闻核心期刊《青年记者》1998 年第 3 期。该文首提“新闻亮点”说辞，后被其他新闻从业者广泛引用。《中国知网》录。

围绕中心做好贴近文章——从两篇获奖作品谈起，《青年记者》1998 年第 5 期。《中国知网》录。

看清模糊性广告，《青年记者》2000 年第 1 期，论文获大众日报社、山东新闻工作者协会“1999 年青年记者论坛新闻业务论文大赛”三等奖。《中国知网》录。

以上新闻业务论文有的被清华大学、北京大学、重庆大学等高校图书馆、档案馆收藏。有的被百度学术收录（详情百度或 360 搜索引擎搜索可知）。

努力拓宽县级党史资政育人新途径，《中国史志与档案》，2005 年第 6 期，封面标题、内文全文刊发。《山东省省情网》转。

解放思想与拨乱反正的启示——浅析肥城的拨乱反正，获山东省纪念改革开放 30 周年论文研讨会优秀奖。《泰安改革开放纪念文集》《山东省情网》载。

肥城陶山范蠡古迹略考，由《山东省情网》、新浪、腾讯博客等转载。

肥城市创建省级园林城市技术报告，一次性通过省级专家会审。《百度》《豆丁网》《山东省情网》载。

---

①《伊家沟村志》《古店村志》(样书)，在山东省史志办 2017 年 12 月 26 日举行的“齐鲁名镇名村志文化工程丛书新闻发布会”上被授予入选“山东省名镇名村志文化工程丛书”证书。村志样书由山东省档案馆、山东省图书馆、山东大学图书馆、山东师范大学等收藏。会后，进行修订正式出版。